"十二五"普通高等教育本科国家级规划教材

RESEARCH METHODS

IN

PSYCHOLOGY

第3版 **心理学研究方法**

辛自强 ◎ 著

北京师范大学出版集团
BEIJING NORMAL UNIVERSITY PUBLISHING GROUP
北京师范大学出版社

图书在版编目(CIP)数据

心理学研究方法 / 辛自强著. —3 版. —北京：北京师范大学
出版社，2024.8(2025.8 重印)

ISBN 978-7-303-28867-0

Ⅰ. ①心… Ⅱ. ①辛… Ⅲ. ①心理学研究方法 Ⅳ.
①B841

中国国家版本馆 CIP 数据核字(2023)第 031123 号

XINLIXUE YANJIU FANGFA

出版发行：北京师范大学出版社 https://www.bnupg.com
　　　　　北京市西城区新街口外大街 12-3 号
　　　　　邮政编码：100088

印　　刷：北京溢漾印刷有限公司
经　　销：全国新华书店
开　　本：730 mm×980 mm　1/16
印　　张：30
字　　数：540 千字
版　　次：2024 年 8 月第 3 版
印　　次：2025 年 8 月第 2 次印刷
定　　价：65.00 元

策划编辑：周雪梅　　　　　责任编辑：宋　星
美术编辑：焦　丽　李向昕　装帧设计：李尘工作室
责任校对：陈　荟　　　　　责任印制：马　洁

第三版前言

《心理学研究方法》的第一版和第二版分别在 2012年、2017 年问世，如今已经成为一部在心理学及相关学科或专业领域广泛使用的教材。该书第一版就已经获得多项荣誉；在第二版的基础上申报的"学会研究：建构主义视野下的心理学研究方法课程体系"2018 年获得北京市高等教育教学成果奖二等奖；2023 年该书入选中国人民大学第二批"十四五"规划教材立项，项目的主要任务是完成第三版修订和出版工作。

我对心理学方法论的兴趣由来已久，一直感到有必要加强这方面的学习和研究。在《心理学研究方法》第二版出版后，我于 2018 年出版新著《心理学研究方法新进展》，还写过几篇方法论方面的论文。本次修订工作试图融入心理学研究方法自身的某些新进展，以及个人在教学和科研过程中形成的一些新认识。

我深知一部教材不仅要体现作者的新认识和学科的新成果，更要落实立德树人的根本任务。因此，《心理学研究方法》第三版的修订工作坚持如下指导思想：全面贯彻党的理论创新成果和国家的教育方针，有机融入课程思政元素，力图反映心理学及相关学科发展的新成就，强化心理学对中国式现代化建设伟大实践的观照意识和响应能力。

虽然本次修订没有对章节结构进行调整，但还是做了很多细致的修改。具体包括：(1)补充心理学中新兴的一些方法和技术，如在线实验、经验取样法；(2)增加历史上曾一度占据重要地位但后来被忽略的一些方法，如现象学实验以及相应的现象思维方法；(3)对一些内容更新观点和表述，包括对实验取向和相关取向特点的表述，对因果关系和相关关系本质区别的看法；(4)继续对很多存在时效性问题的内容进行更新，如更新对世界价值观调查的介绍，完善一些人物的生卒信息；(5)删减或更换不合时宜的图片、例子、案例，如更新有关横断历史研究方法的举例；(6)对一些章节(如第八章)大幅精练文字以提高表达质量。在完成《心理学研究方法》第三版修订工作的基础上，将着手准备与教材配套的数字教学资源，以适应新形态教材建设的要求，更好地支持教材使用者提升教学和学习的效能。

我 2002 年博士毕业至今，先后在北京师范大学、中央财经大学和中国人民大学任教，早期主要从事发展与教育心理学研究，后来转向经济与社会心理学研究，具体研究课题不断变化，一路走来却不曾改变对心理学研究方法的学习热情。个人以为，一部好的方法学教材不应写成各种研究方法和技术的汇编。教材应该"有主导思想"，应该"有趣而好用"，这是我写作和修订这部教材时一直努力追求的目标，虽然这个目标总在自己能力的前面。恳请各位读者朋友和同行专家继续支持这部教材并不吝赐教，因为第三版付梓之际就是为第四版修订做准备之始。

辛自强

2024 年 3 月于中国人民大学

第二版前言

《心理学研究方法》第一版于 2012 年 10 月出版，写作该书的最初动因是为满足自己教授这门课程的教材之需。该书出版后不断得到学界同行和广大读者的认可，着实令人惊喜。至今该书已经先后印刷 7 次，被几十所高校用于心理学及相关专业本科生、研究生教材或考研用书，被更多人用作研究指南。这期间《心理学研究方法》也获得了一些荣誉。2013 年获得第三届中国大学出版社图书奖的优秀教材一等奖，2014 年入选"十二五"普通高等教育本科国家级规划教材，2016 年被教育部授予第五届全国教育科学研究优秀成果奖三等奖。

认可和荣誉实质上是激励和鞭策，促使我决定尽快修订和完善这部教材。在《心理学研究方法》第二版中我做了三个层面的修订。

第一，新增"单个案研究方法"一章。无论是个案研究，还是单被试实验，都侧重在单一个案层面分析数据或资料，故统称为单个案研究。单个案研究方法在心理学历史上曾一度占据核心位置，但后来群组设计、大样本推论统计成为心理学研究方法的时髦特征；时至今日，心理学研究方法更是日趋复杂化、烦琐化，像单个案研究这类"接地气"的研究方法却鲜为人用，屡被误解。能够基于一个或少量个案洞察心理规律，在一个又一个被试身上证明某种心理干预的有效性，这本来是心理学研究者应该具备的基本方法素养，然而，当前我们正在失去这种弥足珍贵的素养。个案研究是发现知识、启发理论思考的有效方法，单被试实验侧重证明某种"实践的有效性"，而非刻意在实验室内考察"研究的有效性"，这方面的方法学训练有助于提升研究者的理论洞察力，增强研究的应用导向。我在给心理学专业本科生和应用心理专业硕士研究生上课的过程中，日益体会到"单个案研究方法"正是当下方法学训练中缺失的一环，故本次修订做了弥补。

第二，更新一些涉及"时效性"的内容。例如，第三章中介绍文献类型、查阅方法时的一些举例，因为实际情况已经改变，故做了更新；第六章关于"世界价值观调查"案例的介绍，也根据最新进展予以更新。此外，凡是介绍某位学者生卒年代的地方，若第一版只是给出了出生年代，修订时则要仔细核对该人是否健在，确保信息及时更新。在做这类生卒年代信息的完善时，自己很是后悔，第一版就不应该写上出生年代，害得修订书稿时要不断查证某人是否安好。这令人颇为不堪和感慨——毕竟不能为了"论定"而"盖棺"啊！

第三，修订第一版中不尽如人意的内容。例如，第一版的第四章第二节关于统计检验力的介绍不够明确，修订时作了扩充；该章第三节最后一部分曾介绍过"测量尺度的制作与改善"，然而其中一些内容的写作意图不够清楚，此次修订时重写了这部分内容，以"测量方式及量尺的改进"为题进行论述，将心理学中的测量方式区分为客观测量和主观测量，最后指出，心理学研究方法的根本任务是尽量提高测量的"直接性"与"客观性"，力争使用更高测量水平的量尺，精确量化心理事件本身。这一观点实际上可统摄全书。第八章又增加了一个"延伸阅读"介绍"扎根理论"这种研究方法。此外，还增删了一些文字，更新了参考文献。

做上述修订时，笔者既考虑了本人的教学需求，又吸纳了读者的部分反馈建议。通过不断修订使这部教材更趋完善，作者责无旁贷。然而，教材只是学习和教学的工具，我们可以根据自己的需求灵活使用。借此机会，顺便对本教材的使用略作建议。一是对不同层次的学生，教学重点可能要各有侧重。对于心理学专业的本科生而言，若学时有限，可将教学的重点放在第一章至第九章以及第十四章，其余篇章由学生自主阅读；对于心理学科的研究生，可重点教授第九章至第十四章的内容，若他们本科期间未曾学习心理学研究方法课程，则可将第一章至第八章作为先修内容。二是教学中应该重视实际技能的训练。学生要在教师的指导下完成整个课程的"综合实践"任务，也要动手去做本书每章后的练习题。例如，学习第三章和第十四章时，学生需要通过反复训练掌握 APA 格式的参考文献写作规范；要结合第四章和第十四章等章节内容，练习写作和评析心理学研究报告。三是正确对待统计学知识的学习。本书虽然很少介绍统计公式等内容，但并不是不重视统计学知识的学习，而是假定读者已经对此有所掌握。

教材作为工具或媒介呈现了客观的知识，它经由学习者积极的、主动的、创造性的认知建构过程，才能变成学习者头脑里的知识；如果在这种建构过程中，能得到教师和其他学习者的协助则会提高学习效率。我衷心希望，这部教材能助力广大读者更高效地建构自己的心理学研究方法知识体系。

这部教材不仅介绍了心理学研究方法的基本知识，而且渗透了个人对当下心理学研究实践的反思和见解，所见可能偏颇，希望读者能做批判性阅读。心理学研究方法本身也在不断更新，知识如此浩繁，而我所知甚少，理解水平有限，写作教材时难免顾此失彼，不足之处"在所难免"。恳请读者不吝指教，使这部教材能不断完善。

辛自强

2017 年 9 月

第一版前言

在中小学时期，我们的学习主要是接受那些所谓真理性知识——"勾三股四弦五""作用力等于反作用力"，如此这般。然而在大学和研究生期间，我们除了学习人类已经获得的基本知识，还要花主要精力学习如何从事科学研究，从而发现知识，寻找真理。因此，科学研究方法的学习和训练是非常必要的。《心理学研究方法》这本教材则试图为心理学及相关专业的本科生、研究生和其他爱好者提供科学研究的基本指南。

究竟要把哪些研究方法的内容放在本教材里介绍，这取决于对心理学学科性质的认识。我们像大多数同行那样，将心理学作为实证科学来看待，认为心理学需要依赖实际观察所获得的经验性资料来检验假说、确定知识。因此，本教材侧重介绍心理学实证研究的方法和方法论及其他相关知识。

作为教材必须考虑到学生学习和教师教学的需求，以确保大家用着"得心应手"，让学生能"步步深入"地掌握各种研究方法和使用技巧。为此，本书在内容体系上，做了一些特别的取舍或安排。

第一，以学习的逻辑由浅入深地安排内容体系。知识体系有自身的逻辑顺序，但是作为教材，本书尽量以学习的逻辑为主线安排内容体系。第一章对心理学研究方法做简略概述后，就将学生引入研究过程，依次介绍选题、设计、收集数据、分析与解释结果、写作研究报告或论文等各个环节需要的方法知识。在心理学专业本科阶段，研究方法课程大多放在大学二年级或者三年级，这时学生还较少有直接进行心理学研究的经验，所以我们从研究方法中相对简单、可操作化的部分开始讲起，待学习者大致了解了研究的过程、方法、产品后，再来介绍相对抽象或复杂的方法论、理论思维方法等内容，以便提高对科学研究的理论认识，加强对研究的方法论反思和批判能力。这样由浅入深地安排内容体系，有助于学习者"尽快上手"，并不断提高。

第二，让知识有延展空间。本教材不仅是为心理学专业和相关专业的本科生准备的，也试图让它适用于研究生。总体上，本书前半部分介绍的知识相对基础或基本一些，后半部分则有"提高""强化"的性质；每一章除了介绍基本知识之外，还设计了"延伸阅读"内容，引导学生更深入地学习。希望这样的安排，能对那些热爱科学研究的本科生、打算报考研究生或已经开始攻读研究生学位的同学尽快提升研究能力有所助益。就我个人了解，目前考上心理学硕士研究生的同学一大半都是跨专业的，考博士的情况也类似，他们尤其需要尽快了解心理学研究方法，尽快成长为真正的"研究"生。

第三，增加关于理论思维方法的内容。传统上，心理学研究方法的教材只侧重介绍研究中的经验方法，以至于很多学生甚至专业的研究者在潜意识里都将"方法"简单等同于实验、观察、统计这些数据收集和计算的方法。实际上，科学研究中同样重要的是理论思维方法，然而这方面的内容无论是在教材中还是教学中均长期被忽视，从而造成学生理论思维能力的普遍薄弱，这一弊端直到他们博士毕业都未必能很好地克服。因此，书中增加了关于科学推理、理论建构等方面的章节。

第四，考虑方法类课程开设顺序，适当减少和同类课程的重叠。在心理学专业以及教育学、社会学等一些社会科学类专业中，研究方法的教学都有很强的共性。例如，心理学专业通常会先开设实验心理学、心理统计学、心理测量学这类课程，然后再开设一门"心理学研究方法"。从内容体系上来讲，"心理学研究方法"毫无疑问应该包括实验、测量、统计方面的内容；然而，在实际教学中，"心理学研究方法"这门课的教材应该侧重讲述"剩余"内容，一本"无所不包的"研究方法教材体系虽完整，但不太好用——学生不得不买这么一本厚厚的教材，实际上，很多内容在先前的课程中都讲过，这门课程的教师也只是挑其中的一部分来讲。因此，本书对于心理统计学的内容基本不讲，心理测量学等方面的内容也简化介绍。

第五，重视研究方法的实践，培养研究能力。学习这门课程不仅是为了考试，更重要的是要学会实际做研究。本书每章都提供了一些案例，设计了用于课堂或课下讨论的问题，还设计了课后思考题或练习题，以促进知识理解和应用。此外，还有一项综合实践任务：做一项心理学研究。希望学生能跟随教学进程，经历选题、设计，到研究实施，最后撰写研究报告这样一个完整的研究过程，实际做一项研究。这一综合实践任务被分解成若干子任务，设置在相应章节的教学中，学生可以在学习这门课程的同时做完这一项研究，获得一份成果。古人云"纸上得来终觉浅，绝知此事要躬行"，研究方法的学习尤其如此。方法学的知识只有在实际应用中才能真正理解，才能转化为真实的科研能力。

衷心期望《心理学研究方法》这本教材能帮助心理学及有关专业的学习者学会研究，走上科研之路！

衷心感谢各位读者，感谢本教材写作和出版过程中各位师长和朋友提供的帮助。中国心理学会前理事长、北京师范大学林崇德教授为本书撰写了热情的推荐语，山西师范大学张晓老师协助撰写了本书第八章的初稿，编辑何琳女士精心策划并校阅了书稿，在此深表感谢。书中引用了国内外同行专家的大量文献，也使用了他们的一些研究作为案例，在此一并致谢；若有不妥之处也请批评、指正。

辛自强

2012 年 8 月

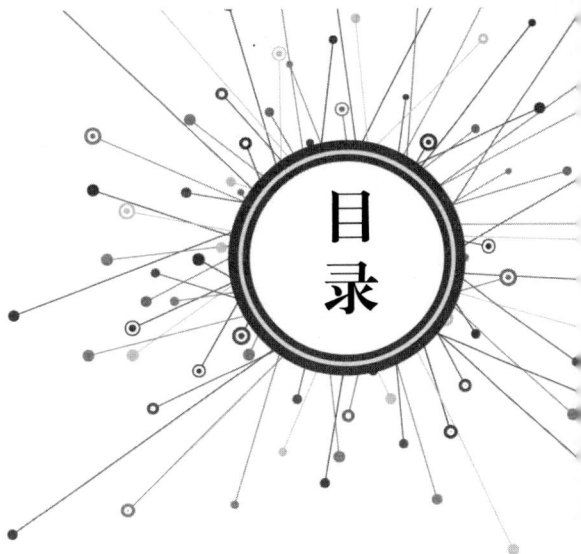

目录

第一章 绪 论

第一节 心理的科学研究 …………………………………………… 2

一、科学作为一种求知方式 ………………………………… 2

二、科学研究的一般属性 …………………………………… 4

三、心理学何以作为科学 …………………………………… 5

四、心理科学研究的特点 …………………………………… 9

五、心理科学研究的任务 …………………………………… 11

六、心理科学研究的过程 …………………………………… 12

七、心理科学研究的原则 …………………………………… 15

第二节 研究的方法论体系与取向 ……………………………… 17

一、方法论体系 ……………………………………………… 17

二、实验取向 ………………………………………………… 19

三、相关取向 ………………………………………………… 22

四、临床取向 ………………………………………………… 25

五、发展取向 ………………………………………………… 28

第二章 研究选题

第一节 研究课题的选择 ………………………………………… 34

一、研究课题的类型 ………………………………………… 34

二、选题的原则 ……………………………………………… 35

三、选题的策略 ……………………………………………… 38

四、发现问题与学术生长点 ………………………………… 40

第二节　问题与假设的提出 …………………………………… **48**
　一、提出科学的研究问题 ………………………………… 49
　二、陈述研究问题 ………………………………………… 51
　三、研究假设的特征 ……………………………………… 54
　四、研究假设的陈述方式 ………………………………… 55
　五、研究假设的检验逻辑 ………………………………… 57

第三章　文献查阅与综述
第一节　文献查阅 …………………………………………… **62**
　一、查阅文献的意义 ……………………………………… 62
　二、文献类型 ……………………………………………… 64
　三、文献来源 ……………………………………………… 66
　四、文献查找 ……………………………………………… 67
　五、文献阅读 ……………………………………………… 70
第二节　文献综述 …………………………………………… **72**
　一、如何写作文献综述 …………………………………… 72
　二、写作文献综述的注意事项 …………………………… 75

第四章　研究设计
第一节　研究设计的内容与类型 …………………………… **80**
　一、研究设计概述 ………………………………………… 80
　二、研究设计的内容 ……………………………………… 81
　三、研究设计类型 ………………………………………… 86
第二节　研究设计的效度 …………………………………… **91**
　一、内部效度 ……………………………………………… 92
　二、外部效度 ……………………………………………… 94
　三、构思效度 ……………………………………………… 97
　四、统计结论效度 ………………………………………… 98
第三节　概念操作与测量 …………………………………… **100**
　一、概念与界定 …………………………………………… 100

二、概念的操作化 ……………………………………… 101

三、操作定义设计的原则和方法 ……………………… 104

四、变量的测量水平 …………………………………… 107

五、测量方式及量尺的改进 …………………………… 111

第五章　实验法

第一节　实验法概述 …………………………………………… 118

一、实验法的概念和逻辑框架 ………………………… 118

二、实验的典型结构与成分 …………………………… 121

三、无关变量的控制 …………………………………… 124

四、实验研究的类型 …………………………………… 127

五、实验法的优缺点 …………………………………… 131

第二节　实验设计的模式 ……………………………………… 133

一、单因素实验设计 …………………………………… 133

二、多因素实验设计 …………………………………… 140

第六章　调查法

第一节　调查法概述 …………………………………………… 148

一、调查法的概念与特点 ……………………………… 148

二、调查研究的基本类型 ……………………………… 150

三、调查法的主要形式 ………………………………… 152

四、调查的实施方法 …………………………………… 153

第二节　问卷的设计 …………………………………………… 156

一、问卷的结构和基本设计要求 ……………………… 156

二、问卷编制程序 ……………………………………… 158

三、编题的原则与要求 ………………………………… 161

第三节　测验的原理与设计 …………………………………… 163

一、心理测验的含义与由来 …………………………… 164

二、心理测验的种类 …………………………………… 166

三、心理测验的编制 ……………………………………………… 168

四、心理测验的评价 ……………………………………………… 172

五、心理测验的标准化 …………………………………………… 175

第七章 观察法

第一节 观察法概述 …………………………………………… **180**

一、观察法的含义、特点与来源 ………………………………… 180

二、观察法的适用范围 …………………………………………… 181

三、观察法的类型 ………………………………………………… 183

四、观察内容 ……………………………………………………… 186

五、观察研究的设计与实施 ……………………………………… 187

第二节 主要观察策略 ………………………………………… **189**

一、实况详录法 …………………………………………………… 189

二、时间取样法 …………………………………………………… 190

三、事件取样法 …………………………………………………… 191

四、参与观察 ……………………………………………………… 193

五、特性等级评定法 ……………………………………………… 195

六、日记描述法 …………………………………………………… 195

第三节 观察的记录与分析 …………………………………… **196**

一、叙述性记录 …………………………………………………… 196

二、行为的分类记录和编码 ……………………………………… 197

三、在不同测量水平上量化行为 ………………………………… 199

四、观察资料分析的单位 ………………………………………… 200

第八章 访谈法

第一节 访谈法概述 …………………………………………… **208**

一、访谈法的含义与特点 ………………………………………… 208

二、访谈法的类型 ………………………………………………… 212

　第二节　访谈研究设计 ·· **218**
　　　一、访谈内容 ·· 218
　　　二、访谈对象 ·· 220
　　　三、访谈者 ·· 221
　　　四、访谈的情境 ·· 222
　　　五、访谈问题 ·· 223
　　　六、预访谈 ·· 230
　第三节　访谈实施与分析 ·· **231**
　　　一、访谈实施 ·· 231
　　　二、访谈资料分析 ·· 238

第九章　单个案研究方法

　第一节　个案研究 ·· **248**
　　　一、单个案研究 ·· 248
　　　二、个案研究的界定 ·· 250
　　　三、个案研究的设计类型 ·· 252
　　　四、个案研究的过程 ·· 255
　　　五、个案研究的优点与问题 ······································ 261
　第二节　单被试实验 ·· **262**
　　　一、单被试实验概述 ·· 262
　　　二、单被试实验设计的类型 ······································ 264
　　　三、单被试实验的数据分析 ······································ 267
　　　四、单被试实验设计的价值与不足 ································ 270

第十章　非介入性研究方法

　第一节　内容分析法 ·· **274**
　　　一、内容分析法概述 ·· 274
　　　二、内容分析研究的设计 ·· 276

第二节　元分析 ·· **282**

一、元分析的提出及意义 ······································· 282

二、元分析的常用统计方法 ··································· 283

三、元分析中的出版年代效应 ······························ 286

四、横断历史的元分析 ··· 287

第十一章　专用方法与技术

第一节　社会测量法 ·· **294**

一、社会测量法概述 ·· 294

二、社会测量的基本方法：提名法 ······················· 295

三、社会测量结果的整理 ······································ 298

四、其他社会测量方法 ··· 300

第二节　认知研究方法 ·· **302**

一、口语报告法 ·· 303

二、反应时技术 ·· 304

三、计算机模拟法 ··· 307

四、错误分析技术 ··· 308

五、微观发生法 ·· 309

第十二章　科学描述与推理

第一节　描述变量关系 ·· **316**

一、两变量的关系 ··· 316

二、三变量的关系 ··· 319

三、因果关系的条件 ·· 322

四、因果关系的类型 ·· 325

第二节　科学推理的逻辑 ··· **331**

一、科学推理的形式 ·· 331

二、归纳的逻辑 ·· 334

三、演绎的逻辑 ·· 341

第十三章 理论建构

第一节 理论建构概述 ································ **350**
一、理论的重要性 ································ 350
二、理论建构过程 ································ 354
三、理论评价的标准 ······························ 358
四、理论的竞争与更新 ···························· 361
五、心理学中理论解释的特殊困难 ················ 366

第二节 心理学理论的类型 ······················ **371**
一、描述事象的理论 ······························ 371
二、类型学理论 ·································· 372
三、过程理论 ···································· 375
四、发展理论 ···································· 377
五、结构理论 ···································· 380
六、功能理论 ···································· 384
七、其他理论形态 ································ 387

第三节 哲学与科学方法论的应用 ················ **390**
一、哲学对心理学的意义 ·························· 391
二、心理学中的哲学问题 ·························· 392
三、一般科学方法论 ······························ 397
四、系统论在心理学中的应用 ······················ 399

第十四章 研究报告写作

第一节 研究报告的结构 ······················ **410**
一、研究报告的"八股"结构 ······················ 410
二、"八股"结构的背后 ·························· 411

第二节 问题提出部分的写作 ···················· **415**
一、引子 ·· 415
二、文献的回顾 ·································· 416
三、文献的评论 ·································· 419

　　　四、介绍自己的研究 ………………………………………… 420

第三节　研究方法部分的写作 …………………………………… **422**

　　　一、被试 …………………………………………………… 422

　　　二、研究设计 ……………………………………………… 424

　　　三、工具、材料和仪器 …………………………………… 425

　　　四、程序 …………………………………………………… 428

　　　五、其他内容 ……………………………………………… 430

第四节　结果部分的写作 ………………………………………… **431**

　　　一、结果部分写作的原则与内容 ………………………… 431

　　　二、结果部分写作的技巧 ………………………………… 434

第五节　讨论部分的写作 ………………………………………… **437**

　　　一、讨论的内容 …………………………………………… 437

　　　二、讨论部分的写作技巧 ………………………………… 438

　　　三、讨论中的注意事项 …………………………………… 439

第六节　其他部分的写作 ………………………………………… **440**

　　　一、题目、作者和单位 …………………………………… 440

　　　二、摘要与关键词 ………………………………………… 443

　　　三、参考文献、致谢与附录 ……………………………… 444

参考文献 ………………………………………………………… 449

第一章

绪 论

第一节 心理的科学研究

第二节 研究的方法论体系与取向

在开始学习心理学研究方法之前，大家或许已经有了对心理学及其研究的大概认识，又或者这种认识还很模糊。无论如何，在学习任何一门课程或者这门课程的某个知识时，我们都会带着某些已有的知识和疑问开始学习之旅，基于自己的已有知识与教材、教师进行对话，在对话过程中不断提高自己的认识。作为本书的第一章，首先要介绍心理学研究方法的概况，说明心理学作为一门科学如何进行研究，会用到哪些研究方法。这一章的内容就是走入心理学研究方法世界的大门，学习之旅由此开始。

第一节　心理的科学研究

大部分教科书上都将冯特（W. Wundt，1832—1920）1879 年在德国莱比锡大学建立第一个心理学实验室作为科学心理学诞生的标志，这意味着心理学从此是一门"科学"了。那么，心理学作为科学如何开展研究呢？科学研究又是什么意思？心理科学研究的特点、任务、过程和原则有哪些？本节概要回答这些问题。

一、科学作为一种求知方式

我们知道很多事情，诸如地球是圆的，吃了不干净的食物可能生病，过春节可以在门口贴春联，等等。我们是如何知道的呢？可能有人会说，地球的知识是地理课上老师告诉我的，我曾经有吃东西闹肚子的经历，大家过春节都贴春联啊。这时我们已经在分析知识的获取方式，即求知方式的问题。

求知就是获取关于这个世界的知识和经验的过程，科学是获取知识的一种方式，此外还有其他的知识来源或求知方式，如常识的习得、接受权威的知识、个人经验、思辨。这里介绍五种求知方式，并把科学作为其中一种。

（1）常识法。生活中，我们每个人都从文化传统中获得了大量知识经验，是为"常识"。文化本身就包含着各种约定俗成的认识、不断积累的前人经验、大家普遍接受的共识。我们生活于特定的文化传统中，在耳濡目染、潜移默化之中逐渐从文化传统中习得了大量的常识。比如，贴春联，这是从小就经历的；吃多了糖牙齿会"生虫子"，妈妈和周围的人都这么说。文化传统是前人经验积累的结果，是众人社会实践的结晶，习得其中那些约定俗成的知识，让我们更好地适应自己生活于其中的文化。可以说，文化传统滋养了每个人的头脑，如同"润物细无声"的雨水滋养土地。我们可能说不清楚何时、何地获得了某个具体经验，但文化传统浸润了每个人，给我们知识经验。然而，文化传统中那些约定俗成的看法或做法可能是真实的、正确的，也可能是虚假的、错误的。历史上，人们曾长期坚定地相信"地球是平的""太阳围绕地球转"，当时的人们都接受这个众所周知的"常识"，而今天的科学常识却截然不同了——"地球人都知道"地球不是平的，也不是宇宙的中心。

（2）权威法。除了接受文化传统的影响，我们还不断接受一些权威人物的知识经验。权威通常是受过专门训练的人、有特殊社会地位的人以及有声望的人。比如，先贤、智者、巫师、主教、族长、专家、学者、教授、院士、领导、影星等都是某种权威。对于过去的儒生来说，"子曰"的内容比什么都有说服力；对于现代的电视观众，他们容易接受某位"荧屏专家"的观点。通常，知识提供者越专业、声望越大，其观点就越容易被接受。人们每天从图书、报纸、电视、广播、网络中获得了大量来自权威的知识。有些权威的知识是确实可靠的，是可以检验也经得起检验的。有些则不然，是值得怀疑的。比如，一位"糊弄人的"所谓医学权威声称"吃生茄子能治癌症"，然而这个说法并没有得到严格的检验。有宗教领袖说，若干年后地球有毁灭性灾难，那时上帝就会派太空船把信众接走而免于灾难，这类"信则有，不信则无"的说法在宗教中很多，但未必属实。放心吧，至少现在地球和大家都平安无虞。总之，宗教需要人们信仰，权威让大众服从，而科学则鼓励人们怀疑和验证。

（3）经验法。我们接受文化传统，就是接受"前人"和"众人"的常识，相信权威就是接受这些特殊人物的观点，这样获取的都是间接经验。此外，个人直接经验也是知识的主要来源之一。依靠个人感官，在生活中观察和体验，通过这种直接经验的方式我们可以获取大量知识。生活中，我们体会到"自己的关节开始疼，可能就快下雨了"，这就获得了关于关节炎和天气关系的认识。然而，个人经验往往是具体的、特定的，未必能从中概括出普遍性的认识和可靠的知识。一位农民可能知道耕种的某块地施用氮肥好还是磷肥好，这是多年与这块地"打交道"获取的耕种经验，但这未必能让他搞清楚土壤性质和科学施肥的普遍原理。我们每天都看见太阳从东方升起，然后"转到"西方落下，正是这种经验让古人一直自我中心地认定太阳是绕着地球转动的，然而科学发现并非如此。有些个人经验本身就是歪曲的，是错觉。心理学发现了人类大量的错觉现象，反复告诫人们"眼见不一定为实"。

（4）思辨法。无论是常识法、权威法，还是经验法都强调了知识是从外部来的，求知是个由外而内地获取直接和间接经验的过程。然而，获取的经验还需要做内部的推理和思辨。除观察世界、接受他人观点以外，人们还依靠直觉、洞察，通过各种推理过程获取知识。思辨法体现了知识的"内生"性质，思辨是从经验中概括知识，从旧知识产生新知识的心理过程。很多坚持理性论的哲学家甚至认为，经验本身是不可靠的，它反映的往往是事物的表象甚至假象，只有借助推理这样的理性过程，才能超越经验，得到真理。不过，没有经验，也就没有了思辨的内容和基础，虽然思辨很重要。在心理学成为科学之前，人们已经通过思辨获得了大量的心理学知识。今天的心理学总体上已不是一门思辨的学问，但思辨、推理、顿悟这些非经验的方法依然在获取知识的过程中发挥着重要作用。

(5)科学作为一种求知方式。常识法、权威法、经验法、思辨法都是人类求知的重要方式或途径，而对于今天的人类来讲，科学研究则成了求知的最为重要的方法。科学研究是通过经验观察和逻辑推理，系统地探索人类未知世界，积累真理性知识的过程。

科学研究虽然时常从常识和权威的洞见中获益，但不能囿于常识和权威看法。在天文学中，托勒密的天动说(地球是宇宙的中心，太阳等天体绕着地球转动)符合当时的日常经验或常识，然而这是错误的，最终哥白尼的行星系统模型(地球等天体绕着太阳转)被承认是"更科学的"。科学经常要超越那些看似"理所当然"的常识和直接经验，超越貌似"毋庸置疑"的权威说法。科学论文中提到某人的研究或观点时，恰恰不允许说"某教授认为""某研究院专家提出"之类的话，这些称谓或出身门第信息或许可以增加所引观点的权威性(这点在做广告时被充分发挥)，但未必增加研究的科学性。科学知识的价值不是由发现者或提出者的权威身份决定的。

科学要通过观察、实验等方法获取实际经验，对经验进行严密的逻辑推理，获取真理性认识，推进人类的认识水平。科学方法并不排除其他求知方式，但有所超越。比如，观察和实验都是获取经验的手段，但是要依照严格的科学程序和规范去获取实际经验，而非停留在个人感受与主观体验层面；科学家也使用推理这样的思辨过程，但并非冥想玄思，而要以获取的经验事实为推理依据。

二、科学研究的一般属性

什么是"科学"？有人认为"科学是一种系统的、有组织的、正确的知识体系"。对于这种观点的表述，"系统的""有组织的"等术语并不引起歧义，关键是"正确的"一词值得讨论。通常，或者在日常生活中，我们认为"科学的"就是正确的，科学的知识就是真理。而事实上，对某个命题或理论是否正确或者是否为真理加以判断并非那么容易，对真理的判断问题历史上一直争论不休。绝对的真理观认为有绝对正确的真理，而坚持相对真理观的人则认为任何所谓科学理论都是科学发展历程中暂时被接受的，或者准确一点说是尚未证伪而只好接受的一组假设。科学家在不断追求真理，逼近真理，科学研究是不断"逼真"的过程。因此，更稳妥的理解是：科学并不是一种静态的、"正确的"知识体系，它不是一种完成状态，而是对某种规律的探索过程，科学是进行时的、动态的过程——虽然我们一直在寻求一种正确的理论，历史上也确实会存在很多所谓"正确的"理论。

科学研究是一种求知活动，这一活动过程具有如下一般属性。

（1）客观性。科学研究以探求事物的客观规律为己任，对规律的探求必须采取客观的态度，实事求是，对客观事实不能歪曲，也不能主观臆测。所有的科学研究工作都首先要保证客观性，以客观的态度追求客观规律。相信存在客观规律，也就是承认世界受制于决定性的法则。

（2）决定论。科学研究通常是以承认或部分地承认决定论为前提的。决定论认为无论是物性还是人性，无论是自然世界还是社会世界，都受因果法则支配，可以描述、解释、预测和控制。决定论是一种认识论，科学家通常相信世界存在某种确定的因果规律，然后以科学方法寻找规律，理解世界。否则，也就没有必要开展研究了。

（3）继承性。科学是人类的事业，个人开展的科学研究必须放在人类的宏观背景下才有意义。科学研究必须以前人的积累为基础，承继先前的认识水平并寻求突破。那种没有继承性的研究不可能对人类科学进步有所贡献。

（4）创新性。继承并不是科学研究的目的，继承最终是为了创新。科学家就是要在前人的基础上提出新理论，获得新发现，创造新方法，形成新产品。创新是科学研究的本质特征。

总之，科学研究就是在继承前人的基础上，以客观的、创新的方式探求事物背后起决定作用的运行规律的活动，它力图把人类的认识带到新的水平。

课堂讨论1-1

（1）什么是科学？结合现实生活中的实例，讨论科学的本质，列举各种"非科学"的表现。

（2）心理学是科学吗？为什么？

三、心理学何以作为科学

关于心理学是否能作为一门科学的问题，争论由来已久，虽然今天大多数心理学家已经不再怀疑心理学的科学属性，但是仍然有反对的声音。要正确看待这一问题，就要了解心理学是如何成为科学的。

　　几乎每一位心理学史家都喜欢引用德国心理学家艾宾浩斯的一句话来描述心理学的历史，即：心理学虽然有一个长期的过去，但仅有一个短暂的历史。所谓过去，主要是指心理学的前科学时期或哲学心理学思想时期；所谓历史，指的是"科学心理学"的历史。通常，科学心理学诞生的标志被认为是1879年冯特在德国莱比锡大学建立心理学实验室。这一事件，每一位刚进入心理学领域学习的人都会被告知。然而，大家未必有机会真正了解其中的含义和原因。这里结合历史背景大致说明心理学何以能获得"科学"的地位。

　　第一，近代机械论哲学传统给心理学带来了"决定论"等哲学观念。

　　在17世纪的欧洲，工程师们发明了一系列机械装置，如水泵、滑轮、齿轮、起重机等，这些发明不仅影响了人们的生产和生活，而且对人们思想的影响更为深远。在这些发明中，机械钟表的发明影响最大。钟表的形象和工作原理塑造了欧洲的时代精神，而这引导了自然科学和新心理学的方向。

　　"17—19世纪的时代精神（zeitgeist）是滋养新心理学的智力土壤。17世纪潜在的哲学——基本的背景力量——就是机械论（mechanism）精神，宇宙的形象就是一个巨大的机器。这种学说坚信所有的自然过程都是被机械地决定的，并且能够通过物理学和化学的原理来解释（Schultz & Schultz, 2000, pp. 24—25）。"

　　这种机械论思想发源自物理学。伽利略（1564—1642）和牛顿（1642—1727）等人认为，宇宙的基本规律是物体之间力的相互作用，在宏观世界是这样的，在微观世界也是这样的，即原子之间的吸引和排斥。由此，宇宙被设想为像钟表一样运作。机械钟表是17世纪机械论最理想的隐喻，这就像计算机对于20世纪下半期的时代精神和信息加工心理学那样。机械钟表的特点是规律性、可预见性、精确性，由此，它被科学家（如英国物理学家波义耳、德国天文学家开普勒）和哲学家（如法国人笛卡尔）视为宇宙的理想模型。

　　机械论思想确立了科学研究必需的两个哲学观念，那就是决定论（determinism）和还原论（reductionism）。决定论者相信任何事情都是由过去的事件决定的，同样，现在也将决定将来，宇宙的变化就像钟表的行走一样是可以预测的。钟表的工作原理可以由组成它的各个零件来说明和理解，同样，任何事物的运行原理也要由它的组成元素（如分子、原子）来说明，这就是还原论。

　　在"宇宙是机器"的思想影响下，自然而然地产生了"人是机器"的观念。例如，笛卡尔（R. Descartes, 1596—1650）就从物理学的原理出发，把动物和人看作机器。他认为神经是一种空管，内有细线，一端连接感官，另一端通到脑的某些孔道的开口。当外界刺激感官时，便拉动细线，从而拉开孔道开口的活塞，让脑室内的动物精气沿着神经管流到肌肉，于是肌肉膨胀产生动作。这是西方思想史上最早提出的反射论模式，虽然笛卡尔没有正式提出"反射"这一术语。后来，另一位法国思想家拉·美特利（De La Mettrie，1709—1751）发展了笛卡尔的思想，他说："让我们大胆地断言，人是机器。"这样，人就和宇宙中的万事万物放在了同一个位置上，即被设想为机器，可以研究其中

决定心理的齿轮

的机械工作原理。人被以自然科学的方式进行研究只是早晚的事了。"新心理学"，也就是科学心理学，正是建立在机械论哲学及其决定论和还原论思想基础上的，直到今天心理学家依然秉承决定论思想，并部分地接受了还原论思想，虽然科学解释不限于还原。

第二，实验室的建立和实验法的使用让心理学研究得以"去中心化"。

皮亚杰（J. Piaget，1896—1980）对儿童认知的研究使他认识到，去自我中心是认知能力发展的重要表现，这个观念被他进一步推广到了科学认识论上，即认为"去中心化"是使一门学科摆脱前科学状态的基本要求（皮亚杰，1999，pp.10-11）。在前科学状态时，思想是自发性的、自我中心的，具体表现在两个方面：一方面是，认为自己处于世界（物质的和精神的世界）的中心；与此相关的另一方面是，把自己的行为规则和习惯确立为普遍的规范。例如，在物理学思想方面日心说的长期存在，在生物学思想方面人类长期以来视自己为世界的主宰，等等，都可以说明人类自我中心的思考方式。除了以人类自身为理解问题的中心外，研究者或思考者个体也会陷入自我中心的虚幻中。例如，在哲学心理学中就是如此。意识或心灵的内容是个体"独有的"，别人很难把握，即便可以由外而内地推测，最后也往往陷入相对主义的两难："子非我，焉知我不知鱼之乐"。为了理解心灵，哲学家只能依赖内省法。然而，传统内省法获得的"事实"是无法比较、无法检验的。

心理学要想成为一门科学，就必须放弃自我中心的做法，寻求能够获得一般性的、可以检验的、可以比较的事实的方法。只有这样，心理学才能走上客观化的道路，走向科学的殿堂。心理学"去自我中心"的努力在冯特那里获得了一定的成功，也为心理学的发展指出了方向。冯特创立了第一个专门用于研究的心理学实验室，主张把实验法和内省法结合起来，以实验条件控

制内省，即在实验控制的条件下观察自我的心理过程，以消除单纯内省法造成的"自我中心"或主观化弊端。虽然冯特主要强调了实验，但其中包含的内省方法依然没有实现彻底的去自我中心，这一点冯特自己也意识到了。后来，美国的行为主义者，如华生（J. B. Watson，1878—1958）则更为彻底，为了避免内省法天生的缺陷，将内省和意识等一同弃而不顾，这一做法虽然备受批评，但代表了心理学去自我中心而力图客观化的有益尝试。

实验法源自物理学、化学、生理学等自然科学，它在心理学中的运用（如心理物理学）使得心理学获得了与自然科学一样的科学地位。而高尔顿（F. Galton，1822—1911）对人体机能（包括某些心理机能）的测量，采用了很多统计分析方法（中位数、四分差、相关和回归等概念，据说都是他提出的），为后来心理测量学的产生奠定了基础。总之，实验方法、定量研究、统计分析这些方法和技术确保了心理学研究的客观性，也确定了心理学研究的科学地位。

第三，实证主义确定了心理学作为科学的基本方法论原则。

19世纪实证主义运动对科学精神的推崇，对形而上学的反对，为心理学的诞生提供了良好的氛围。实证主义的鼻祖是法国思想家孔德（A. Comte，1798—1857），他倡导的实证主义原则是：一切科学知识都必须建立在来自观察和实验的经验事实的基础上。虽然心理学被孔德排除在科学大名单之外（其根据是那时的心理学采用的内省法无法检验而不能被接受），但是在他之后的半个世纪里，德国的冯特、法国的比奈各自独立地找到了通往可检验的科学的道路：前者通过实验室的内省，后者通过客观的测量技术。可以这么说，虽然孔德主观上排除心理学，但客观上他所制定的实证科学的方法论为心理学家指引了方向，促进了科学心理学的产生。

实证主义推动的结果体现在方法方面，那就是把心理学定位于实验科学。这里的实验是广义的，可以理解为"实际经验"方法，包括严格的控制实验，也包括系统的观察等。哲学的方法主要是思辨和直觉，这种方法获得的资料是难以比较的，无法检验的。然而，科学需要以明确的事实为基础，实验方法获得的事实则有可能是明确的、可以检验的。这就为不同的研究者在一个明确的问题范围内共同努力推进研究提供了"共同的检验场地"（皮亚杰，1999，p. 18）。把心理学建立在来自观察和实验的、可检验的经验事实的基础上，心理学才能作为一门科学，并获得长足发展。简单地说，科学心理学就是实证心理学，虽然今天的心理学家不像孔德那么激进，强调必须通过直接观察来证实命题。如果能直接以观察到的事实来证明命题，当然是"实证"；即便不能如此，若能通过间接的观察或逻辑的推理而证实，也是可以接受的，这门学问也是实证科学。

四、心理科学研究的特点

心理学作为科学，在研究方面与其他科学分支有着共同的特点。

（1）探求的规律是可以检验的。心理科学追求的规律，是一种自然规律，它"建立在因果决定论或随机分配之上，它的真实价值完全在于它与事实的相符一致（皮亚杰，1999，pp. 6-7）"。心理学研究试图确定心理与行为现象背后起决定作用的因果法则，寻求各种统计上的关联性，即统计规律（也就是皮亚杰所说的"建立在随机分配之上"的规律）。这些规律是可以检验的，可以在新的样本身上或在新的条件下反复观察到，可以用经验事实加以否定。

（2）采用科学的研究方法获取经验事实以检验规律。科学方法包括实验法、观察法等，通过这些方法收集资料（如数据），借助统计程序、逻辑方法等归纳事实，检验关于规律的假说，从而修正假说，形成理论。

（3）要限定研究范围。哲学和宗教往往研究总体性、全局性问题，试图统观世界，做出终极解释。心理学作为实证科学，必须限定研究范围，只研究那些基于现有方法可以研究的问题。如同皮亚杰（1999）指出的，"一旦人们同意把问题……限定起来，使问题解决从属于人人都能看到、都能检验的事实时，科学就开始了（p. 17）"。"为了在学术方面有所进展，必须限定问题，把目前不可能取得一致的问题放在后面，而在那些人人都能看到、都能检验的领域里勇往直前（皮亚杰，1999，p. 18）。"当然，随着科学方法和技术的突破，可以研究的范围会被重新定义。例如，20 世纪中期，行为主义反对研究内在心理过程的做法受到了广泛批判，信息加工理论重新界定了研究范围，采用口语报告法等新技术恢复了对"心理"的研究。

（4）通过变量思维开展研究。为确保规律可检验且便于收集资料或数据，在限定研究范围后，通常进一步将研究问题转化成变量及其关系来处理。虽然从背景中分离出变量的过程并不容易，也可能有损研究对象和问题的完整性，但是唯有聚焦到一些特定的变量及其关系上，研究方能不断深入。

我们不仅要了解心理学作为一门科学的基本特点，而且要看到心理学是一门特殊的科学，与自然科学或其他实证科学有着不同的特点（延伸阅读 1-1）。自然科学的研究对象是客观世界，而心理学的研究对象和研究者都是人，人有主观性、能动性、社会性、发展性、差异性、复杂性，这大大增加了研究的困难；由于研究的主客体都是人，主体对客体的研究过程中存在相互作用和相互影响，带来了各种干扰研究结果的因素；这种关于人的研究还涉及复杂的伦理问题。就像心理学之父冯特早就认识到的，心理学研究的是人们的直接经验，这种经验必须基于人的内省报告，因此，心理学是唯一一门需要一个"经验着的主体"的科学。总之，正是由于心理学研究的独特性和复杂性，使得心理学的研究在方法上有更高的要求。如果说心理学是介于自然科学与社会科学之间的学科，那么可以说，心理学是对研究设计要求最高的自然科学分支，也是实证研究需求最高的社会科学分支。因此，良好的方法学训练，对于心理学的学习者和研究者来说，是必不可少的。

延伸阅读 1-1　心理研究的特殊性

　　心理学研究的主要对象是人，研究者也是人，加之心理现象的复杂性，使得心理研究有着比自然科学更多的困难和特殊之处。这具体表现在如下方面。

　　（1）人是有意识、有心理的有机体，要研究人必须得到研究对象的配合，研究对象的主观性和能动性对研究结果有重要影响。

　　（2）人是生物实体，也是社会实体，人的社会性特征（如社会赞许性）会干扰研究结果。

　　（3）人的心理具有发展性、变化性、动态性，这增加了研究的难度。

　　（4）人的心理具有个体差异，基于统计方法得到的规律未必适用于每个个体。

　　（5）心理变量及其关联因素的复杂性，使得研究中变量分离起来很困难，研究的准确性受到影响。

　　（6）以人为对象的研究，在变量的精确操控方面存在很多困难。

　　（7）这种以人为对象的心理学研究会涉及复杂的伦理问题。

　　（8）由于心理和意识本身不能被直接观察，只能根据外显刺激和行为来推测心理过程，大大增加了心理研究的间接性和研究逻辑的复杂性。

　　（9）由于心理现象的复杂性，研究变量控制的困难，致使在心理学中建立可检验的或可证伪的理论存在很多困难。

　　（10）心理学不仅研究对象是人，研究者也是人，这种"人脑对人脑"的研究中的主客体可能存在复杂的相互作用和相互影响。

　　［资料来源：董奇（2004），pp.8—10。据此整理］

五、心理科学研究的任务

心理学研究是一种科学研究，旨在对心理与行为的特点和变化规律进行描述、解释、预测和控制。

首先是描述。描述主要回答"是什么"的问题，对研究对象在某种条件下的心理和行为状况、特点以及不同方面的关联性进行刻画。例如，在生命的不同时间里，社会性经历着哪些变化呢？变化是什么样的呢？这就需要心理学家通过观察、实验、调查等方法收集有关变化的信息，对变化过程进行描述，譬如可以描述儿童性别角色概念、依恋、自我概念是怎样变化的。其中关于变量关系的刻画，大多数情况下可能只是对事物关联性的描述，但是有时却可以理解为一种解释，如确定了因果关联，这不仅是描述，也可以用原因解释结果。

其次是解释。仅仅说明基本现状和特点是什么，是不够的。研究还要回答"为什么"的问题，揭示某种现象存在的内部与外部原因，阐释变化发生的机制与条件，说明心理的作用与结构。解释包括很多种类型，如因果性解释、发生学的解释、功能性解释、结构性解释等（第十三章将专门论述）。还以发展心理学为例，儿童的性别角色概念是遗传的结果，还是环境或教育的结果？为什么有的孩子被同伴喜欢，有的则相反？我们如何知道自己的形象？这都是人们爱问的问题，也是心理学家必须回答的问题。

再次是预测。人类总是有着预知未来的冲动，难以忍受对明天的不确定性。如果知道现在以及过去变化的规律和原因，那将来如何变化呢？因此，科学研究的重要任务之一就是在描述和解释的基础上预测某个事件将来发生的可能性。心理学研究中的预测往往是统计学意义上的，是对事件发生概率的预测，由于心理及其影响因素的极端复杂性，并不能做出100%有把握的预测。例如，我们通常会这样提问："什么类型的亲子关系可能最有利于儿童成年后形成良好的恋爱关系？"回答往往是做出某种可能性的预测，如"婴儿期亲子依恋为安全型的个体比不安全型的在成年初期更可能拥有健康的恋爱关系"，又如"幼儿期的高攻击性可能影响青少年期的社会适应，前者能预测后者15%的变异"。

最后是控制。有些心理现象是沿着人们期望的方向发生的，而有些变化是人们不愿意看到的，于是需要在描述、解释和预测的基础上，对心理特点及其变化加以控制，以趋利避害。所谓控制，就是根据已有的科学理论或实际成果，操纵某种现象本身或改变其发生的条件，使研究对象朝着预期的方向改变或发展。如果高攻击性不利于儿童将来的社会适应，就可以考虑通过教育的方式或者其他干预方式削弱其攻击性，增强其人际亲和力，促进良好社会适应能力的发展。

科学研究这四个层次的任务通常是逐层递进的，后者是在前者的基础上进行的，是对前一个层次上研究的深化。各种各样的心理学研究，大体都是在完成上述某个层次或者某些层次的任务。

六、心理科学研究的过程

社会学家华莱士（W. Wallace）1971 年曾经提出了一个研究的流程模型——"科学环"，以描述科学研究循环的逻辑（图 1-1），这同样适用于心理学。

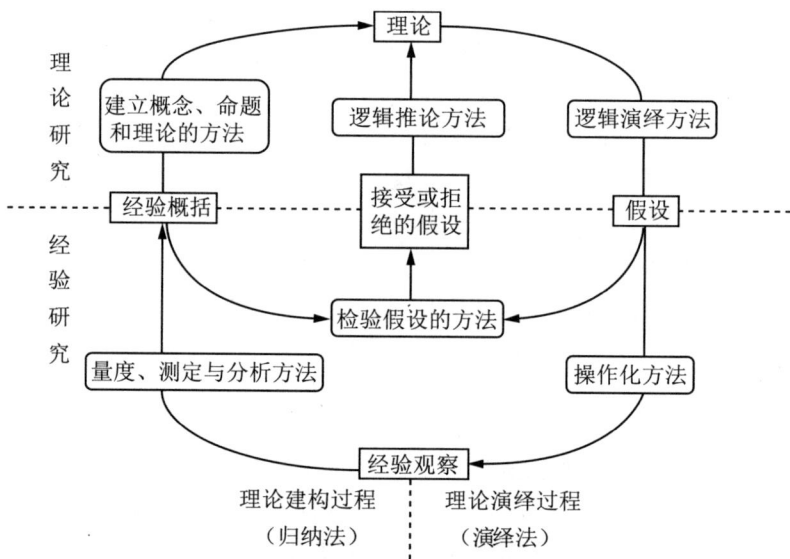

图 1-1 华莱士的科学环

[资料来源：W. Wallace（1971）. 社会学中的科学逻辑. 芝加哥：A. A. 公司，pp. 18-23. 转引自：袁方，王汉生（1997），p. 93]

在这个科学环中，用直角方框表示五种状态的知识：（1）理论；（2）假设；（3）经验观察；（4）经验概括；（5）接受或拒绝的假设。一项科学研究工作可能从任意一种状态的知识开始，从而加入这种科学循环中，在往复循环的过程中，研究日益深入，对规律的认识从感性认识上升到理性认识，再上升到具体的理性认识。

在科学环中，这五种状态的知识是由六套研究方法（以弯角的方框表示）连接起来的。它们是：(1)逻辑演绎方法；(2)操作化方法；(3)量度、测定与分析方法；(4)检验假设的方法；(5)逻辑推论方法；(6)建立概念、命题和理论的方法。各种状态的知识通过这些方法得以转换。垂直中轴线的右侧是从理论到经验的演绎过程，左侧是从经验到理论的归纳和概括过程。在水平中轴线的上侧是理论研究的过程，下侧则属于经验研究的过程。一个完整的科学循环或者科学研究过程应当包括所有的这些过程，只有这样才能建立起经得住经验检验的理论，建立起能够解释经验的理论。而实际上，一个具体的研究过程可能会简单一些，只重点进行某个环节上的工作。下面结合心理学的学科特点说明研究的过程。

第一，研究始于问题。

在上面的科学环中，很难确定研究究竟从哪儿开始，换言之，任何一个环节都可以是研究的起点。而在实际的研究工作中，应该从问题开始。问题从根本上讲来自实践和思考者的理论需要。而问题能否成为科学研究的问题，要看问题的价值。如下情况不能算有价值的问题。

(1)别人已经解决了的问题。这要查阅大量文献，了解目前进展。只有找到那些尚未被解决的问题，新的研究才能开始。这是很多心理学专业的学生没有给予足够重视的方面，以至于很多研究报告给人的感觉是"前无古人，后无来者"。所谓"前无古人"指没有交代清楚问题的来源，没有理清以往研究的来龙去脉，从而也不能说明一项新研究的必要性和意义。所谓"后无来者"指研究者总是试图"毕其功于一役"，觉得自己的研究似乎解决了所有的问题，而看不到自己研究的弱点，看不到后来者超越的可能性。

(2)没有理论意义，也没有实践价值的"新问题"。有些问题虽然是新的，但是没有明确的理论意义或实践价值，这种问题通常也不必研究。而有些情况是，某些研究者认为的所谓"新问题"，实际上是出于无知，对整个领域的理论发展、整个科学和哲学的发展不清楚。

因此，在做研究之前，系统地综述并客观地评析以往这个领域的研究是非常重要的工作，绝不是可有可无的。认真了解前人的工作，是进一步探索的基础，只有把自己的工作纳入科学发展的历史进程中，才能推动科学发展。如果每个人都是从头来，科学研究很难深入或者提高。那些从来不用标注参考文献的论文和报告通常与科学无关。

在对以往文献进行综述并提出问题时，要做到三个方面：说明以往做了哪些研究以及这些研究的来龙去脉；说明以往研究与自己的研究有什么关系，即自己的研究要解决哪些以往没有解决的问题；说明自己的研究目的和假设。

第二，问题的解决需要合适的方法。

方法有不同的层次：最高的层次是哲学的认识论、一般科学方法论（如系统论）；其次是某个研究领域的方法论，即具体指导研究的理论体系；最后是"技术性"的方法，如被试选择方法、研究设计方法、数据收集方法、数据处理方法等。原则上讲，方法没有什么"高下"，不存在万能的先进方法。方法的好坏取决于能否解决问题，就像药物的好坏，要以能否治病为标准。有些人认为，一项心理学研究只要用上了复杂的统计方法或所谓的高科技手段就是好的研究，这实际上是一种非常错误的认识。方法是达到目的的手段，目的就是解决问题，手段要以目的来衡量。

由于研究是理论与经验之间的互动，理论必须得到经验的支持，经验必须得到理论的解释。因此，从方法上来看，必须把抽象的理论演绎成一组理论假设，把理论假设转化为一组可以检验的研究假设，才能进行经验研究。理论假设所使用的概念及其关系往往很抽象，并且难以在实验中操作，因此必须转化成操作定义。比如，"智力越好，数学学习成绩也越好"这个理论假设就很难直接验证，因为对于什么是"智力"，什么是"数学学习成绩"，每个人的理解可能是不同的。但是，如果说智力就是根据韦克斯勒智力测验测量的智力，就明确多了；同样，可以用某种测验工具和程序定义什么是学习成绩。这样就可以用收集的数据表示两个变量，考察变量之间的关系。理论假设转化为操作假设，是为了保证研究的可操作性、可验证性、可重复性。然而，并没有方法保证从理论假设到操作假设，从操作假设到数据的过渡或转换是合理的，因此，反过来，并不一定能保证经验认为合理的东西归纳到理论层次上仍然不犯错误。这是在研究中必须充分重视的问题。

确定了具体的研究假设后，就要选择合适的方法收集有关的经验材料。例如，可以用测验法进行智力测验，以获得智力水平方面的数据；类似地，可以用学绩测验收集数学成绩方面的数据。然后，就可以根据统计方法对样本中两个变量的特征进行描述统计，并根据样本信息推测总体上两个变量的关系。例如，可以用相关系数或者回归系数表示两变量关系的方向与密切程度。

在撰写研究报告时，首先要综述文献并提出问题与研究假设，接下来的重要一步就是说明解决问题的方法，如被试选择、研究工具与材料、研究程序、资料编码技术、统计技术等。对于方法的说明要客观、明确、具体，以便于别人进行重复和验证研究。

第三，对经验研究结果的整理。

收集的原始资料通常是非常庞杂的，因此要进行整理。整理资料的方法有很多。最基本的有逻辑的方法，如归类、排序等，还有统计的方法，如描述统计、推论统计。在描述统计中主要描述样本数据的分散和集中程度；推论统计要根据样本信息推及总体，实际上是一种归纳过程。总之，是要通过各种资料处理方法，寻找其中隐藏着的规律，以验证研究假设。

这里必须说明的是，要正确使用并正确对待统计方法。统计方法只是寻找规律的一种方法而已，不能幻想通过玩弄数字游戏或统计伎俩提高研究的质量。另外，要认识到统计方法的局限性，统计方法只能处理量化数据，很多事物却不能量化，量化的有时不是本质。在很多情况下，思辨方法是必需的，它包括分析、归纳、概括和抽象等。因此，使用统计技术时，要与深入的理论思维相结合，从而达到研究的目的。

在研究报告的撰写中，要以平实准确的语言报告研究结果，可以使用图表等呈现有关信息，所有的信息都应是真实的，表述应该符合科学规范，实事求是，不能夸大或主观推测。

第四，对结果进行讨论并建构理论。

对于重要的研究结果、研究中发现的重要问题都要进行讨论。讨论可以是分析自己的结果与以往研究结果的关系，分析某个现象的原因，分析研究存在的问题并指出今后的研究方向，等等。讨论的写法各种各样。对于有些研究，还要根据研究结果建构理论体系，理论要具有自洽性、简洁性、一定的普适性等特点。

七、心理科学研究的原则

虽然心理学研究多种多样，但都要遵循如下基本的原则。

（1）客观性原则。客观性原则，也就是实事求是的原则。规律是客观的，不以人的意志为转移。对规律的探求应该做到实事求是，这是一切科学研究的基本要求——求真务实。然而研究的过程是一个主体与客体相互作用的过程，容易产生主观化的错误。例如，功利心会促使极少数的人丧失理智，篡改数据，夸大事实；即便有务实的研究态度，研究者已有的观念也很容易使观察或调查受到污染，只挑选了需要的信息，而做出与客观情况不符合的片面结论。总之，一个稳健的研究者应该了解如何在研究中贯彻客观性原则。

（2）系统性原则。事物都是普遍联系的，处于有组织的系统中。现代系统科学与哲学揭示的很多基本原则对于理解心理学问题都有指导意义。例如，整体性原则、矛盾性原则、层次性原则、动力性原则等，都可以用来理解心理的本质。以家庭对儿童发展的影响为例，可以单独研究家庭成员的特点，如父母的文化水平与儿童发展的关系，这是在考察两个各自独立的元素之间的关系；可以研究亲子互动对儿童发展的影响，这是把儿童置于人际相互作用关系中考察其发展，即考察元素之间的关系对其中一个元素的影响；也可以探讨整个家庭系统的演变与儿童成长的关系，这是在考察系统与元素的关系；当然，这种研究还可以探讨系统与系统的关系，甚至这种关系的演变。总之，研究可以在元素的层次、元素关系的层次、关系结构的层次、系统的层次、系统演变的层次等不同层次上进行。每个层次的研究都不能孤立地看问题，要考虑研究的层次性，考虑各因素的相互关联，用系统的原则指导研究。

（3）发展性原则。一个"活的"系统应该是变化的，因此，心理的研究坚持发展性原则或动态性原则。心理系统的变化有很多形态，最典型的是心理的发展。心理的发展有两个层次：人类作为一个种系的心理进化与作为个体的心理进化，即种系心理发展与个体心理发展。个体的心理特性和品质往往处于从"萌发"到发展成熟，甚至衰败的变化过程中，从总体上看，这种变化是在单向的时间维度上展开的，是不可逆的。除了心理发展，还有各种形式的变化过程，如学习性质的变化、信息加工中知识状态的变化，等等。在具体研究中，必须注重发展性原则，即在系统性原则的基础上把时间维度考虑在内，考察系统的动态变化过程，而不能静态地研究"死的"系统。

实验可以，但想想可怜的孩子。

（4）伦理性原则。心理学的研究对象大多数情况下为人类被试，人有着自己的权利和尊严，任何研究都必须尊重这一点，并旨在促进其发展，提高他们的生活质量与生存价值。具体说，以人为被试的心理学实验必须遵循的基本伦理原则至少包括：保证被试的知情同意权；保障被试的退出自由；保护被试免受伤害；为被试保密。在研究中不应该违背人类普遍的和个体所处文化中认为重要的伦理原则。例如，心理学家华生在 1920 年做过一个经典实验（华生，1998）。实验对象是一个名叫艾伯特的 11 个月的男孩，实验者让他玩白鼠。最初，这个孩子一点儿也不害怕，后来，实验者在小孩玩白鼠的时候，敲打钢棒，发出猛烈的声响。几次以后，小孩即使没有听到响声，一看到白鼠，也极度害怕，还害怕与白鼠类似的物体，如狗、白兔、皮外套、棉花、羊毛等，甚至圣诞老人面具。诚然，这个实验有力地说明了害怕是通过条件反射学习的。然而，华生也因此背负了不尊重儿童的指责，因为这种实验对儿童是一种精神上的伤害。类似地，社会学习理论的主要代表人物班杜拉（A. Bandura，1925—2021）开展的"拳击玩偶"的观察学习实验，一样有培养孩子攻击行为的嫌疑。在社会心理学中，有个著名的"模拟监狱实验"，因实验造成了被试的心理紧张和情绪困扰而受到批评。即便一些以动物为对象的实验，也应该尽量做到保护动物，减少损害。心理学的研究，特别是认知神经科学、学习心理学、生理心理学方面的研究经常以动物为被试。目前，关于动物实验伦理的问题，仍在不断争议中，尚无定论，至少一些动物保护组织在强烈抗议对动物的过分伤害。无论研究对象是人还是动物，在研究之前都通常要求研究者向其单位的科研伦理委员会提交研究方案，做伦理审查；在投稿的论文中要做伦理陈述，承诺研究已经充分遵守了伦理原则。

在研究中要坚持的原则还有实践性原则、教育性原则等，这里不再一一列举。

第二节 研究的方法论体系与取向

所有科学的核心问题都是方法论（瓦西纳，2007，p. 2）。然而，心理学专业的学生一再被灌输了很多关于方法论的错误观念。例如，心理学的研究方法就等同于实验方法、统计方法之类；心理学就是做实验的科学；有些方法比其他方法更科学或更高级。这一节将澄清方法论是一个体系，包括很多层面；心理学的方法是多样化的，可以区分出实验取向、相关取向、临床取向、发展取向，心理学的学科史并不是单一方法的历史，而是多线式演进的。

一、方法论体系

通常"方法"这一概念主要指具体方法，特别是数据收集方法，如我们说某项研究采用的方法为实验法或访谈法。实际上，方法有更广泛的含义，也有不同的层次，从而构成一个方法论体系。

在方法论体系中最高的层次是哲学与一般科学方法论，(1)哲学中的认识论、逻辑学等，如辩证唯物主义、实证主义等；(2)一般科学方法论，主要是"老三论"(系统论、控制论、信息论)和"新三论"(耗散结构论、突变论、协同学)，其中最具普遍指导意义的是系统论。由于这些内容比较艰深，放在本书第十三章来论述其在心理学研究中的应用。

其次是某个学科或研究领域的方法论，即对学科性质和方法学问题的一般认识，可以具体体现为指导研究的范式。心理学研究方法论要探讨的主要问题是：(1)心理科学能否像自然科学那样客观地认识心理现象？(2)是否存在客观的心理规律？(3)心理研究的哲学与科学方法的区别与联系是什么？应采用何种方法来研究心理现象？(4)如何判断心理科学知识的真理性？(5)人的主观因素(如价值观、伦理观)对心理研究有什么影响？(6)心理学研究的特殊性及其挑战是什么，等等。对这些问题的回答，可能体现在指导研究的特定范式里。

例如，行为主义学派就有关于上述方法论问题的基本看法。1913年，华生发表了一篇著名的论文《行为主义者心目中的心理学》(Watson，1913)，从而宣告了行为主义(behaviorism)的诞生。他在文中提出："心理学是自然科学的一个纯客观的实验分支。它的理论目标在于预见和控制行为。"也就是说心理学的目标是研究行为，而不是意识。他还认为人与动物之间并无分界线，"应当把人与动物放在同样的实验条件下"进行研究，即强调用实验的方法研究行为。行为是有机体对刺激的反应，只要"知道了反应就可以推测刺激，知道了刺激就可以预测反应"，为此"刺激—反应"公式被行为主义者奉为普遍的原则。华生的主张实际上彻底批判了传统心理学的两个中心思想，即传统心理学认为意识是心理学的对象，内省是心理学的方法。华生认为，意识是神秘主义的，不是科学的研究对象；内省法决定了过去的心理学都是在安乐椅上冥思苦想出来的，是不可靠的。由此，行为主义的范式确立，成为指导广大追随者的基本方法论。总之，心理学研究往往"受益"并"受制"于不同的方法论或研究范式。

最后是"技术性"方法，如被试选择方法、研究设计方法、数据收集方法、数据处理方法、理论建构方法等。被试选择方法包括简单随机取样法、系统随机取样法、分层随机取样法、整群随机取样法、多段随机取样法、方便取样法等；研究设计方法包括很多类型，有个案研究与成组研究、实验室研究与现场研究、因果研究与相关研究、发展研究与非发展研究等很多种划分；数据收集方法包括实验法、调查法、观察法、访谈法等；数据处理方法包括数据的整理方法、描述统计方法、推论统计方法等；理论建构方法包括归纳法、演绎法等。作为研究方法的教科书，都会用大部分篇幅来介绍这些技术性方法。这里不展开说明，留待本书后面具体阐述。

心理学研究的方法论体系涉及众多层次，每层上有很多具体的内容，这里主要根据研究方法论和研究设计的特点，区分出心理学中常用的四类研究方法取向：实验取向、相关取向、临床取向、发展取向，分别介绍各自的特点与历史渊源。

二、实验取向

实验取向是"学院派"心理学的主要方法取向之一，它是从自然科学（如物理学、化学、生理学）借鉴来的研究思路。实验取向是指对变量做系统的操控以建立因果关系的方法。这种操控是临床取向和相关取向所没有的（珀文，2001，pp.16-17）。在这种取向里，实验者操纵一个变量（同时要控制无关的变量），再观测它对另一个变量的影响，这两个变量分别被称为自变量和因变量，如果两者有关系，就可以被推定为因果关系。例如，有人认为受到挫折是引起攻击行为的主要原因，而试图提出"挫折—攻击说"，那么可以用实验方式创设情景使一组被试受到挫折，然后观察他们是否比没有受到挫折的人更富有攻击性，从而寻找"受挫"与"攻击性"之间的因果联系。

实验取向与临床取向或相关取向存在以下不同点：（1）临床取向重视单个个体，而当今的实验取向通常是研究许多被试，并通过推论统计得出研究结果。（2）相关取向强调个体的差异，而实验取向强调可适用于所有人的普遍心理规律，不重视或不期望个体差异的存在。（3）与临床研究和相关研究都不同的是，实验取向的研究者可直接操纵感兴趣的变量以考察其影响（珀文，2001，p.17）。总之，实验取向的研究关注规律的普适性，通过变量操控活动获取因果规律，规律的获得以忽略不同被试的个体差异而追求其"平均"水平为基础。通常，有关心理的行为主义研究、认知或社会认知的研究、认知神经科学研究，在总体上大都坚持了实验取向。

实验取向的研究源自冯特、艾宾浩斯、巴甫洛夫等人的开创性贡献。不过需要强调的是，这些开创性的实验工作乃至心理科学建立后最初半个世纪的实验研究，大都只使用单个或很少的被试，也不做推论统计（辛自强，2018，p.12）。心理学史专家一般认为，冯特1879年在德国的莱比锡大学建立心理学实验室一事可以标志实验心理学的诞生，也标志"科学心理学"的诞生。冯特在德国建设实验室的时候，大体在同一个时期，沙科（J. Charcot，1825—1893）正在法国从事临床观察和研究，而高尔顿在英国进行个体差异研究。与高尔顿被公认为个体心理学的创始人一样，冯特则被公认为"普通心理学的创始人"（珀文，2001，p.17）。因此，每个刚开始心理学专业学习的学生都被老师告诫要记住这一历史事实，足见心理学工作者对实验方法的推崇。冯特有深厚的生理学和化学基础，他借助自然科学的实验方法，使心理学从哲学的怀抱中摆脱出来而成为独立的科学心理学，这一点功不可没。

1879 年 12 月的一天，在德国莱比锡大学一座破旧小楼三楼的一个小房间里，一位教授和两个年轻人组装了一些简单的仪器，开展了心理学的第一次实验。四年后，这所大学建成了有七个房间的实验室。从此，这里成了心理学家的摇篮和圣地，这位叫冯特的教授成了"心理学之父"。

同样是在 19 世纪末的德国，另一位心理学家艾宾浩斯（H. Ebbinghaus，1850—1909）对记忆的大量研究，有效推动了实验方法在高级心理机能研究中的应用。他非常重视对实验的控制，并试图建立适用于所有人的记忆原理。例如，他使用无意义音节作为学习材料，以考察重复学习对记忆的效应以及遗忘与时间的函数关系。使用无意义音节可以控制被试已有经验的作用，排除已有个体差异影响实验结果的可能。艾宾浩斯的工作使人们看到实验方法不仅可以应用感知觉的研究，也可以用于研究记忆这样的高级认知机能。

俄国生理学家巴甫洛夫（I. Pavlov，1849—1936）以动物为对象进行的条件反射实验也有深远的影响。在实验中，由于肉（无条件刺激）与铃声（无关刺激）多次配对使用，即使单独呈现铃声，而不提供肉，也能使狗产生唾液分泌反应，在这种情况下，铃声就成了条件刺激，铃声引起的唾液分泌就是一种条件反射。由此可见，条件反射出现的关键是条件刺激与无条件刺激的配对使用。这就揭示了学习的刺激—反应联结的内在机制，对行为主义学习理论的产生和发展有重要影响，因此巴甫洛夫在西方常被尊称为"学习理论之父"。他的影响不仅是学习领域，也包括情绪与社会性的研究（延伸阅读 1-2）。

巴甫洛夫研究的影响不仅是理论上的，而且是方法论上的。大部分实验研究都是操纵某种外部刺激以考察它所引起的行为反应，这种"刺激—反应"的逻辑不仅被后来的行为主义者奉为理论纲领，也是被他们践行的一种方法论原则。由此，我们不难理解，为什么行为主义者非常推崇实验研究。

延伸阅读 1-2　关于狗的情绪实验

巴甫洛夫的动物条件反射实验中，还涉及了狗的情绪问题。他让一个刺激与正强化物相联系（如让圆与食物建立条件作用），让另一个刺激与中性或厌恶刺激相联系（让椭圆与电击建立条件作用），以考察当狗不能区分这两种刺激物时会发生什么情况，结果发现，这时狗会产生情绪失常行为，因为它已经不能区分哪种刺激将带来令自己愉快的还是痛苦的强化物。巴甫洛夫的这些研究工作提示人们可以用实验的方法研究神经症、情绪失常等病态人格和社会性的发展。

这种方法取向是和特定的心理学派别结合在一起的。有关心理的实验取向研究主要是由行为主义学派和认知心理学家进行的。从观点上来看，认知理论（信息加工理论）虽然是对行为主义的"反动"（如反对行为主义不研究意识或心理问题），但是两者在方法取向上有根本的一致性。具体表现为：

第一，客观化的研究思路。实验取向的研究操纵客观的刺激，观测客观的行为反应，以确定二者的因果关联，而且二者都有清晰的界定，研究过程有较强的可重复性。这种客观化的研究思路可以确保研究的结果不因时间、地点和研究者的改变而发生改变。而科学的主要特点之一正是可重复性与可检验性。因此，实验方法被认为是"科学的"方法，坚持对心理和行为进行客观化实验研究的行为主义和信息加工理论就往往被视为"学院派"心理学或者"科学心理学"的典型理论体系。

第二，忽视个体差异，寻找普遍模型。行为主义不仅忽视人类的个体差异，甚至试图抹平人与动物之间的鸿沟，认为动物和人都受相同的规律制约，今天的认知神经科学研究也有类似看法；而信息加工理论同样试图建立一般的概念模型，将人和计算机做功能上的类比。总之，人与物之间的差别没有得到足够重视，人与人之间的差别也没有得到足够重视。

第三，把心理或行为上的变化还原到外部刺激那里。无论是行为主义理论，还是信息加工理论都不重视心理自身的发展，即便关心发展，也是把发展视为学习的结果，认为是外部强化物和环境因素导致了心理的变化，在发展动因问题上是典型的"外铄论"（或环境决定论）；由于忽视内在因素，特别是心理结构自身的演进，因而这些学派的研究者大多不承认发展具有阶段性，多持"渐变论"，因为学习所导致的变化往往是累积性的、逐渐变化的。总之，实验取向的研究者倾向于把心理或行为的变化归结为对外部刺激的反应或学习，把心理还原到外部刺激物那里。

可见，这些学派的理论主张是和其方法论统一在一起的。今天的很多研究者或许不会明确主张自己认同行为主义或者认知心理学，但是只要坚持实验取向，就很容易在理论观点上表现出上述特点，因为实验的方法论决定了研究者如何看待心理的本质。

三、相关取向

相关取向的研究（或相关研究）通常使用调查或测量方法收集数据，借助统计方法分析变量之间的关联性。例如，要考察公众的人格特点与社会经济地位的关系，可以通过卡特尔（R. B. Cattell，1905—1998）编制的人格 16 因素问卷测量被试的人格特点，通过收集他们的学历、收入、职业声望数据并加以综合以代表社会经济地位，然后进行相关或者回归分析，以确定人格特点与社会经济地位的关联程度。

相关研究具有以下特点：（1）它通常采用调查法收集数据，如通过问卷和测验开展调查或测试，同时收集多个变量的信息，并用数量关系反映变量之间的关系。（2）与临床研究只以少数被试或个案为研究对象不同，相关研究通常从大量的被试身上收集数据。（3）临床研究获得理论的方式是根据临床观察资料在头脑里直接进行归纳，而相关研究则主要依赖统计方法进行归纳和推断，如借助描述统计归纳来自样本的数据信息，借助推论统计从样本信息推论总体特点，还可以借助高级统计技术建立能够拟合数据的理论模型。（4）由于不像实验研究那样操控变量，相关研究一般不能得出因果结论，只能表明变量之间是否有关联或能否相互预测。（5）相关研究关注个体差异，而不像实验研究只关心一般模式或建立普遍模型。

心理研究的相关取向传统可以追溯到高尔顿、斯皮尔曼、比奈、霍尔等人的开创性工作。高尔顿是英国的心理学家、优生学家、遗传学家和生物学家，他对心理学的贡献有两个方面：一是对个体差异及其决定因素的研究，二是对心理测量学和统计学的贡献。由于对个体差异的研究和对相应研究方法的开拓性贡献（延伸阅读 1-3），高尔顿被尊为个体心理学的创始人。

延伸阅读 1-3 高尔顿的贡献

作为达尔文的姑表弟，高尔顿深受进化论的影响，并开始研究人的个体差异是否受遗传因素的影响。他选取了英国的 977 位名人，对他们的家谱进行调查发现，他们的亲属中有 332 人与他们同样有名；而在人数相等的普通人中，只有他们的一个亲属是名人。据此，他认为名人的才能出自遗传。高尔顿的名著《遗传的天才》这样写道："一个人的能力乃由遗传得来，其受遗传决定的程度如同机体的形态和组织受遗传决定一样。"但是后来，很多学者认为高尔顿的家谱调查不够可靠。因为名人家庭良好的教育也可能是能力发展的重要影响因素，不能简单地得出遗传决定论这样的观点。

据高尔顿的学生皮尔逊不完全统计，高尔顿一生著书 15 种，撰写各种学术论文 220 篇，涉猎范围包括心理学、遗传学、优生学、统计学、地理、天文、气象、物理、机械、人类学、民族学、社会学、教育学、医学、生理学、指纹学、照相术、登山术、音乐、美术、宗教等，是一位百科全书式的学者，被称为"维多利亚女王时代最博学的人"。高尔顿出身贵族，似乎更容易相信遗传决定论。

高尔顿是第一个倡导心理测验的人。他于 1884 年在伦敦国际博览会上专门设立了一个人类测量实验室，先后测试了近万人的身体素质与感知运动能力。可以说，这是第一次对个体差异进行大规模的系统测量。高尔顿还提出了相关系数这一概念，用以刻画两个变量的数据之间的关系。这项工作后来由皮尔逊（K. Pearson，1857—1936）进一步发展，这就是统计学上至今使用的皮尔逊积差相关。

在高尔顿的影响下，另一位英国心理学家斯皮尔曼（C. Spearman，1863—1945）对智力的个体差异进行了更深入的测量研究，从而提出了智力的一般因素与特殊因素学说。而他更有影响的贡献是发明了因素分析这种统计方法，这是心理学家贡献给统计学的方法之一。后世学者对智力和人格因素结构的持续研究大大推动了因素分析技术的发展，使它成为今天心理学研究中常用的统计技术。

相关取向的研究不仅建立于个体差异的思想以及统计方法之上，而且离不开必要的收集数据的工具或方法。法国心理学家比奈（A. Binet，1857—1911）1905年编制的第一份智力测验为心理测量提供了有效工具。此后，心理学家编制了各种智力测验、人格测验，使用这些测验做心理测量是相关研究中收集数据的基本方法之一。除了成型的心理测验，问卷法因其编制和使用的灵活性也被广泛使用。美国儿童心理学家霍尔（G. S. Hall，1844—1924）推动了问卷调查方法在心理学中的大规模使用。他在20年里对儿童做了194项调查，问卷调查内容涉及儿童的知识、信念、态度等。例如，他在问卷里询问孩子们的日常经验和一些关于词语含义的问题；如"你见过牛吗"，或"你的肋骨在哪里"。答案或对或错，正确率被用来描述儿童群体而不是单个儿童。农村儿童被用来和城市儿童做对比，男孩和女孩做对比，黑人和白人做对比，等等。这类做法虽然早就有人批评（延伸阅读1-4），但至今依然盛行不衰。

延伸阅读1-4 比奈对实验法和问卷法的批判

早在一个多世纪之前，法国心理学家比奈（1894）就曾对德国人的实验和美国人的问卷这两种方法的狭隘性和误导作用进行了尖锐的批判。虽然这些批判今天看起来未必公允，但引人深思。

比奈以发明智力测验而闻名，但少有人知道他也是儿童认知实验研究的先驱。这么伟大的学者，竟然一直没有评上教授！

他在其著作《实验心理学导论》中曾这么评价冯特的内省实验："被试走进一个小屋，根据电信号进行反应，留给实验员的只不过是一个词……被试只有三种选择——'相等'、'更大'或者'更小'——实验员总是好像在实验前就把结果设定好了。他们的目标很简单，但却只是一个人为虚构的目标，一个掩盖了所有令人讨厌的复杂因素的目标。"

霍尔和他的学生利用量表方法进行的大规模研究也没有能给比奈留下好印象。对此，他曾写道："那些喜欢把事做大的美国人总是发表一些对上百甚至上千人的实验。他们相信一项研究的最后价值是与被观察的人数成正比的。这太荒唐了。"

[资料来源：Cairns & Cairns(2006)]

虽然相关取向的研究难以得出因果结论，过分重视数据统计而相对忽视理论引导，但是它很好地体现了实证科学的"量化"特色，对统计方法的使用增强了研究的精确性，有助于揭示变量关系。心理学研究中往往很难将某个因素与其他因素割裂开，而置于实验室良好的控制情景下进行研究，在这种情况下使用相关取向的研究可以揭示众多变量之间的复杂关系，如变量的相关或预测关系、中介或调节关系、回归或路径关系等。特别是随着计算机技术和统计技术的发展，研究者可以借助各种统计软件和相应方法对很多变量之间的关系进行理论建模和验证，因此，相关研究在今天的心理学研究中依然具有重要地位。从理论派别或学科分支上看，相关取向的研究在智力的因素学说、人格特质与类型学说以及大多数心理学分支学科中都被广泛使用。

四、临床取向

临床取向指对个体进行系统的深度考察(珀文，2001，p. 3)。无论是经典精神分析学派、新精神分析学派，还是人本主义学派都主要是在临床取向上进行研究。这些学派的研究者往往是开业医生，他们在自己的临床实践中，以临床观察的案例资料为基础，通过天才式的思考，以自己的独特视角诠释人性和心理的本质。他们通常很少使用"科学心理学"所认可的实验方法，也很少使用统计方法探讨变量关系，相反，这些方法被他们所诟病。马斯洛(A. Maslow，1908—1970)曾指出："人们提供给我们的是巧妙完整的、精细的和第一流的实验，但这些实验中至少有一半与长期存在的人类问题没有关系。"由此，临床取向的研究一直被排除在所谓"学院派"心理学之外。科学研究的主要特点是可重复性与可检验性，而临床取向的理论体系大都无法用实验的方式加以检验，被很多人认为不够科学（至少很多实验科学家这么看待）。虽然如此，像精神分析学派、人本主义学派的这些临床取向的研究，对整个心理学，甚至人类思想文明都产生了深远的影响。

对心理或精神世界的临床研究或思考，应该追溯到一位法国人沙科那里（珀文，2001，pp.3-5）。沙科是巴黎神经病诊所的一位医生，他对来就诊的癔病患者进行了研究，并用催眠术加以治疗。沙科更重要的贡献是对其他医生的培训工作，其中有三位学生成了临床研究中的著名人物。

一位学生是让内（P. Janet，1859—1947），他继沙科之后担任了神经病诊所的所长，并继续进行癔症研究和催眠术研究。他发现，癔症病人的心理机能可能是分裂的，这种分裂的意识不受控制，才出现了癔症症状。今天，很多对无意识过程进行内隐研究的认知心理学家对让内的思想很感兴趣。

沙科的另一位学生是美国的普林斯（M. Prince，1854—1929）。他的重要贡献有两个方面：一方面是对多重人格进行了研究；另一方面是他于1927年创建了哈佛心理诊所。

后来接替普林斯做所长的就是人格研究的著名专家默瑞（H. A. Murray，1883—1988）。默瑞受弗洛伊德（S. Freud，1856—1939）和荣格（C. G. Jung，1875—1961)的影响很大，作为一名医生非常重视临床观察。他与人合作编制的主题统觉测验，在今天仍然被应用于考察人的幻想、无意识需要等。但与经典精神分析学家不同的是，默瑞除了重视临床方法以外，还很重视实验研究。他1938年出版的《人格探究》这部名著的副标题就是"对50名男大学生的临床和实验研究"，可见他试图将临床和实验方法整合起来。同样有趣的是，该书所题献的人中，有普林斯、弗洛伊德和荣格。

沙科的第三位学生，也是最著名的学生，是弗洛伊德。1885年，弗洛伊德获得一笔小额研究补助金，使他有机会去法国跟随沙科学习了四个半月。这对弗洛伊德有两个方面的影响：一是把癔症作为心理失调而不是生理疾病，并用催眠术加以治疗；二是使他意识到性问题对很多病人的重要影响。

如前所述，从经典精神分析学派到新精神分析学派无疑都是在临床取向上进行研究，而人本主义学派虽然反对精神分析学派的很多观点，但是实际上受到了新精神分析学派观点的某些影响，它们研究的方法取向是一致的（延伸阅读1-5）。

延伸阅读 1-5 临床研究各学派的一致与差异

临床研究的各学派，包括经典精神分析学派、新精神分析学派（包括在美国的社会文化学派），以及人本主义学派，不仅在方法取向上一致，这些学派的观点也只不过是在有着对立两极的一个尺度上，差异只是表现在其观点是处于如下尺度的两极或中间的不同位置而已。

（1）人性本恶与人性本善。经典精神分析学派对人性的看法是消极的，而人本主义理论则相信人性本善，新精神分析学派则处于二者之间，或者认为人性既善又恶，或者认为人性非善非恶而是中性的。

（2）重视生物本能与重视文化的作用。经典精神分析学派是典型的本能决定论与泛性论，而精神分析的社会文化学派与人本主义理论则注意到了文化对个体发展的影响；但是，三个学派在本质上都更强调人性中的自然因素，把人性看成由生物因素（如性本能、自然需要）决定的，虽然他们中有些学者认为不能否定文化的作用。

（3）研究"病人"与研究"超人"。精神分析学派研究的对象主要是各种心理病人，而人本主义理论在关注病人的同时，也关注那些极少数的自我实现的人，或者说"超人"。

弗洛伊德（左）与马斯洛。照片表情已经投射出他们对人性不同的看法了。

（4）人是被动性的还是自主性的。在经典精神分析学家眼里，人只能被动地接受本能的摆布，出现人格障碍后，也只能被动接受治疗；而人本主义理论家则强调人可以主动地自我实现，患者可以发挥自主性与主动性；精神分析的社会文化学派的观点则介于二者之间。

总之，虽然临床取向的研究在理论主张上具有上述不同特点，但这些主张往往处于同一个尺度上，只是不同的学者关注心理的不同侧面。我们要看到其间的差异，更要理解其共性，特别是在研究取向与思考的理论视角上的共性。

[资料来源：俞国良，辛自强（2004）]

五、发展取向

在一般的心理学研究中，通常不关注心理作为一个系统的演变问题，只关心系统是什么，如"人格是什么""智力有几个因素""性别与智商有没有关联"，这类问题不涉及心理在时间维度上的演变。与此不同，发展取向的研究就是要探讨心理作为系统在不可逆的时间进程中演变的一般规律。

何谓发展？"用最一般的术语讲，任何科学中的发展观点，都需要探索不可逆转的时间流里新异性出现的一般规律（瓦西纳，2007，p.21）。"发展取向的研究在内容上关注系统的演进规律，包括系统中的新异性是如何出现的，一个系统如何转化为另一个系统以及一个系统如何维持自身的存在；发展取向的研究所获取的核心规律必须是关乎时间维度的，而且时间是不可逆转的。具体到心理学中，我们可以刻画某种能力演变的过程，某个领域知识建构的顺序，各种人格特质如何变化，个体内的与个体间的变异如何发生，心理如何随着社会变迁而变迁，这些都是发展取向的研究关心的问题。举例来说，皮亚杰关于认知结构的平衡—不平衡—平衡的公式，就是在描述认知结构的发展问题。关于"发展"的本质，是一个复杂的理论问题，这里只初步介绍，本书第十三章还会再次讨论这个问题。在这里，我们至少要认识到发展取向和非发展取向研究的区别。上述实验取向、相关取向的研究通常并不关心发展问题，甚至与发展取向是矛盾的。

一提到发展取向，我们自然会联系到发展心理学及其前身儿童心理学。虽然并不是所有儿童心理学和发展心理学的研究都是发展取向的，但"发展"思想和方法论塑造了这一学科的历史。而且要指出的是，发展心理学的研究并非源自实验心理学的所谓"光荣传统"。

我们今天公认的发展心理学或者儿童心理学之父是德国人普莱尔（W. Preyer，1842—1897），其著作《儿童心理》一书在1882年出版，这被公认为发展心理学诞生的标志。在这之前三年，也就是1879年，另一位德国人冯特在莱比锡大学建立了世界上第一个心理学实验室，这标志着实验心理学的诞生。因为实验心理学是心理学的支配学科，所以很多人说这是"心理学"诞生的标志。不过，这种说法有以偏概全之嫌。实验心理学诞生在前，发展心理学诞生在后，这纯属巧合，绝非是说实验心理学是发展心理学的基础。无论从学术思想上，还是个人成长上，早期发展心理学家都很少受到实验心理学家的影响。所以在《儿童心理学手册》的"发展心理学的历史"一章中，作者（Cairns & Cairns，2006，p. 90）明确指出："发展心理学有自己独特的历史，它虽与实验或普通心理学史有关，却相对独立。"实际上，实验心理学的存在，某种程度上阻碍了早期的发展心理学研究，如冯特这样的"大人物"是反对研究儿童心理的，因为小孩子语言能力有限，很难应用他的实验内省法。

实验心理学的产生是研究者向物理学、化学这类学科学习的结果。这些学科以实验法为基础，这种实验思想被借鉴来研究心理现象，才有了实验心理学。而发展思想的渊源则是生物学领域的那些涉及发生、发展、进化的分支，包括胚胎学、进化论、比较生物学等，如德裔俄国生物学家冯·贝尔（K. E. von Baer，1792—1876）的发展原理、德国生物学家海克尔（E. H. Haeckel，1834—1919）总结的生物发生律以及达尔文的进化理论都是发展思想的直接来源。实际上，儿童心理学之父普莱尔本人也是一位胚胎生理学家，他出版《儿童心理》一书四年之后，又出版了其姊妹篇《特殊的胚胎生理学》。普莱尔的两部著作构成了他完整的研究计划，即说明生命和功能在出生前和出生后的关联性。普莱尔的思想和整个的发展思想都受到了上述生物学分支的影响。发展心理学的"根"不是实验心理学，也不是实验科学，而是生物学中机能演化和发生的思想。直到后来的皮亚杰、沃纳（H. Werner，1890—1964）这些伟大的儿童心理学家都受到生物学的深远影响。例如，皮亚杰是生物学博士出身，毕业后转攻儿童心理学研究。沃纳也曾受到生态学家的影响，提出了自己关于发展的著名论断（延伸阅读 1-6）。

延伸阅读 1-6 沃纳的发展观

沃纳生于维也纳，并在那里度过了学生时代；在德国的汉堡大学曾与心理学家斯特恩（W. Stern，1871—1938，智商概念 IQ 的提出者）和雅各布·冯·尤科斯库尔（Jacob. von Uexküll，一位早期生态学家）一起工作，他还受到格式塔心理学的莱比锡学派的影响。在 1926 年，他写出了

《心智发展的心理学》。由于纳粹的迫害,他在 1933 年离开汉堡,最后移居美国,在韦恩县技术学校、布鲁克林学院等地工作,1947 年到克拉克大学工作,并一直待在那里。在 20 世纪 50 年代,他领导建立了美国心理学的克拉克传统(Clark tradition),确立了克拉克大学在发展心理学历史中的地位。

沃纳基于生物学的发展思想,提出了他关于发展的著名论断,他认为:"发展是从相对缺少分化向分化逐渐增加和等级整合状态推进。"分化,指组织、器官和个体这类整体变成具有不同功能和形式的组成部分的过程;等级整合,指各个部分重新按层级整合到更高的结构中。例如,自我与客体的分化、整合。在最初的阶段,环境或客体根本不被注意,除非在它直接作用于自我的时候,也就是说,这时几乎没有自我和客体的分化。在接下来的阶段,有了一些自我和客体的分化,但是基本根据客体的用途或与自我的关系来识别客体。在更高的阶段上,能在抽象的水平上,客观地、科学地应对世界,自我与客体在分化后重新被整合。

总之,从学科起源来看,发展心理学的基础是"发生、发展"的思想,这些思想最初来自生物学的某些分支。实验心理学顶多是发展心理学产生的一个相关背景,二者是"相关关系",而非"因果关系"(辛自强,2009)。几乎所有的发展心理学的理论背景,包括"发展"这个概念,都源自以发展为取向的生物学分支(如胚胎学、进化论、比较生物学),历史上很多的主流发展心理学家也都是出自生物学背景的。

发展的本质是心理在时间维度上的展开过程、变化过程。发展取向的研究,要解决的问题是心理如何随时间而发生和变化。只有对心理的时间本质的研究,才可能(未必一定)是真正发展取向的研究。实验取向的本质是操纵感兴趣的自变量,发展取向感兴趣的变量是时间,然而,时间的单向性和不可逆性决定了它不能被操控,也不能重复。由于时间不具备可控性和可重复性,无法在实验中操纵,而发展的基本维度恰恰是时间,所以发展研究本质上不能采用实验法(辛自强,2009)。如果可以笼统地说,发展心理学家可以做实验,那么实验一定是"非发展的"实验,与普通心理学的实验无异,只是采用了某个或几个特定年龄的被试而已,这种实验研究无法探讨心理的发生、发展规律。

回顾发展心理学的历史，真正发展取向的研究是不做实验的。例如，皮亚杰就不做实验，虽然他喜欢弄些有趣的物理小实验来研究儿童的认知，但这里的实验并不是普通心理学意义上的"实验"，而是为了观察儿童的表现设计的一种刺激条件，研究的目的不是证明"实验"条件与心理的因果关系，而是要刻画不同年龄儿童的思维结构各有什么特点。或者可以说，这是一种实验室观察法，而非实验法。我们可以在实验室里观察，甚至创造条件来观察，但仍然是观察，最后要回答的问题是不同年龄的儿童有什么认知特点，但研究并不能操控年龄。对时间或年龄，不能做"真实验"。在发展取向的研究中，观察法是最重要的收集数据的方法，这一方法的传统恰恰就是由普莱尔确立的（详见第七章）。此外，访谈法（如皮亚杰的临床谈话法）、量表法等都大有用处，然而，唯独真正的实验法却用不上。那些基于实验法建立起来的理论，如行为主义理论、社会学习理论、大部分的信息加工理论，几乎毫无例外地秉持了"非发展观"，这是因为研究者采用的实验方法已经决定了他们不可能看到发展过程。

综上所述，实验取向、相关取向、临床取向、发展取向等不同的方法论取向共同塑造了心理学的历史，也决定了当代心理学方法的多样化风貌。我们要深入理解每种取向的本质，认识到每种取向在解决特定问题上的独特价值，而避免囿于一种研究取向或一个学派的见解，甚至以一方贬抑另一方，更不能简单地认为一种方法比另一种方法高级。

思考题

1. 比较人类各种求知方式的特点。
2. 科学研究的一般属性有哪些？
3. 心理学是一门科学吗？查阅资料梳理有关的争论。
4. 结合史料论述心理学成为科学的条件。
5. 论述心理学研究的特点。
6. 结合基础心理学里的实例简述心理科学研究的基本任务。
7. 结合"科学环"分析心理学研究的过程。
8. 结合所学内容反思自己先前对心理学"研究方法"概念的理解。
9. 比较心理学四种研究方法取向的异同。

练习题

1. 同学分组（3～5 人）讨论，每组结合心理学研究的某种特殊性，讨论如何克服其中的困难。

2. 查阅并思考美国心理学会制定的研究伦理规范，找出本章未曾提到的 3～5 个违反伦理规范的研究案例并分析。

3. 结合心理学史知识，讨论心理学研究方法取向与心理学派别或分支学科的关系。

第二章
研究选题
第一节　研究课题的选择
第二节　问题与假设的提出

科学研究是为了解决问题，它要从发现并提出问题开始。然而，对于选择课题、发现问题的能力，我国各学科的高等教育往往没有给予充分重视，培养不够，训练不足。其结果是，有些学生会找一些不切实际的问题就开始研究，有些则只会"命题作文"而不善于自己发现好问题，甚至一些专业的研究者也只是在一些"不成问题"的问题上浪费研究资源和时间。本章将结合大量的心理学实例，介绍如何选择研究课题并提出研究问题与研究假设，从而在心理学研究旅程上迈出扎实的第一步。

第一节　研究课题的选择

研究是从"问题"开始的，找到一个好的研究问题，研究就成功了一半。因此，学会选择研究课题至关重要。本节介绍研究课题的类型、选题的原则、选题的策略等。

一、研究课题的类型

选择研究课题包括确定研究方向和选择具体的研究课题两个方面的内容。研究方向是研究者在一个较长的时期内从事的研究活动的内容领域或整体方向(董奇，2004，p.59)。例如，我们会说某位学者的研究方向是经济决策，或项目反应理论；另一位学者的研究方向是人际信任，或者消费行为。而某项研究课题涉及的内容则相对具体一些，通常是在选定的研究方向上确定的值得探讨的任务，如基于认知诊断模型编制数学能力测验，或者对人际信任在中国和美国之间进行跨文化比较。研究方向和具体研究课题只是一个相对的概念，通常前者的内容范围大于后者，后者则相对具体、专门。

选择研究课题时，要大致明确所选课题的类型。按照研究目的，研究课题可以分成基础研究与应用研究。二者有着各自独特的目标：基础研究回答的是心理学的基本学术问题，探讨基本心理规律，主要寻求心理学所需的描述、预见，特别是解释性的知识；应用研究则侧重回答现实社会生活和各种实践领域中与心理学有关的问题，旨在从心理学角度提供解决实际问题的行动建议或指导，往往以行为控制为目的。二者有着不同的价值：基础研究奠定着心理学的理论基础，彰显的是学科的学术价值，以"求真"为导向；应用研究则维系着学科与社会现实的联系，凸显着学科在实际中的存在价值或生命力，以"至善"为导向。基础研究与应用研究不能相互取代，而是相辅相成、互相促进的。基础研究是"求真"的过程，关乎事实、规律的发现；而应用研究不仅关心"实然"的问题，也关心"应然"的问题。基础研究与应用研究的划分并非如此截然不同，有时，一项课题可能既包含基础理论知识的探求，也涉及如何将这些知识应用于某个领域的实践，故有"应用基础研究"的提法。

按照研究的深入程度或研究的功能，将课题区分为描述性课题、解释性课题、预测性课题和干预性课题。描述性课题试图确定某种心理现象的实际情况，主要回答"是什么"的问题。解释性课题试图阐明某种心理现象的成因与发生机制，主要回答"为什么"的问题。预测性课题通过确定心理规律，对某方面心理的变化趋势和发展方向进行预测，主要回答"将来会怎样"的问题。干预性课题则应用前三类课题所获得的基础性知识，通过设计并实施具体的干预方案，以改善心理与行为质量，主要回答并解决"如何变好"的问题。大致来说，这四类课题是逐渐深入的。描述事物本身是研究的开始，解释成因与机制是研究的深化，预测是基于前两个层次的研究所获规律对事物将来的发展变化趋势进行判断，而干预则是利用先前研究所获基本规律，通过实际行动方案改变心理和行为，以达到趋利避害的目的。实际上，一项大课题可能同时包含这四个层次（或两三个层次）的小课题，依次达成描述、解释、预测、干预（类似第一章所说科学研究功能中的"控制"）之功能。

二、选题的原则

选题，就是选定并明确表述所要研究的问题，这是一切科学研究工作的起点。在课题选择上，可以考虑如下原则。

第一，根据社会现实需要选题。社会现实需要是选题要考虑的出发点或前提之一，它是推动科学发展的重要动力。恩格斯曾指出："社会一旦有技术上的需要，则这种需要就会比十所大学更能把科学推向前进。"这句话深刻地揭示了社会需求与科学技术发展的关系。因此，研究者应该善于结合社会现实需要选择课题，社会心理学和应用心理学领域的研究尤其如此（延伸阅读 2-1）。在我国，国家、社会和文化的变革对心理学提出了强大的现实需求。"和谐社会"建设，要求关注心理的和谐发展；"创新型国家"建设，要求研究如何开发国民的创造潜能；国家对民族团结的重视，要求我们探究中华民族共同体意识与国家认同问题；随着"老龄化"社会的到来，老年心理问题日益突出；民众对教育改革的强大呼声，要求我们把教育建立在坚实的心理发展规律研究基础上；在很多领域突出的社会问题（如群体性事件、网络成瘾），要求我们关注国民心态和心理素质问题。由此可见，心理学必须具有更强的"现实性"和"应用性"，切实将学术研究和社会现实需求结合起来，参与解决涉及国计民生的一系列重大社会问题，促进全民族和每个人的健康发展，在中华民族伟大复兴的过程中发挥更大作用。

延伸阅读2-1　社会心理研究的现实思维

总体而言，社会心理学知识体系对社会现实和历史文脉有鲜明的依赖性，其概括性和普适性并非人们想象得那么高，因为社会现实背景既存在明显的历史变迁，也存在突出的国别和地区差异。我们在研习和教授西方心理学概念和理论时，不能忘记一点：它们的提出是有历史和现实背景的，它们的研究是基于其自身思想传统的。因此，我们不能抽象地看待这些理论知识，而要理解这些知识是如何依附于特定背景的，同时思考我国的现实背景需要我们提供哪些原创性的理论概括和阐释。只有充分解构这些舶来知识的背景依赖性，我们才能认清其本质，知道我们该如何建构我国社会心理学的自主知识体系。

在我国开展社会心理学研究，需要以当下的社会现实为观照，具备"现实"思维。这种现实思维的本质是将社会心理现象置于特定的时空框架下来理解，研究特定社会关系中的人。无论是客观的社会现实，还是主观的社会心理现象，都发生在某一特定的时空框架下，其分析尺度可大可小，可远可近，但一定要明确研究所选用的时空坐标系。正如2022年4月25日习近平总书记在中国人民大学考察调研时所要求的，社会科学研究"要以中国为观照、以时代为观照，立足中国实际，解决中国问题"。

［资料来源：辛自强（2023）］

第二，根据学科自身的需要选题。科学发展虽然受制于现实的需要，但又有自身的逻辑和自身的需要。在心理学中，每一个分支学科或研究领域都有某个时期亟待解决的学术问题。以20世纪中期的认知研究为例，随着信息加工理论的兴起，几乎所有的心理学领域都面临着将信息加工范式整合到自己原有研究领域的需要。传统的智力测验主要关注对测验结果的因素分析，这时就可以将因素分析思想和加工过程思想结合起来；皮亚杰的守恒实验也可以用信息加工思想重新诠释；教育心理学也不必停留在强化训练的认识水平上，而可以探讨学生问题解决的信息加工机制。也就是说，随着一个新的研究范式的确立，相关领域都面临着学术思想"升级换代"、研究方法"推陈出新"的问题，由此产生了大量的研究课题。今天，当我们真正熟悉某个领域后，也会发现很多值得研究的前沿学术问题或学术方向。例如，认知神经科学的研究自20世纪90年代，特别是进入21世纪以来，在国外和国内都开展得如火如荼，经过几十年的积累，在基础的理论和方法学方面已经达到一定水平，该研究领域的重要问题已多有涉足或已经解决，于是近期其发展趋势是将认知神经科学的范式和方法用到具体的应用领域，如探讨经济决策、人际信任、外语学习的神经机制问题。

第三，选择的课题应有创新价值。科学研究的本质特征是创新性，其价值在于提供先前没有的知识。虽然重复和验证别人的研究是必要的，但一个成熟的研究者应该有志于创造新的理论、方法或研究成果的应用机制。澳大利亚学者哈尔福德等人（Halford et al.，1998）提出工作记忆不仅体现在加工孤立的项目上（这是传统工作记忆测量的内容），更应体现在加工彼此关联的项目上，由此提出了"关系复杂性"理论，这对于工作记忆研究是一种理论观点的创新；第一次提出"错误信念"范式，这对于儿童心理理论的研究是一种方法创新。这种有创新意义的研究可以称为"种子"研究，它可以繁殖出许多相关的研究，也可以产生新的研究领域。在中国强调研究创新还有着现实的考量。就中国的心理学研究而言，在目前全球化的背景下，它必然为国际上的研究趋势所影响，中国的心理学研究者必然也必须吸收国际上的研究思想、方法和成果。也就是说，直接"进口"或"拿来"的部分，将在中国心理学中占很大的比重。但是，我们必须警惕以"国际化"或"与国际接轨"的名义，把中国完全变成西方理论和方法的试验场，更不能如某些研究者那样把自己变成西方同行的中国数据收集员。因为如果不能在世界背景下建构我国心理学的自主知识体系，那么我们的心理学就不可能在国际上有自己的地位。为此，我们要开展创造性的研究工作，提出自己的创见，而不能一味模仿、重复。

第四，选择的课题应该有可行性。人类并不缺乏奇思妙想，也面临着迫切需要解决的各种问题，但是并非每个问题都能研究出来，至少在某个历史时期还难以研究。因此，应该考虑研究的主客观条件去选题。主观条件指研究者的知识、能力和工作经验。比如，一名研究者在阅读文献的过程中发现搞清楚人们在"囚徒困境"中决策的脑机制是一个非常值得研究的问题，但遗憾的是这名研究者并没有接受过认知神经科学方面的训练，自然只能望洋兴叹。课题完成还需要一定的客观条件，如仪器设备、测查工具、图书资料、档案文献、被试资源、经费保证、时间空间等。缺乏必要的客观条件，就不能保证课题的实施。即便研究者具备认知神经科学研究的知识和能力，但是根本没有也无法使用专门的实验室，缺乏仪器设备，自然是"没有金刚钻揽不了瓷器活"。要指出的是，课题开展的主客观条件并非只是这些笼统的内外因素，还包括研究问题是否有解决的可能性、课题自身设计和实施方案的可行性等多个方面。毕竟人类面对的问题远远比能解决问题的方法更多，有些问题暂时是无法研究的，有些问题虽然值得研究，但设计方案未必可行。例如，前些年有一种提法，说要在喜马拉雅山上炸开一个大缺口，让印度洋的水汽输送到塔克拉玛干沙漠，从而增加大陆腹地的降水，让沙漠变绿洲（案例2-1）。这个想法是美妙的，但是提供的解决方案缺乏科学性和可行性。喜马拉雅山并非地图上看着那么单薄，炸开它谈何容易。这种"愚公移山"的精神可嘉，但做法并不可行。

案例 2-1 将喜马拉雅山炸开缺口被否

全球气候变暖，珠穆朗玛峰山顶的冰雪是否正在变薄？南极的冰盖会不会融化乃至消失？真的能将喜马拉雅山炸开一个大缺口，把印度洋的暖湿气流引向塔里木盆地、引向黄土高原吗？9 月 17 日，中国科协学术年会"科学探险考察与原始创新"分会场里，科学家们关于"地球三极"的演讲引来大量听众，台上台下气氛十分热烈。

关于雅鲁藏布江水汽通道的问题，最初见于 1987 年《中国科学》杂志上三位科学家的论文。两位著名科学家向中央写信，建议将喜马拉雅山炸开一个缺口，将印度洋暖湿气流引过青藏高原。叶笃正院士、高登义研究员重新组织力量对此进行了 3 年多的专门研究，证明这个建议从气象学上讲是不成立的。

"喜马拉雅山和青藏高原不是一层薄薄的山壁，不是凿一个孔就能过汽过水，这其实是非常简单的常识，却引发这么多似是而非的问题，甚至连一些大科学家都被卷入其中。"陆龙骅研究员说。

［资料来源：2006 年 9 月 20 日《重庆晚报》］

总之，课题选择要么"顶天"，即走在学术前沿，解决科学领域中的基本学术问题，要么"立地"，即面向社会现实，解决实际问题；既要强调创新性，又要兼顾可行性。

三、选题的策略

课题选择首先要考虑上述原则，此外，还有些简单实用的策略可供考虑。

选题可以适当结合个人经历和经验。判定某一课题是否有趣或有价值，往往受到个人经历和经验的影响。例如，有社区管理工作经验的基层干部往往更能提出"接地气"的社区心理学选题；身为父母的心理学家在选择亲子沟通的课题时往往比那些未婚的心理学研究生有更多的直接经验基础。生活经验让我们知道什么课题更为重要，帮助我们理解所研究心理现象的本质和现实意义。心理学研究者应该善于反思自己的经历和经验，发现生活中、社会中值得研究的、"真实的"心理学问题。

选题应该考虑到个人职业生涯规划。科学研究本身，毫无疑问，有其超越性的、纯粹的学术价值，但对于研究者而言，还有实际的工具价值。例如，一名大学生或研究生打算毕业后去银行工作，那么选题可以考虑将来工作需要，比如研究投资心理，研究企业员工心理减压方法。若个人有志于从事教师行业，则应选择教育心理学、发展心理学方面的课题。如果能这样，先前的研究经验则可能帮助学生求职，或能在工作中学以致用。对于一名在高校或研究机构工作的职业研究者，在职业生涯早期更适宜在特定的或者小的研究领域做深、做透，从而尽快做出一定的学术成绩；而随着职业生涯的变化和成熟，课题的选择可能发生变化，如拓展领域，转换方向。

从国家到地方的研究规划中选题。在国家层面，有国家自然科学基金、国家社会科学基金、全国教育科学规划等项目管理和组织机构，它们会定期公布经过专家论证的"研究课题指南"，其中都包含心理学或相关学科的内容，这类指南一方面反映了国家对科研的需要，另一方面反映了专家学者对学术前沿方向的判断，因此值得仔细研究，在其建议的课题范围或研究方向下选择合适的课题。在省市一级也有对应的项目管理机构，有些也发布"研究课题指南"这类文件资料，可供参考。举例来说，当前人工智能技术迅速发展，机器人在众多行业被广泛应用，这对社会心理、学习方式都产生了深远影响，因此，会在社会科学或教育科学的规划中体现国家在这方面的科研需求，研究者可以从中选择合适的研究课题。

向老师寻找选题灵感。我们身边的很多老师都是熟知某个心理学领域的专家（教授、博士），他们可以直接指出值得研究的课题有哪些，甚至能指点如何开展研究。作为学生，认真聆听某位老师的课程，了解他发表的成果，与他直接沟通，甚至做他的助教，这都能帮助我们从那位老师那里找到选题灵感和研究思路。例如，一位选修了"数学认知"专题课的学生，多次听到老师在课堂上提及"虽然目前的蒙台梭利数学教育方法有优点，但是也存在问题"，于是这位细心的同学就利用课间或课余时间与老师交流，果然从中挖掘出了值得探讨的学术问题，因为这位老师对早期数学教育有专门的研究，知道有哪些问题值得挖掘。

四、发现问题与学术生长点

前面介绍了选题的一般原则和个人可用的策略，有了这些原则和策略后究竟去哪里找选题或研究问题呢？或者说，如何发现新的学术生长点呢？

(一)从现实需要中选题

心理学主要是关于人的研究，凡是有人存在的地方，就有心理学问题需要研究。应该时刻关注社会现实需要，从实践中遇到的问题开始思考是否能发挥心理学的作用。例如，教育部以及各级教育主管部门和各级各类学校都关心校园周边环境的治理问题，然而，管理者多是从"治安管理"的角度来整治校园周边的不良环境，如关闭娱乐场所，禁止摆摊，但是鲜有学者认真研究学生为什么要在校园周边逗留，是什么因素让他们在此流连忘返。这就需要心理学专家为这一现实问题的解决提供研究依据和思路。

社会生产生活的各个领域都有大量的问题需要心理学家来回答。研究者要有现实情怀，对实际问题敏感，从中发现学术生长点。要做到这一点，研究者可以和某个行业或社会领域的人多打交道，了解其需要；通过媒体关注的热点问题，提炼选题；参与心理学有关的实践服务，发现实际问题。比如，一名心理治疗师一直追随弗洛伊德的治疗理论，一个个案治疗要花费半年甚至一两年的时间，然而，他在参与了一次震后心理救援之后，才充分认识到多么需要开发一个相对"短平快"的治疗程序，因为现实情况紧迫，要求迅速治疗创伤心理。

需要特别强调的是，面向现实和实际需要的应用型选题，并不意味着不需要理论基础，不需要理论建构。实际上，很多重要的应用型课题都兼具理论意义。再回到上述校园周边环境的例子，治理不良的校园周边环境确实是现实问题，但为什么研究者一直很少关注这方面的内容呢？主要是缺乏学术概念和理论建构，从而难以把这种环境与个体心理发展的关系纳入研究者的视野，研究者只好一次次重复研究家庭、学校方面的背景变量，而很少注意到这种介于家庭和学校之间的环境。因此，这时识别出研究对象，并做出理论界定(如我们2007年提出把这种环境定义为"社会微环境")就成了首要的研究任务，这有可能突破原来对个体心理发展的环境或背景的很多理论框框，做出理论贡献，也为实际问题的调研和解决提供理论指导。案例 2-2 中介绍了李纾提出"心理台风眼"效应的过程，也典型地体现了关注现实问题并做出理论概括的重要性。

案例 2-2　"心理台风眼"效应

中国科学院心理研究所的李纾带领的课题组发现：在"5·12"汶川地震中，随着灾情严重程度的增加，居民对健康和安全的担忧反而随之降低，即非灾区居民对健康和安全的担忧反而高于灾区居民。

每年都刮台风，我怎么就没想到心理也有台风眼呢?!

国外研究者曾调查了住在高危（如核反应堆）地带的民众和远离高危地带的民众对风险源的态度，结果表明，比起远离高危地带的民众，临近高危地带的民众忧虑水平更低、对风险源的风险评价和负面评价更低、对风险源安全性的评价更高。李纾对以往研究进行概括提炼，借"台风眼"这一气象名词形象地提出"心理台风眼"的概念。在气象学中，距离台风中心直径大约 10 千米的圆面积，其风力相对微弱，通常被称为"台风眼"。类似地，"心理台风眼"效应（"psychological typhoon eye" effect）指这种现象：越接近高风险地点，心理越平静。

在"5·12"汶川大地震发生后的一个月左右的时间里，该课题组研究人员对灾区（四川、甘肃）和非灾区（北京、福建、湖南）的 2262 名居民进行调查，结果发现：随着主观判断所在地灾情严重程度的增加（从非受灾、轻度受灾、中度受灾到重度受灾），居民估计灾区对医生的需求量、灾区对心理学工作者的需求量、灾区发生大规模传染病的可能性及需要采取的避震措施的次数均随之减少。更有意思的是,若假设有一种药物能治疗心理创伤,没有过敏、呕吐等副作用,认为受灾人所需剂量最多的是自认为轻度受灾的居民,其次是中度受灾的居民,认为受灾人所需剂量最少的反而是自认为重度受灾的居民。这些结果均证实了"心理台风眼"效应。

研究者分析,心理免疫理论和费斯廷格的认知失调理论或可解释"心理台风眼"效应产生的原因。"5·12"汶川大地震后,居民普遍认为,唯有献血才足以表达对灾民的关爱之情。各地民众献血热情高涨,致使血库在短短几天内爆满,血站不得不发出暂缓献血的通告。此举乃灾区外居民高估"灾情需求"的表现,可被视为地震中首例"心理台风眼"效应。

"心理台风眼"效应的发现对突发事件下各级部门的政策制定和应急管理具有借鉴意义。准确描述地震灾害中"心理台风眼"的表现形式和规律,将有助于相关部门因时、因地、因人制定有针对性的干预策略,从而为选择心理安抚时机、地点、对象以及力度等提供科学依据,对国家高效有序应对非常规突发事件提供决策参考。

［资料来源：Li et al.（2009）］

课堂讨论2-1
结合"心理台风眼"效应的材料,讨论如何选择课题?

(二)从理论中选题

科学理论是由若干命题组成的体系,它可能需要检验、争论和修正,这就提供了大量理论性选题。

首先,以检验理论为选题目的。科学理论虽然建立在科学事实的基础上,但是其概括的范围往往超越已知事实,包含推测或假说的部分,因此需要实证研究来检验。这方面最典型的例子是美国耶鲁大学的赫尔(C. Hull,1884—1952),他采用"假设—演绎"的思路,建立了包括十几条公设、一百多条定理和附律的学习理论体系,该理论在他1943年出版的《行为的原理》一书中得以系统表达。在20世纪40年代末期和50年代初,有数千篇硕士论文和博士论文都是以他的一个或多个假设为基础,以检验理论为研究目的。由此，赫尔很快成了心理学研究文献中和学习心理学领军人物中在那一时期被引用最多的心理学家。从理论中选题，除了直接检验理论中有待证明的假说或观点之外，还可以根据现有理论或已经确证的观点做出推论和预测，然后检验这些新的推论和预测。

其次，以解决不同理论观点的争论为选题目的。在心理学中，关于同一内容或主题经常有几种不同的理论、不同的解释，从而形成理论争论，研究者可以为寻找各自理论的证据，调和或解决理论争论而选题。以"练习与认知灵活性的关系"问题为例，根据卡米洛夫-史密斯（2001）的观点，表征重述（指对心理表征的重新表征或加工）能够促进认知灵活性。因为表征重述过程导致内隐的程序性知识向陈述性知识的转化，而后者是意识水平的、可以概念化的，因而可以更为灵活地迁移原有程序。但是，根据安德森（Anderson，1990）的 ACT（思维的适应性控制）理论，以产生式为构成单元的程序性知识，经过反复练习会变得自动化和专门化，而自动化和专门化通常意味着认知灵活性的降低，即难以将程序迁移到类似问题中。究竟二者孰是孰非？练习是增加了表征重述的机会而促进了认知灵活性还是相反呢？这就产生了值得研究的问题，于是有研究（辛自强等，2006）设计了近迁移和远迁移两类题目，以考察在练习背景中获得的表征能够灵活推广的程度。

再次，以质疑或挑战现有理论为选题目的。质疑理论的方式有很多，通常研究者主要关心理论预测的情况是否符合事实，这就需要开展实证研究寻找科学事实，以确定事实是支持还是反驳理论。例如，皮亚杰的认知发展阶段理论曾预言儿童到达每个阶段的年龄，于是后来有大量研究探讨这种预测是否符合实际情况，特别是不同文化下的儿童是否依然如此。此外，可以通过直接搜集现成的反例、逻辑批判、思想实验等方式质疑某个理论。

最后，以建构新理论为选题目的。一个已有理论可能因为大量反例的存在或自身的逻辑问题而备受挑战，如果发现它已没有修补的可能或必要，这时研究者尽可选择建立新理论。再以赫尔的学习理论为例，虽然在 20 世纪 40 年代末期和 50 年代初研究者们对其理论进行检验的热情异常高涨，但是经过 10 年的检验，人们发现该理论的局限性和问题实在太多，于是到 20 世纪 60 年代，该理论几乎就无人问津了，此后社会学习理论、各种认知学习理论逐渐建立了起来，这些新理论的建立同样要以大量实证研究和理论研究为基础。

（三）针对现有实证研究文献选题

通过仔细阅读、评析现有实证研究文献，发现其中存在的问题，就能以改进研究为选题目的。

首先，从重复已有研究开始做研究。科学研究的重要特征之一是可重复性，一个研究者发现的结果只有能够或可能被其他研究者复制，才能算是有效的科学发现，因此，重复并验证已有研究结果是科学研究的重要内容。另外，对于研究的初学者而言，重复已有研究比开展新研究更容易上手，而且可以快速、有效地提升自己的实际研究能力。很多学者都是从重复或模仿他人的研究开始自己的职业生涯的。因此，我们不妨从重复已有的研究开始做研究。重复研究时，最好选择那些在权威刊物发表的或者权威学者发表的最新研究作为重复验证的"靶子"。

其次，从现有研究忽略的地方开始新的研究。在科学的知识体系中，有某些环节可能还不完善或者存在空白，这就要求后续研究补充上。举例来说，有研究（辛自强，池丽萍，2001）发现，24～56岁的成年男性和女性在情感方面表现出很大的差异，男性体验到的正向情感比女性多，负向情感比女性少。正向情感指合群、乐观、自尊、愉快等积极情感，负向情感如孤独、失败、无意义感等。而对18～20岁的青少年情感进行的研究发现，女性的正向情感显著地少于男性，负向情感多于男性（Chou，1999）；对55岁以上的老年人的研究发现，在负向情感上存在显著的性别差异，女性的负向情感较多（刘仁刚，龚耀先，2000）。综合这些研究，可能暗示情感的性别差异存在跨越年龄段的一致性。然而，目前在情感发展的性别差异研究方面，还没有一个较为系统的、跨越众多年龄段的研究，如果能从生命全程的角度对各年龄阶段的被试进行研究，就有可能证实这一规律的存在。

再次，从已有研究结果矛盾或不一致的地方开始新研究。由于心理现象的复杂性和研究的困难，同一问题的研究结果却经常不同，甚至相互矛盾。例如，关于整体自尊和攻击的关系就为当前很多研究者所争论（参考案例2-3）。传统的观点认为，低自尊者容易在现实生活中表现出攻击行为，而且有研究表明，低自尊与高攻击有关，二者的相关系数为－0.30；另有研究者提出了高自尊预测高攻击的观点，因为寻求冒险是高自尊者的典型特征，他们更可能表现出攻击性；还有人认为自尊和攻击没有关系，真正和攻击有关的是自恋，而非自尊。可见，目前关于自尊与攻击的关系，研究者或者认为二者有负相关，或者有正相关，或者完全没有关系。

为确定孰是孰非，有必要重新检验二者的关系，这样就产生了开展新研究的必要。新研究的结果有助于澄清这种观点的争论，或者至少为某种观点提供证据。

案例2-3　自尊与攻击的关系

　　如同鲍迈斯特（Baumeister）所认为的，自尊是对自我进行的整体积极性评价，这种整体的自尊对个体行为发展有重要影响。然而，关于整体自尊和攻击的关系却为当前很多研究者所争论。

　　一般传统的观点认为，低自尊者容易在现实生活中表现出许多问题行为，如反社会或行为不良。唐纳伦（Donnellan）认为对低自尊与攻击的关系有以下三种主要理论解释取向。罗森伯格（Rosenberg）的社会连接理论认为，低自尊削弱社会连接，从而减少了与社会规范的一致性，增加了犯罪。人本主义心理学家罗杰斯（Rogers）认为，缺乏无条件的积极自我关注会导致心理问题，包括攻击性。新弗洛伊德主义者也提出了低自尊导致攻击的观点，如霍妮（Horney）和阿德勒（Adler）的理论认为，侵犯和反社会行为产生于自卑感，而自卑感源于童年期经历的拒绝和羞辱；特雷西（Tracy）和罗宾斯（Robins）认为，个体要保护自己免受由失败带来的外部斥责造成的自卑和羞耻，这导致了对他人的敌意和愤怒，从而产生了攻击行为。总之，这三种理论都认为，攻击部分地源于低自尊。并且也有多个实证研究表明低自尊与高攻击性有关。例如，唐纳伦用三个子研究考察了自尊与攻击之间的关系，对自尊的测量都采用了罗森伯格的自尊量表，对攻击性的测量有所不同，在前两个子研究中分别用问题行为量表中与攻击有关的项目进行测量，都表明自尊与攻击呈负相关，在第三个子研究中采用巴斯（Buss）和佩里（Perry）编制的攻击量表进行测量，结果也表明低自尊与高攻击有关，二者的相关系数为—0.30。

　　但是传统的观点现在遭到了质疑，有研究者提出了高自尊预测高攻击的观点。这些研究者认为攻击行为如打架，是一种需要勇气和信心、并且带有冒险性的行为，而寻求冒险是高自尊者的典型特征，他们更可能表现出攻击性。低自尊的个体反而对自己的能力缺乏信心，在许多带有冒险以及挑战性的情境中，首先想到的是失败，因此他们往往是避免而非主动寻求这种情境，即便是做出一些攻击行为，其攻击目标往往是那些相对自身来说比较无助或身体不强壮的人，如成年人选择孩子作为攻击对象，在学校中找低年级孩子的茬。因此总体上是高自尊者的攻击水平相对较高。

关于自尊和攻击的第三种观点认为自尊和攻击没有关系。例如，"受威胁的自我"理论指出，真正和攻击有关的是自恋，而非自尊。自恋者的自我评价具有高度赞许性，总觉得自己比他人优越，虽然一般其自尊水平比较高(也有极少数较低)，但是与高自尊不同，他们具有自我膨胀的特点，还具有不现实、脆弱、不稳定、自我防卫等特性。当面临自我威胁时，自恋个体是高度脆弱的，可能运用攻击作为机制来重新确立自己的自尊或者是惩罚威胁源。如果遭到别人或周围的争议，这种膨胀、不稳定的自我肯定很可能对别人产生威胁，甚至导致暴力事件的发生。鲍迈斯特和布什曼(Bushman)在1998年的研究中，采用罗森伯格的问卷以及贾尼斯(Janis)和菲尔德(Field)的问卷测量了自尊，采用拉斯金(Raskin)和特里(Terry)的问卷测量了自恋人格，并将攻击分为三种类别，即针对侮辱的报复性攻击、转移性攻击(即被试被侮辱却攻击另外的人)、无缘无故性攻击(即被试被称赞而非侮辱却去攻击称赞者)，然后考察了自尊、自恋与攻击的关系。结果表明，在三种攻击之中，自尊和攻击之间均无显著相关，而有自恋人格特质的被试攻击性较高。这说明影响攻击的不是自尊而是自恋。

综上，目前关于自尊与攻击的关系，研究者或者认为二者有负相关，或者有正相关，或者完全没有关系。为确定孰是孰非，有必要重新检验二者的关系。更重要的是，关于同一问题形成的三种观点之所以差异如此之大，其中的原因之一或许在于没有深入考察影响二者关系的"第三变量"，即中介变量和调节变量。

……(省略的部分是对可能的中介变量和调节变量的文献分析)

[资料来源：辛自强等(2007)]

最后，从已有研究方法待改进处开始研究。通过仔细评析以往研究报告的方法部分，可能发现其中的方法缺陷，如取样偏差、任务无效、自变量操纵的失败、无关变量的混淆、统计方法不当等。这就意味着有必要设计方法上有所改进的新研究，也意味着有可能发现新结果。来看类推理能力研究。类推理主要涉及类别层级包含关系的理解和判断，类包含任务是测试类推理能力的常用任务之一。经典类包含任务要求儿童比较总集和数量较多子集的数量。例如，有 6 朵玫瑰和 3 朵菊花，问儿童"玫瑰多还是花多"。任务通常使用实物或实物图片来呈现。值得注意的是，该任务的解决可以是"经验的"亦可以是"逻辑的"。经验的解决是"数数"，然后比较两个类别的数量；而逻辑的解决是根据总集是所有子集的总和做出推论——"总集的数量必然多于任一子集"。显然，类推理的测试任务应该是以逻辑的而非经验的方式完成，这就意味着这种包含数字的任务并不妥当。于是有研究者（张丽，辛自强，2009）做了任务改进，要求儿童比较两个数量未知的类别，直接问儿童"花多还是玫瑰多"。因为没有具体的实物或实物图片，同时没有任何数字信息，这使得儿童通过经验计算解决任务的可能性很小。改进任务后就可以重新研究，得到更可靠的结果。

(四)在研究过程中发现选题

研究者确定选题并非总是从现有理论、已有研究开始的，很多是在自己的研究过程中发现了新的选题。即便实施研究之前，我们对研究方案做了精心设计，有清晰的研究预想，但随着研究过程的实施和研究的深入，依然有机会发现新的研究课题。

首先，研究结果"不理想"可能意味着需要进一步研究。在实验设计中，研究者预期的自变量并没有引起所谓因变量的预定变化，具体在变化的程度或方向上"不尽如人意"。这时，若能确定现有研究方法本身不存在其他问题，那是否因为自变量选择不当或者因变量的观测指标不敏感呢？或者，是否两变量关系受某个条件变量调节呢？这时就要仔细分析原因，重新修改研究的预期和设计思路。例如，研究者预期小组合作学习应该比独立学习方式更能提高数学问题解决成绩，但实验结果表明两变量的关系很"微弱"。查阅文献并仔细思考后发现，认知风格可能是调节变量关系的因素，场独立的人或许不适于合作学习，但场依存的人采用合作学习更能促进问题解决。于是在设计后续实验时，就增加了对认知风格的测量，由此获得了有价值的"理想"结果。

其次，研究中的意外发现可能引导出有价值的新研究。例如，"依恋"概念的提出源自哈罗为研究脑功能观察猴子时意外发现的现象，从而形成了依恋理论。对意外发现的不断深入研究，从而可能确立新领域、新理论和新方法（案例 2-4）。

案例2-4　天文学家意外发现了"反应时" 🔍

　　今天，心理学家广泛使用的反应时概念，最早却是由天文学家提出的。1795年，英国格林尼治天文台台长马斯克林与其助手金纳布鲁克共同观测一颗星经过子午线的时间。台长发现，助手记录的时间比自己的落后约半秒。虽然这个时间差别不大，但是对于天文学家而言是难以容忍的，而且这个助手不止一次地犯了类似"错误"。于是，这个助手就被以玩忽职守的名义开除了。后来，台长把助手的记录全部核查了一遍，发现他的记录总是落后一些，由此，这位天文学家就发现了"反应时间"这种心理现象，但是他并没有深入研究。1822年，德国的天文学家贝塞尔看到了格林尼治天文台事件的报道，意识到了这种现象的重要性，在仔细研究后提出了"人差方程"（甲的记录时间减去乙的记录时间＝X秒）这一重要概念。1850年，德国的霍尔姆霍兹采用反应时法测量了神经传导速度。可以这么说，心理学家广泛使用的反应时概念就源于天文学上的一次意外事件。对反应时的意外发现深刻地影响了心理学，例如，它导致了"减法反应时"技术的发明，为心理物理学以及现代认知心理学的研究提供了方法基础。

　　最后，一项研究结束，通常意味着一项新研究的开始。在大部分的研究报告结尾部分，研究者通常要反思自己研究的不足，展望未来研究的方向。我们当然可以从他人的"不足"之处开始自己的研究。当自己完成一项研究后，通常也能发现值得进一步研究的课题，这就为将来的科研工作确定了方向。

第二节　问题与假设的提出

　　选定课题和研究主题后，还要提炼出问题，准确陈述问题，并将其转化为研究假设，这样才能通过实证研究检验假设，解决问题，形成理论认识。本节阐述如何提出研究问题和假设。

一、提出科学的研究问题

一个研究课题往往包含很多具体的研究问题，在实际研究中，某项单一的研究往往只能解决少数几个研究问题，由此，一个研究课题通常要包含若干项相互独立又彼此关联的研究。在选定研究课题的大概方向和任务后，就要从中提炼出若干具体的研究问题。

在提出新的研究问题时要注意区分问题的性质，确保研究问题属于"科学问题"。人们面临的学术问题有很多种。心理学作为一门实证科学，只能处理那些具体的、可检验的问题，即科学问题。比如，"儿童对父母的依恋有哪些类型""施加惩罚对人际信任有何影响"，这些问题有可能通过实证的方式加以解决，即科学问题。然而，有些问题是比较宏观的"哲学式"问题，如"遗传和环境在智力发展中的作用"，这种问题往往是不可以最终解决的，准确地说，很难在一项研究中解决掉，总是会有反面的证据或意见，因此总是会引起有关的争论。不断提出的新事实可以促使对哲学式问题争论的深化，但是这些问题并不因此而得到终极性的答案。心理学家对待这样的哲学式问题，只能通过实证研究为其提供科学事实，对于其中纯理论的部分则要进行逻辑分析或思辨（在这个意义上讲，心理学包括实证的部分，也包括思辨的部分，虽然前者是主体）。此外，在实证研究中，不适宜提"逻辑问题"，如"图形加工是自上而下的或者是自下而上的吗"；不可以提那些不证自明的"概念性问题"，如"驾车次数越多，发生车祸的可能性越大吗"；也不可以提涉及伦理或价值判断的问题，如"早恋是否应该"。科学问题应该是需要而且也能够通过经验事实的发现加以回答的问题，实证研究解决不了逻辑的、概念的和价值的问题，只能解决科学问题。

心理学作为实证科学，处理的主要是可解的问题、可检验的问题，即科学问题。如何来定义问题"可解"，或者问题属于科学问题。在这一点上，心理学家大多认同"可证伪"的标准：科学理论或科学问题，应该是可以证伪或可以否证的。"可证伪性"的思想是由著名科学哲学家波普尔（K. Popper，1902—1994）提出的。他以可证伪性作为判定一个理论系统是否属于经验科学的标准。所谓可证伪，指一个理论或假说应该可能被观察到的经验事实所否定，或者证明是错的。如果无论观察到什么样的事实，都可以用这个理论假说来解释，无论面对正面事例，还是反面事例，这个理论假说总是能"自圆其说"，那么它就不能被证伪，也就不属于科学理论。所谓科学理论或假设，应该是可以被否证的（心理学中的精神分析理论很难满足这个标准，延伸阅读 2-2）。最后被接受下来的所谓科学理论只是可能被否证而暂时尚未被否证的猜测或假说（本书第十二章第二节有更深入的介绍）。

延伸阅读 2-2   波普尔对精神分析学说的批判

波普尔 1902 年出生于维也纳一个富足而有文化教养的家庭：父亲是一位博学的律师，母亲是一位天才的音乐家。他 16 岁后在维也纳大学学习数学、物理学、心理学和哲学。1919 年左右，波普尔接触了弗洛伊德心理学和阿德勒的个体心理学，还在阿德勒本人开设的儿童心理诊疗所做过义工。然而，1919 年夏天，他开始对精神分析学和个体心理学越来越感到不满。波普尔发现，精神分析学派的观点很难被证伪，每个可以想到的病例都能用阿德勒理论或者弗洛伊德理论加以解释。

害人还是救人，弗洛伊德说是因为压抑或升华；阿德勒说是因为自卑与超越；波普尔说，你们或扯了，或不科学。

波普尔写道：我可以用两个截然不同的人类行为的例子来说明这一点，一个人为了淹死一个小孩而把他推入水中；另一个人为了拯救这个孩子而牺牲自己的生命。弗洛伊德和阿德勒的理论可以同样容易地解释这两个事例。按照弗洛伊德，第一个人受到了压抑（比如他的恋母情绪的某种成分），而第二个人则已达到升华。按照阿德勒，第一个人具有自卑感（因而可能产生了自我证明自己敢于犯罪的要求），第二个人也是这样（他的要求是自我证明敢于救这个孩子）。我不能设想，有什么人类行为是不能用这两种理论来解释的。在这些理论的赞赏者看来，正是这个事实——它们总是适用，总是得到证实——构成了支持它们的最有力的论据。我开始明白，事实上，这个表面上的长处正是它们的短处。

......

一种不能用任何想象得到的事件反驳掉的理论是不科学的。不可反驳性不是(如人们时常设想的)一个理论的长处，而是它的短处。

对一种理论的任何真正的检验，都是企图否证它或驳倒它。可检验性就是可证伪性；但是可检验性有程度上的不同：有些理论比别的理论容易检验，容易反驳；它们就像担当了更大的风险似的。

[资料来源：波普尔(2001)]

二、陈述研究问题

确定研究问题，不仅指研究者在头脑中有了研究的方向，产生了对某个问题的研究动机，而且要能用语言和文字把问题明确地表述出来。陈述科学研究问题时，要明确、具体，不笼统，不模糊。例如，要研究小班幼儿的识数能力，就不要笼统地将问题表述为"幼儿数概念发展的研究"。问题表述得越具体，越明确，就越能得到经验事实的检验，因而更具科学价值(延伸阅读2-3中的材料，可以形象地说明为什么"可证伪的问题或假设越精细越好")。另外，问题越具体和明确，越能够让我们有针对性地准备文献，设计详细的研究方案。因此，每位研究者在找到感兴趣的研究课题领域或研究主题后，都要将其转化为合适的研究问题。

延伸阅读2-3 敲门节奏理论

下面假设一个例子来展示可证伪性标准是如何起作用的。一个学生在敲我的门。跟我同一办公室的同事有一套"不同的人以不同的节奏敲门"的理论。在我开门之前，我的同事预言门后是一位女性。我打开门，这个学生确实是女的。事后我告诉我同事，他的表现令我惊叹，但这种惊叹程度非常有限，因为即使没有他的所谓"敲门节奏理论"，他也有50%的正确概率。他说他的预测能高于随机水平。另一个人来敲门，我的同事预测说，这是个男性，而且不到22岁。我打开门，果然是个男生，而且我知道他刚从中学毕业。我承认我有点被震撼了，因为我所在的大学有相当数量的学生是大于22岁的。当然，我仍然坚持说校园里年轻的男性相当普遍。见我如此难以被取悦，我的同事提出做最后一次测试。在下一个人敲门之后，我的同事预测：女性，30岁，5英尺2英寸(约1.59米)高，左手拿书和挎包，用右手敲的门。打开门后，事实完全证明了预测，对此我的反应截然不同了。我不得不说，如果我的同事不是使用诡计事先安排这些人出现在我们门口的话，我现在的确非常震惊。

为什么我的反应会不同呢？为什么我同事的三次预言会让我产生三种不同的从"那又怎么样？"到"哇哦！"的反应？答案与预测的具体性和精细度有关。越精细的预测在被证实的时候会给我们越大的触动。要注意，不管怎样，精细度的变化和可证伪性直接关联。预测越具体和精细，有可能证伪它的观测现象就越多。例如，有很多不是 30 岁和 5 英尺 2 英寸高的女性。请注意这里的暗示：从我截然不同的反应可以看出，一个能够预测出最多不可能事件的理论最容易将我征服。

好的理论做出的预测总是会显示自己是可证伪的。坏的理论不会以这种方式把自己置于危险的境地，它们做出的预测是如此笼统，以至于总会被证明为正确的（例如，下一个来敲我门的人会是 100 岁以下），或者，这些预测会采用一种能免于被证伪的措辞方式。事实上，当一种理论被置于"不可被证伪"的保护下，那么可以说它已经不再是科学了。事实上，哲学家卡尔·波普尔正是由于试图界定科学和非科学的区分标准，才会如此强调证伪原则的重要性。

　　［资料来源：斯坦诺维奇（2012），pp.25-26］

研究问题的陈述在形式上一般要满足如下要求。

第一，它应该被表述为一个问题的形式。提问的形式有多种。可问"是什么"，旨在对研究的现象进行描述、识别和判定。例如，网络或海洛因成瘾的临床症状有哪些？工作记忆的编码方式是什么？"简单暴露效应"的本质是什么？可以问"为什么"，旨在确定现象的成因或对行为的目的进行解释。又如，在买卖股票时，人们为什么有"追涨杀跌"的行为特点？为什么按照单维结构设计的量表在包含了正向和反向陈述的项目时，很容易在探索性因素分析中得出一个二因素结构？研究者还可以问"怎么样"，旨在预测未来趋势或变化结果。在经历了金融危机后，股民的风险认知特点是否不同了？如果将量表中反向陈述的项目全都改为正向陈述，量表因素结构会如何变化？在实际提出问题时，提问方式还有多种变式，但无论如何，研究者都要从关心的课题中提炼出问题，并表述为问题的形式。

第二，问题表述要使用专业术语或变量，而且它们应该可能从理论层面"和"（"或"）操作层面被准确界定。例如，要研究自尊和攻击的关系，"自尊"

就是个术语,关于"自尊"的本质以及如何下操作定义并测量,我们都要清楚地说明;当然,有些术语,理论上不能达成一致的说法,但操作方法很明确,也是可以暂时接受的。比如,关于"智力"的本质,众说纷纭而莫衷一是,但可以具体将其定义为某种智力测验测得的结果(像韦克斯勒智力测验测得的言语智商与操作智商)。

第三,问题表述通常潜在包含了对变量关系的陈述。例如,"自尊与攻击存在正相关","性格类型预测择偶意向的差异"。也有很多问题不是关于变量关系的,而是关于变量代表的现象是否存在及其结构的问题,如某种性格类型的人在人群中是否实际存在或者所占的比率是多少,中国人的人格究竟包含五个还是七个因素。

总之,心理学作为实证科学要求研究者在陈述有关心理现象的研究问题时尽量运用变量思维(虽然未必总是可行),用变量及其关系来描述心理现象,准确界定研究变量并阐明变量关系。变量思维是对现象思维的深化(延伸阅读2-4)。

延伸阅读2-4　从现象思维到变量思维

"心理学是研究心理现象的科学",这句教科书上的话,说久了反而会失去可觉知的意义,至少容易忽略其中"现象"一词的重要性。例如,很多研究者不太重视从现实中提炼概括一个确切的心理现象,然后再做科学分析,往往上来直接去探讨变量关系,忘记了为什么而来。实际上,真正的原创性研究大多是从现象开始思考的,研究者要采用一种现象思维,用体悟、直觉、理性去提取和概括现象的内涵和本质。当美国社会心理学家罗斯(Lee Ross)被问及什么样的实验会成为经典时,他用阿希的实验、米尔格拉姆的实验、费斯廷格的实验来作为经典的案例,并解释了它们之所以成为经典,是因为"它们可以很容易地与现实世界的现象联系在一起——正是这种联系,而不是它们与任何其他实验之间的联系,解释了它们的'经典'地位(Patnoe,1988,p.162)。"经典研究通常从关注前人未曾关注的现实问题开始,从定义新现象,提出新概念、新假说、新范式、新方法开始,并非从靶子文献开始。当然,任何创新都应该以了解前人文献记载的学术成果为基础,但研究是为了理解现象、解决问题,而非为了推导文献并制造新文献。

现象思维有助于研究者提出面向现实和现象的"真问题",变量思维则是确保研究的科学性或实证性的必要条件。变量思维对于心理学能成为一门科学至关重要。心理科学形成和发展的动力之一是向自然科学看齐,从自然科学借鉴来实验方法和定量分析方法,由此引导心理学进入科学的领地。这些方法背后是一种变量思维,就是从纷繁复杂、关系错综的万物关联网络中,抽取出少数几个变量进行观测和定量分析,乃至操纵其一而控制其余以确定因果关系。这种变量思维是科学研究得以深入的保障,但是我们不能忘记的是,变量思维是为了理解和解释现象,是为了认识和解决问题。研究者首先应该使用现象思维,找准要研究的现象和解决的问题,继之以变量思维推进对现象的认识,而不能囿于变量关系的套路中忘记了本欲探讨的现象。概言之,在完整的"科学环"中,要以现象思维"登堂",再以变量思维"入室",撷取真理之火破窗而出,复回现象世界。

[资料来源:陈中永、辛自强(2022);辛自强(2023)。据此整理]

三、研究假设的特征

有了研究问题后,可以将其转化为一个或一系列假设。研究的目的是获得逻辑上和经验上可靠的结论,结论在获得确证之前往往以研究假设的形式出现。研究假设是有待检验的试验性假说,是有待证据支持的尝试性解释。它可能得到验证,从而转变成研究结果和结论,也可能被推翻或放弃。

研究假设是研究中有待检验的假说性陈述。概括起来,科学研究中的假设一般应具备以下特征。

第一,基于一定的理论或事实依据做出的推导。假设的提出应该是基于理论或经验事实的逻辑推导过程,它陈述现有知识中不包含的内容,或有待检验的假说。这里的理论可以是已经确认的理论,也可以是自己的理论假说,经验可以是前人研究结果或者自己预研究的结果,甚至是生活经验。假设就是在此基础上做的推理,是一种有根据的猜测。

第二,假设陈述要明确。陈述假设时在概念上要尽量使用操作定义或意义明确的术语,做到表意精准;在逻辑上,要做到非真则假,泾渭分明,要么接受,要么拒绝,不能含糊或模棱两可,也就是假设陈述的"倾向"要明确。

第三,假设应该可以被检验。提出的"假设"是研究的理论部分,它必须能被经验研究检验,要么能证实,要么能证伪。如果不能在假设和经验之间建立有效的关联(支持与否定),则这不是一个可检验的假设。

第四,假设的提出通常潜在包含了否证假设的观测技术。这点是与上一点相联系的。如果假设需要做经验检验,就要说明获取经验的观测技术,以及在何种情况下,假设就被证实或证伪了。

第五,假设通常是有适用范围的。提出假设时,大多需要界定该假设应用的范围,如样本来自总体的特征、适用的背景等。

四、研究假设的陈述方式

研究假设的陈述,通常有如下五种方式。

(1)函数式陈述。假设通常是关于变量关系的陈述,因此可以采用函数形式表达,其基本形式是 $y = f(x)$,即 y 是 x 的函数,若 x 发生变化,则 y 也按照某种规则随之发生变化。这种假设陈述方式在自然科学中很常见。在心理学也有很多,典型的例子就是心理物理学中的费希纳定律,其公式为 $S = K \lg R$,其中 S 是感觉强度,R 是刺激强度,K 是常数。这个定律说明了人的感觉,包括视觉、听觉、肤觉、味觉、嗅觉等,不是与对应物理量的强度成正比,而是与对应物理量强度的常用对数成正比。这个定律在获得确认之前,就是以一种函数形式表达的,即假定心理量是物理量的对数函数。

(2)相关式陈述。在提出研究假设时,通常很难将两个变量之间的函数关系说得那么具体,而只能大致陈述二者是正相关还是负相关,具有正向还是负向预测关系,这些可统称为相关式陈述。它通常表述为"变量 x 越⋯⋯(大/小、增加/减少),变量 y 越⋯⋯(大/小、增加/减少)","变量 x 正向(负向)预测变量 y 的变化"。例如,可以假设"幼儿随着年龄增加,工作记忆容量增加""幼儿年龄正向预测工作记忆容量的增加"。

(3)条件式陈述。很多研究是为了确定某个现象发生的条件,这时可以采用"如果—那么"式的语句对假设做条件式陈述,即"如果 x,则 y"。如果是表达因果关系,则具体理解为如果 x 这个先决条件出现,则 y 这个结果出现。以挫折和攻击的关系为例,可以提出假设"如果被试遭受一定强度的挫折,则会表现出攻击行为"。此外,这种条件式陈述也可以表示相关关系。

(4)差异式陈述。在心理学研究中,往往关心的是两个被试组(实验组与对照组,或者自然分组,如男和女、完整家庭和单亲家庭)之间在某个变量上的差异,这时对假设可采用差异式陈述。其基本形式为"A 组与 B 组在变

量 y 上有(或无)差异"。例如，假设"接受团体辅导的实验组比未接受辅导的对照组在考试焦虑上有差异""女性比男性宗教信仰程度更高""左利手者比右利手者创造性更强"。

(5)存在式陈述。上述陈述类型都是对两变量关系的假设，此外，很多情况下研究者并不关心两变量的关系，而是关心某个变量或现象本身存在与否，如一个现象的发生率有多高，事物可以区分为几种类型，量表究竟包含几个因素，等等。具体假设如"大学生网络成瘾的检出率超过 10％""中国大学生在自我同一性上存在马西娅(Marcia)划分的四种类型""某人格量表包括七个因素而不是五个因素"。

在上述陈述形式中，存在式陈述是关于单变量的，而其余四种则是对两变量或多变量关系的假设。

假设一般表现为陈述句，陈述时要尽可能明确变量关系。在具体的科学研究中，变量关系的描述有精确度的不同，大体可分为三个层次。

第一层次，肯定或否定关系存在。例如，家长的期望对孩子的成长有显著影响、不同的教育方式形成儿童不同的自尊心特点等。

第二层次，确定关系的方向性。例如，"教师口头警告次数越多，幼儿上课时的注意力越分散""对幼儿从事本来就感兴趣的活动进行奖励，则幼儿在自发活动中对该项活动的兴趣降低"等。

第三层次，用函数表达变量关系。例如，用对数函数、指数函数、线性函数、二次函数、三次函数等刻画变量关系，甚至给出精确的参数。

课堂讨论2-2

分析下列例子是否符合研究假设的特征，采用了哪种陈述方式，以及研究假设和研究问题的关系。

研究问题例1：智力和儿童的学习情况是否有关？

研究假设例1：儿童在韦氏儿童智力测验中的得分与其期末语文和数学成绩具有显著的正相关。

研究问题例2：左利手者是否更具创造力？

研究假设例2：与右利手者相比，左利手者在思维流畅性、变通性和独创性测验上的得分显著较高。

研究问题例3：出生季节对婴儿爬行行为的获得有何影响？

研究假设例3：出生在秋季和冬季的婴儿爬行的起始年龄早于出生在春季

和夏季的婴儿。

研究问题例4：教师对学生的评价是否影响学生的自我评价？

研究假设例4：如果教师增加对学生的积极评价，学生的正面自我评价将显著提高。

研究问题例5：教师的教学监控能力、学生学习的自我调节策略和学生的学习之间有何关系？

研究假设例5.1：如果提高教师的教学监控能力，则学生学习的自我调节策略知识和运用水平均会显著提高。

研究假设例5.2：学生学习的自我调节策略知识和运用水平和学生的学科成绩具有正相关。

研究假设例5.3：教师的教学监控能力对学生学科成绩的影响是以学生学习的自我调节策略知识和运用水平为中介的。

[资料来源：董奇(2004)，pp.72-73]

五、研究假设的检验逻辑

我们希望证明的假设，称为研究假设。研究假设通常假定某种现象或变量关系存在或者某种差异存在，然而直接去证明这种想要证实的研究假设在逻辑上和数学上存在困难，所以需要提出与研究假设相反的"零假设"，零假设可以在统计上直接加以检验，若零假设被拒绝，则与之相反的研究假设被间接证明，可以接受。

这里研究者内心希望证明的假设，通常不能做直接检验，而是采用英国统计学家费舍尔(R. A. Fisher，1890—1962)提出的间接检验的方法：先提一个与研究假设主张完全对立的假设，然后以经验资料故意否定这个对立假设的真实性，从而间接证实研究假设(这是"否证"思想的另一种表达方式)。在统计学中，研究假设通常是关于变量关系存在的假设，如假定"相对于前车是方形尾灯时，当前车为圆形尾灯时，后车司机的反应时更短"，即反应时(因变量)与任务条件(自变量)之间有关系。而相反的假设，则假定两个变量没有关系，因此通常称为"零假设"或"虚无假设"(null hypothesis)，如假设"无论前车是圆形尾灯还是方形尾灯，后车司机的反应时无差异"。在统计检验中，零假设反而获得了优先权，因为统计检验的直接目标是零假设(期望否定或拒绝它)。由此，那个期望证明的研究假设，则成了"备择假设"或"替代性假设"(alternate hypothesis)，它会等待着零假设被否定时，"冲上去"被确认。

为什么要迂回求证呢？这就要介绍"概率反证法"，假设检验的方法是建立在小概率事件原理上的概率反证法（王嘉澜，2005）。一个命题包括"条件"和"结论"两部分，所谓反证法，是在要证明一个命题时，先假设与该命题的"结论"相反的结论成立，然后利用已知的条件或已知的定理进行一系列推理，如果这些推理在逻辑上都是无懈可击的，而最后推导出一个与某一已知定理或者已知条件相矛盾的结果，那么就证明了所要证明的命题。在统计学中，假设检验采用的方法是，在假设"零假设 H_0 成立"的条件下，构造某个事件 A，它在 H_0 为真的条件下发生的概率很小，现在进行一次试验，如果事件 A 发生了，则拒绝零假设 H_0。为什么拒绝 H_0 呢？如果 H_0 是对的，则 A 一定是小概率事件（概率很小的事件，在一次试验中几乎不会发生的事件），这是在 H_0 成立的假设下，根据数理统计中的已知定理进行无懈可击的推理得出的结论。既然 A 是小概率事件，在做一次试验时它就不该发生，现在仅做一次试验，事件 A 就发生了，这与小概率事件原理相矛盾，从而拒绝 H_0。

这一检验所用的方法为"反证法"，准确说是"概率反证法"，因为其基础是"小概率事件原理"，该原理指"概率很小的事件在一次试验中是几乎不会发生的"。小概率事件并不是绝对不发生，在类似于买彩票撞大运的情况下，小概率事件在罕见的情况下也会发生，这时根据事件 A 的发生与小概率事件原理相矛盾而拒绝零假设 H_0，就犯了错误，犯这种错误的概率就是小概率事件发生的那个概率。可见这种反证过程并不是完全可靠的，包含了犯错误的风险，只是一种概率反证过程：用反证法做出拒绝零假设的决定，几乎每次都是对的，但在少数情况下，也可能犯错误，错误地拒绝了实际正确的零假设。

思考题 ❓

1. 举例说明研究课题的基本类型。
2. 结合自己的实际情况，思考如何使用选题的原则与策略。
3. 谈谈对科学理论可证伪性的看法。
4. 研究问题表述的形式特征有哪些？
5. 研究假设的特征有哪些？
6. 举例说明研究假设陈述的方式。
7. 简述研究假设检验的逻辑。

练习题

1. 查阅 3 篇心理学研究报告，分析作者如何发现问题或学术生长点。
2. 围绕"弗洛伊德理论是否属于科学理论"开展小组讨论。

综合实践

结合所学方法学知识并阅读文献，选定本课程学习期间拟研究的课题。

第三章
文献查阅与综述

第一节　文献查阅

第二节　文献综述

　　我们通常可以在一位教授的办公室或书房里，看到各种图书资料装满了书柜，各种论文、文件摆满了案头，若打开电脑还能发现分门别类存储的大量电子文献。所有这些通常不是为了装饰或显摆这位教授作为文化人的身份，而是研究中确实需要这些文献。而在我们头脑中，一个好学生的形象是，他应该经常出现在图书馆、资料室，或者伏案挑灯夜读，或者网上搜索、下载文献。不为别的，作为学生要学习前人的文献，准备自己的研究。文献查阅和文献综述是科学研究的基本环节之一，本章将说明如何做好这些工作。

第一节　文献查阅

查阅文献似乎是个简单的"体力活"——不就是到图书馆书架上找到要看的书籍或期刊吗？没错，但这只是其中的一个方面。我的经验告诉我事情没有那么简单。我要求课题组研究生围绕某个主题查阅文献，为写综述做准备。甲同学告诉我"老师，我没有找到几篇文献"，仔细一问他使用了一个很专用的关键词在一个覆盖范围很有限的期刊电子数据库里搜索一下就了事，而没有查阅其他更适合的数据库，也没有去图书馆查找纸质的图书与期刊；乙同学则向我抱怨"我找到了几百篇文献，什么时候才能看完啊！"实际上，该同学很认真地去查阅了，但查阅的范围太宽泛了，自己不知道如何筛选有价值的文献。显然，文献查阅并不是那么轻松的小事一桩。会查阅文献是开展科学研究的基本功之一，这一关是每位研究生和本科生都要过的。学习查阅文献，要了解文献的类型与来源，还要掌握一些常用的技巧。在介绍这些具体知识前，首先来说明文献查阅对于科学研究的重要意义。

一、查阅文献的意义

"九层之台，起于垒土"，科学研究的"九层高台"却是从前人积累起的文献开始的。从作为科研产品的学术论文和研究报告的结构形式上来看，引证文献是必不可少的，凡是论文中用到的不是自己原创的发现或说法的内容都要言之有据，出处可靠。

科学论文的写作离不开文献支撑。奥地利维也纳大学的两位学者（Kirchler & Hölzl, 2006）专门分析了一些刊物的引证文献情况。《经济心理学杂志》（*Journal of Economic Psychology*）是 1981 年创刊的，该杂志在1981—1985 年期间发表的文章中每篇文章平均参考文献数量是 23.22 篇，2001—2005 年期间增加到 38.35 篇，而影响更大的《人格与社会心理学杂志》（*Journal of Personality and Social Psychology*）在 1996—2000 年期间发表文章的参考文献数量每篇高达约 60 篇。一篇发表的文章要引用这么多篇文献，而这只是在文中不得不引用的部分，作者实际查找并阅读的文献的数量可能是这个数字的几倍或者几十倍。在论文写作中，不引用文献，不说明研究现状及其中存在的问题，就不能说明开展一项研究的必要性和创新性。如果不能阐明自己的研究与已有研究的关系，研究就没有价值，因为只有将一项研究及其结果放置在科学洪流的大背景中，这项研究的"点滴"贡献才有价值。

科学论文要引证文献是由科学的性质决定的。科学发展是由一代又一代研究者不断推动的，科学研究是个"推陈""出新"的过程，即推翻旧的观点，得出新的发现。在心理学中，很多情况下还做不到"推陈"，因为新发现并不否证旧观点，而是"存陈出新"。无论是"推陈出新"，还是"存陈出新"，都要先掌握"陈旧"的知识，为自己能发现新知识做准备。心理学的科学研究已经有一百多年的历史了，而对于心理问题的思辨则与人类俱来。我们必须掌握这些现成的心理学知识，才能开始研究，才能成为研究者。例如，要理解什么是内隐记忆，可能要追溯到弗洛伊德关于无意识的研究；要搞清楚儿童智慧之谜，不学皮亚杰的理论，肯定是不行的。虽说科学发展从来是"长江后浪推前浪"，但看不见前浪的高度，就自负地"兴风作浪"，那是很危险的。查阅并引证文献，就是要让科学研究前承古人，后启来者，薪火相传。

科学研究是从问题开始的，试图回答学术中和现实中遇到的问题，这是科学研究的出发点。查阅文献，才能提出好的科学问题。通过查阅文献，可以了解某领域的研究现状，了解取得的成就和存在的问题，找到已有研究之间的矛盾与争论，发现被忽视与误解的方面，从而归纳出合适的科学问题。对先前的理论和发现的事实了解越多，就越能发现其中需要解决的问题，要做到这一点，需要大量的专业阅读，广泛地而且仔细地阅读专业书籍、期刊、各种电子资源，进行知识的"原始积累"是每个同学和研究者的基本工作。科学家巴斯德说："新奇的思想偏爱有准备的头脑。"当我们头脑里准备了大量的文献基础时，才能想出有价值的科学问题。

查阅文献，可以获得借鉴，帮助研究者做好研究设计，少走弯路。物理学家牛顿把自己的巨大成就归因于"站在巨人的肩膀上"，此话并非谦虚，科学研究中能在前人研究设计的基础上有效改进，就能取得新的发现。例如，经典的短时记忆容量的测量，多是采用字母、数字或其他符号作为材料，这些测试项目之间没有意义关联，这样测出的工作记忆容量的大小，如米勒（G. Miller，1920—2012）在1956年发现成人是7加减2个单位或组块。而真实生活中，我们需要短时记忆的材料包括的项目可能是相互关联的，若改换成这种材料，人类的短时记忆容量又是多少呢？这就提出了新的研究问题，通过改进实验设计，就能发现新的结果。因此，要做记忆容量的测量，就要仔细查阅并综述前人这方面的研究成果。

研究结果的解释必须放置在文献背景中。研究者是基于文献提出研究问题的，等做完结果的分析后，还要结合文献解释结果，包括比较自己的研究与同类研究结果之间的异同，分析产生结果差异的原因，阐述结果对于推进该领域科学认识的具体意义，说明研究结果与已有理论和假说的关系，这种对结果的解释和讨论总是要以已有文献为参照系。

总之，一项研究若不能在已有文献基础上提出有价值的问题，不能在以往研究基础上改进设计，不能讨论清楚研究结果如何推进了现有认识，那么这项研究就算不上科学研究，就没有学术价值，因此好的研究必须融入科学洪流中，科学文献就是这个洪流中的朵朵浪花。这就是查阅文献对于科学研究的重要意义。

二、文献类型

(一)书籍

教科书。无论在本科生还是研究生层面都有大量心理学的教科书，它们提供了某个学科分支、方向或领域最概要的、基础性的知识。阅读教科书，是了解某方面知识的最基本的方法，然而，教科书的知识往往比较"基本"，不能对学术前沿做出迅速的体现。连教科书内容都不了解，很难谈得上开展自己的"研究"，但只了解教科书，那也肯定无法成为真正的研究者。要从事心理学任何一个分支学科或领域的研究，总要仔细学习一些这方面常用的教科书。

专著。专著是对某个领域或主题更精深的、更系统的介绍，通常包含作者独到的见解和发现，对于研究者而言，它是比教材更值得查阅和引用的文献。例如，要从事智力或高级认知的研究，最好阅读本领域主要专家的专著。例如，加德纳（H. Gardner，1943—　）在 1983 年出版的《心理的框架：多元智力理论》，在 1993 年出版的《多元智力》，又如斯腾伯格（R. Sternberg，1949—　）1992 年出版的《超越 IQ：人类智力的三元理论》等。要想系统了解一名心理学家的思想，也必须阅读其主要的专著。例如，研究皮亚杰思想，必须阅读他不同时期出版的《儿童的语言与思维》《儿童的道德判断》《儿童智慧的起源》《发生认识论导论》《智慧心理学》《结构主义》等，实际上这只是皮亚杰一生所著 60 多本专著中的一小部分。

手册或年鉴。这两类工具书通常是对某个研究领域或学术问题，在刚过去的某年或跨越若干年的某个时期所取得的研究进展做的系统梳理与评论，往往由该领域的权威专家撰写，因此手册或年鉴或者其中的部分章节，非常值得一读。在心理学研究较为发达的国家，都会定期出版手册或年鉴。例如，自 20 世纪 30 年代起，美国每隔若干年就修订一次《儿童心理学手册》（*Handbook of Child Psychology*）。该手册的第四版出版于 1983 年，第五版出版于 1998 年，第六版出版于 2006 年，第七版更名为《儿童心理学与发展科学手册》并于 2015 年出版，如今该手册已经成为国际发展心理学界最权威的巨著。此外，还有各种各样的手册，如《实验心理学手册》（*Handbook of Experimental Psychology*）、《社会心理学手册》（*Handbook of Social Psychology*）等，甚至有更具体的《信任研究手册》（*Handbook of Trust Research*）、《领导力手册》（*Handbook of Leadership*）之类。美国加州年鉴出版公司出版的《心理学年鉴》（*Annual Review of Psychology*），从 1950 年起每年出版一次，系统总结心理学各领域新进展，它已经成为心理学领域影响因子最高的学术出版物之一。

此外，还有一些文集类图书，也发挥着类似于手册或年鉴的作用。例如，我曾参与过比利时学者（L. Verschaffel 等人）主编的《语言和世界》（*Words and Worlds*）一书的写作，该书包含了十几个国家的几十位学者写的专章，全面展示了关于"现实性问题解决"研究的新进展。

（二）期刊

各种定期出版的（也偶有不定期出版的）学术期刊是发表最新的学术成果（如研究报告、综述性或理论性文章）的阵地，提供了科学研究所需的最重要的原始文献，也成为大多数学术论文引用文献的最主要的来源。学术期刊大多为季刊、双月刊、月刊，少数为年刊、半月刊、旬刊，虽然期次、间隔各不相同，但是期刊相比书籍能更好地体现学术前沿的动态，期刊论文因接受过严格的同行评审而更具科学性。

我国大陆主办的主要心理学期刊有十几种，如《心理学报》《心理科学》《心理发展与教育》《心理科学进展》《心理学探新》《心理与行为研究》《心理技术与应用》《应用心理学》《心理研究》《中国心理卫生杂志》《中国临床心理学杂志》等；我国港台地区主办的心理学期刊主要有《中华心理学刊》《华人心理学报》《应用心理学研究》等。这些刊物中，除了《心理科学进展》主要发表综述性论文以外，大多以发表实证研究报告为主，也兼顾发表综述或理论性论文。

国外出版的重要心理学期刊不下七八百种，大多以英文出版。从刊物分布来看，欧美国家在心理学世界格局中处于支配地位。国外的心理学刊物有些是跨越心理学与相关学科的，如《行为与脑科学》（*Behavioral and Brain Sciences*）；有的是面向心理学整体的，如《心理学通报》（*Psychological Bul-*

letin)、《心理学报告》(*Psychological Reports*);也有面向特定心理学分支或领域的,如面向经济心理学领域的有《经济心理学杂志》(*Journal of Economic Psychology*)、《消费心理学杂志》(*Journal of Consumer Psychology*)、《心理与营销》(*Psychology and Marketing*)。同样,大多数刊物都是以发表实证研究报告为主的,也有些是偏重发表理论与评论文章的,如《心理学评论》(*Psychological Review*)、《美国心理学家》(*American Psychologist*)。

要指出的是,无论是国内,还是国外,并不是所有的心理学方面的或者有关的文章都发表在心理学类的刊物上。以国内情况为例,很多大学的学报,特别是其教育版、哲学社会科学版都发表心理学方面的文章,如《北京师范大学学报》(社会科学版)、《华东师范大学学报》(教育科学版)。一些社会科学类或自然科学类刊物也偶尔发表心理学方面的文章,如《青年研究》发表社会心理方面的文章,《中国科学》《科学通报》则会少量发表基础心理学,特别是认知神经科学的研究成果。

(三)学位论文

心理学及其相关学科每年都完成大量学位论文,包括学士学位论文、硕士学位论文和博士学位论文,这些论文大多都未公开发表,但其中很多有学术参考价值,特别是博士和硕士学位论文。这些学位论文一般由授予学位学校的图书馆或院系保存,博士论文则大多可以在国家图书馆查阅到。大多数博士和硕士学位论文的电子版可以在像"中国知网"(CNKI)的学位论文数据库中查阅。

(四)会议论文

每年国际、国内都会举办大量的心理学学术会议,如国际心理学大会、国家心理学学术大会、各专业分会的会议、各种专题会议,大多数会议都编辑会议论文摘要集,部分会议编辑出版了会议论文全文文集,这些文集反映了最新的研究动向,非常值得查看。

三、文献来源

我们应该去哪里查找这些类型的文献呢?目前,学术文献主要采用纸质和电子两种媒介。国内很多图书馆都收藏有大量心理学文献资料,如国家图书馆、北京师范大学图书馆、华东师范大学图书馆、北京大学图书馆、中国科学院心理研究所资料室,大多数图书馆不仅对单位内部开放,也为其他单位研究者提供服务。

当前，各种电子媒介的文献日渐丰富，因查阅方便而备受欢迎。例如，国内外很多学术数据库提供了各种与心理学有关的期刊论文、专著、学位和会议论文。国内的数据库包括中国知网的中文期刊全文数据库和优秀硕士博士论文库、万方数据库、超星数字图书馆等。国外的如 OCLC（全名为 Online Computer Library Center），即图书馆联机计算机中心，该中心提供的联机检索服务 First Search 被广泛使用，ProQuest 心理学全文数据库也深受欢迎。此外，很多大型出版公司提供了电子期刊的摘要或全文查阅服务。国内很多大学图书馆已经购买了这些国内外专业数据库的使用权，学校师生可以在校园网或者学校提供的专用账户中免费查阅。

现在几乎所有的纸质期刊都有网站，大多只提供免费的摘要查阅，需要付费查阅全文，而部分刊物则提供免费的全文服务。另外，近年来兴起很多专门的电子刊物，虽然不再做论文的纸质印刷，但其学术质量并不低。还有很多搜索引擎，如百度、Google 也可以用于学术文献检索。

课堂讨论3-1

3～5人一组，每人列出自己知道的心理学文献的来源，然后小组分享并汇总，再全班交流。

四、文献查找

在进行文献查找时，应该遵循如下常用原则。

第一，在时间顺序上，宜用"逆时倒查法"。新近的研究文献总是要总结、概括先前的文献，因此根据一篇较新的综述或研究报告中提及或引证的文献顺藤摸瓜，就可以找到这个领域的核心文献。不仅文献搜集可由新到旧，文献的阅读也可以如此。读几篇与自己研究主题最为关联的新文献，就自然知道应该进一步查阅哪些文献了。在根据现有文献的参考文献目录搜集先前文献时，要警惕该文献作者可能会忽视或有意遗漏了某些重要的先前文献。另一种方法，就是"顺时查找"文献。这种方法虽然用得少，但是也有其特殊价值。例如，可以从查阅一篇经典文献开始，看看引用这篇文献的后续文献，这样能看到一篇文章的持续影响过程，以及某种观点的前后演变；此外，这样查找的文献可能相对多样化，便于开阔阅读视野。

第二，就资料的性质而言，应以一手资料为主。研究中使用的或者论文要引用的文献应该是一手资料，所以必须找到并仔细阅读这些核心的一手资料。最早报告某个发现的研究报告，最早提出某个观点的专著，都是研究者应该认真查阅的一手文献。研究不能过度依赖那些二手的介绍或反复转述的内容，在可能的情况下还要适当减少对译文、译著的依赖，因为这很可能造成对原始资料意义的误判和误解。例如，翻译中的歪曲现象可能使我们无法了解作者的真正意图。弗洛伊德有个术语一直被称作"自由联想"（free association），这里的"联想"（association），在英语世界中，本义指一个想法或念头与另一个想法或念头的连接，好像每个想法是诱发出下一个想法的刺激，最后引出一连串的念头或想法。而弗洛伊德的概念在德语中是"Einfall"，字面意思并不是联想，而是指"侵入"（intrusion 或 invasion）。弗洛伊德的意思不是简单描述想法的连接或联想，而是指来自无意识心理的东西不可控制地侵入意识中。由此可见，弗洛伊德的原意在翻译成英语的过程中被曲解了（Schultz & Schultz，2000，p.8），而中国学者在翻译或介绍弗洛伊德理论时，很多不是根据德文原著，而是根据英文译本，结果就从"差之毫厘"到了"谬以千里"。历史上因转引、翻译造成的以讹传讹的情况不胜枚举，这提醒我们，做研究要查阅一手文献，引证原始资料。

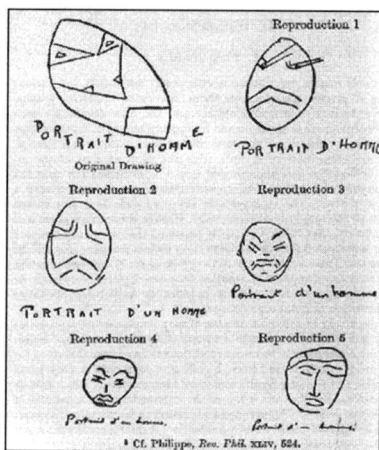

英国学者巴特莱特（F. C. Bartlett，1886—1979）通过序列再生法研究记忆的传递：第一个人以背临方式复制原画，第二个人背临第一个人的作品，以此类推。可以发现，第五个人的作品已经和原画相去甚远。由此可知文献转引中为何会以讹传讹。

第三，在资料范围上，要有全面性和代表性。当今科学发展，有很强的多学科融合或者跨学科交叉的特点，同样一个问题可能会被不同学科领域的学者关注，他们的成果也会发表在各自学科的刊物上。例如，关于"囚徒困境"的研究，是博弈论的内容，认知心理学、发展心理学、进化心理学、犯罪学、行为经济学或者实验经济学等学科的学者都有所关注；类似地，凯利（G. Kelley，1905—1967）的个人构念理论（personal construct theory），虽然主要应用在人格心理学、社会心理学、临床心理学等领域，但是管理心理学、消费心理学、数学教育、计算机科学等诸多看似不相关的领域也时常用到。因此，在查阅文献时切不可囿于学科或者门派，要确保资料搜集的全面性、代表性。此外，在科学研究中，经常存在不同的观点、对抗的理论、迥异的方法、矛盾的结果，在查阅文献时应该尽量体现这种多样性，找到各自代表性的文献，全面阅读不同的文献，方能互相启发，彼此校正，从而提高自己的研究质量。

第四，在具体查找和阅读文献的过程中，要根据文献重要性有所侧重，而不宜均匀用力。当然，能仔细查阅所有文献，这是最好不过的，但是相关文献往往浩如烟海，穷其一生未必能找全读完。据冯特的女儿统计，"心理学之父"冯特一生的著作有 500 余种，共计 53735 页。从 1853—1920 年，即冯特刚 20 岁到他去世这 68 年中，以 24836 天为计，他平均每天要写 2.2 页文章。如果一个人以每天 60 页的速度阅读，大约要花 30 个月的时间读完冯特的著作（叶浩生，1998，p.75）。由此可见，不要说开展实证研究或者查阅其他人的文献了，光是查找、阅读冯特一个人的文献，就是一个浩大的工程。因此，我们应该学会判断文献的相关性和重要性，有重点地查找并阅读文献。

文献查阅不仅要遵循上述原则，还有一些实用的技巧可资借鉴。下面介绍一些文献查阅中的具体技巧或方法。

首先，善于运用检索工具。检索工具使快速查找文献成为可能。现有的检索工具有纸媒工具和电子工具两种。目前，随着计算机网络系统的发展，电子检索工具成了最为快捷、简便，且使用广泛的文献检索渠道。前文所提及的各种心理学及相关学科的专业文献数据库、电子期刊资源、普通搜索引擎，都可以进行文献搜索。例如，大多数专业文献数据库都可以对文献题目、作者、摘要、关键词、正文、参考文献、出版物名称等进行检索。电子检索工具已经成为文献检索的首选，但是这里要提醒一点，不能完全依赖网上检索了事，毕竟很多文献还没有电子化，仍然安静地躺在图书馆或世界某个角落的书架上，必须动手去找。一些传统的纸质手工检索工具仍然是必要的。例如，大多数图书馆都曾有制作完备的目录卡片，相当部分期刊都在每卷或每年最后一期刊登该卷或该年的全部文章目录，国外一些专业研究组织会编辑专题性的文献目录（如"数学问题解决"研究文献目录），必要时可借助这些文献目录查找资料。

其次，如前所述，根据参考文献溯源查找的方法也很常用。通过阅读新近的某个权威期刊上的一篇文献综述，然后溯源查找该文引用的原始文献，再继续查找这些文献引用的更早的文献，这样就可以迅速积累大量关于该领域的文献资料。例如，在国内《心理科学进展》等刊物都刊发了大量文献综述，可以从查阅这些综述文章开始追查更多文献，而更多的外文综述也可以阅读。这种方法查阅的文献一般范围相对集中，主题明确，但缺点是容易忽略某些重要文献，因为很多作者并不能公平地引用同样重要的文献，甚至该作者也未必充分了解那么多文献。因此，若将参考文献溯源查找与电子检索方法结合使用能较好地做到"点""面"结合，既可以保证文献主题集中，也可以保证文献的全面性。

五、文献阅读

搜集来的大量文献，只有认真阅读，它们才能助益于研究和研究者。如何阅读专业文献呢？

首先，要有合理的阅读计划。对于心理学专业的学生来讲，查阅文献大多数是为完成某个具体任务，如某门课程的主讲教师要求写一篇关于"自我效能感"研究进展的综述，或者导师安排做一项关于"考试焦虑与注意力关系"的实验研究，这时围绕主题或关键词查阅文献，并有计划地迅速阅读文献即可。这种阅读是任务指向的，以完成作业或研究课题为导向。但是，我们还应该主动开展旨在提升自身学术素养的专业阅读，即自我修炼指向的阅读。例如，经常去图书馆、阅览室翻阅新近的期刊和图书，了解研究热点和动向，发现学术问题和兴趣点；为了提升研究能力，查阅一些方法方面的工具书；系统阅读某位著名学者发表的所有文章，了解其在某个领域形成观点、开展实验、建构理论的过程；到其他院系的资料室看书，为整合心理学和其他学科的研究做准备。建议大家既要有为完成任务制订的短线阅读计划，也要有为成为优秀的心理学研究者而做的长线阅读计划，从而不断提高自己的学术素养。

其次，阅读要循序渐进。究竟采用什么样的顺序，要看情况而定。如果我们对某个领域还不熟悉，就要由浅入深地开始阅读，通常教科书上的内容

书，用它时要读，不用时更要读。

浅显易懂，其次是专著、文献综述、理论文章、研究报告，循此不断深入阅读。如果是为了完成某项研究课题，且已经有一定的专业基础，不妨直接从阅读最新文献开始，然后溯源阅读更早的文献。就读一篇研究报告而言，通常是先看题目、摘要、结论，了解其大概内容，再决定是否有精读的必要。通常，我们要从权威刊物、权威作者的文献开始看起，把重点放在高质量的或者相关性高的文献上。

再次，开展批判性阅读。对于学术文献的阅读，特别强调质疑精神和批判阅读。阅读一篇文章，要不断思考该文章的观点是什么，是否有原创性及是否合理，论据是否确实，论证是否严密，实验设计是否严谨精巧，结果是否可靠，讨论中的推理是否得当，如果自己做这项研究如何改进。只有带着问题意识，以挑剔的眼光阅读，才能找到新的研究问题和思路。

又次，阅读要精读、泛读结合。对于重要的、核心的文献必须精细阅读、深入阅读。例如，要改进某篇文章的实验设计，就要对该文字斟句酌地阅读，并设想作者当时的实验过程和情形，找出问题所在；要评述某个人的理论，就要系统阅读其主要文献，并仔细梳理其观点来龙去脉及演变逻辑。然而，很多情况下只需要大致泛读即可。例如，某篇文献并不那么重要，将来在写文献综述时只要简单一提即可，大致读懂其意思就可以了。

最后，阅读过程中做好文献记录。阅读是为了自己写文献综述、设计实验、写作论文，甚或一般学习服务的。无论哪种目的，适当做好文献记录都是必要的。如果是自己复印的文献，可以直接加标注、批语，借阅的文献要做笔记，外文文献可以做翻译；考虑将来如何使用文献，若直接引用，就要原文抄录并注明文献出处，若是间接引用也要准确地、概要地做笔记。

第二节　文献综述

在开始设计并实施一项研究之前，通常需要对查阅的文献做综述工作。"文献综述"既指这一工作过程，又指工作的结果，即一种科研写作类型——文献综述类文章。这类论文还有很多其他称呼，如"研究评述""文献评论""研究动态""新进展"等。大学生做毕业论文之前，需要先做文献综述；研究生学位论文通常有"开题"的环节，主要内容包括写综述；专业的科研人员在做项目研究时也需要写综述；很多学术期刊上也会发表研究者，包括一些"大专家"撰写的述评类文章。科学研究的创新必须是以继承为基础的。前人的研究成果、科学认识水平都体现在相应的科学文献中，对这些文献进行细致梳理和深入评析，是开展新的研究工作的基础，是创新与超越的前提。因此，学会做文献综述，是培养研究能力的重要内容。

一、如何写作文献综述

首先，搞清楚目的。每个研究者做文献综述工作的目的可能是不同的，写作要为达成目的服务。

最简单的目的是为完整列出以往相关文献的清单，罗列文献内容。例如，要对从众心理的性别差异问题做元分析，对收集的文献在阅读后要提取元分析所需要的信息，如研究的样本特征（如样本量，性别、年龄等人口学特征）、测试方法特征（如可能影响结果的实验操控、测量工具等）、研究结果的关键数据（如每个性别组从众得分的平均数、标准差）。通常这种简单的文献罗列和摘录工作是为进一步的文献分析或定量的元分析做铺垫的。这种目的的写作做到准确再现和概括文献中需要的信息即可。

梳理文献之间的关系。这种关系涉及很多方面，如不同理论或假说的异同，理论和证据是否匹配，不同研究在方法学上如何推陈出新等。例如，关于"群体背景与决策冒险程度的关系"，研究者提出了不同的观点：有人认为群体背景导致更冒险的决策；有人认为群体让决策更谨慎；有人认为这两种情况都存在，即群体导致极端化的决策（冒险者更冒险，谨慎者更谨慎）；又有人提出，不是"极端化"，而是"折中化"。做文献综述时，必须准确陈述每种理论观点的含义，澄清争论点所在以及争论的原因，检查各自有哪些证据，证据是否能有力支撑观点，支撑观点的实证研究在方法上是否有效、可靠。做文献综述时，要对关心的文献"关系"问题，有逻辑地开展条分缕析的工作。

总结知识。在掌握以往文献内容，搞清楚文献关系的基础上，可以归纳、概括出新的专业知识。将一篇篇孤立的研究报告的结果汇总在一起时，可能得到新的认识。例如，把历年关于从众心理的研究结果按照时间顺序排列，就可能归纳出从众心理的历史变化规律。从研究结果的相互矛盾，可能推理出是因为存在条件变量或调节变量。例如，简单地考察群体背景与决策冒险程度可能发现相互矛盾的结果，那是因为群体成员是否具有冒险性人格这个因素调节着二者的关系，从而推导出新的理论假说。总之，新知识不仅可以通过新的实证研究得到，而且可以通过总结已有研究获得。

发现问题。"问题"可做两个方面理解：一是以往研究存在的不足、弊端、可质疑之处，即"有问题"的方面。例如，理论自身的逻辑是否完备，实验控制是否严格等。二是值得研究的"学术问题"。如上段所述，提出了新的理论假说，即关于"群体背景、决策冒险程度、群体成员人格"三变量的调节模型，这个模型最初作为值得检验的假说，是很好的学术问题。如果发现以往研究方法的弊端，则可以提出方法学问题，以图改进。做文献综述，就是要总结前人的教训（问题与不足）和经验（受启发提出新的学术问题），启迪后人和后续研究。

上述研究目的是层层深入的，典型的、完整的文献综述往往包含所有这些目的，从罗列文献到梳理关系，再到总结知识、发现问题，一篇文献综述文章以此顺序层层推进。当然，也可以针对特定目的，专门写作。

其次，设计好顺序。顺序是个形式问题，是根据目的和内容来定的。为了说明以往研究的来龙去脉、历史演进，就需要"纵向"组织文献，围绕某一主题按时间先后顺序或专题本身的推进过程来写作，先写研究的历史演变，再总结现状，最后预测未来趋向。要全景式勾勒当前研究状况，可以采用"横式"写法，对某一专题在国际和国内的各个方面，如各派观点、各家言论、各种方法、各自成果等加以描述和比较。横式写法侧重并列内容的陈述与对比，而纵向写法则是为了说明研究的时间规律、方法的前后差异、观点的起承转合。好的文献综述，往往纵横交叉，各自逻辑清晰。在开始写作之前，应决定先写什么，后写什么，按照什么样的顺序、线索、体系组织文献。

最后，"述""评"结合。文献综述通常以"述"为基础，以"评"为目的，二者结合。

要明白"述""评"如何结合，先要说清楚它们的区别。"述"指介绍或叙述他人成果；"评"指对他人成果发表自己的看法，做出评论。换言之，凡是自己想法、看法、说法之外的内容，即来自他人的内容都要客观介绍、准确叙述。写作时，要以合适的行文措辞方式让读者明白，哪些内容是引用他人的，哪些是作者自己的。只有明确区分出"述"与"评"的内容，才能谈下一步的结合问题。

综述性的论文不是对某一类课题研究过程及其结论的新闻报道，不是对论文内容的摘要和译介，不能简单地对文献进行罗列或介绍。做文献综述是对文献的研究过程，若只是将文献无组织地堆砌在一起，不加评说地转述一遍，这就谈不上研究。评论者对待查阅的文献，要以批判的眼光加以审视，以质疑精神做深入分析，在写作中做到述评结合。"述而不作""评无实据"都不合适。

"述""评"如何结合呢？最简单的方式是"先述后评"，这也是初学者常用的方式。其做法是先大篇幅地介绍各种研究，介绍之后来一段总结性评论。有的作者通篇是一个整体的"先述后评"的结构，有的论文结构稍微精致些，在论文内容的每个部分采取"先述后评"的写法。通常，这种写法显得很机械，不容易展示评论或作者观点与以往文献依据的关系。故发表的优秀的综述论文多不采用此类简单的写法，而更多是采用"夹叙夹议""述评有机结合"的方法。采用这种写法，文章是按照作者设计好的框架体系来组织的，作者的观点相对明晰，只是以引用文献来提供依据或把文献作为评点的对象。写作中，文献是随着综述者的思路来呈现的，而不是综述者跟着文献走。即便是文献内容介绍，也不是以再现文献为目的，而是为推导出评论者的观点做有意图的铺垫，埋好伏笔。

在综述文章的写作中，对文献的评论并不是道德或价值的评论，而是专业内容的评论；评论不是评头论足，而是为了梳理文献关系、概括新知识、发现研究问题。因此，评论要做到观点明确、证据充分、论证严密、有理有据、有节有度。

课堂讨论3-2

3～5名同学一组，每组围绕一篇综述类文章或者研究报告的文献综述部分，分析其写作文献综述的目的以及行文结构和组织方式，评析其中的问题。

二、写作文献综述的注意事项

第一，文献综述不是文献介绍或背景描述。初学文献综述，很容易写成现有文献的汇编，或者外文资料的摘译，而忽略了文献综述的研究性、评论性、问题性。结果一篇写完的文章中，十之八九的内容都是引文，看不出作者的意图，没有明确综述要解决的问题；虽然在文末做了一两小段的总结，但评论内容大而无当。这类文章顶多算是文献介绍，还没有达到综述研究的目的。还有人误将文献综述写成了现实背景描述，这种做法最容易出现在应用性主题的综述中。例如，以"互联网成瘾的诊断标准"为题写作综述，文章却有一半篇幅只是介绍中国互联网发展的历史和状况，只说互联网成瘾很值得研究，但是关于最核心的"诊断标准"方面的学术观点、理论争论、方法技术却语焉不详。如果作者能准确把握文献综述写作的目的，从文献研究的角度来看待文献综述工作，就能明白写作中，哪些地方应重点阐明，哪些地方要体现自己的观点，哪些地方可以一带而过。

第二，写文献综述不是写讲义、编教材。做文献综述是一种研究工作，不是教学工作，不同于准备讲稿或教材。文献综述文章是专业人员写给同专业和相关专业人员看的，它本身要有学术价值，写作要系统、深入，要很"专业"。而讲义或教材都是为教学服务的，通常写得相对通俗，甚至口语化，以符合教学和学习所需。初学文献综述时可能会因为对专业知识的把握不那么深入，不了解学科前沿，而在综述文章里大量介绍专业基础知识，甚至把教科书上的内容也加进去，结果这样写出来的文章根本不值得同行专家阅读。

第三，文献使用多有"不当"。文献综述研究或加工的对象是"文献"，因此如何处理好写作中文献的使用问题，是初学者的苦恼所在。在文献使用方面，容易出现的"不当"做法很多，兹罗列如下。

(1)过度依赖少量文献。具体表现为某篇文献被过度引用，被引用十几次，甚至几十次(当然，专门针对一篇文章的评论文章是可以这么做的)；有些综述者将少量几篇文献的内容"攒"在一起，拼凑文章；有些所谓综述是国外文章的"译文"或"改编"。过度依赖某篇文献的做法，往轻里说是不会写作的表现，但是往重里说，有学术道德问题。若将国内外期刊上一两篇综述或者研究报告的综述部分改头换面变成自己的综述文章，这可以视为学术剽窃行为。

（2）文献引用"详略"不当。每篇文献与综述的关系，可能"亲疏远近"程度不同，这样文献的重要性就有差别。写作文献综述当然要重点引用关键文献，次要文献则一带而过或省略不提。哪些文献重要呢？如代表某种观点的，能为观点提供有力依据的，反映新进展的，出自权威专家或著名期刊的，都可能是重要文献。若不能判断文献的重要性，就无法做到引用得详略得当。例如，有综述者"高度评价"某篇文献的观点或方法贡献，然而当后来读到提出该观点或方法的原创文献时，才知道这个被过高评价的文献，只是个模仿者；还有人只选择对自己有利的文献，有意忽略那些观点不同、提出反面证据的所谓"不利"文献。这些都是详略不当的表现。前一种情况是，对不重要的文献却详细引用并重点评论；后一种情况是，对重要的"不利"文献却刻意略而不提，有误导读者之嫌。

（3）文献引用不准确。如果是直接引用，就要完全按照原文字面和语义引用；如果是间接引用，虽字面上可以变通，但意义上要忠实原文。然而，做到文献的准确使用并不容易，常见问题很多。如原文概念、语义理解不准确；外文术语的翻译很随意，不遵从学科习惯，甚或望文生义；转引过多，而未认真阅读原始文献；不是自己的观点和内容，却未标写出处；分不清哪里是引用的，哪里是自己创作的部分，等等。这些问题都影响综述文章的科学性和价值。

（4）文献标注格式不规范。文献标注格式，虽然只是个"技术"问题，但很容易出问题。例如，缺乏文献的基本要素，像作者、年代、刊物、页码等；标点符号错误，不能区分中英文标点；误写外国人名，名和姓写反了；正文提及的文献和文后的参考文献清单不能一一对应。初学文献标准格式时，容易顾此失彼，只要多多练习，做到"自动化"就行了。掌握参考文献等方面的写作格式规范是专业写作的基本功。一般来说，审稿时只要看看参考文献格式是否规范，就知道作者是否受过严格训练以及学术素养如何。

思考题

1. 简述查阅文献的意义。
2. 了解文献的基本类型。
3. 简述文献查阅中应遵循的原则。
4. 结合实例说明文献综述的目的。

练习题

1. 到图书馆了解并熟悉国内外主要心理学期刊、图书的收藏和存放情况及查阅方法。

2. 了解可用的心理学电子资源有哪些，并尝试使用以熟悉具体查阅方法。

3. 分别在《心理学报》《中国心理卫生杂志》上查阅一篇类似内容的近期文章，并比较两篇文章的形式特点。

4. 制订一份本年度文献阅读计划并执行。

综合实践

围绕选定的课题查阅文献并写作综述。

第四章
研究设计

第一节　研究设计的内容与类型
第二节　研究设计的效度
第三节　概念操作与测量

科学研究是一种求知方式，一项研究的结果是否可信，是否能有效拒绝或支持理论假设，这取决于研究的设计是否"良好"，是否"完善"。如果研究在设计上存在缺陷，就会威胁到所获得结果的价值，就像不能指望一辆存在严重设计缺陷的汽车(如刹车不灵)能带我们平安到达目的地。因此，研究者在正式实施一项研究之前必须先行精心设计研究方案，考虑到各种可能威胁研究质量的问题，才能确保研究达到预期目的。

第一节　研究设计的内容与类型

虽然科学研究中存在意外的发现，但是绝大部分科学研究都依赖精心的研究设计。研究是设计出来的。研究设计包含诸多内容，可以采用不同的设计类型，了解这方面的基本知识才能对研究设计工作"心中有数"。

一、研究设计概述

《礼记》中早就讲到"凡事预则立，不预则废"。做科学研究同样需要做到"预"，确定好计划，设计好方案，预想到问题，否则科学研究就可能失败，研究结果就"立不住脚"。研究设计就是这样一个预先的准备过程，它是指为了能够以较少的人力、物力和时间来获取客观、明确、可靠的研究结论而制定出的周密的、科学的整个研究工作的计划和安排（董奇，2004，p. 105）。简言之，研究设计是为开展研究所做的方法学准备和计划。

衡量一项工作的好坏，关键看是否达到预期目的，研究设计的基本指导原则就是确保研究本身和研究目的一致，有效达成预期目标。通常，基于理论推导出一种假设后，我们期望这种假设能预测某种实际情况是否发生，如果经验观察表明特定条件下这个预测的情况确实发生了，则理论假设得到证实，从而在这一点上积累下了经过"实证"的可靠知识，科学研究达成了"求知"的最终目的。

例如，要开展一项研究，以确定教师的正强化是否能增强学生的学习动机。欲建立正强化和学习动机之间明确的因果关系，就要求做合理的研究设计（对于实验来讲，就是实验设计）：明确操纵感兴趣的自变量（正强化），合理设定正强化的观测指标（如频率、强度、类型），使用敏感的因变量观测指标，排除可能威胁二者因果关系的其他可能的解释。若研究设计存在明显的漏洞和缺陷，可能会导致实验操控失败，得不到预期结果，即便我们能够发现这种因果关系，它依然不能令人信服。例如，给中学生被试提供"小贴画"作为强化物，结果表明并不能提高其学习动机，这时我们更多地怀疑这个强化物是否有强化作用；如果强化程序实施了半年，研究结果确实表明半年前后相比学生的学习动机有显著提高，但我们无法知道这半年之内是否有其他因素在起作用，如学生长大更懂得学习的必要性了，或者学生知道自己成了实验对象，而增加了学习的热情。可见，研究设计是否科学、合理、完善，不仅直接关系到研究的进程、代价，而且还影响着研究结论的可靠性、科学性，因此研究设计是科学研究工作中至关重要的部分。

二、研究设计的内容

(一)研究问题的提出和假设的形成

研究是从问题开始的，本书前面已经仔细讨论过如何基于文献综述提出研究问题，形成研究假设，这些都是研究设计必须做的基本工作。例如，基于行为主义学习理论，我们关心如下问题："教师的正强化是否能增强学生的学习动机"。一个有价值的研究问题的提出，是整个研究的发端。提出研究问题之后，研究者常常要对可能的结果进行预测，建立起研究假设。因为科学研究是遵循"假说—验证"的方法进行的，即"大胆假设—小心求证"。这里我们可以假设"正强化能够有效增强学生的学习动机"。明确了一项研究要解决的问题、要验证的假设，也就明确了一项研究的目的，此后的实验设计工作主要侧重这一目的的达成。

(二)研究变量的识别与选择

第一，确定研究变量。研究变量就是研究者根据研究目的真正关心的自变量和因变量，研究者必须清楚这些研究变量的性质和特点。如要探讨的研究变量之间是因果关系还是相关关系，它们是主体变量还是客体变量，是可操纵的变量还是不可操纵的"自然"分组变量(如被试的年龄、性别、社会经济地位)，是直接测量变量还是间接测量变量。例如，我们关心正强化与学习动机之间是否存在因果关系，正强化是可以直接操纵的来自外部环境的自变量，学习动机是学生的主体变量，可以通过动机的结果(如学习时间、学习成绩)间接测量，也可以通过学习动机量表直接测量。

第二，辨别无关变量。研究变量是在与非研究变量的比较中明确的，若不能控制可能发生作用的无关变量，就不能有效确定研究变量间的关系。选择研究变量的同时，必须辨别无关变量，若考虑到某些无关变量可能对研究结果有影响，就要在研究过程中加以控制。例如，正强化这个研究的自变量之外，还有很多无关变量，如被试特征(年龄、性别)、时间因素、环境噪声等干扰被试在因变量上的测量结果。只有排除或平衡好这些无关变量的影响，才能确定自变量与因变量之间的关系。

第三，确定研究变量的数目和水平。变量数目不同，对具体实验设计、统计方法的要求也不同，所以在选择研究变量时，需要根据研究的目的和条件确定变量数目，列出研究变量表。如果是单因素设计，自变量只有一个，则只需要考虑其主效应；如果自变量有两个以上，在实验设计时要确定孰为被试间因素，孰为被试内因素，在统计时不仅要考虑其主效应，还要考虑其交互作用，考虑二者关系是否独立或者是否存在共线性等；有时，要考虑是否使用中介或调节模型以及其他更复杂的统计模型。此外，还要确定每个变量或因素各自包含几个水平，对于非连续变量尤其要考虑这一点。例如，强化物可以区分成物质强化物、精神强化物两类，即两个水平，也可以区分成三个乃至更多水平；若以学习动机对被试分组，究竟是分成高、低两组，还是高、中、低三个水平，则不仅是个技术问题，还涉及研究者如何看待动机强度与作业绩效的关系问题，假定二者线性相关和曲线相关时（如耶克斯—多德森定律刻画的那样），适宜的分组方法有所不同。

第四，确定变量观测指标。为了保证研究结果的清晰性、明确性，通常需要对研究变量设定适宜的观测指标。例如，要确定学习动机水平，可以拟定能体现学习动机理论定义的若干观测指标，如一次学习的时间长短、能否排除干扰（如吸引人的电视节目）专心学习、上课后是否及时复习等。若以现成量表或问卷让被试直接自我陈述在这些观测指标上的表现，或者由他人（研究者、教师、家长）直接观测学生的表现，都可以根据这些观测指标来确定变量得分，准确量化研究变量，确保研究具有可重复性。若观测指标设计不合理或不明确，研究结果的含义就无法确定。观测指标可以采用客观指标（如学习成绩、反应时、脑电活动等），也可以是主观的自我感受（如"渴望"学习的程度）。

第五，考虑变量的测量水平。研究变量的测量可在不同水平上进行，主要有名义量尺、等级量尺、等距量尺、等比量尺四种。对于不同的研究变量，其测量水平可能是不同的，有的可在多级水平上进行测量，有的只能在某一水平上进行测量。例如，强化物的性质（物质与精神强化），可以视为名义变量；强化的时间则可作为等比变量。考虑研究变量的测量水平，应将研究变量自身的性质、可选用的测量工具的性质、拟采用的分析数据的具体统计方法等结合起来。例如，采用"五点"计分量表测量的学习动机，可近似视为等距变量，做方差分析、回归分析一类统计处理。

（三）研究对象和被试的选择

心理学中的研究对象，大多被称为"被试"，包括接受实验或被调查的人或其他动物（如大白鼠、猴子）。研究教师正面强化与学生学习动机的关系，被试就是学生及其教师。然而，很多情况下研究对象并非只是这些被试或有机体，而是某个被定义了的现象或系统。例如，研究家庭系统的结构和功能特点，家庭中的夫妻或父母虽然作为被试接受调查，但研究的真正对象是作为一个系统的家庭，而非这些单个的被试。因此，有时要区分"资料或数据提供者"与研究对象。例如，我们可以让父母和教师分别作为儿童多动行为研究的资料提供者，让他们填写儿童行为核查表，但真正的研究对象是儿童而非其监护人。

研究对象和被试总体确定后，首先要准确描述该总体的内涵和外延，即明确被试总体的本质特征和范围。例如，研究学生的学习动机时，这个"学生"究竟指什么意思，具体指具有什么特征的人群，这些都要准确描述。这将决定如何抽取被试样本，以及究竟在多大范围内推广研究结论。

其次，要确定样本容量。样本容量（实际被试人数）与样本对总体的代表性是成正比的，虽然样本容量越大越有代表性，但研究时人力、物力条件有限制，因此做研究设计时要确定适宜的样本量。关于如何确定样本量，有一套专门的方法和技术，可以参看有关的统计学教材，这里不再展开介绍。

最后，要确定取样方法。取样的基本原则是随机性原则，即保证总体中每个个体被抽取的机会均等。常用的随机取样方法包括简单随机取样、分层随机取样、系统随机取样、整群随机取样等（延伸阅读4-1）。在心理学的实际研究中，大规模的调查研究（特别是流行病学式的研究）往往很注重取样容量的计算以及取样方法的随机性问题，而且也应该如此。但是，大部分的实验研究样本量较小，只有一两百人、三五十人，一些认知神经科学研究的样本量更小，只有几个、十几个，顶多几十个被试，这些研究多采用方便取样（大部分情况下也只能如此），很难确保样本在统计意义上对总体的所谓"代表性"。实际上，大部分心理学研究都没有做到真正的随机取样。例如，心理学研究普遍使用招募志愿者的方式取样，或者用"滚雪球"方式让现在的被试介绍自己认识的人来参与实验，这些都是"方便取样"，只要研究人员根据自己的经验判断所招募的被试没有明显和自己所研究的总体不一致就可以了。当然，这种情况下不能轻易在研究报告的取样方法部分说是"随机"抽取被试。

随机取样就是保证大瓶里每个珠子都有同样的机会倒进小瓶。

延伸阅读 4-1　常用的随机取样方法

简单随机取样法是按随机原则直接从总体 n 个单位中，抽取几个单位作为样本。其具体方式有抽签和利用随机数字表抽取两种。抽签，就是把总体中每个个体都事先编号并做成签，充分混合后从中抽取部分编号，编号对应的个体就是随机抽取到的样本。利用随机数字表抽取，就是从该表中随意确定一个起点，然后把该起点后出现的数字作为抽取编号的依据。这些简单随机取样方法的思路简单，但它要求先编号，比较费时费力，在样本容量较小时也不宜采用。

分层随机取样法是先将总体各单位按一定标准分为若干类型（即层），然后根据类型单位数与总体单位数的比率，确定从各类型中抽取样本单位的数量，最后按随机原则从各类型中抽取样本。简单说，就是"先分层"，如调查某高校的大学生，可以按照年级、专业类型分层，根据每类人数在总人数中的比率确定各类型抽取的人数，最后在层内"再随机"抽取。分层随机取样法的代表性和推论的精确性较好，但要找出关键的分类标准并做出科学的分类并不容易。

系统随机取样法是先将总体各单位按某一标志顺序排列编上序号，然后用总体单位数除以样本单位数求得取样间隔，最后根据取样间隔作等距取样。系统随机取样法较简单随机取样法更为简便，误差更小，但如果总体中存在周期性的波动或变化，就不适于采用。

整群随机取样法是先将总体各单位按一定的标准分成许多群，然后按随机原则从这些群中抽取若干群作为样本。例如，要调查某县的高三学生的职业价值观，可以以班为抽样单位从全县的 50 个高中班中随机抽取 10 个班，这些班的学生就作为样本。该方法的样本单位比较集中，易于组织，适合规模较大的调查研究，但其取样误差常可能因各群间差异较大而比较大。

(四)资料收集方法、工具和程序的选用

在心理学研究中，可采用的搜集事实与数据的方法是多种多样的，如实验法、访谈法、观察法、问卷法等。每种方法又可选取不同的设计方式，研究者应了解这些方法、设计方式各自的优点与不足，根据研究目的、被试特点、研究的主客观条件，选择最恰当的方法、设计方式去解决课题所提出的具体问题。在实际研究中，提倡多种方法的综合运用，以相互取长补短，提高研究效度。

确定资料收集方法后，就要选择或设计相应的研究工具或材料。首先，可以选用现有的工具和仪器。心理学家已经开发制作了各种现成的量表，如瑞文推理测验、韦氏智力测验、卡特尔 16 种人格量表、自我效能感量表、学习动机量表等；此外，还有各种现成的工具和仪器，如实验心理学研究常用的各类仪器(注意分配仪、速示器)，认知神经科学研究者常用的脑电仪、眼动仪等。其次，在没有现成工具可用的情况下，研究者需要自行设计制作必要的工具和材料，如编制量表、制作简单的仪器或实验耗材(如实验字词卡、题卡)等。研究设计中要充分介绍可能用到的工具和仪器，包括其型号、有效性、用途等。

研究中的"程序"有很多层面的含义。它可以指整个研究的操作顺序，先后工作步骤，也可以指其中的一项具体的数据收集程序；它可以指研究变量的操作程序，也可以指无关变量的控制程序；它包括研究的指导语，也包括数据的编码和处理程序。所有这些都要在研究设计中说明。

(五)数据整理与统计分析的预先考虑

在研究设计中，要初步考虑如何对收集到的研究数据、资料进行编码和整理，将用什么方法进行统计分析，统计方法和理论模型如何对接。具体使用什么统计方法，要依据具体问题而定。统计方法有很多层次：描述一个事物的特征、描述两个事物的关系、比较两个事物的异同、寻找一个事物的影

响因素、探讨很多因素的关系、对关系的比较、对系统的比较，等等。自己的研究究竟在哪个层次上分析，具体用何种统计方法，研究设计时都要有所考虑。

研究设计是一项非常复杂的专业工作，所涉及的内容也不止上述几个方面。有些重要内容，如研究设计类型、设计的标准、变量操作化等，后面专门介绍。

三、研究设计类型

心理学研究中通常要根据需要使用不同类型的研究设计，下面结合例子介绍各种研究设计的特点。

(一)相关研究与因果研究

按照所考察的变量关系的性质，研究可分为相关研究和因果研究。

相关研究是旨在确定变量之间的关联程度、共变关系或一致性的研究。相关研究是一种"被动"设计，因为它不对感兴趣的变量进行人为操纵。它具体可采用相关设计和组间设计两种形式。在相关设计中，从一个总体中随机取样，然后对其中每个被试都测量两个或更多变量，然后计算能反映变量关系性质和强度的有关统计量，如相关系数、决定系数、回归系数等，以此确定变量的共变关系。例如，考察一组被试的自我效能感和学习动机的关系，就可采用这种相关设计。如果是组间的被动设计，则从两个总体中随机抽取样本，使用 t 检验或方差分析考察某个变量上两组被试的平均得分是否有显著差异，由此推论出两总体是否存在均值差异。例如，我们可以借此考察男生和女生在内生学习动机上是否存在性别差异。

无论是相关设计还是这种被动的组间设计，都是对变量间共变程度的考察(后者所揭示的组间差异在统计上与相关系数等指标可以互化)，因此二者都是相关研究，它们所揭示的变量关系只是相关关系。但两个因素相关不意味着一种因素与另一种因素有因果关系。例如，可以通过同伴提名法测得儿童的同伴接受性，通过量表法测得儿童的问题行为，通常可以发现儿童的问题行为越多，同伴接受性越差。但是我们并不能因此认为哪一个变量是原因，哪一个变量是结果，因此不能通过相关研究做出因果性的结论，除非我们有理论上的或其他的充分证据。通常情况下，根据调查法、观察法、访谈法等获得的资料，很难得到因果性的规律。

因果研究旨在确定变量之间的因果关系，以揭示现象产生与变化的原因，其主要途径是实验法，并且要求有严密的实验设计，以确保因变量与自变量关系的确定性。因果关系的确定是以"主动的"实验操控为基础的，通过系统地操纵或创造某个实验条件（自变量），来考察这个条件产生的后果（因变量），同时排除其他可能的解释，从而确定实验变量之间是否存在因果关系。例如，要研究暴力电视的特点对儿童攻击行为的影响。让实验组儿童观看的电视短片是一个很凶悍的人在一个房间里狠命攻打一个玩偶，然后洋洋得意地走掉；而对照组儿童看到的情景是一个人攻打完玩偶后，得到了别人的惩罚和指责；然后，把儿童带到与电视场景相似的有玩偶的房间里，看他们是否表现出攻击行为，结果发现实验组儿童比控制组儿童表现出更多的攻击行为。如果其他无关变量控制得较好，就可以认为，暴力电视的不同特点（攻击行为的结果不同）是导致儿童观看后攻击行为多少的原因。

在这种主动的操控实验中，虽然也借助 t 检验或方差分析考察某个因变量上两组被试均分是否有显著差异，但因为实验操控的逻辑，可以得出因果结论。除了借助对照组或控制组与实验组对比，推理出因果结论，一种更简单但粗略的方式是通过单组的前后重复测量结果的比较来确定实验处理是否导致了因变量上前后测的差异。在实验设计中，自变量可以有不止一个，也可以包含非实验性的变量，像性别这种"自然"分组变量。

综上，很显然，一个研究能否得出因果结论，并不是由统计程序决定的，而是由实验设计的逻辑（如是否做实验性操控）决定的。近年来，有少数研究者认为可以通过某些统计方法（如结构方程建模）检验因果模型，这实际上是一种误解。关于因果关系的确定，涉及一系列复杂的理论和技术问题，本书第十二章将专门讨论。

(二)纵向研究、横断研究与交叉研究

从研究时间的延续性和被试样本的使用方式上可以将研究设计分成纵向研究和横断研究。

纵向研究也称追踪研究，是在较长的时间内，对一个或若干个被试反复地、系统地进行观察、测量和实验研究，并随时间的进程记录他们心理的发展变化。例如，要研究儿童气质的稳定性问题，可以从 1 岁开始对儿童进行每半年一次的测试，连续追踪若干年，将前后若干次测试的结果加以比较，寻找气质变化的规律。

纵向研究的一个典型案例是美国心理学家推孟（L. Terman，1877—1956）于 1921 年开始的对 1528 名超常儿童进行的纵向研究，当年这些儿童平均年龄 11 岁，智商在 135～200（平均 151），并设置了对照组，对他们从童年，经过少年、青年和成年，直到老年进行追踪，积累了较完整系统的资料，涉

及宗教信仰、政治观点、疾病、婚姻、情绪、职业等诸多方面。到 1950 年时发表的 40 年追踪研究结果表明，在 800 名智力超常的男性被试中，事业有重要成就(如获得博士学位、进入名人录等)的比例比另外随机抽取的同龄男性高出 10～30 倍(转引自彭聃龄，2004，p.431)。这些超常被试还被进一步追踪，追踪时间超过了 60 年。

纵向研究的优点非常明显：第一，这种研究形式有利于探讨个体发展过程的连续性和阶段性特点，弄清心理的发生和发展、量变和质变的关系及发展的转折期等问题。第二，纵向研究便于对心理各方面的发展做全面的总体考察，以便揭示心理不同方面之间的相互关系及家庭、社会等因素的影响，这一点对心理发展的研究具有重要意义。第三，对于那些短期内看不出结果的问题(如早期经验对青少年期或成年后性格与社会适应的影响)，或者需要经过较长时期才能下结论的问题，更需要纵向研究(案例 4-1)。

案例 4-1　父亲缺失增加了女性青少年过早性行为和怀孕的风险

在现代西方社会，女性青少年面临一个生理上和社会上的困境：一方面，基本的生育能力或性的成熟在青少年早期就已经准备好了；然而，另一方面，她们在成年早期才能真正实现这一能力，此前的漫长时间里(通常至少有 10 年)，她们很可能出现各种不良的性心理和过早的性行为。例如，在 15～19 岁青少年中每年怀孕的比例在美国大约为 10%，在新西兰大约是 7%，其中有一半怀孕者生下了她们的孩子。

为了确定家庭中父亲角色的早期缺失是否影响后来女性青少年的性行为模式，有学者(Ellis et al.，2003)对 242 名美国青少年和 520 名新西兰青少年做了两个独立的纵向研究。结果一致表明，在缺少生父的家庭里生活的时间越长的女性青少年，有过早性行为和怀孕的风险就越高。在 5 岁前缺少父亲，比在 6～13 岁时缺少父亲造成的风险要高 3 倍。在控制了与生父缺失有关的协变量(如一些家庭的、生态的、个人的不利因素)后，这种影响关系更为明确和一致。

[资料来源：Ellis et al.（2003）]

纵向研究尽管有许多优点，但也存在一些缺陷，主要表现在如下几个方面：第一，样本缩减与代表性问题。研究中选择一个有代表性的样本很不容易，需要被试积极合作，而在长期研究中，被试因升学、搬迁、疾病等问题，流失现象常常是一个难以克服的问题，样本缩小，又会影响代表性，使研究难以得出合理的结论。第二，变量的选择问题。在开始进行纵向研究的时候，往往很难确定今天的哪些因素对明天发生的事件是至关重要的，因此给变量的正确选择造成困难。第三，在长期纵向研究中，一些社会因素对研究结果产生的特定影响难以控制。最典型的问题是进行大跨度的纵向研究时，前后测查结果的差异并不必然是由被试心理发展造成的，时代变迁的影响无法控制。例如，如果在两次世界大战、"文化大革命"、新冠肺炎疫情这样的重大历史背景下进行纵向研究，特殊的时代背景就会干扰个体的正常发展。第四，其他一些实际问题，如纵向研究要耗费大量的时间与金钱，无法尽快得到研究结果，研究者的变更也会造成麻烦，等等。

横断研究是指在同一时间内，对不同年龄个体的某些方面的心理特征进行观察、测量和实验研究，探讨发展的规律和特点。横断研究与纵向研究两种形式的区别如图 4-1 所示，从中可以直观地看到：纵向研究是在不同年代研究同一批被试，在不同年龄上的数据来自同一批被试；横断研究是在同一时间研究不同年代出生的被试，在不同年龄上的数据是若干组被试拼凑起来的，并非真正的"发展性"数据。

				横断研究	出生年代
				5岁	2020
				10岁	2015
				15岁	2010
				20岁	2005
纵向研究	5岁	10岁	15岁	20岁	25岁	2000
测验年代	2005	2010	2015	2020	2025

图 4-1　纵向研究和横断研究的比较

横断研究最突出的优点是研究时间相对较短且可以同时大规模取样，能在较短时间内获得大量的数据，省时省力。另外，由于取样大，样本更具代表性；由于时间短，所得结果不易受时代变迁的影响。

横断研究最大的争议是不同年龄个体心理特征的可比性问题。如何证实不同组儿童心理特征的差异是发展的结果，而非其他原因所致？也就是说，这种"发展性"的差异，是否仅仅因为不同被试组之间存在年龄差异？这是横断研究难以回答的问题。

为了克服纵向研究与横断研究各自的局限性，研究者提出了将二者相结合的交叉设计，即同时对相隔一定年龄的多组被试进行相对较短时间的追踪研究，也就是进行连续多次的横断研究。这种设计有许多好处，如收集资料的时间比较短，样本损耗小，容易使研究变量、测量工具和程序保持一致，并使不同社会生活经验的影响得以适当控制。

图 4-2 是有关青少年和成人性别角色观念的研究所采用的一个交叉设计的模式图。首次测量在 1980 年进行，被试是分别来自 10 岁、15 岁、20 岁、25 岁总体的四个被试样本，此后每隔五年测量一次。显然，1980 年、1985 年、1990 年、1995 年进行的四次测量，每次都构成一个横断研究（在图中用四条水平方向的实线箭头表示四次横断研究）；而对于每一组被试而言，他们分别都被追踪了 15 年，并且每隔五年进行了一次测试，这样实际上做了四组纵向研究（在图中用四条倾斜的虚线箭头表示四组纵向研究）。在水平方向上（横断面上），四个年龄组的变异可能是由于被试样本的变异造成的，也可能是发展的变异；从纵向追踪的角度看，每组被试在四个年龄上的变异可能是发展的结果，也可能是时代变迁的结果；如果在垂直方向上，比较不同年代出生，但是有相同年龄的那些被试的差异，这样就可以确定时代变迁的影响。类似地，可以从多个方向或角度上对测量结果进行比较，并很容易地确定其变异的来源。

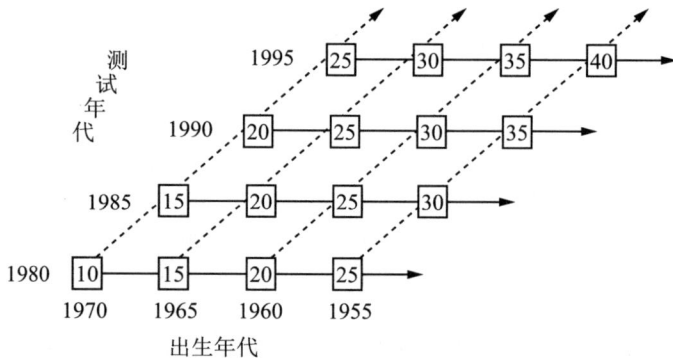

图 4-2　交叉设计模式

交叉设计综合了横断研究和纵向研究各自的优点，并部分地克服了其缺点，在理论上是一种近乎完美的设计。比如，它只用 15 年的时间，就可以追踪得到年龄跨度在 30 年之间（10～40 岁）的资料，这比单纯的纵向研究节省了一半的时间。而交叉设计最主要的优点在于为确定纯净的发展变异提供了可能，因为这种设计允许从总变异中排除时代变迁的影响，排除被试样本组不同造成的变异。然而，由于这种设计模式比较复杂，因而并未得到广泛的应用。

(三)整体研究与分析研究

整体研究也叫系统研究，是指将个体心理作为一个整体结构进行研究，如探讨一定发展阶段的整体面貌。这种研究涉及面较广，强调在生态环境中进行观察、实验，在主客体的相互联系中进行分析。例如，对儿童人际关系系统的整体研究，至少应该从亲子关系、同伴关系、师生关系三个方面进行，并考虑这些关系之间的相互影响，这样才能解释儿童人际关系的发展状况及其对心理发展的意义。

分析研究是指把某一心理过程或特征从整体中抽出，单独加以考察。这种研究一般比较细致、深入，多用实验法、实验室观察法等进行。例如，可以从儿童人际关系中单独抽出亲子关系进行分析研究，对于亲子关系也只重点研究一点，如对母亲的教养目标与策略对儿童游戏行为的影响进行观察研究，考察儿童在实验室情景下自由活动时，母亲如何指导孩子的游戏以及它与教养目标的关系。

分析研究与整体研究的区别是相对的，实际研究中它们可以相辅相成，分析研究使整体研究走向深入，综合许多有关的分析研究资料可以构成对整体的研究。

第二节 研究设计的效度

如何评价一个研究设计的好坏呢？这涉及研究的效度问题。效度在心理测验领域主要指一项测验测到所要测量的东西或达到某种目的的程度，即测验的有效性。1957 年，社会心理学家坎贝尔（D. T. Campbell，1916—1996）第一次明确提出研究的效度问题。1966 年，他在《研究的实验和准实验设计》专著中，借用了测验领域的"效度"概念，把研究效度作为设计与评价各种研究的理论框架，并系统地应用于研究和实验设计质量的衡量。1979 年他与合作者将研究效度区分为四种类型：内部效度、外部效度、构思效度和统计结论效度。他有关研究效度的理论和方法，现在已为心理学研究者普遍接受，并用于衡量研究设计的有效性。

一、内部效度

研究的内部效度是指在研究的自变量和因变量之间存在关系的明确程度。如果一项研究的结果，即因变量的变化只能由自变量的变化来唯一地解释，那么二者的关系就是明确的，研究具有较高的内部效度；反之，任何威胁到这种解释的唯一性的因素，都会造成内部效度的损害或降低。

内部效度的获得主要是通过认真细致的变量选择和准确周密的研究设计来保证。这里包含两方面含义：一是正确选择了研究的自变量和因变量，这样才可能做出这些变量间因果关系的陈述。二是通过准确周密的研究设计，控制了干扰因素的影响，突出了自变量与因变量的关系。通常影响研究内部效度的干扰因素有很多。

(1)历史因素。它指在研究过程中恰好与实验变量同时发生并对实验结果产生影响的因素。例如，要研究某种促销方式是否影响消费者的购买行为，然而，研究选择的时间点是春节前的购物高峰期，这时即便发现促销后购买行为增加，也不能在促销和购买行为之间建立有效的因果联系，因为无法排除节日购物需求这样一个历史因素的干扰。

(2)成熟因素。研究中被试在生理和心理上都会发生动态变化，如变得更为成熟、自然改善、疲倦或对实验丧失兴趣等，这些都属于被试的"成熟"因素。例如，在耗时较长的心理治疗或者认知干预中，我们可能因为被试的自然康复或自然成熟而高估治疗或干预效果(延伸阅读 4-2)。

延伸阅读 4-2　安慰剂效应和自然康复现象

安慰剂效应在心理治疗中很常见。许多有轻度和中度心理问题的人，在接受心理治疗后说他们的情况有所好转。然而控制研究证明：这一康复比例中，有相当一部分是安慰剂效应和时间推移这两个因素共同作用的结果，时间推移通常被称为自然康复现象。大多数有效的治疗都是由于治疗效果和安慰剂效应以某种不为人知的组合而产生的效果。正如多兹(Dodes, 1997)指出的："即使严重的疾病也有恶化和缓解的时候；关节炎和多发性硬化症就是典型的例子。甚至癌症也会莫名其妙地消失"(p.45)。他同时也警告说，对于安慰剂的积极反应并不意味着病人的病是虚构出来的，他还警告，与流行的观念正相反，安慰剂可以是有害的："安慰剂效应能够通过证实或强化想象中的疾病来'诱发'慢性病。病人会对那些利用安慰剂效应的非科学从业者产生依赖（Dodes，1997，p.45）。"

在关于心理治疗效果的研究中，怎样合理地对待安慰剂效应控制组，往往令人颇费周折。但是，这些复杂的问题不是我们在这里所要关注的，理解研究者为什么要将药物治疗的真实效果与安慰剂效应及自然康复区分开却很重要。高登·保罗（Paul，1966，1967）关于治疗效果的研究为我们提供了例子，告诉我们这类研究结果揭示了什么。保罗调查了几组学生，他们"在公开场合说话时会产生不适和焦虑"。

实验组接受了针对语言紧张问题的脱敏疗法，85%的被试表现出显著的改善。安慰剂组拿到了一些药片，他们被告知这些药片是有效的镇静剂，但实际只是一个碳酸氢钠胶囊。在该组中，有50%的人表现出明显的好转。第三组根本没有接受任何的治疗，仍然有22%的人表现出明显的好转。这样看来，对于这一特定问题来说，自然康复比例为22%，另外28%表现出的改善产生于安慰剂效应（50%减去22%），脱敏疗法所具有的实际疗效则高于安慰剂和自然康复加起来的效果（85%＞50%）。

［资料来源：斯坦诺维奇（2012），pp.65—66。略有改动］

（3）选择因素。研究中因未能采用随机化等方法来选择、分配被试，造成各被试组之间存在系统性差异，这时被试"选择"因素就成了内部效度的干扰源。例如，实验分组时若不能严格进行被试的随机选择和分配，可能使实验组和对照组在性别、年龄、个性、心态等很多方面不对等，以有偏差的样本接受了实验，实验结果自然存在内部效度问题。

（4）被试的流失与更换。在研究过程中，由于各种原因被试会中途退出或更换，这种变化会造成最终的有效样本偏离预设的总体，所得结果就容易有偏差。例如，在一项关于工作动机的调查中，发现收上来的问卷很多是无效的，没有完整填答。实际上，不愿意认真填答问卷的人很可能是缺乏工作动机的人，若再根据最后的有效样本估计所研究总体的工作动机水平则可能出现高估。

（5）前测的影响。在实验研究中经常要做前测，以确定在某个变量上的初始水平，然而前测会影响之后的实验处理效果或后测结果。前测的影响可以表现为造成练习效应，改变被试对刺激的敏感程度等。例如，采用"镶嵌图形"测验测量被试的场独立性或场依存性，只要做过一次测量，下次再用类似材料测量时，被试就比前测时更容易从背景中找出被镶嵌的图形来。

(6)统计回归效应。在进行重复测量时，初测具有高低两种极端分数的人，在重测时得分很可能往平均值偏移，这就是统计回归效应。例如，某数学教师根据一次数学测验成绩选出了全班成绩前五名的同学和后五名的同学，进行了某项"差生帮扶"训练，一个月后再次施测等值的一份数学测验，结果发现后五名的同学提高幅度很大，超过前五名的同学的提高幅度，于是认为干预训练很有效果。然而，假定不进行干预，而直接后测，我们也很可能发现，前测为后五名的同学未必后测还是后五名，很可能名次有所提高，类似地，前五名很可能名次下滑。

(7)实验处理和程序不当。虽然我们期望实验处理和程序对因变量产生期望的影响，但还有很多不期望出现的干扰。例如，实验处理的扩散和交流会导致不真实的结果，实验中额外的激励(如报酬或礼品)也会干扰研究结果。

(8)各种研究条件和因素的交互作用。研究设计时虽然我们希望将自变量和因变量的关联从其他变量背景下孤立出来，然而，各种研究条件和因素之间可能存在彼此的交互作用，共同影响了研究结果。例如，在实验中，前测和干预条件两者可能交互影响后测结果。

除了上述因素外，研究过程中其他各种主试因素(如偏见、期望效应、投射效应、刻板效应、首因效应和近因效应)、被试因素(如霍桑效应、安慰剂效应)等，都可能会影响研究的内部效度。因此，只有控制这些因素的干扰，排除威胁自变量和因变量之间纯粹关系的因素，才能确保研究的内部效度。

二、外部效度

研究效度有内部效度与外部效度之分。研究的内部效度是就自变量和因变量之间关系的明确程度而言的。研究的外部效度，则指实验和研究结果能够一般化和普遍化到其他总体、变量条件、时间和背景中去的程度，即可推广性和可概括性。在二者关系上，一般认为，内部效度是外部效度的必要但非充分条件。也就是说，内部效度都无法保证的研究，谈不上外部效度问题；然而，内部效度很高的研究，未必有良好的外部效度。优秀的研究应该兼顾内部效度与外部效度。

外部效度指的是研究结果的普遍性和可应用性，它要求研究能够代表真实世界的情况。然而，心理学研究一般包含许多的人为因素，如为了保证内部效度要做复杂的实验操控，将被试从其真实生活环境中孤立出来，只研究特定变量的关系而忽略其他可能有关联的因素，如此一来，单一的研究难以在被试、变量和背景等方面保证其代表性，只能对复杂的现实世界做到"管窥一斑"而未计其余。因此，研究者一方面应该使研究尽量模拟现实背景，另一方面，可以通过多个相互联系的实验，以不同的研究条件，从多个角度进行研究，通过研究结果的综合而寻求具有普遍意义的结论。这样才有助于提高研究的外部效度。

影响外部效度的因素有很多，一类是取样问题。心理学研究要获得适用于某个"总体"的研究结果，就必须从总体中随机选取样本，确保样本能代表总体。如果样本量太小或者取样有偏差，就难以将样本的结果概括到总体中去。一项研究的结果能够适用于样本来自总体的程度，就称为这项研究的"总体效度"，它是外部效度的一种体现。

在心理学中，因为取样或者对样本结果的过度推广而影响总体效度的情况，还是很常见的。例如，行为主义者以动物为被试获得的研究结论，未必适宜推广到人类身上，但他们会在"有机体"的范围内下结论，以为人类和动物都遵循同样的规律。目前大量研究，只是在大学校园里方便取样，将大学生作为"成人"，甚至"人类"的代表性样本，然而，这种代表性经常是令人怀疑的，必然影响研究的总体效度。例如，科尔伯格（L. Kohlberg，1927—1987）以白人男性为被试得出的道德发展阶段理论，在用于女性时似乎是不合适的，与男性不同，女性道德发展的长项并不是道德推理而是道德关怀。由此，道德认知研究中出现了"另一种声音"（案例 4-2）。实际上，心理学的很多研究都要注意"另一种声音"的存在，确保研究的总体效度或者外部效度。

案例 4-2 研究中的"另一种声音"

科尔伯格的道德认知发展研究是以男性为被试进行的。他的记分方法是根据男性被试的反应确定的，缺少性别上的公平性。例如，根据该记分方法，男性青少年通常处于阶段 4（维护社会制度和权威的道德）；而同样年龄的女性被试则被评定处于阶段 3（好孩子定向）。另外，科尔伯格的道德研究主要是围绕着"公正"观念进行的，而公正并不是唯一的道德取向。因此，科尔伯格的理论引起了越来越多的批评，如他的学生吉利根的批评。

吉利根(C. Gilligan，1936—　　)曾经是科尔伯格的研究生，后来成为他的助手与合作者。她认为其师的道德认知发展观点是不全面的，人类的道德除了公正取向之外，还有关怀的取向，而女性的关怀取向尤为明显。

吉利根等人(1982)的研究可以说明这一点。她们让被试描述一个与自己有关的、真实生活中经历的道德冲突，然后向被试提出一系列标准问题，包括问题的建构(问题是什么)、解决方法(怎么办)和评价(这样做对吗)。结果表明，75%的女性主要运用关怀取向，而只有25%的女性主要运用公正取向；79%的男性主要运用公正取向，7%的男性关怀与公正并重。然而，36%的男性没有表现出任何关怀取向，36%的女性没有表现出任何公正取向。很显然，男女被试的判断有不同特点，女性的道德发展更主要表现为关怀取向的发展。女性强调对他人情感和权利的敏感性，表现出对别人的关心和关怀。女性关心人性，而不是对抽象的道德原则的服从；男性则强调公正，即遵守教条和原则。可见，男性和女性用不同的声音讲话。为此，吉利根在她所著的《另一种声音》(1982)一书中批评了科尔伯格的理论，指出了道德推理上的显著性别差异。

［资料来源：俞国良，辛自强(2004)，pp. 282-283。据此整理］

另一类影响外部效度的因素是实验情境与真实情境的差异。具体包括实验中所用的自变量和因变量的特定的定义和测量方式、特定的实验者、特定的实验场景、特定的时间点等，这些因素上的特殊性可能破坏研究结果的可推广性，使研究结果与真实情境中被试的心理行为规律不同。一项研究的结果能够概括到其他研究条件或情境，特别是真实情境中的程度，被称为研究的"生态效度"。

对生态效度的追求，与20世纪70年代以来轰轰烈烈进行的研究"生态化运动"有关。生态化运动的很多领军人物，如吉布森(J. J. Gibson，1904—1979)、奈瑟(U. Neisser，1928—2012)、布朗芬布伦纳(U. Bronfenbrenner，1917—2005)，都强调研究的生态性，奈瑟指出"心理学基本是一门生态的科学"。这场运动要求心理学家走出实验室的围墙，到真实的情境中，研究真实的个体，以获得有现实性和实用性的结论。它的实质就是强调外部效度问题，反对单纯为了追求内部效度而忽视外部效度的实验室实验。

三、构思效度

构思效度，也称构想效度，是指理论构思的合理性及其转换为抽象与操作定义的恰当性程度，反映了理论构想与经验数据之间对接的严密程度。理论构思本身的合理性必须被严格论证，确保理论、概念（或变量）的抽象定义、操作定义、观测指标等层次之间能对应一致、逻辑严谨。

构思效度要回答的问题就是，我们究竟在研究什么，所获得的数据究竟反映了什么变量，这个变量是不是和我们理论上期望研究的事物是一致的。在心理学中，如何确保构思效度，是很多研究面临的突出问题。因为在心理学的实证研究中，要得到一些数据并不困难，但数据究竟在测量什么，则是最容易引起争议的地方。例如，我们让学生完成了一百道数学题，假定做对一题得一分，某生得了 65 分，这个分数作为观测指标体现了哪个变量或概念呢？数学能力、数学知识、解题策略、数学成绩？此外，心理学中有大量的概念，很难准确说清其含义，或者每个人的定义可能不同。例如，"智力"究竟是什么？这个问题的答案得看去问谁。即便理论上能达成一致的看法，如何测量它还是个问题。假定我们在理论上认为智力应该体现为语言能力和认知操作技能，这就是我们的理论构思，然而，若应用的研究工具与这一构思不匹配，比如用瑞文推理测验（而不是韦氏测验）来测量，这就意味着我们对智力做的操作定义和理论构思不符合，虽然也测出了数据，但数据不能代表理论构思，也就没有构思效度。

要使研究有较高的构思效度，应做到以下几点。首先，理论构思必须结构严谨、层次分明、符合逻辑。研究的理论构想往往包含很多概念，这就要求各种相关概念的关系要清楚，层次要分明，逻辑须严密、无矛盾或歧义。举例来说，若将"学习动机"分为内生动机和外生动机，这两种动机类型严格区别，彼此也无交叉重叠，这时则不能再加一个"力求成功的动机"作为与这两种类型并列的一种动机，否则其间的逻辑关系会很混乱。当然，内生动机之下可以再分出如"好奇心""追求挑战"等不同的亚类；外生动机则可以分出如"注重他人评价""追求物质回报"等不同的亚类，这样就构造出一个结构严谨、层次分明的概念网络或构思网络，作为研究的理论框架。

其次，对各种变量做出明确、严格的界定。在设定构思网络之后，还要对其中包含的概念或变量加以定义，说明其内涵和外延。例如，要研究"学习动机"和"自我效能感"的关系，那么这两个概念或变量及其从属概念，都必须给出清晰的定义，定义要说明事物的本质特征，即该事物区别于其他事物的特征。

再次，给变量明确的操作定义，并制定相应的客观测量指标。心理学的理论概念大多意义复杂、含糊不清或者见仁见智，为了避免或减少歧义，增加研究结果的可比性和可重复性，心理学家通常将这些理论概念操作化，给出其操作定义。例如，"智力"就被定义为"某某智力测验所测的东西"，一旦测量工具确定了，也就决定了所研究的"智力"的内涵。又如"打字能力"，以每分钟正确打出的字数作为观测指标，意义就很明确了。本章第三节会专门讨论操作定义问题。

最后，要消除或控制各种影响构思效度的因素。这方面的因素有很多，一种是"单一方法偏向"。以学习动机研究为例，只让被试自我报告学习动机的强度，可能未必能体现其真实的学习动机状况，再辅以他人评价、行为观察等则更可能全面测量到研究者关心的理论概念。另一种因素是"观测指标单一或不当"，如要研究被试对复杂问题的解决能力，选用反应时作为指标，然而对于问题解决这种慢速的、复杂的信息加工过程而言，反应时的长短未必直接体现其问题解决能力，有人反应很慢，但却给问题找出了完美的解答方案。如果结合反应时、解题正确率、解题策略等多项指标来综合反映问题解决能力，可能更为妥当。心理学研究的事物往往是多维的、多层次的、多侧面的，应尽量使用多种方法、多样的指标来操作定义理论概念。此外，构思水平之间的混淆、不同实验处理的交互作用等都可能损害研究的构思效度。总之，凡是影响数据与变量、操作定义与理论定义匹配程度的因素都可能降低构思效度。在这个意义上讲，构思效度体现了从特定经验（体现为数据资料）概括到抽象的概念和普遍的理论的可能性，强调的也是研究结果的可概括性和推广性，因此被视为外部效度的一种特例。

四、统计结论效度

统计结论效度是指由统计方法适切性所引起的统计结论有效性的程度，它主要反映统计量与总体参数之间的关系。若用不同的统计方法计算统计量，不同的统计量能否代表其总体参数的程度是不同的，这就体现了不同的统计结论效度。例如，按几何级数变化的数据，若用几何平均数计算统计量，就可能较好地反映总体参数的情况；若选用算术平均数作为代表值，就不适合，不能很好地代表总体参数，据此而得出的统计结论的效度当然不高。

统计结论效度实际上是内部效度的特例，它们都涉及研究本身所获因果关系结论的可靠性问题。一项研究设计良好，控制了无关变量的干扰，就可能保证自变量和因变量的关系明确，让研究有内部效度；但是，若统计方法应用不当，则也不能获得一个可靠的因果关系的结论。因此，统计结论效度可以视为内部效度的一部分。

影响统计结论效度的因素包括以下几种。

第一，数据质量。如果数据收集方法本身缺乏信度和效度，数据质量不理想，也就谈不上统计结论的有效性问题。例如，以量表收集的数据，若量表的项目表述没有内容效度，量表构想不清晰，那么用这类量表获取的数据，不管做什么样的统计分析都无济于事，无非是"垃圾进，垃圾出"。

第二，统计方法选用是否符合要求。各种统计方法对变量的测量水平、分布形态（是否正态分布）、样本是否独立等都有明确的要求，若违反或忽视这些要求，强行统计，就会降低统计结论的效度。例如，做方差分析时，要求的基本条件包括：总体正态分布，变异具有可加性或可分解性以及各处理内方差齐性。不满足这些条件的方差分析则可能导致错误结论。

第三，统计检验力。统计检验力也称为统计功效，指统计检验中正确地拒绝虚无假设，而接受正确的备择假设的概率或能力，即成功发现真实存在的差异的能力（延伸阅读 4-3）。如果一项研究的统计检验力很强（高功效的研究），就能更好地发现自变量对因变量的影响或二者的关联，哪怕这种影响或关联比较微弱。高功效的研究，就好比高倍显微镜，能发现很小的差异。统计检验力可以用 0 到 1 之间的数值表示：统计检验力为 0，表示根本无法检测到本来有的差异或自变量对因变量的效应；统计检验力为 0.35，就表示有 35% 的可能性检测到这种效应。通常，一项研究的统计检验力应该在 0.80 以上，而且是越大越好，这样才能得到有效的结论。

延伸阅读 4-3 统计检验力的含义及其影响因素

统计检验力是统计检验中正确拒绝虚无假设的概率，或不犯取伪错误（β错误）的概率，即 $1-β$。我们知道，在假设检验中有 α 错误和 β 错误。α 错误是弃真错误，即拒绝了实际上正确的虚无假设（零假设）。α 也就是显著性水平，如果设为 0.05，当统计结果对应的概率小于 0.05 时，我们就会拒绝虚无假设（这样做通常是对的），但是这时仍有百分之五的可能错误地拒绝了本来正确的虚无假设。β 错误是取伪错误，指虚无假设实际上是错误的，我们却没能拒绝它，也就是没能侦测出实际存在的差异。能侦测出实际存在的差异，统计上不犯β错误的概率(1—β)，就代表统计检验力。

统计检验力受很多因素影响。一是显著性水平。设定的显著性水平α越小，β错误就越大，统计检验力就越低。反之，如果把显著性水平α从0.01增加为0.05，统计检验力就提高了，更容易得到有差异的结果。二是因变量的标准差。因变量的标准差越大，标准误也越大，统计检验达到显著性水平就越难，统计检验力就越低(标准误类似于噪声，噪声越强，侦测到信号就越难)。三是样本量。如果被试样本很小，则统计检验力低，得出有差异的结论就很难。总之，很多因素会导致统计检验力降低，也就降低了统计结论效度。

第四，统计结果的报告被"人为筛选"。统计结果无论是否符合研究假设，都要如实报告，然而，有的研究者只报告了"理想的"结果，而隐去了那些所谓"不好的"结果，这就会导致最后的结论具有误导性。

明白了上述影响统计结论效度的因素，也就有了相应的改善之道。如必须保证数据的质量；严格遵循各种统计检验方法的基本假设和适用条件，不"违规"选用统计程序；适当增大样本的容量；忠实地报告研究结果。

第三节　概念操作与测量

上一节介绍了构思效度，确保构思效度的关键就是准确界定概念，并为概念设计合适的操作定义和测量方法。概念的操作化与有效测量是实验设计的关键环节，且与研究效度密切相关。

一、概念与界定

在日常交流中会使用大量的概念，这些概念一般不需要专门加以定义，大家会以约定俗成的方式理解它，只要不妨碍彼此理解，我们很少去深究一个概念的含义。不过，日常交流使用的概念往往是含混的，甚至说话人自己都未必清楚地知道究竟在说什么，但在科学研究中我们应该尽量清晰地知道并界定所用概念的含义。这种将模糊的、含混的、不精确的观念或概念明确化、精确化的思维过程，就称为"概念化"，概念化的结果是获得一个确切的"概念"。概念反映了事物的本质特征和共同属性（概念的内涵），它要借助特定的词汇来表达。概念化，不仅指选用合适的词汇（概念的符号表达）指称事物，还要对概念的内涵做界定。在心理学研究中，什么情况下要进行概念化或者需要对概念进行界定呢？

第一，对研究或指称的内容的概念化。当我们研究某个事物时，或要指称某个事物时，就要对其加以概念化，并界定所用概念的含义。例如，我们要考察投资者的"风险态度"，那就要界定什么是"风险态度"，用它来指称哪些现象或行为，还要明确这个概念与概念体系中的上位概念、下位概念、同类概念、对立概念等都是什么关系，因为一个概念只有明确了它在概念体系中的位置以及与其他概念的关系，才能被准确理解。

第二，对新发现的现象或事物的概念化。一个现象或事物要成为科学研究的对象，成为学术思考的内容，就要用合适的概念加以表达，即将其"概念化"。在第二章所举的"台风眼效应"就是概念化的成功例子，只有将一个复杂的现象加以概念化，并使用合适的概念名称，它才能被更好地理解，才便于科学传播。又如，对量表项目进行因素分析时，就要对项目所反映的行为内容或特性进行归纳，找出其本质特征或共同属性，加以概念化，提炼出这些项目所代表的维度、因素或特质的概念名称。

第三，对研究使用的关键概念要明确界定。在一项研究或一篇文章中，我们会使用大量的概念，大部分概念都有约定俗成的含义，然而为了便于理解，特别是为了避免误解，我们需要对所用的核心概念、有特殊用法的概念、有多重含义的概念、复杂的概念等进行必要的界定，以明确其所指代事物的本质特征和共同属性。粗略地说，如果一个科学概念不能用大学本科专业教科书的知识来理解的话，在学术交流时通常是需要定义的。

二、概念的操作化

概念的界定通常是抽象地描述事物的本质特征和共同属性，即揭示概念的内涵，然而对同一个概念，人们的理解未必总是一致，很容易出现分歧。在定义一个概念时必须使用其他的概念，因此所谓定义，无非就是说明一些概念之间的关系，最后很容易演变成文辞游戏，带来更多的歧义。鉴于这种问题，科学家往往会放弃对事物终极本质的理解，而选择以操作主义的方式定义事物（延伸阅读4-4）。科学研究需要的是可重复性、可检验性，这就要求研究者必须明确自己究竟在说什么，必须明确所用概念在经验观测层面对应的事物是什么。

延伸阅读 4-4　本质主义与操作主义

　　在坚持本质主义的人看来，好的科学理论要阐明事物的内在本质，对现象做出终极性解释。例如，能对"世界是怎么来的""意识的本质究竟是什么""地心引力的真正含义是什么""智慧究竟是什么"这类问题给出个确定的、终极性解释。而科学家并不愿意纠缠于这类问题，虽然在学术写作中尽量要把一个概念定义清楚，但他们的科学研究本身并不是为了定义清楚这些概念。"在所有的科学学科里，进步的关键在于放弃本质主义，接受操作主义（斯坦诺维奇，2012，p.42）。"操作主义认为，科学理论里的概念应该建立在可观测事件的基础上，应该用可被测量的事物对概念进行操作定义。

　　最早提出"操作定义"思想的是美国物理学家布里奇曼（P. W. Bridgman，1882—1961）。布里奇曼曾就读于哈佛大学，并终身在哈佛大学从事物理学研究工作。他因对高压物理学的研究获得了1946年的诺贝尔奖。他的著作内容广泛，既有机械领域的，也有方法学和哲学方面的。1927年，布里奇曼写了《现代物理学的逻辑》一书。书中为了阐明物理概念的本质，他引入了操作定义的观点："一个概念要以可观察到的操作性方法被定义。这样，长度（一张桌子）和距离（离太阳的距离）是不同的概念，因为测量它们的操作是不同的。"科学概念不是其他别的东西，而仅仅是科学家自身的操作活动，他说"概念仅止于一组操作，概念就是相应的一组操作的同义语"。他认为，一个概念的真正定义不能用属性，而只能用实际操作来给出；一个领域的"内容"只能根据作为方法的一整套有序操作来定义。科学上的名词或概念，如果要想避免暧昧不清，最好以我们"所采用的测量它的操作方法"来界定。布里奇曼的操作定义的观点和思想在20世纪30～40年代被物理学界普遍接受，1971年被美国的《科学》杂志列为世界五大哲学成就之一。

　　操作主义思想提出后，对心理学产生了深远影响，成为新行为主义等学派的基本方法论思想。操作主义对新行为主义的启迪是，如果意识的东西、有机体内在的因素等可以用操作定义来表达，那我们就不惜接受它，而这一点是华生这样的老行为主义者无法忍受的。实际上，在这种思想明确提出之前，有人已经这么做了。法国心理学家比奈就不喜欢做理论定义，他最初甚至拒绝给智力下一个定义，他于1908年补充到，这是"一个可怕而复杂的问题"。他还不无自夸意思地说："一些心理学家确信智力是可以被测量的；另外一些则宣称智力是不可被测量的。但是还有一些更博学的人，他们忽略了这些理论讨论并投身于实际问题的解决。"

科学研究是一个从理论到经验事实循环往复的过程，要用理论预测事实，反过来，用事实检验理论。理论是由许多抽象的概念构成的，这些概念的定义并不能告诉我们需要收集什么样的资料或怎样测量。为了检验理论，必须将理论中的抽象概念操作化，即对概念进行操作定义，这样才能建立理论概念与经验事实的关联。操作定义是为了降低概念的抽象程度，使其成为实际可观察的内容，即针对概念开发出具体可测量的指标，使其他人也可以进行相同的测量，这样才能把理论命题置于可被检验的境地。

在实证研究中，直接被观测研究的概念往往称为变量，对概念或变量需要做操作定义。操作定义指根据可观察、可测量、可操作的指标或特征来界定概念或变量的含义。例如，社会科学家常用"社会经济地位"这个概念，它反映了人们在社会阶层中所处的位置，不过这样太抽象，人们之间的理解可能不一致，因此需要将其操作化，于是用一个人的月收入、最高学历、所从事职业的社会声望得分三个指标来综合表示其社会经济地位。

又如，心理学家用白鼠做"饥饿对学习的影响"实验时，首先要决定什么样的条件算是"饥饿"，就要给"饥饿"这种感觉下操作定义。如何测定这种感觉？白鼠不会告诉我们它是否饥饿以及饥饿的程度。于是，研究者采取食物剥夺法，以"在一定时间限度内，如24小时内不给喂食"这个操作来给"饥饿"下定义，这个定义就是饥饿的操作定义。

再如，在心理物理学中，绝对阈限，指刚好能够引起心理感受的刺激大小；差别阈限，指刚好能引起差异感受的刺激变化量。那问题是何谓"刚好"？只要能将"刚好"操作化，这两个概念就明确了。由此，绝对阈限被操作定义为有50%的试验次数能引起反应的刺激值；类似地，差别阈限则被操作定义为有50%的试验次数能引起差别感觉的两个刺激强度之差。

在科学研究中，所研究的变量均需要操作化。操作定义有助于精确而客观地测量变量，使结果更为可靠。它使研究者思路清晰、准确、具体化，又可以增进研究者之间的相互沟通，还便于后来研究者的重复验证。

一个好的操作定义，具有如下特征：（1）操作定义应该是可观测的、可重复的、可直接操作的。（2）操作定义所要求的测量或操作必须切实可行。（3）操作定义的指标应分解到可直接观测的层次。（4）操作定义最好能把变量转化成数据形式，凡是能计数或计量的内容都是可以直接观测的。

三、操作定义设计的原则和方法

操作定义的设计要遵循两条原则。第一，对称原则。在理论定义或抽象定义明确的情况下，操作定义应该在内涵上与之对称、匹配。例如，某人要研究"家庭社会阶层对学生学业成绩的预测作用"，然而，关于学业成绩的操作指标只有数学成绩，显然理论定义和操作定义不能匹配，这时要么改换理论定义，要么改变操作定义，总之要使二者匹配。第二，可操作原则。操作定义是为将理论概念操作化，所以必须保证确实可以操作，操作程序与方法要明确、无歧义，具有可重复性。

设计操作定义的常用方法有多种。

第一，程序描述法。即通过陈述测量方法或操作程序来界定一个概念。例如，要研究幼儿的"挫折感"。挫折感的理论定义可表达为，当实现目标的过程中遇到障碍时产生的情绪体验或反应。根据这一理论化的界定，研究者可以规定一个相应的操作定义：让幼儿玩某个十分有趣的玩具1分钟后，告诉他这个玩具必须放在桌子上不能动，此时幼儿的反应就被视为挫折感反应。研究者认为这种操作过程会引起理想的研究状态——挫折感现象。又如，在智力研究中，智力通常被操作定义为"智力测验所测的东西"，因此只要明确自己所用的测量工具是瑞文推理测验、韦氏测验或任何其他一种测验就可以了。测量工具和方法确定了，也就确定了测量的内容。

第二，指标描述法。即通过一个或一些可观测的具体指标来定义概念。要考察"注意集中程度"，可以以被试在数字或字母划销任务上，在规定时间内正确划销的某个数字和字母的数量为指标，同样时间划销的刺激越多，就代表注意集中程度越高。要考察"思维的流畅性"，可以用在一定时间内可以列举的同一物体的用途的数量作为指标。类似地，"信任"可以用在投资博弈中送出的钱数作为指标。再如，前面提到的"社会经济地位"的测量，就用月收入、教育程度和职业社会声望三者作为指标。

第三，行为描述法。指通过陈述测量对象所具有的某种行为特征或活动方式来定义一个概念。例如，关于"网络成瘾"，通过杨（Young，1998）设计的 8 个题目中的 5 题所描述的行为特征来确认。这些条目包括：

(1)你是否着迷于互联网？

(2)为了达到满意你是否感觉需要延长上网时间？

(3)你是否经常不能控制自己上网或停止使用互联网？

(4)停止使用互联网的时候你是否感觉烦躁不安？

(5)每次在网上的时间是否比自己打算的要长？

(6)你的人际关系、工作、教育或者职业机会是否因为上网而受到影响？

(7)你是否对家庭成员、治疗医生或其他人隐瞒了你对互联网着迷的程度？

(8)你是否把互联网当成了一种逃避问题或释放焦虑、不安情绪的方式？

又如，动物学习专家用"饥饿"的小白鼠做实验，他们将"饥饿"从行为特征的角度界定为：为获取食物一分钟内压低杠杆 10 次以上，只有达到这样的行为频率的小白鼠才被视为饥饿状态。最后，再来看一个或许更经典的案例，那就是"图灵测试"（Turing testing）（案例 4-3），只要测试时机器表现出的行为能与人类相比达到以假乱真的程度，就证明机器有智能了。

案例 4-3　智能的操作定义：图灵测试

图灵（A. M. Turing，1912—1954）是英国数学家、逻辑学家，他被视为"计算机之父""人工智能之父"。1950 年，图灵来到曼彻斯特大学任教，同时还担任该大学自动计算机项目的负责人。就在这一年的 10 月，他发表了一篇题为"机器能思考吗？"的论文，成为划时代之作。在这篇论文里，图灵第一次提出"机器思维"的概念。他反驳了机器不能思维的论调，还对智能问题从行为主义的角度给出了定义：即一个人在不接触对方的情况下，通过一种特殊的方式，和对方进行一系列的问答，如果在相当长时间内，他无法根据这些问题判断对方是人还是计算机，那么，就可以认为这个计算机具有同人相当的智力，即这台计算机是能思维的。这就是著名的"图灵测试"。图灵通过这样一种行为标准，给智能做了一个简洁而明确的操作定义。

这就像网上聊天，所谓网友或许只是条狗或机器人，只要有敲键盘聊天的功能就行。

第四，外延描述法。上述三种方法侧重对概念的内涵做操作化描述，有时还可以具体描述抽象概念的外延，罗列概念所指代的具体事物，或给出概念所指事物的范围，这样也能实现对概念的操作化。例如，对"青少年"这一概念，描述其内涵并不容易，但指出其年龄范围就明确了其含义。

有时候，我们会综合使用上面的两种或多种方法来设计操作定义，大家可以讨论一下下面关于"学习不良"的案例（案例4-4）中使用了哪些概念操作化的方法。

案例4-4 "学习不良"的操作定义

研究者普遍采用"差异模式"来确定学习不良。这种"差异"指儿童的实际学业成绩与根据其智力潜能期望达到的学业成绩之间的差异，当这种差异达到一定标准时，就推断其为学习不良。据此，我们对"学习不良"做如下操作定义。

第一，运用标准分比较法作为选择学习不良儿童的定量方法。首先，对全体学生施以智力测验和学绩测验。具体可以用适合团体测试的瑞文智力测验，并以最近一次期末考试的语文、数学成绩为学绩测验结果。然后，将智力测验和学习成绩的原始分转化为标准分，比较二者的差异，公式为：

$$Z_{dif} = (Z_x - Z_y) / \sqrt{(1 - r_{xx}) + (1 - r_{yy})}$$

其中 Z_x、Z_y 分别是智力和学绩的标准分，r_{xx}、r_{yy} 分别是智力测验和学绩测验的信度。如果 Z_{dif} 的值大于 $Z_{0.10}=1.28$，则推断为学习不良。

第二，运用临床诊断法作为选择学习不良儿童的定性方法。让教师（班主任和任课教师）根据学习不良的定义进行学业成绩方面的综合评定，指出班级内哪些学生属于学习不良儿童。

第三，除同时满足以上两条标准外，还要满足两条排除性标准：排除智力落后（IQ＜70）和智力超常（IQ＞130）两种情况；没有明显的躯体或精神疾病。

四、变量的测量水平

在研究的变量被操作化之后，往往需要对变量进行测量。测量的本质是以数值度量并表达所研究的现象。美国心理学家斯蒂文斯（S. S. Stevens，1906—1973；曾在美国哈佛大学工作，心理物理学中乘方定律的提出者）1946 年在《科学》杂志上发表了他著名的论文"论测量尺度理论"，文中给测量做了一个经典的界定。他认为，"在最广泛的意义上讲，测量可以定义为按照某种规则给事物赋予数字（p. 677）。"这里的"事物"就是要测量的对象，在心理学中就是各种心理属性和特征，如能力、人格；"数字"是代表事物某一属性的数字代码或数量；"规则"指测量所依据的方法和原理，如称重量依据杠杆原理，温度计使用了热胀冷缩的规律。

心理测量的规则通常比较复杂。在物理学中，很多情况下，事物的属性都可直接测量，如我们可以直接用尺子测量物体长度；此外，也可以借助测量另一事物间接推知测量对象的属性。例如，用温度计测量气温，是借助汞柱的变化间接推知温度的变化。然而，心理现象皆不能直接测量，因此测量起来相对复杂和困难。

测量的基本要素是确定参照点和单位。明确了参照点，也就是计量的起点，测量的结果才能比较。参照点有两种。一种是绝对零点，如测量长度、重量，参照点就是零点，这种零点就是"无"，表示什么都测不到。另一种是人为设定的相对零点，如海拔高度只是相对海平面而言的。理想的参照点是绝对零点，但心理测量中找不到绝对零点，只能人为设定相对零点。例如，一个人数学考试得了 0 分，这并不表示完全没有数学能力。基于人为设定的参照点的测量结果不能进行乘除运算，只能做加减运算，这样的结果没有倍数之分，只有高低或大小之分。

单位也是测量的基本要素，没有单位就无法测量。例如，时间单位为秒、分、小时等，有了这些单位就可以测量时间长度。理想的"单位"需要满足两个条件：一是要有确定的意义，对同一个单位，每个人理解的意义应该相同；二是要有等同的价值，即相邻两个单位点之间的差别总是相等的或者说是等距的。然而，心理测量很难获得统一的单位，因此，如何在有等距的统一单位的条件下进行测量是心理学家面临的根本挑战（彭凯平，1989，p.23）。

根据测量是否有单位以及绝对零点，斯蒂文斯（Stevens，1946）区分了不同的测量水平，相应地区分出称名变量、顺序变量、等距变量与等比变量四种类型。

(1)称名变量（nominal variable）。当我们用数字来标示事物或类别时，数字就是个称名变量或名义变量。例如，学号、球员的背号；又如，用 1 表示男，0 表示女。这里的数字和事物本身没有本质的联系。12 号球员并不比 6 号球员大，或是其两倍。

(2)顺序变量（ordinal variable）。就某一属性将事物排列出顺序，就构成了顺序变量。例如，作文比赛中有第一名、第二名、第三名，名次就是顺序变量。它反映了在某种方向上的先后次序，但并不表示两个量之间的差异究竟有多大。作业评级得"甲"比"乙"好，但不说明好的程度。顺序变量既无相等单位，也无绝对零点，只能表示为 A＞B＞C，而不能进行算术运算。

(3)等距变量（interval variable）。这种变量有相等单位，但无绝对零点。例如，温度。星期一气温是 32℃，星期二是 30℃，星期三是 28℃。我们不仅可以说谁比谁高，还可以说前后两天均差 2℃。等距变量有相等单位，可以进行加、减运算。即相邻三个单位之间，不但 A＞B＞C，而且 A－B＝B－C。

(4)等比变量（ratio variable）。除了可以说出名称、排出顺序、算出差距之外，还可以算出某比率与某比率相等的变量，称为等比变量。其最重要的条件是既有绝对零点，又有相等单位，即所使用的数量代表从自然原点算起的一段距离。例如，长度、重量都是等比变量。身高 160 厘米，乃是从 0 厘米算起的一段距离。它可以进行加减乘除运算。

这些变量的性质不同，对数学运算的要求也不同。称名变量的数据只是事物代码，不能做数学四则运算，在统计上可以计算频次，做卡方检验；顺序变量表示的是等级和次序，也不能做四则运算，在统计上可以求中数、百分位数；等距变量则可以做加减运算，本身不能被乘除，在统计上可以计算平均数、标准差、相关系数，能做回归分析、方差分析；等比变量，可以做加减乘除及其他数学运算，可以用于像等距变量那样的统计分析以及其他处理。这四类变量实际上是四种测量尺度的结果，称名变量测量水平最低，从前到后测量水平依次增高，最高的是等比变量。

根据斯蒂文斯(Stevens, 1946)的观点，心理学中没有等比变量，等距变量都不多见，顶多是顺序变量比较常见。例如，能力测验分数(如智商 IQ)、考试分数(百分制)严格讲属于顺序变量，还达不到等距变量水平，因为 80 分只表示比 60 分多(分数大小能表示顺序)，但从 60 分到 80 分的距离和从 80 分到 100 分的距离并不相等(分数没有相等单位，即无等距)。心理学用到的一些等比变量通常只是物理学变量，如反应时以及心理物理学实验中表示外界刺激强度的某些物理量(长度、体积)，但所有心理量都不是等比变量。然而，为了实际的统计应用之便，像智商、分数这类顺序变量，常被视为等距变量，这样大部分心理学测量结果就可以进行复杂的统计分析了。

实际上，心理学面临的根本任务始终是如何提高测量水平，提高数据本身的质量，即保证数据能代表我们理论上假定的变量，保证测量的效度(延伸阅读 4-5)。

延伸阅读 4-5　心理学的根本任务不是统计而是测量

今天学习心理学的人几乎都要学习统计原理和统计软件(如 SPSS，LISREL，AMOS 等)，无论本科生还是研究生都非常重视统计方法的学习，而且尤其热衷于学习复杂的统计方法。统计的前提是获得数据，没有数据，统计学就派不上用场。数据从哪里来？测量。测量的本质是以数值度量并表达心理现象。从理论上讲，我们可以在不同的水平上测量心理，从而获得称名的、顺序的、等距的、等比的数据。

对测量数据进行运算的前提是寻找单位，即至少保证数据是等距的，当然最好是等比的(不仅有单位，还存在绝对 0 点)。只有数据获得了单位时，我们才能说真正对心理做了"度量"，得到了皮亚杰(1999)的所谓"度量量"，包括等距和等比变量。所以皮亚杰讲，"度量和数的应用都必须以建立'单位'为前提，也就是要有为求同而可能忽视异质的那种对要素的考虑(p.37)。"心理学面临的最大困难是缺乏计量单位，而只能在顺序或等级意义上测量，有时只是用数字来作为代码而已(即称名变量，这时数字只是一个代号，而非数值)。

　　虽然目前心理学广泛使用测量方法，但绝大多数心理学的数据还算不上度量量，虽然我们假设成（或错误地假设成）度量量来统计处理。正如皮亚杰指出的，"测验法和多种多样的'心理物理法'能够提供无数的所谓测量数据，因为这些数据只侧重于行为的当前可测量的方面，也就是说，侧重于反应的结果，或者如果人们愿意这样说的话，侧重于'性能'。但是，就这些结果而言，还谈不上是计量单位(p.39)。"例如，能力测验分数就没有共同单位。皮亚杰接着指出："尤其重要的是，对结果的测量还不能告诉我们所观察的反应的内部机制，而要测量的正是这种内部机制。……总之，心理学的测量方法提供了一些数据，这些数据对细节的比较并从各种智力运算的结果这个观点来说都是有用的，但它们达不到智力运算本身，因为缺乏能够由果溯因的任何单位制(p.39)。"皮亚杰看到了心理学问题的本质：我们的很多研究只是测量外在结果，而无法测量内部过程和机制本身，只好基于对前者的测量推测后者，而后者却是我们最为关心的。这就是心理学面临的基本困难——我们无法直接测量心理过程本身，无法为心理找到"单位"，由此，心理学里没有度量量，我们只好强行对不能运算的数据进行统计。

　　换个角度来说，所有的对心理的量化，量化的都不是心理过程本身，我们对心理过程的研究都是间接的、推测式的。如果能找到测量单位，以此直接度量心理本身，那么心理学才会出现真正的"革命"。能够带来根本意义上的心理学研究范式革命的不是统计学，而只可能是测量学。如果能将心理测量提高到更高的水平(等距水平、等比水平)，心理学将会获得和严格自然科学一样的地位。然而，这种根本的提高需要方法上的突破，不容易做到。所以，基于数据统计来做研究的心理学家，都只好假定测得的数据是有单位的(等距或等比变量)，因而能进行统计分析。

　　总之，虽然根本上提高数据测量尺度的水平是很困难的，但却可以想方设法提高数据本身的质量，即保证数据能代表我们理论上假定的变量，保证测量的效度，这是心理学的根本任务。有了高质量的数据，统计才有用武之地。

　　[资料来源：辛自强(2010)]

课堂讨论4-1

　　心理测量学和心理统计学，哪一个对心理学的研究和学习更重要？

五、测量方式及量尺的改进

"量尺"是对测量尺度的简称，指的是测量某种心理属性时所使用的度量工具：一个有参照点和单位的连续体（即"尺子"，它可以但未必都体现为实物）。这个工具上数字、数值或刻度之间的关系是不同的，形成了称名量尺、顺序量尺、等距量尺与等比量尺这四类测量水平不同的量尺，使用这些量尺可以测出相应类型的变量。需要注意的是，这里说的"量尺"和作为心理测验工具的"量表"的意义有所不同，虽然两者对应的英文表达均是"scale"。量表不仅包括指导语、项目表述，还包括用以测量人们对这些项目的主观态度的量尺（也称评分方式），如四点量尺、五点量尺。这里主要讨论作为评分方式或度量工具的量尺。实际上，很多人通常把量尺和量表的概念混用，为了表述得更清晰，我们把作为调查工具的量表称为"量表"，把量表项目的评分尺度称为"量尺"。

这里讨论的"量尺"不仅限于量表和问卷背景，还泛指任何其他形式的（心理）测量尺度。能像物理学家测量物体属性那样，精确量化人的心理事件，一直是心理学家的梦想。目前物理变量的测量大多是一种客观测量，不涉及主观判断，而且测量可以在等距和等比量尺上进行。但是心理变量不能直接由研究者进行客观测量，心理学家采用两类方式间接测量心理过程或心理活动。

一是客观测量，用于测量心理活动的产物、外部条件以及伴随的生理活动。心理活动的产物是行为表现、作业或作品、痕迹等，常用的变量包括行为发生情况（如行为频次）、行为速度（如反应时、问题解决时间）、行为强度（如博弈任务中的投资额度）、作业正确率或错误模式、作品质量、行为轨迹等；心理活动的外部条件包括刺激特征（如刺激的频次和结构、刺激的时间和强度、作业和任务类型）、环境条件等（如城乡背景、社会阶层、家庭结构、文化类型）；心理活动伴随的生理活动或者生理基础方面的变量有很多，如眼动特征、呼吸与心跳频率、腺体和血流特征、电生理特征（如皮肤电、脑电等）、化学递质、基因结构等。这些变量基本都是与心理活动有关的"客观变量"，体现了心理活动的产物、条件和生理基础，通过对它们的测量或操控可以间接推知心理活动，实现对心理规律的间接考察。这里之所以称之为"客观变量"，是因为这些变量的测量通常不依赖被试的主观报告，可由研究者的观测直接确定，然而，这些客观变量都不是被试的心理活动本身，只代表其前因、后果或者伴生物。

二是主观测量，即通过被试的主观内省和自我报告，测量其心理感受或心理活动。例如，心理物理学实验中被试对主观感受的内省报告，认知心理学中的出声思维或口语报告，人格与社会心理学中填写自陈问卷和量表。所有这些测量方式，虽然看上去比客观测量更直接地测量了心理活动（也只是更直接"一些"而已，因为它依然依赖被试自我报告，而非研究者直接观测），但其代价是测量的主观性，因为测量结果依赖被试的主观内省和自我报告这样的心理行为活动。也就是说，在这种主观测量中，测量结果未必完全来自我们关注的心理活动本身，它很可能混入了被试主体对自身心理活动反思和体验的影响（案例 4-5）。

案例4-5 从邓宁－克鲁格效应看自我报告的局限

研究者（Xin，Xiao，et al.，2024）对一个万人样本（$N = 10058$）的财经知识水平进行测量，测量方法包括两类：一类是客观测量，具体是让被试完成一项包含20道选择题的财经知识测验，以作答正确率为客观财经知识的得分。另一类是主观测量，即让被试对自己的财经知识水平进行主观的自我评估，而且是在客观的财经知识测验之前（测验前）和之后（测验后）各进行一次自我评估。测验前让被试自评"自己整体的财经知识水平如何"，采用1～7的量尺（1为"非常糟糕"，7为"非常好"）；测验后又让被试自评"自己对财经方面知识的了解程度如何"，采用1～5的量尺（1为"完全不了解"，5为"了解得非常多"）。

首先将三种测量得分转化为百分位数，并根据财经知识测验得分将被试按照四分位数分为人数相等的四组：最低组、第二组、第三组、最高组；然后计算每组在三种测量上的平均数。如图4-3所示，最低组的测验前和测验后的主观财经知识百分位数均高于客观财经知识百分位数，但随着客观财经知识的增加，自我高估倾向减弱（如第二组）；第三组和最高组被试却倾向于低估自己的财经知识，情形正好相反。统计结果表明，每个组的客观财经知识和主观自评得分的差异都是显著的。如果计算主观财经知识百分位数与客观财经知识百分位数的差值作为自我评估偏差的指标，那么可以发现，客观财经知识水平越低的人越容易高估自己，偏差也越大；客观财经知识水平越高的人，自评偏差越小，但在最高组，自我低估的倾向加剧。而且，测验前的自评偏差最大，相比之下，测验后的自评虽有偏差，但偏差显著更小。

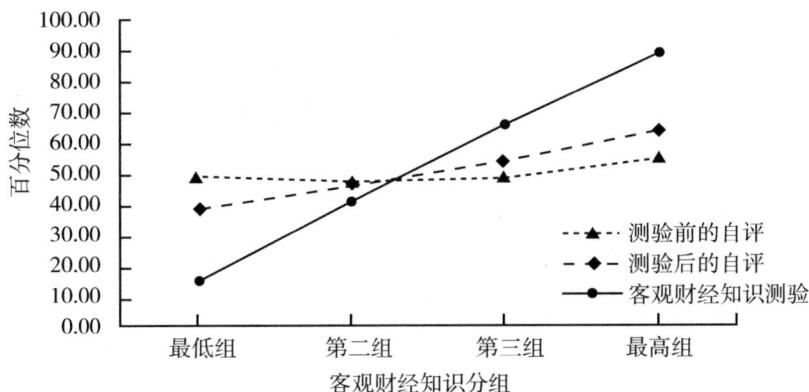

图 4-3　每组被试三种财经知识测量得分的百分位数
[资料来源：Xin，Xiao，et al.（2024）]

上述研究第一次在财经知识或财经素养领域确证了自我评估偏差问题的存在。不过，这类现象最早是在 1999 年由邓宁和克鲁格两个人发现的，他们研究逻辑推理能力的自我评估时发现，除了能力最高的一组，其余的三组都存在不同程度的自我高估问题（Kruger & Dunning，1999）。这个现象由此被命名为邓宁—克鲁格效应，后来证实它存在于各种认知和社会认知能力的自我评估中。该效应的存在实际上具有一定的方法学启示——对个体认知和能力水平的主观自我评估往往不太可靠，测验前的自评更是如此；而且，能力越低的人，元认知水平也越低，致使自评偏差越大。因此，心理学对认知和能力的测量往往更依赖客观的测验任务或实验任务而非自评，但这并不否认对态度和价值观之类进行主观自评或自我报告的合理性。

总之，无论是对心理的客观测量，还是主观测量，都具有很强的间接性质，都不是研究者对被试心理活动本身的直接观测，依然达不到物理学家那样的直接观测水平。在客观测量中，虽然对很多客观变量，如反应时、投资额度，可以使用等距和等比量尺，这些量尺有统一单位，甚或绝对零点，但测量内容本身并不是心理活动。在主观测量中，虽然测量的内容是心理活动，但难以找到测量所需的统一单位，无法使用等距和等比量尺。例如，对一个问卷项目采用"1~5"的五点量尺做自陈报告后得到的数据并没有统一单位。对于一个被试而言,其赋予的数值 5 和 4 之间的差值未必与 4 和 3 之间的差值等同;而对于不同被试而言,同样的赋值 5 也未必是等同的。由于我们难以确定同一数字背后是否有等同的心理活动内容或心理含义,因此严格讲,对于不同项目、不同被试的评分不应该做数学四则运算。虽然心理学家和社会科学家都默认可以将其近似地视作等距变量来统计,但这并不应让我们忘记在改进测量方法,尤其是测量尺度方面的责任。

在客观测量方面,心理学的努力方向有两个方面。一方面是测量方法的整体改进,包括寻找与心理活动关联性更强、更直接的行为指标和生理指标,找到更有效测量或操纵心理活动的方法和任务。例如,Stroop 任务的提出,就为测量注意选择和抑制功能提供了有效的方法;脑电仪的发明和改进,则有助于确定心理活动的时间模式。另一方面是改进每一类变量测量的量尺,提高测量水平和精度。例如,在信任的测量中,议价博弈和投资博弈这两种决策任务都可以使用。议价博弈任务中,个体只可以做出"是"或"否"的二项迫选,表明自己同意哪种金钱分配方案,而投资博弈则允许个体表现出不同程度的信任。也就是说,前者适宜测量个体是否是信任者,后者适合测量个体的信任程度。对于信任的测量,前者获得的是二分变量,后者提供了连续水平的测量(刘国芳,辛自强,2013),二者构造了测量信任的不同量尺。虽然每一类量尺都有各自的特殊价值,但一般而言,为便于精确量化和数学运算,我们通常选用更高测量水平的量尺。

在主观测量方面,首先也是整体上改进测量方法、工具和程序,这是整个心理测量学关心的事情,这里暂不展开论述;其次就是改进量尺,尽量保证测量接近或达到等距量尺的水平。今天在问卷调查中依然广泛使用的李克特量尺,是由美国社会心理学家李克特(R. Likert,1903—1981)在 1932 年制定的。使用该方法时,研究者会设计若干个积极或消极的项目,被试需要表明自己是"赞成"还是"不赞成"这些项目。为了区分同意的程度,一般采用五点量尺。如用文字表达这五个等级,则称为文字量尺;也可以用 1 至 5 的数字表示,是为数字量尺;还可以同时使用数字和文字来表示(余小霞等,2017)。在量尺的具体设计中,有很多问题需要考虑:(1)选用单极量尺,还是双极量尺?单极量尺的端点值为"非常不 X"和"非常 X",双极量尺则是"非常 Y"和"非常 X"(X、Y 意义相反)。在双极量尺中,X 和 Y 两个类别概念都被激活,而在单极量尺中,只有量尺明确标记的类别概念(X)被激活,因此,我们要根据需要激活哪个类别概念选择量尺用语和结构。(2)选项的文字表述是否体现"等距"含义？例如，我们通常这样规定一个单极量尺五个数据的含义：1＝完全不同意，2＝不同意，3＝说不准，4＝同意，5＝完全同意。然而，让文字表述做到完全等距是很难的。为此，通常借助一条线段来呈现，从线段的左端到右端"等距"地标上这五个选项及其分值。李克特五点量尺（当然也可以是"四点"或"七点"等），严格讲只是一种顺序量尺或等级量尺。但是大部分使用者都将其作为等距量尺来处理数据，特别是选项在"五点"及以上时。他们相信借助一条线段视觉化地呈现这个量尺时，有助于让相邻的选项保持心理感觉的等距。然而，若要保持量尺上选项的等距，最好借用奥斯古德（C. E. Osgood，1916—1991）等人 1957 年提出的"语义分化量尺"的处理方式。在该方法中，只在量尺两端标出两个对立的形容词（如"好"与"坏"，或者"积极"与"消极"），并不给出这个量尺的每一点的具体含义，这样有助于保持量尺的等距性，因为被试作答时只要根据两个形容词确定的两端数字的含义，选择一个大小合适的数字直接标定自己的感受就可以了，避免了对数字的文字解释可能造成的干扰。不过，要说明的是，减少文字表述可能增加对被试理解水平的要求。

概括而言，心理学研究方法任何方面（包括量尺）的改进，都是为了更精确地量化心理事件。难以为心理事件本身找到统一单位并建立等距量尺，这是心理学研究面临的根本难题。面对这一根本难题，心理学家朝两个方向寻找出路：在客观测量方面，通过测量心理活动的产物、外部条件以及伴随的生理活动，大大提高了测量的客观性，也实现了所有测量尺度（称名量尺、顺序量尺、等距量尺与等比量尺）的运用，但难以解决"间接性"的问题，即如何让各种客观的测量指标与心理活动有效对应。目前的研究依然有较强的推测成分：虽然观测指标是客观的、精确量化的，但由此对心理活动做出的任何结论都是间接的，包含推测成分（客观但不直接）。在主观测量方面，让心理活动的主体内省并报告自己的心理活动，虽然更直接地测量了心理活动本身，但测量水平较低，可以使用称名量尺、顺序量尺，而难以采用等距量尺与等比量尺，更难以解决"主观性"的问题（直接但不客观）。这种"主观性"也意味着另一种意义上的"间接性"，即无法由研究者直接观测被试的心理活动。而自我观测又面临着主观性和相对主义的悖论。

这就是心理现象的复杂性，也就是心理学研究面临的挑战。心理学研究方法的根本任务就是尽量提高测量的"直接性"与"客观性"，力争使用更高测量水平的量尺，精确量化心理事件本身。我们要带着这一任务学习心理学研究方法，并开展心理学研究。

思考题

1. 论述研究设计的基本内容。
2. 相关研究和因果研究有何差异？
3. 简述纵向研究、横断研究与交叉研究各自的特点。
4. 分析影响研究内部效度的因素。
5. 结合实例阐述影响外部效度的因素。
6. 如何提高研究的构思效度和统计结论效度？
7. 举例说明什么是概念化及概念的操作化。
8. 分别举例说明各种设计操作定义的方法。
9. 简述测量的含义以及测量的基本要素。
10. 深入理解变量测量水平的划分。
11. 理解测量方式及量尺改进的内涵。

练习题

1. 查阅一篇中文的研究报告，评析其研究设计的特点与优缺点。
2. 查阅一篇外文的研究报告，改进其研究设计。

综合实践

针对自己选定的课题，撰写研究设计。

第五章
实验法

第一节　实验法概述
第二节　实验设计的模式

　　心理学作为一门科学的诞生，是以实验室的建立和实验法的应用为标志的，由此可见实验法在心理科学研究中的重要地位。心理学史专家波林(E. G. Boring，1886—1968)曾如此评价："一部心理学的历史，就是一部实验心理学的历史。"这么说，虽然让不用实验法而用其他方法做研究的人生厌，但是毕竟说明了实验法在心理学中的重要方法学地位。

第一节　实验法概述

　　实验法是心理学研究收集数据的主要方法之一，但是实验法的重要地位，不是因为它能收集收据，而是因为其研究逻辑保证了能获得因果关系方面的知识。

一、实验法的概念和逻辑框架

　　为了确定变量之间的因果关系，研究者经常使用实验法获取资料。实验法是通过对实验条件的操纵和控制来考察自变量和因变量之间因果关系的一种方法。具体说，实验研究遵循如下逻辑框架(图 5-1)：

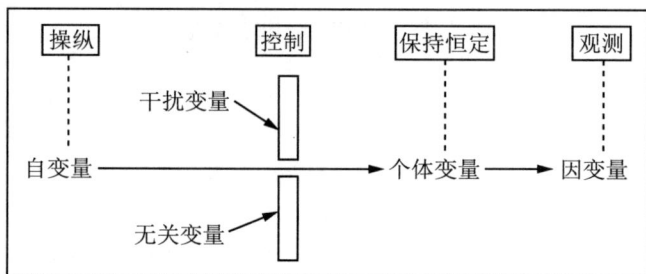

图 5-1　实验研究的逻辑框架

[资料来源：王坚红(1991)，p.137]

　　首先，操纵自变量。自变量是最主要的实验条件，通过改变或创设实验条件，有系统地对被试施加影响，可以观测、比较不同实验条件下因变量的系统变化或差异。例如，要研究室内温度是否影响人际信任水平，可以系统地改变温度，即设置不同的温度条件，然后观察在温度不同时，人们表现出的人际信任水平是否有相应的差异。如果因变量表现出差异或变化，则可能推定是由自变量所致。这种对自变量的人为操纵是实验研究最突出的特征，在观察、调查、访谈等其他研究方法中是没有的。

　　其次，控制干扰变量。要确保自变量对因变量关系的纯净，必须控制实验中的无关变量或干扰变量。在实验过程中，可能有各种导致实验结果变异的来源，如环境中的额外刺激、实验过程带来的干扰因素（如练习效应、疲劳效应），只有控制住这些因素的作用，才能让自变量和因变量之间的关系更有说服力。例如，在研究温度对人际信任水平的影响时，如果温度是通过灯泡来提供的，用 2000 瓦的灯泡创造了室内的温暖条件，没有灯泡时室内温度维持通常的低温，结果虽然可能发现了温暖时人们表现出更高的信任水平，但这个结果没有说服力，因为灯泡不仅提供了热量，还导致了照明条件的改变，这样就可以怀疑人际信任水平的提高不是因为室内温度，而是因为照明。可见，控制好干扰变量，才能排除其他可能的解释，以确定自变量和因变量之间纯净的因果联系。

再次，使个体变量保持恒定。在实验研究中，很多变量的影响是无法消除的，这些变量主要是个体自身因素（如被试的性别、年龄、心情），也包括一些与个体因素有交互作用的实验环境方面的因素，只要被试存在，这些因素的影响就存在，这时只要确保个体之间或处于不同实验条件下的各组（如实验组、对照组等）之间这些因素的影响对等或恒定，就可以确保自变量的变化是因变量变化的原因，因为人们不可能把因变量的变化归结为一个不变的因素。例如，在研究信任时，有的人"天性"就是容易相信别人的，有的人则不然，但如果每种实验条件下的样本量足够大而且被试是按照随机程序入组的，我们就可以推定两组被试基础的信任水平是对等的。

最后，观测因变量的变化。实验研究要在自变量得到了有效操纵而且无关的、干扰性的变量被有效控制的情况下，观察和测量因变量的变化。只有观察到因变量系统、稳定的变化，才能推定是自变量使然。比如在人际信任的研究中，可以通过真实的信任博弈实验，考察被试愿意拿出多少钱投资给陌生人，投出的钱数就代表了信任水平。如果研究中确实观察到温度不同时投资数额有变化，就可能说明二者的因果关系。

正是上述逻辑框架和要求使得实验法不仅是如同观察法、问卷法、访谈法等一样的数据收集方法，而且更是一种设计思路和形式。如同有学者（董奇，2004，p. 221）指出的："实验研究不仅可以作为收集研究数据的方法，而且更重要的是它是一种研究的思路和形式，即人为地控制和操作某些变量。从这个意义上讲，实验研究与上述方法并不是并列的、平行的。上述不经人为操纵变量或创设情境而收集研究资料的方法可以总称为'非实验研究方法'。在实验研究中，这些非实验研究方法都可以运用。"也就是说，在实验研究的设计里，也可以嵌套观察、问卷、访谈等方法收集资料。

今天，大部分实验研究都是用于证明被操纵的实验条件（自变量）与观测到的心理或行为结果(因变量，且多为连续变量)变化之间的因果关系，本章也是在这个意义上介绍实验法。然而，在很多情况下，完整的心理现象很难简化为某个单一的因变量，也未必适合用量的变化来表示；而且，实验并非都是为了证明因果关系，还可以是通过创设条件使得某种心理现象发生，以演示心理现象的存在并展示其特征，这就是现象学实验的思路(延伸阅读 5-1)。

延伸阅读 5-1　另一种实验：现象学实验

　　心理学研究的是主观层面的现象或者经验现象，具有良好适用性且曾得到有效运用的现象学方法时至今日却被严重忽视或遗忘了。从学科的方法论起源来看，德国心理学家的贡献不仅是冯特建立了世界第一个心理学实验室并借用自然科学的实验方法来研究心理学问题(如对物理刺激的感觉经验)，同时还有另外一脉——现象学方法。布伦塔诺、斯顿夫、胡塞尔，以及整个格式塔学派，主要使用现象学方法开展心理学研究。现象学是一个极其复杂的思想体系，此处不去比较这些思想家的不同理解。考夫卡这样定义现象学，它"意指尽可能对直接经验作朴素的和完整的描述"(1935/1997，p.92)。现象学方法侧重人们对直接经验的描述，研究者基于这种描述概括某种意义类型或质的范畴(郭本禹，崔光辉，2007)。这种直接经验当然可以在某种实验条件操纵下出现，此即实验现象学(experimental phenomenology)方法所为。不过，现象学实验并非我们今天通常理解的实验，它主要不是为了证明实验条件和心理行为反应之间的因果关系(或一种刺激—反应式的联结)，而是以实验的方式让某种心理现象发生，即在实验背景下"演示"某种心理现象的存在及其特征，故而也称为"演示实验"(demonstration experiment；Ross et al.，2010)。当人们看到某种心理现象得以演示或重现时，自然就信服了。想想格式塔学派经典的"似动"现象研究，就能明白这一点。

　　作为格式塔学派创立标志的第一个实验——似动实验，很好地体现了现象学实验的特征。韦特海默在1910年的秋冬两季于法兰克福开展了似动研究。他用速示器间隔一定时间依次呈现两条线，被试来报告自己的知觉结果。被试是他的研究助手，包括苛勒博士、考夫卡博士以及考夫卡的妻子克莱因·考夫卡博士(后来也用过未经训练的人做被试)。在该实验里，被试并不需要做冯特那种反复的内省训练，实验结果也不需要统计或量化。正如韦特海默(在文献中被翻译为"惠太海默"，1912/

1983，p. 291)所说："所有重要的观察结果都是受试者不假思索地作出的"，即被试都报告看到了线条的运动现象。他还说："事实证明，使用大量的受试者是不必要的，因为在每一场合都会毫不含糊地，自发地并且必然地出现这种独特的现象(p. 291)。"在特定的时空条件下，这种似动现象是必然存在的，每个被试都会这么报告，也就是说不存在个体差异和概率性的问题，因此统计和量化是完全多余的。格式塔学派的现象学实验对心理现象的展示和描述，关键在于揭示其质的规定性(如知觉的完形特征)，而不是像今天的实验那样，将心理现象还原到刺激条件、神经活动，或作某种量的刻画，因为此时往往消解了完整的心理现象。

实验现象学方法被格式塔学派广泛应用，并在知觉、问题解决等领域取得了大量成果。这种方法随着格式塔学派各位领军人物移民美国，而在美国得到了有限的传播。然而，随着这一学派代表人物年纪不太大时就退出学术圈(他们在美国本就生活在学术圈的边缘地带)或走完生命历程，实验现象学方法迅速淡出了历史舞台。只有勒温因为培养了一批弟子，让实验现象学方法在社会心理学中曾一度产生了较大影响，不过在他1947年去世后，其弟子和追随者(如最有名的学生费斯廷格)在实验方法上也基本改弦更张了。

心理学历史专家丹齐格(Danziger，2000)指出，在勒温去世的1947年，美国心理学方法论的潮流正朝着另一个方向强劲发展。从此，实验被定义为去证明特定刺激元素(现在称为自变量)和特定反应元素(称为因变量)之间的功能关系。对于此类证明活动，变量需要明确定义，并用单一尺度进行测量，即将其视为单维变量。实验情境的复杂性只是用变量的乘法及其本质上可加的交互作用来表示。

[资料来源：辛自强(2023)]

课堂讨论5-1
在实验室里进行的研究就是实验研究吗？

二、实验的典型结构与成分

在自然科学以及社会科学中，最传统的实验涉及三对主要成分：自变量与因变量、前测与后测、实验组与对照组(巴比，2002，p. 198)，这些成分组成了典型的实验结构。

(1)自变量与因变量。自变量也称刺激变量，是由研究者操纵的，有意加以改变以影响因变量的刺激物或刺激条件。自变量多为二分变量，代表某个刺激的有无或不同强度、不同性质，当然自变量也可以包含更多的水平，或者是连续变量。例如，为证明观看暴力电视节目与攻击行为之间的因果关系，研究者可以让一组儿童观看暴力电视节目，另一组不观看暴力电视节目而是一般的电视节目，这样就可以对比暴力电视节目（自变量）的有无究竟能否引起儿童不同的攻击行为（因变量）。因变量亦即反应变量。它是由刺激变量引起或改变的心理或行为方面的反应，是从属而发生改变的，故称为因变量或反应变量。通常需要通过一定的程序创设或改变自变量，而因变量需要观测，以确定自变量对因变量的影响程度或造成的效应大小。例如，要对观看暴力电视节目的儿童和没有观看的儿童的攻击行为进行观测，可把他们带入与电视场景类似的情景中，然后观察他们是否表现出攻击行为以及攻击行为的强度和性质等。因变量多为连续变量，也可以是分类变量或计数数据。

(2)前测与后测。在最典型的实验设计中，首先对被试在因变量方面的水平进行测量（前测），然后被试接受自变量的处理（如接受某种刺激，被施加某种实验条件），最后再次接受因变量方面的测量（后测）。因变量前后两次测量结果之间的差异，就代表了中间插入的自变量的影响。例如，先对被试的攻击行为进行测量，然后让其观看暴力电视节目，最后再测量攻击行为，如果前后测量到的攻击行为水平有差异（通常是增加了），就意味着这个结果是由观看暴力电视节目这个原因导致的。实验研究要确定自变量是否导致了因变量的变化，而这种变化需要在前后两个时间点测量结果的对比中才能确定。然而，前后测之间，除了自变量的引入外，还很可能有其他与时间有关的干扰变量加入，如被试的成长（成熟效应），反复测试起了练习作用（练习效应）或者让被试感到疲劳（疲劳效应），这些干扰因素的存在会削弱自变量和因变量之间因果解释的唯一性，因而必须进行控制。

(3)实验组与对照组。消除上述干扰变量的首要方法是采用对照组。让实验组接受某种刺激，而对照组（也称控制组）不接受该刺激，若两组之间在因变量后测时有差异，就能表明自变量的影响，当然前提是前测时两组被试的因变量得分相同。这时若再怀疑有时间方面的干扰变量加入，至少可以确保两组被试所受干扰是相同的，而最终因变量的差异只能归结为自变量的变化。例如，随着儿童的成熟，其攻击能力可能有所提高（存在成熟效应），但只要实验组（观看暴力电视节目）比对照组（不看暴力电视节目）的攻击行为增加得更多，就足以说明问题了。

　　这种有前后测的实验组和对照组的对比实验，是一种最典型的实验设计，甚至被视为"完美的"实验设计，能够准确判定自变量和因变量之间的因果关系。当然，也可能存在未考虑到的干扰变量，会削弱这种因果解释的逻辑完备性。心理学主要以人为被试，人类的"聪明"反而会带来实验中意想不到的干扰因素，如霍桑效应——当被试知道自己在接受实验处理时，或者发觉研究者的意图时，可能会自然出现某种心理行为的改变，这种情况下观测到的因变量的变化就未必是自变量使然（延伸阅读5-2）。例如，药物学研究中，要对药剂的效果进行临床实验，服用了某种药物的实验组被试可能会很快痊愈。然而，很多情况下，没有服用该药物而只是吃了些糖丸的对照组被试病情也会有所好转，这是因为被试知道自己在接受治疗，哪怕只吃糖丸都管用，这称为"安慰剂效应"。它与霍桑效应一样，反映了被试心理预期对实验结果的影响或干扰。虽然可能存在霍桑效应或安慰剂效应，但通常有对照组的实验，只要实验组比对照组在因变量上的变化更明显，就足以说明自变量（如某种药物）的作用了。然而，要说明的是，只有对照组是不够的，准确地说，对照组"什么都不做"可能是不妥的，因为假设实验组不服用药物只吃糖丸而致使病情好转，难道能说明糖丸可以治疗疾病吗？这不过是安慰剂效应罢了。因此，更为稳妥的方法是，实验组接受实验处理时，对照组要"吃糖丸"，而不是什么都不做。

延伸阅读5-2　霍桑效应

　　霍桑效应（Hawthorne effect），是心理学上的一种被试效应，指当被观察者知道自己成为观察对象而改变行为倾向的反应。霍桑效应起源于1927—1932年期间，美国哈佛大学心理学教授梅奥（G. E. Mayo，1880—1949）带领学生和研究人员在西方电器公司霍桑工厂（Hawthorne Works）进行的一系列心理学实验。霍桑实验最初的研究是探讨一系列工作条件的改善（如薪水、车间照明、湿度、休息间隔）对员工工作表现的影响。研究发现，各种实验处理对生产效率都有促进作用，甚至当实验条件回归初始状态时，促进作用仍然存在。这一现象几乎发生在每一名被试身上，对于被试整体而言也同样存在促进作用。后来，这种由被试因为知道接受实验时心理预期的作用而自然导致的行为改变，被称为霍桑效应，它代表了一种实验的误差来源。

三、无关变量的控制

实验的"人为性"很突出，这不仅体现在对自变量的操纵上，还体现在对无关因素的控制上。无关变量，也称干扰变量，指在实验中除自变量之外所有可能对被试行为产生影响的变量。

无关变量有不同的来源。有些无关变量来自被试方面，如年龄、性别、文化、身体状况，以及他们的情绪、动机、兴趣、态度、习惯，等等；有些来自客观环境方面，如实验场所的噪声、照明、温度等；还有的来自主试方面，如主试的态度、语言的准确性、操作是否熟练等；还有的来自时间方面，如自然成熟、练习、疲劳。无关变量在实验中需要严格控制，如果对这些变量缺乏控制，会直接影响实验结果，降低实验效度。

要正确控制无关变量，不仅要认清其来源，还要认清其造成的误差的性质。无关变量会造成研究结果的不一致、不稳定或不准确，即导致"研究误差"。根据无关变量产生的误差效应是否恒定，可以将其分为随机误差和系统误差。随机误差是由偶然的、随机出现或发生作用的无关变量引起的，表现为多次测量或研究的结果不一致，而且偏差的大小或方向是可变的、无明确规律可循。例如，用手枪打靶，偶然刮风会导致射击结果出现随机误差；在以反应时为因变量的实验中，被试的情绪状态也会带来随机误差。系统误差是由恒定的、有规律的无关变量导致的，表现为在每一次测量和研究中研究结果都系统地、有规律地偏离真实结果，这种偏离的方向和大小是恒定而有规律的。例如，打靶中，若准星歪了，可能造成射击结果的系统偏差；在反应时实验中，所有被试若总是先接受甲任务，再接受乙任务，这种固定的实验顺序可能成为反应时结果出现系统误差的来源。总之，两种误差的性质和影响是不同的。随机偏差导致多次的研究结果不一致，影响的是研究的信度；系统误差致使研究结果不准确或测量缺乏有效性，影响的是研究的效度。没有信度的研究，也没有效度，好的研究一定是可信且有效的。

基于上述对无关变量来源、性质和后果的认识，我们将能决定如何控制无关变量。按照逻辑顺序，具体介绍四种无关变量的控制方法。

首先，排除法。如果发现干扰研究结果的无关变量，最优策略就是直接消除该无关变量本身，把它从研究中排除出去，因为这样最有助于保持自变量和因变量关系的纯洁性。例如，为了消除实验者效应、被试身上的霍桑效应，可以采用"双盲法"，让被试和实验员都不知道研究的真实目的。又如，在艾宾浩斯关于记忆保持的经典的实验研究中，如果实验材料使用有意义的文本，就无法排除先前经验对记忆的影响，所以他自编了无意义音节（由两个辅音字母中间夹一个元音字母构成，如 XIQ），用这种全新的材料就可以排除先前经验的干扰。总之，研究者要根据文献或基于对实验过程和结果的分析，发现各种可能导致随机误差和系统误差的干扰变量，并尽可能排除其影响。

双盲法

其次，恒定法。若某无关变量的影响不能被排除，则要使之在实验过程中保持恒定不变。例如，要测定被试在投资博弈中，愿意拿出自己所有的 10 元钱中的多少钱给对方，以考察被试的人际信任水平是否受到对方的身份特征影响。然而，有文献表明温度（如温暖的室温）可能影响人际信任，那么整个测试过程最好让室温保持恒定，否则室温可能成为干扰结果的无关变量。为控制研究环境、测试工具、指导语、程序、主试等方面的无关变量，可以让这些因素对于所有被试或者实验安排保持恒定，如果这些无关变量的效应是固定的，那么它们就不能成为不同自变量条件下实验结果差异的原因。简单说，我们不可能将一个固定不变的因素视作一个变化的结果的原因。

再次，平衡法。如果某无关变量的影响既无法排除，也难以恒定，则应确保该无关变量在所有的实验条件下平衡起作用。例如，实验中，很多与时间有关的无关变量（如成熟效应、疲劳效应）都难以排除或恒定。此外，一些带来随机误差的被试自身的因素（如性别、年龄、阶层等人口学特征以及各种心理特征）也很难被发现并逐一排除或恒定。好在典型的实验设计通常包括实验组和对照组，这时只要保证这些无关变量在不同实验条件下平衡存在即可。

为平衡被试方面无关变量的影响，最常用的是"随机化"方法，即把被试随机地分配到各种实验条件下。如果每个被试都有均等的机会进入每个实验条件，那么可以相信来自被试的各种无关变量也平衡地存在于不同的实验条件下，这些无关变量不会造成研究结果的系统误差。在样本量较大的情况下，随机分配被试的方法足以平衡这些无关变量的影响。

然而，有时只做被试的随机分配还不够，还要根据可能影响实验结果的关键无关变量进行匹配。例如，要探讨某种训练方法能否促进人际敏感性，但有文献表明个体的认知风格（场独立性或场依存性）也是影响人际敏感性的因素，这时就有必要事先测定被试的认知风格，确保实验组和对照组被试在两种认知风格的分布上是匹配的，以平衡认知风格的影响。所谓匹配法，就是根据被试某些与因变量相关的特征来分配被试，确保实验组和对照组被试在这些特征上是均等的，以平衡其影响。在使用匹配法时，依然可以结合随机化分配被试的方法。在一项儿童认知实验中，可以把所有可能作为被试的儿童，按某些可能影响实验结果的重要特征，如性别、智商等，配成对，任意指定每对中的一个为 1，另一个为 2，然后随机将各对中的被试 1、2 分配到实验组和对照组中。

被试的随机分配和匹配都是为了平衡被试自身的无关变量的影响，而对于实验处理之间的顺序效应，则可以采用循环法加以控制。当有两种或两种以上实验处理（或刺激）时，各种实验条件出现的顺序可能影响实验的效果。像练习效应、疲劳效应、对刺激的适应等与实验处理的固定顺序有关，这种由于某一处理在另一处理之前或之后而引起的被试不同的反应，称为"顺序效应"。使用循环法，可把这些实验处理排列为机会均等的组合，使每一种实验处理以不同的次序出现，但位于某顺序的次数相等。随机分配被试接受不同顺序组合，从理论上讲，能达到抵消顺序效应的目的。循环法具体有多种，如 ABBA 法、拉丁方设计。举例来说，如果有 A、B、C 三个实验处理或实验刺激，按照拉丁方设计则可以组合成三种实验处理顺序：ABC、BCA、CAB，让三组被试分别接受一种实验处理顺序。

最后，统计控制法。如果某个无关变量的影响不能被排除，也难以恒定或平衡，而且它对因变量的影响可能还很大，这时可以将其纳入实验设计，使其成为统计控制变量之一，一并加以测定。在分析实验结果时，通过统计方法分离出这个"无关变量"的影响，以确定真正自变量对因变量的纯净贡献。例如，在比较两种教学方法的效果时，发现学生智力水平是一个重要的干扰因素，便将"智力"作为自变量纳入实验，结果可能发现，教学方法与智力水平之间存在交互作用。除了交互作用的分析外，协方差分析、偏相关分析都是对无关变量做统计控制的常用方法。

总之，对于每一类无关变量的控制应该采用合适的策略，有时还要综合使用多种控制方法，不仅要对影响实验条件的无关变量加以控制，还应在被试取样和分配中、实验实施过程中以及统计处理中注意采取一定的控制手段。所有这些控制的目的只有一个，就是尽可能减少无关因素的干扰，减小实验误差，提高实验效度。

四、实验研究的类型

(一)实验室实验、现场实验与在线实验

根据实验场所和条件控制程度，实验研究分为实验室实验、现场实验与在线实验。

实验室实验是通过在实验室内进行严格的条件控制以确定变量之间的因果关系。实验室实验可以典型地体现出实验法的要义，如实验者可以创设情境、操纵自变量，可以有效控制无关变量。由此，可以确保实验室实验有较高的内部效度。然而，实验室条件毕竟难以完全模拟真实情境，这可能导致在实验室条件下所得到的结果缺乏概括力，降低研究的外部效度；此外，在实验室这种特定的环境中难以消除被试的反应倾向和实验者对被试的影响，也会降低实验的内部效度。

这里说的实验室实验，只是说在"实验室里的实验"，然而并不是说，在实验室里做的研究就一定是实验研究。衡量一项研究是否是实验研究，要看它是否符合本章第一节所介绍的实验的逻辑框架，如是否操纵自变量以观察自变量的改变对因变量的影响。因此，是否在实验室里做研究，是否使用仪器进行测量，并不是衡量研究是否属于实验研究的标准。我们可以在实验室里借助高级的仪器进行观察研究，而非实验。实验研究也可以在室外进行，实验室也不是科学实验的必备条件。

现场实验就不需要实验室。现场实验，也称为自然实验，它是指在被试日常生活的自然情况下，增加或改变某些条件来考察其心理变化的方法。例如，为了研究冬季商场的温度是否影响购物行为，可以通过调整商场里的中央空调，设置不同的室内温度来考察顾客的购物多少以及具体的购物行为（如挑选行为、讨价行为等）是否受到影响。这种现场实验一般具有较高的生态效度，其结论更容易推广到现实生活中（案例5-1）。

案例 5-1　关于消费心理的现场实验

　　许多公司都履行着自己的"企业社会责任"（corporate social responsibility），然而，为了履行企业社会责任可能会付出很高的代价。例如，使用可循环的资源来制造产品，虽然履行了社会责任，但可能增加了生产成本；相反，通过耗费自然资源来生产可能降低了制造成本，但没有履行保护环境的社会责任。企业究竟是要选择哪种生产方式呢？如果企业选择有社会责任感的生产方式，能够赢得顾客对其产品的认可，就可能增加其赢利，进而维持其生产方式。然而，如何让顾客意识到并认同只要购买了这种有社会责任感的企业的产品，就等于他们支持了社会公共事业呢？

　　美国的几位研究者（Gneezy et al.，2010）提出可以通过"分担社会责任"（shared social responsibility）的策略，来实现顾客和企业共同担负社会责任的良性循环。研究者使用的具体方法是通过让顾客以"自愿付钱"（pay what you want）的方式购买产品，而不是由公司为产品确定一个固定价格后明码标价地销售。他们假定当这种"自愿付钱"的定价方式与顾客的社会责任感相联系时，较之固定价格，更有助于增加顾客的购买行为。

　　为了检验这一假设，研究者采用 2×2 的实验设计，进行了一项规模浩大的现场实验。实验在一个游乐园进行，有 113047 名游客参加，这些游客乘坐过山车时实验员为其拍摄了照片作为纪念，然后让他们选择是否愿意购买冲印出的照片。在销售照片的过程中，研究者操纵了两个因素：一个因素是定价方式，有的游客看到的是传统的固定价格（明码标价为 12.95 美元），另外的游客可以根据自己的意愿"自愿付钱"，支付多少都行（包括 0 元）；另一个因素是捐赠与否，大约一半游客被告知销售照片的收入半数将被捐赠给慈善机构，对其他游客没有提供这个信息。

　　研究结果表明，在固定价格的情况下，没有被告知慈善捐助信息的游客的购买率为 0.50%，有捐助信息时购买率为 0.59%，二者相差不大；然而，在自愿付钱的情况下，没有捐助信息时购买率为 4.49%，有捐助信息时购买率大幅增加为 8.39%，增幅非常显著。而且，在自愿付钱的情况下，当有捐助信息时顾客为每张照片平均付钱 5.33 美元，远高于没有捐助信息时的 0.92 美元。总体上看，有慈善捐助的条件下，无论采用哪种定价方式总是赢利的（虽然半数赢利捐赠出去了），而且"自愿付钱"的定价方式下所有来坐过山车的游客为照片实际平均支付 0.198 美元，远高于固定价格条件下的 0.071 美元。平均到每个顾客身上，看上去两种条件下销售照片的收益似乎差别不大，但是该游乐园每年有 500 万游客乘坐过山车，这样算下来仅在销售照片上就会增加大约 60 万美元的收益。

你愿意买乘坐过山车的照片吗？

总之，当顾客能够按自己的意愿付钱时，同样的慈善因素让企业获得了更多的收益。作者对此的解释是，在这种条件下，因为"企业的社会责任"转换成"分担的社会责任"，所以顾客付出了更多的钱。具体说，这种"定制化的贡献"（根据自己的愿意做贡献）允许顾客通过购买商品来直接表达他们对社会福利事业的关心，直接表现自己的身份认同（自己是一个关心公益事业的人），在这一过程中企业也实现了赢利。

［资料来源：Gneezy et al.（2010）］

实验室实验和现场实验一般都是主试和被试面对面地在特定的"线下"场所进行，与这种线下实验相对的在线实验近年来迅猛增加。随着互联网技术发展以及电脑和智能手机的普及，各种在线实验平台被搭建起来，研究者可以在平台上招募被试，开发实验材料和程序，进行实验操控，完成数据收集。在线实验大多是由被试单机完成的，但是它也特别适合开展多人联机实验，如多人一起在线完成公共物品博弈任务、群体决策任务。大部分行为实验（也包括调查）都可以在线开展，研究过程方便快捷，科研效率大为提升。然而，若实验需要专业仪器或对反应时进行精准测量，开展在线实验就较为困难；在线实验还可能存在样本重复使用、无关变量难以控制等问题。无论如何，在当下的互联网和人工智能世界里，基于各种新兴技术和研究理念的在线实验已经势不可挡。

(二)真实验、准实验与前实验

根据能否控制无关因素的影响或控制的程度,能否随机选择和分配被试,能否主动操纵实验变量或主动操纵的程度,可将实验设计分为真实验、准实验和前实验三类。

凡在随机化原则基础上选择和分配被试,能够充分控制各种内在和外在无关因素的影响以获取比较准确的实验结果的设计,叫作真实验设计。它主要包括等组后测设计、等组前后测设计、所罗门三组(四组)设计等类型。通过随机分配被试,确保不同实验条件下被试为可比的"等组",是真实验设计最基本的要求。

准实验设计能够提供一定的控制,即能控制一部分随机因素,但它却不能像真实验设计那样随机地选择被试和确保随机分组;不能完全主动地操纵自变量,控制实施处理和随机分配被试接受特定处理,即它难以像真实验那样充分而广泛地控制偏差的来源。在心理学研究中,由于课题性质和客观条件的限制,要求严格控制变量的真实验设计有时难以实施,这种情况下,利用准实验设计尽量把实验控制实施到基本合理的限度之内是非常有必要的。准实验设计主要有不等同对照组设计、时间序列设计、交叉滞后组相关设计等类型。

前实验设计(也称非实验设计),就其功能和性质来说,通常是用于识别事实上存在着的关键变量及其关系的一种描述性研究策略,它不能像真实验设计那样,主动地、严格地研究一个或多个自变量与一个或多个因变量之间的因果关系。由于缺乏对无关变量的控制,没有随机选取和分配的控制组,这类研究算不上是实验研究,故称为前实验或非实验。这种情况下,研究者被局限于根据对已有的重要现象的观察和测量,做一些因果性的推测。但应该认识到在科学知识的发展中,非实验设计方法也有特殊的重要性,它对现象的发现、假设的提出都有启发意义。

上述三类实验设计的不同,最终导致研究的"因果力"有根本差异,设计良好的真实验能非常有力地得出因果关系,准实验在获得因果关系上有一定效力,而前实验的因果效力较差,甚至只是为获得因果关系提供了猜想的方向。

(三)被试间设计和被试内设计

在实验研究中,自变量也称"因素"或"因子"(在因素分析这种统计方法里也有类似提法,但含义不同),每个因素的不同取值称为"水平"。若某实验中有刺激类型和刺激呈现时间两个因素，刺激类型包括图片、文字两个水平，呈现时间包括 300 毫秒、500 毫秒、700 毫秒三个水平，这就是一个 2×3 的两因素实验设计。两个因素的不同水平之间可以构成 6 种组合，这种不同因素之间水平的组合就构成了 6 种独特的实验条件，每种实验条件也称作一种实验"处理"。被试间设计和被试内设计的区分，就是根据分配被试接受实验处理的方法来划分的。

在被试间设计中，每个被试只接受一种自变量的一个水平或者多个自变量的不同水平组合中的一种实验处理。在这种设计中，从总体中随机抽取的被试被随机分配到不同的实验处理中，因此也称完全随机设计；由于每个被试只接受一种实验处理，实验处理之间不存在被试的重叠，故也称独立样本设计。

在被试内设计中，每个被试或每组被试接受所有实验处理或实验条件。由于一批被试在每种处理下都要接受测量，这种设计也称为重复测量设计；而不同测量数据从一批被试获得，测量间是相关的，故又称相关样本设计。

被试间设计的优点是不存在实验处理之间的相互"污染"问题，然而其风险是，被试间的个体差异可能混入实验条件的影响中而难以区分，因此，如何通过随机分配或匹配程序等方法确保不同实验处理之间被试的等值或可比性是实验设计的关键点。相比之下，被试内设计通过一批被试接受不同的实验处理，可以节省被试，不存在被试个体差异干扰实验效果的问题，但是很可能存在实验处理之间相互污染的风险，对此可以通过平衡法控制实验处理的顺序效应或实验处理之间的相互影响。

一项研究究竟采用被试间设计，还是被试内设计，这要综合考虑各方面因素。如果被试之间的个体差异比较大，适宜采用被试内设计；如果实验处理相互干扰的风险很高，则采用被试间设计。如果被试取样很困难，可以采用被试内设计，否则，采用被试间设计；如果实验处理过多，同一批被试来承担时工作量太大，则采用被试间设计，否则，采用被试内设计。当然，还可以将两种设计方法结合起来，进行多因素的"混合设计"，即在某个自变量上采用被试内设计，而在另一个自变量上采用被试间设计。此外，就一个研究内容分别采用被试间设计和被试内设计进行实验，这样可以让结果相互印证、彼此支持。

五、实验法的优缺点

实验法的根本特点或优点在于可以确定变量间的因果关系。一般认为，要确认 A、B 两变量中，A 是 B 的原因，必须满足三个条件：（1）共变关系，即 A 变 B 也变。（2）时间序列，即 A 在 B 前，或与 B 同时变。（3）排除其他因素的影响，确认 A 引起 B 变化。实验法常利用实验组与控制组的对比来观察变量的共变关系，用前测与后测来了解实验前后的情况，以决定变量发生变化的时间顺序；用各种控制手段排除无关因素的干扰，以确保自变量的"纯净"影响，所以实验法是确定因果关系的有效方法，在心理学以及各种自然科学中得到广泛应用。除了这一根本特点外，实验法的优点还包括如下几个方面。

第一，可以人为地创造条件，对某些在自然观察中不易观测到或不易集中观察到的情况和现象进行研究，从而扩大研究范围，这既节省时间，又可集中观察到大量的有关现象。例如，在研究教师言语指导的暗示作用与幼儿合作行为之间的关系时，如用自然观察法，须等待教师和幼儿该类行为的自然出现，这需花费大量的时间进行搜索，有些现象还可能错过。采用实验法可把这些特定的因素分离出来进行观察，可创设情境，促使有关现象在一定条件下产生，这样既节省时间，又可集中观察到大量有关现象。

第二，实验法要求用比较严密的程序组织研究，便于重复验证，提高结论的科学性。实验条件和过程均是事先规定好的、可控制的，因此，其他研究者很容易用不同的被试样本按照同一过程重复验证其结果。研究结论如能在类似研究中得到相似的结果便可说明其可靠性较强，外部效度较高。实验研究的结果比较容易重复验证，这有利于心理学作为一门科学的存在。

第三，实验法要求预设实验条件，把变量明确区分，加以控制，并对测量的事物，明确规定操作定义，使研究者便于测量，这样测量的结果往往更能说明问题，更加可靠、精确。总之，对变量的精确测量，为研究结果的定量分析提供了可能，确保了研究结论的严谨性。

实验法的上述优点，从另一个角度来看，同时也意味着某种局限性或缺点。

第一，可能忽视研究的生态效度。实验研究，特别是实验室实验一直被诟病"缺少生态效度"。实验研究的特点是对自变量的操纵和对无关因素的控制，这种操控都是"人为"的过程，人为的结果可能是与真实情况不符的，得到的甚至是"伪"结果（"人为"，就是"伪"）。特别是实验室实验，在人为环境中对两种变量之间的关系进行考察，在这种情境中观察到的变量之间关系与实验室所欲模拟的真实情境中的事件之间可能会缺少一致性或相似性。由于实验室实验缺少生态效度，因此，通过实验室实验得出的结论对于理解自然情境中真实的心理和行为特点未必妥当。

第二，心理学的很多问题难以进行实验研究。实验研究通常局限于操纵某种外部刺激，考察其在心理和行为上的效应。实验研究实际上是一种"刺激—反应"的逻辑，而心理学不仅要揭示外部刺激和心理变量的关系，还要研究不同心理变量之间的关系以及心理变量的行为后果等，对于后者，实验研究的应用有时比较困难。此外，对于那些不适宜于操纵或根本不能操纵的自变量，实验研究也无能为力。例如，发展心理学家关心个体心理如何随着时间（如年龄）而变化，而时间因素是不能被操纵的，所以就难以进行实验，类似的心理的进化问题也难以做实验。甚至可以说，发展心理学本质上不属于这种采用实验法的狭义实验科学的范围（辛自强，2009）。

第二节　实验设计的模式

心理学以及相关学科中已经发展并使用了各种各样的实验设计模式。如果按照实验中自变量的个数可以分为单因素实验与多因素实验。单因素实验又可以区分为前实验、准实验与真实验（当然，多因素实验也可以这么划分）。掌握单因素实验设计模式是学习实验设计方法的基础，然而多因素实验无论在设计思路还是分析思路上，都更为复杂，也需要透彻掌握。了解实验设计的这些基本模式，在自己做研究设计时才能做到"心中有数"。

一、单因素实验设计

在一个实验中，只有一个自变量作为实验条件受到操纵，以考察其对因变量的影响，这就是一个单因素实验设计，这是心理学中最基本的、最常见的实验设计类型。该自变量至少设定两个水平，通过比较自变量取不同水平时，因变量测量结果的差异，确定二者之间是否有因果关系。根据实验设计方法的不同，以及获得因果关系结论效力的不同，区分成前实验、准实验和真实验，下面介绍每种类型下典型的实验设计模式。

（一）前实验设计模式

模式1：非随机单组后测设计

　　非随机实验组：X→O

这里的 X 代表实验处理，O 代表观测。这类实验中只有一组被试，被试不是从总体中随机抽取的(如只是方便取样)，接受一个处理后，进行一次后测。由于无对照组、无前测加以比较，缺乏对无关因素的控制，因而研究的可靠性较低，内部效度较差，故应用不多。但也有个别成功使用的案例，如米尔格拉姆(S. Milgram，1933—1984)的权威服从实验(案例 5-2)。

案例 5-2　米尔格拉姆的权威服从实验 🔍

　　20 世纪 60 年代早期米尔格拉姆在美国耶鲁大学进行的一项经典的权威服从实验，使用了这种单组后测设计。被试为在当地招募来的 40 名 20～50 岁的男子，他们一一接受单独实验。实验员要求被试充当"老师"，而另一名男子(假被试)做"学生"，实验员把这两名被试带到一个小房间，把"学生"绑在椅子上，并告诉"老师"这是怕学生逃跑，还给学生手腕接上电极，电极与隔壁房间电击器相连。随后"老师"被带到隔壁房间，他在这里可以听到"学生"说话，但看不到他。"老师"面前的桌子上有一个黑色电击器，有 30 多个开关，上面标着电压数(15～450 伏)。"老师"的任务是检查学生在一个单词记忆任务中是否出错，如果错误，就通过电击加以惩罚，实验员已经告诉"老师"这项研究是为了检验惩罚对学习的作用。一开始实验非常顺利，"学生"出现错误，"老师"给其轻微电击。随着错误增多，电击程度要不断增高。这时"老师"会听到"学生"被电击后不断增加的痛苦反应，从呻吟到不断提高的喊叫，甚至撞墙(只是播放的录音，但"老师"不知道)。实验过程中"老师"会不断询问实验员，是否要继续或他能否退出。这时，实验员会礼貌而坚定地鼓励这位"老师"坚持下去，因为这个实验是为了科学目的。实验员会说"请继续，请继续下去""这个实验要求你继续下去""你继续下去对实验绝对重要"，或"你没有选择，必须继续下去"。如果说了这四种鼓励的话，这位"老师"还是要求停止实验，那么就结束。实验结果是，40 名被试几乎没有一个会在 300 伏之前的电击水平上，停止执行实验员的命令，甚至有 26 名(65%)被试一直施加了最高强度的电击。尽管没有任何人强制被试这么做，他们停止电击也不会受到惩罚，但他们都服从了实验员的要求。这个实验里，只有一组被试(40 人)，实验处理就是实验员的鼓励或要求，因变量是被试的服从程度(以愿意施加的电击程度为观测指标)。米尔格拉姆通过这种单组的后测设计，证明人们会多么容易服从权威的命令。

米尔格拉姆的权威服从实验。实验者（E）命令老师（T，真被试）电击表现不好的学习者（L，假被试）。

［资料来源：米勒（2008），pp. 33-43；布拉斯（2010）。根据这两本著作整理］

课堂讨论5-2
结合案例，讨论这种单组的后测设计有什么局限？如何应用？

模式2：非随机单组前后测设计

非随机实验组：$O_1 \rightarrow X \rightarrow O_2$

在这种设计里，被试不是随机取样的样本，但进行了同组间实验处理前后差异的比较，实现了被试本身的控制，提高了内部效度。由于无对照组，很多无关变量没有控制，很难说明这个实验处理的作用过程中是否混入了无关变量，比如这种前后的重复测量可能会造成明显的练习效应或疲劳效应等，前后测之间的时间跨度较大时可能还存在成熟因素。

例如，某位数学教师在学期初对全班 40 名学生进行了某种数学能力测试，然后在这学期里都使用他提出的某种教学模式进行课堂教学，学期结束时又做了同样的数学能力测试。或许，前后测成绩比较确实发现学生的数学能力明显提高，似乎大致说明了他的教学模式的效果，但是这个结论的说服力并不强，因为别人可以质疑两次测验的练习效应，可以认为数学能力的提升是学生自然成熟的结果。而且，这个班的学生并不是学生总体的代表性样本，教师的期望、学生的迎合这些因素都没有被有效控制，由此会大大削弱研究的内部和外部效度。

模式 3：非随机实验组、控制组后测比较设计

非随机实验组：$X \rightarrow O_1$

非随机控制组：$- \rightarrow O_2$

在这种设计里，不仅有实验组，还有了控制组，只有实验组接受了处理，两组被试都进行了后测，如果后测结果之间（O_1 和 O_2）有显著差异，可以大致推定可能是由实验处理造成的。然而，没有前测，实验组和控制组被试也不是随机选取和分配的，两组被试无法保证等质，他们之间的个体差异可能干扰实验结果。

还以数学教学实验为例。如果这名教师同时给四年级的一班和二班上课，他可以只在一班使用自己创造的新教学模式，在二班则继续用传统的教学模式，在一学期的教学后对两个班都进行后测，以确定教学模式改革的效果。不过，如果两个班的基础水平不同（如一个是快班，一个是慢班），那么这个教学实验效果的说服力就大打折扣了。

（二）准实验设计模式

模式 4：非随机实验组、控制组前后测设计

非随机实验组：$O_1 \rightarrow X \rightarrow O_3$

非随机控制组：$O_2 \rightarrow - \rightarrow O_4$

这种设计有控制组，有前后测的比较，基本符合典型实验的结构及其逻辑框架。然而，两组被试并非随机选取和分配的，不能严格控制被试自身的无关因素，故只能视为准实验。此类设计通常用在现存班级、企业小组等无法保证随机取样和分组的情况。有时，实验组和控制组甚至在某个关键特征上明显不同，如教学实验中两组被试学习能力不同，二者分别来自快班和慢班，这种情况下的模式 4 也称为"不等同控制组前后测设计"。

在模式 3 的数学教学实验中，只要加上前测就变成了模式 4，研究从前实验变成了准实验。虽然实验组和控制组不是随机样本，也未必等质，但是前测可以证明二者是否等质，或者在因变量上是否处于同样的基线水平。如果前测结果，两组被试完全一致，则基本上接近了真实验设计，可以将后测差异直接归为实验处理的影响；即便不等质，也可以在比较两组被试后测是否有差异时，将两组被试前测的差值作为协变量，进行协方差分析，以控制前测差异的影响；或者直接比较两组被试前后测的变化量是否有显著差异。通过上述统计分析，基本上可以比较有把握地得出因果结论。

但是这里面依然有风险。举例来说，假设一班是快班，前测为 70 分（百分制），后测为 90 分，中间使用了新的教学模式；二班是慢班，前测为 60

分，后测为 70 分，这学期没使用新的教学模式。一班接受实验处理提高了 20 分，二班没接受实验处理也提高 10 分，但提高幅度显著小于一班。那么，我们能完全确定新教学模式就是好吗？未必能，因为很可能是被试的基础水平在起作用，或者是基础水平与教学模式交互作用的结果，一班只是因为基础水平较高故能接受新教学模式而已；说不定在慢班使用新教学模式，学生根本跟不上老师的要求，不仅不会改善教学效果，反而有损学生的发展呢！

由此可见，虽然模式 4 有了前测，部分弥补了非随机取样与分组的缺陷，减小了实验结果无法解释的可能性，但依然存在局限，故只能视为准实验设计。换个角度来看，虽然统计方法可以部分克服两组被试不等质的问题，但依然不能代替样本随机化程序的作用。

模式 5：时间序列设计

非随机取样的实验组：一系列前测→X→一系列后测

时间序列设计是指对一组非随机取样的被试进行实验处理，而且在实验处理之前和之后均周期性地做一系列观察或测量，然后对比前后观测结果是否具有连续性，从而推断实验处理的效果。这种设计中的观测次数一般在实验处理前后至少各有三、五次，或者更多，具体多少次合适，这要看测试对象本身在这个因变量上的变化速度，测试次数只要能涵盖变化过程，反映变化模式就可以了。

例如，为研究某种奖励措施是否能提高工人的绩效，选择某个车间的 20 名工人进行实验，实验过程为期 10 周。前 5 周每周进行一次工作绩效的测定，然后对被试施以奖励措施（实验处理），接下来的 5 周同样每周测定一次工作绩效。这样就可以比较前 5 周与后 5 周工作绩效的变化，确定奖励措施的效果。

对于时间序列设计结果的分析和解释不能只看实验前后的两次观测，而要考察前后一系列观测的整体变化趋势。图 5-2 提供了六种可能的结果模式。结果 1～3

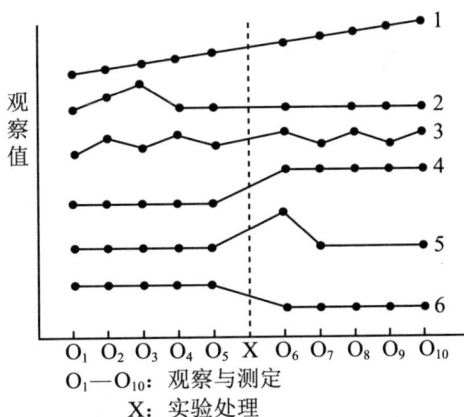

O_1—O_{10}：观察与测定
X：实验处理

图 5-2 时间序列设计可能的结果模式

[资料来源：王重鸣（1990），p. 115]

中，因变量的观测数据基本上是前后连续变化的，不能说明实验处理是有效的；结果 4～6 中，因变量的观测数据的变化具有不连续性，能说明实验处理的有效性，其中结果 4 说明实验处理有稳定的正效应，结果 5 说明处理只是临时有效，结果 6 说明它只有负面效果。

时间序列设计由于采用了一系列前测和后测，对于成熟、历史和练习效应均有了一定程度的控制，比较适于小样本研究，因而具有一定的价值。其结果一般采用 t 检验进行考察。首先对前测结果建立回归方程，将用回归方程预测的后测结果与真实的后测结果进行相关样本的 t 检验，考察二者差异是否显著，以确定实验处理是否有效。目前，已经有多种时间序列数据的分析方法，有兴趣者可以自学，这里不一一介绍。

上述时间序列设计没有对照组或控制组，就难以排除或平衡与实验处理同时发生的因素的影响，为此，可以采用"有不等同控制组的时间序列设计"。其思路是在上述基本设计的基础上增加一个控制组，控制组不做实验处理，只对因变量进行前后一系列观测。其模式如下：

非随机取样的实验组：一系列前测→X→一系列后测

非随机取样的控制组：一系列前测→—→一系列后测

模式 6：交叉滞后组相关设计

当我们对相同的两个变量进行重复测量时，实际上提供了有关这两个变量之间因果关系的某种信息。交叉滞后组相关设计正是在这一基础上发展起来的，其基本原理是，通过交叉滞后相关系数的比较，找出交叉滞后相关差异的方向，然后根据差异的方向，确定变量之间的关系。

交叉滞后组相关设计（图 5-3），要求在时间点 1 和时间点 2 分别对两个变量加以测定，然后计算得到的四组数据的相关。分别在两个时间点上计算同步相关 r_{A1B1} 和 r_{A2B2}，而 r_{A1A2} 和 r_{B1B2} 是稳定性相关（即重测信度）；更令人感兴趣的是交叉滞后相关系数 r_{A1B2} 和 r_{B1A2}，当两个

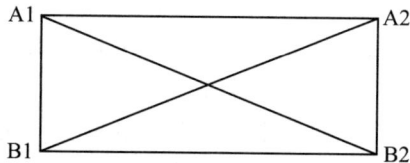

图 5-3　交叉滞后组相关设计

交叉滞后相关系数具有显著差异时，具有因果关系的意义。在同步相关稳定的情况下，如果 r_{A1B2} 大于 r_{B1A2}，则推定 A 引起 B，反之，B 导致 A。要强调的是，虽然加入了时间上的"滞后"因素，有利于根据相关模式确定因果关系，但是这种因果关系的推理逻辑并不是非常完备。然而，这毕竟是除了真实验设计之外，有望获取因果关系的重要设计模式之一。

交叉滞后组相关设计需要满足三条基本假设（王重鸣，1990，pp. 109-

111)：(1)交叉滞后组相关所表示的因果关系不随时间的推移而变化；(2)同步相关与稳定性相关都尽可能一致；(3)交叉滞后组相关中包含了主要的变量，并已做出相应的测量。

这种设计方式在心理学中，特别是纵向研究中非常有帮助。例如，埃伦(L. D. Eron，1972)曾经进行过长达十年的追踪研究，以考察三年级儿童对于暴力电视节目的偏爱与他们的攻击行为的关系及其长期影响。十年后重新测定，得到交叉滞后相关系数。结果表明，儿童早期生活中观看的暴力电视节目，很可能加强成年初期的攻击行为。

(三)真实验设计模式

模式 7：等组后测设计

      随机实验组：$X \rightarrow O_1$

      随机控制组：$- \rightarrow O_2$

真实验要求从总体中随机抽取被试，并随机分配到实验组和控制组，因此，两组在理论上是同质的。在这种情况下，两组被试因变量的后测结果差异，只能逻辑地归结为所受实验处理(自变量)的差异上。这种等组后测设计模式在获得因果关系时逻辑上是完备的，是真实验的典型模式之一。它特别适用于实施前测有困难，如花费过高，或前测有可能与实验处理发生交互作用等情况。

模式 8：等组前后测设计

      随机实验组：$O_1 \rightarrow X \rightarrow O_3$

      随机控制组：$O_2 \rightarrow - \rightarrow O_4$

被试的随机抽取与分配，虽然理论上讲能保证两组的等同性与可比性，但仍然不能完全排除取样误差等因素的干扰。不过，在模式 8 中，因为有了前测，可以根据数据确认两组被试在实际上的等同性和可比性。若实验结果为$(O_3 - O_1)$大于(或小于)$(O_4 - O_2)$，则完全可以证明实验处理有效，确定自变量和因变量之间的因果关系。若前测 O_1 和 O_2 无差异，则只要比较 O_3 与 O_4 是否有显著差异(这时最好把 O_1 和 O_2 作为协变量加以控制)，就可以做因果结论了。这种等组前后测设计是最典型的，也是应用最多的真实验研究模式。

模式 9：所罗门三组设计

      随机实验组：$O_1 \rightarrow X \rightarrow O_3$

      随机控制组 1：$O_2 \rightarrow - \rightarrow O_4$

      随机控制组 2：$- \rightarrow X \rightarrow O_5$

等组前后测设计看上去已经很完备了，不过，依然可以挑出瑕疵——前测的增加虽然可以控制无关变量，但是可能造成前测与实验处理对因变量的交互作用。如果出现交互作用，就无法确定是实验处理的不同唯一地影响了因变量。为此，可采用所罗门（Solomon，1949）建议的"增加新组，不予前测"的办法，即设定第二控制组，对该组被试不做前测，只做实验处理和后测，以控制前测对实验处理的影响。对实验结果的解释是，只有当 O_3 大于 O_4，而且 O_5 也大于 O_4 时，才能认为是实验处理而非前测真正起了作用。

模式 10：所罗门四组设计

随机实验组：$O_1 \rightarrow X \rightarrow O_3$

随机控制组 1：$O_2 \rightarrow - \rightarrow O_4$

随机控制组 2：$- \rightarrow X \rightarrow O_5$

随机控制组 3：$- \rightarrow - \rightarrow O_6$

所罗门四组设计又增加了随机控制组 3，它既不接受前测，也不接受处理，只接受后测。在该设计中，前两组控制了诸如临时事故与成熟等无关因素；加入随机控制组 2，便控制了前测与实验处理的交互作用；加上随机控制组 3，控制了前测与后测之间可能发生的练习效应。当 O_3 大于 O_4，而且 O_5 也大于 O_6 时，能很有把握地认为实验处理起了作用。

所罗门三组设计和四组设计比等组前后测设计更为严谨，但也要求更大的被试量，测试更为烦琐，费时费力，因而实际上使用并不多。大部分的单因素实验只要做等组前后测设计，就足以说明自变量和因变量之间的因果关系了。

二、多因素实验设计

（一）多因素实验的界定

前面介绍了单因素实验的设计模式，实际上因变量往往受到多个自变量的影响，一果多因是很常见的现象，这就要求进行多因素的实验设计。严格讲，多因素实验指同时操纵两个或两个以上自变量的实验。然而，很多实验中，除了一个被操纵的自变量之外，还有些因素或自变量无法操纵，但也需要考察这些不能操纵的自变量的效应，这种情况下也属于多因素实验设计。所以，笼统地讲，多因素实验就是包括了两个或更多自变量的实验。

（二）因素的可操纵性

这里有必要进一步澄清变量的可操纵性问题。实验意味着自变量或因素的操纵，在心理学实验中，最容易被操纵的变量多是环境因素或任务因素，如操纵不同的灯光颜色以考察人们对其反应的速度，最后所得因果结论本质上属于 S—R（刺激—反应）模式，考察的是环境刺激和个体行为反应的关系。

此外，心理学家还要探讨被试特征与行为的关系，做 P—R 式(人的因素—行为反应)的研究。被试特征因素有两类，一类是可以操纵的个体特征，如情绪状态、饥饿程度、疲劳或兴奋程度等。这些因素的操控往往是间接实现的，即通过创设情境条件来操纵被试主体的这些因素，如通过音乐诱导情绪，让被试禁食 24 小时来制造饥饿状态，通过枯燥的认知作业造成疲劳状态等。在实验中，通过间接操纵个体的这些特征因素，就可以考察其与因变量之间的因果关系。例如，可以操纵情绪状态，考察它对数学问题解决或认知决策的影响。无论是能直接操纵的环境刺激，还是能间接操纵的个体特征因素，只要能被操纵，就能通过实验研究确定它们与行为反应之间的因果关系。另一类个体特征，则难于操纵，如个体的人口学特征(年龄、性别)、人格、能力等，因此对于这些因素，严格讲不能进行实验研究，只能挑选具有这些特性的个体进行观察和比较，由此得出的结论只能是相关性结论，而不是因果性结论(王坚红，1991，p. 142)。在多因素实验中，不仅有可操纵的因素，还有不可操纵的因素，如果严格考虑，对两类因素与因变量的关系应该有不同的表述，区分出因果关系和相关关系。例如，我们可以说男性和女性在数学能力上是否有差别，但不能说这种差别是由性别因素导致的。

(三)因素的主效应和交互作用

实验中由某一因素的不同水平造成的因变量的变异，代表了该因素对因变量产生的"主效应"。在单因素实验中，在自变量不同水平之间因变量数据的变异程度(方差)，就是该自变量的主效应或处理效应。在多因素实验中，计算某一因素的主效应时需要忽略其他因素不同水平之间的差异。

然而，在多因素实验中，因变量在一个因素不同水平上的变化趋势可能要以另外一个因素的不同水平为条件，这时就称两个因素存在"交互作用"，准确地说，是两个因素交互作用于因变量，要注意的是，这不同于两个因素之间彼此的"相互作用"。交互作用指一个自变量对因变量的影响，要以另一个自变量为条件；而两个因素的相互作用，直接意思是二者互为因果。除了两个因素的交互作用，心理学家还常分析三因素交互作用。当然，还可以有四因素或更多因素的交互作用，但这种情况基本超出了人类的理论把握能力，很少被考虑。交互作用的存在充分体现了多因素实验的价值，这是做单因素实验无法顾及的问题。在多因素实验结果的分析过程中(通常采用"方差分析"这种统计方法)，不仅要考虑因素的主效应，更要先考虑到因素之间可能存在的交互作用。如果忽视了交互作用，只是做单因素的主效应分析，往往会导致错误的，或者不充分的结论。

留心交互作用

交互作用有两种类型：次序性或无次序性交互作用。以图 5-4 为例，该图考察了交流主题(借钱、正面和负面信息交流)和文化背景(中国人和加拿大人)对被试人际信任水平(以信任圈大小为指标)的影响。整体而言，图中两条线相交，说明交流主题和文化背景对信任水平有交互作用。假若完全平行，则两因素没有交互作用，而只有主效应。

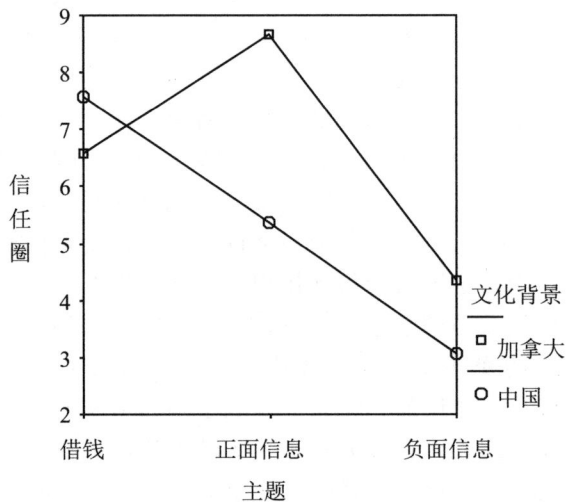

图 5-4　文化背景与交流主题对信任的交互作用
[资料来源：牛江河，辛自强(2009)]

　　若交互作用图中的两条线相交(假定只看图 5-4 的左半部分,即借钱和正面信息交流两个水平),则这种类型称为无次序性交互作用。其含义是在借钱方面中国人和加拿大人信任水平的差异模式,正好和正面信息交流时的差异模式相反。在借钱方面,中国人比加拿大人更信任他人,但在分享正面信息方面,加拿大人比中国人更信任他人。一般地讲,无次序性交互作用,指在一个因素的不同水平上,另一个因素对因变量的影响方向相反或不同。

　　若交互作用图中的两条线不平行,但也没有交叉在一起(像图 5-4 的右半部分,即正面信息和负面信息交流两个水平),则这种类型称为次序性交互作用。其含义是,无论是分享正面信息,还是分享负面信息时,加拿大人都比中国人更信任他人,两个群体差异的方向一致,但程度因交流主题而不同。一般地讲,次序性交互作用,指在一个因素的不同水平上,另一个因素对因变量的影响方向一致,但影响的程度不同。

　　需要注意的是,这里对图 5-4 含义的描述和交互作用类型的划分都是概念性的,具体还要结合推论统计数据来确定。如果方差分析结果表明,两个自变量之间存在交互作用,那么还要进一步做简单效应的分析。"所谓简单效应是指,一个因素的水平在另一个因素的某个水平上的变异"(舒华,张亚旭,2008,p.94),这里的变异指的是因变量的变异。通过把一个因素固定在其某个水平上,再来考察另一个因素的不同水平上因变量的差异,就可以揭示简单效应。例如,首先在交流主题因素上只选"借钱"这个水平,在该条件下再比较中国和加拿大被试信任圈的大小是否有显著差异;如果有,我们就说在借钱这个水平上,文化背景因素对信任圈有简单效应。同样道理,我们可以继续考察在"分享正面信息"这个水平上文化背景的简单效应。

(四)多因素实验设计的类型与模式

　　多因素实验设计的形式多种多样,类型划分方法很多。这里只概略地介绍几种常用的划分。根据被试在不同实验处理之间分派的方法,可以将多因素实验设计区分成完全随机多因素实验设计、完全重复测量的多因素实验设计和分组重测的多因素实验设计。

　　在多因素实验中,根据自变量的个数和每个自变量水平的个数,可以计算出实验处理的个数。例如,在一个 2(该自变量有 2 个水平)×3(该自变量有 3 个水平)的实验设计中,有 6 种实验处理。在完全随机多因素实验设计中,需要将随机抽取的被试随机分成与实验处理个数一致的若干同质的被试组,然后随机分配每个被试组接受一种实验处理。这种设计,由于每个被试或被试组只接受一种实验处理,也称被试间的多因素实验设计。这种设计因为实验处理个数较多，故需要较大的被试量，增加了被试取样的难度。

以 2(变量 a，包括 a1 和 a2 两个水平)×3(变量 b，包括 b1、b2 和 b3 三个水平)的完全随机多因素实验设计为例，其基本模式如下：

被试组 1：$X_{a1b1} \rightarrow O_1$

被试组 2：$X_{a1b2} \rightarrow O_2$

被试组 3：$X_{a1b3} \rightarrow O_3$

被试组 4：$X_{a2b1} \rightarrow O_4$

被试组 5：$X_{a2b2} \rightarrow O_5$

被试组 6：$X_{a2b3} \rightarrow O_6$

在该设计中的 6 个观测是对 6 个组的观测，对因变量观测间的变异，不仅体现了实验处理的效应(包括因素的主效应、交互作用和简单效应)，还包含了被试的组间个体差异，后者是一种误差来源。

若采用完全重复测量的多因素实验设计，则可以让一组被试接受所有的实验处理。这样的设计属于被试内设计，它虽然降低了对样本量的要求，但是可能造成了实验处理之间的相互干扰问题，需要采用平衡法等控制实验处理的顺序效应。此外，如果每个实验处理的时间较长的话(如教学干预通常时间较长)，一组被试接受所有实验处理，会让整个实验非常漫长。

以 2(变量 a，包括 a1 和 a2 两个水平)×3(变量 b，包括 b1、b2 和 b3 三个水平)的完全重复测量的多因素实验设计为例，其基本模式如下：

被试组 1：$X_{a1b1} \rightarrow O_1$

被试组 1：$X_{a1b2} \rightarrow O_2$

被试组 1：$X_{a1b3} \rightarrow O_3$

被试组 1：$X_{a2b1} \rightarrow O_4$

被试组 1：$X_{a2b2} \rightarrow O_5$

被试组 1：$X_{a2b3} \rightarrow O_6$

在该设计中的 6 次观测，是对一个被试组分别做 6 次实验处理后的 6 次观测，对因变量观测间的变异，不仅体现了实验处理的效应(包括因素的主效应、交互作用和简单效应)，还包含了被试组反复接受各种实验处理的"历史"因素(如顺序效应、练习效应、疲劳效应、处理的交互作用)的干扰。为了控制这些历史因素的干扰，可以对处理的顺序进行平衡，确保每个"实验处理顺序"都有同样数量的被试，但每个被试均接受了所有实验处理，虽然其顺序不同。

若将上述两种设计思路综合在一起，可以进行分组重测的多因素实验设计，即在某个自变量上采用重复测量设计，而在另外的自变量上采用随机分组设计。

以 2(变量 a，包括 a1 和 a2 两个水平)×3(变量 b，包括 b1、b2 和 b3 三个水平)的分组重测的多因素实验设计为例，其基本模式如下：

被试组 1：$X_{a1b1} \rightarrow O_1$

被试组 1：$X_{a1b2} \rightarrow O_2$

被试组 1：$X_{a1b3} \rightarrow O_3$

被试组 2：$X_{a2b1} \rightarrow O_4$

被试组 2：$X_{a2b2} \rightarrow O_5$

被试组 2：$X_{a2b3} \rightarrow O_6$

在该设计中，变量 a 是被试间变量，两组被试被随机分配到其两个水平上，而变量 b 是被试内变量，所有两个组的被试都接受了它的三个水平上的处理。对因变量的这 6 个(或 6 次)观测之间，除了体现实验处理效应之外，还包含了一些误差因素，如两个被试组间的个体差异以及重复测量可能导致的历史因素的干扰。

课堂讨论5-3

要探讨商品价位（低、中、高）与折扣信息呈现方式（以折扣百分比呈现、以直降金额呈现）对购买意愿的影响，如何使用上述三种设计方法呢？每种设计会带来什么问题呢？

除了上述划分方法外，还可以按照自变量的类型来划分，因为有的自变量是可操纵的刺激变量(如环境因素、任务因素、可操纵的被试特征)，有的是不可操纵的被试特征变量。例如，在上述关于购买意愿的讨论题中，两个自变量都属于可操纵的自变量。但是在关于信任圈的 2(文化背景：中国人、加拿大人)×3(交流主题：借钱、正面和负面信息交流)的实验设计中，文化背景是被试固有的个体特征变量，我们可以尽量确保两组被试(中国人和加拿大人)在除了文化背景之外的个体特征上(如性别、年龄、职业等)是可比的或等同的，但不能随机分配被试到两种文化背景下；而交流主题属于可操纵的变量，既可随机分配被试到该变量的不同水平上，也可用一组被试做重复测量，接受所有水平的处理。

对于多因素实验，还可按照实验中自变量的个数区分为二因素实验、三因素实验之类。此外，在多因素实验中依然存在真实验和准实验的区分(这要具体到每个因素来看），因变量不仅做后测，也可以加上前测。这些都很好理解，不一一介绍。

思考题

1. 简述实验法的基本逻辑。
2. 结合实例说明实验的典型结构。
3. 如何控制实验中无关变量的干扰？
4. 简述实验研究的基本类型。
5. 为每一种单因素实验设计模式举一个实例。
6. 谈谈你对实验中因素可操纵性的看法。
7. 实验研究中如何分析因素的交互作用？
8. 从心理学教科书中找出多因素实验设计的 3 个例子。

练习题

1. 查阅一篇采用实验法的研究报告，分析所用的实验模式。
2. 针对所阅读的研究报告，改进其实验设计。

综合实践

对自己选定的课题，假设用实验法，做出可能的实验设计。

第六章

调查法

第一节　调查法概述
第二节　问卷的设计
第三节　测验的原理与设计

　　或许大家没有专门学习过什么是调查法，但是对调查法应该并不陌生，因为大家多有"被调查"的经历。例如，走在马路上，有人会拦住你，请你帮助填写对某个社会事件的看法；刚走进商场，就有人找你做商品的品牌偏好调查；在校园里，会有同学调查你对志愿服务或者转专业的看法；回到家，又接到某公司的顾客服务质量电话回访调查。心理学家、社会学家、管理学家、政治学家、教育学家、市场调研员都喜欢使用调查法，难怪我们常会被调查。心理学以及大部分的社会科学都离不开调查法，调查常用的工具是问卷和测验。

第一节　调查法概述

用调查法收集数据，有简便、快捷、高效的优点，因而它被广泛使用。它有多种类型和形式，其实施方法也是多样化的，了解有关的基本知识，是设计和开展调查研究的基础。

一、调查法的概念与特点

调查法不是一种单一的方法，它是对问卷法和测验法（或量表法）等的统称，借助问卷等可以获取被试在某方面的态度、观念、倾向等，而测验则被用于测量人们的能力与人格等。问卷往往是根据研究目的自行设计的，而测验的编制则有更高的要求，虽然研究者也可以自行设计测验并使用，但是大多数研究都是采用现成的测验。尽管问卷和测验有一定的区别，但综合而言，调查法借助这些书面工具，以严格设计的问题，通过被试作答或自我报告确定其心理与行为特点。此外，在更宽泛的意义上，访谈法也被包含在调查法中，因为它不过是用口头语言交流方式进行的问卷调查而已。第八章将专门介绍访谈法，而不把它放在调查法里介绍。

调查法有广泛的适用范围和优点。调查法适用于所有能通过自我报告来回答的内容，如态度、观念、人格等，有广泛的适用性。这种方法收集资料速度快、效率高，施测一次问卷可以同时调查几十个到几十万个被试，可以涵盖几个至几十个变量，从而获得大量的数据资料（案例 6-1）。这种方法适于确定变量之间的相关关系（包括预测关系），如人格与风险偏好的相关关系，价值观对于职业选择的预测作用等。

案例 6-1　世界价值观调查 🔍

世界价值观调查（The World Values Survey，WVS）是由全世界范围内的众多社会科学家联合进行的一项调查，调查内容是价值观的变迁及其对社会和政治生活的影响。该调查在全世界六大洲的近百个国家取样（每次调查时国家数目都有变化，有增加或退出），总样本有几十万人，样本代表的总体覆盖了全世界近90％的人口。为了跟踪价值观的变迁，从1981年起已经进行了7个波次的调查（表6-1），第7个波次的调查在2017年开始，并于2021年完成。每次调查时，研究者对每个国家代表性样本中的每个被试，采用标准化的问卷进行逐一访谈调查，所调查价值观的内容涵盖宗教、性别角色、工作动机、民主、政府治理、社会资本、政治参与、对其他群体的容忍性、环境保护、主观幸福感等。该调查是由参与国家的研究者各自组织实施的，最后数据共享，在其网站公布后供研究者免费使用。目前，已经基于该数据发表了大量的论文和专著。这一领域研究者组成了世界价值观调查协会（The World Values Survey Association，WVSA），这是一个学术性的非营利组织。

表 6-1　历次世界价值观调查情况

波次	年代	国家数目	总体	样本
1	1981—1984	20	4700000000	25000
2	1989—1993	42	5300000000	61000
3	1994—1998	52	5700000000	75000
4	1999—2004	67	6100000000	96000
5	2005—2008	54	6700000000	77000
6	2010—2014	57	—	85000
7	2017—2021	90	—	153000

［资料来源：世界价值观调查官网］

　　然而，调查法也有一定的局限性。它本身难以用于确定变量之间的因果关系，那些只根据调查结果就试图确定变量因果关系的做法存在很大风险。调查内容通常只能限定于被试能意识到且能自我报告的部分，而心理学的研究一再表明我们有庞大的无意识，很多心理活动要么无法意识，要么可以意识到但难以言传。调查要以被试一定的文字理解和表达能力为基础，为此难以调查年龄很小的儿童和文化程度比较低的被试。调查结果的可靠性往往依赖被试的合作态度和实事求是的精神，被试可能会出于印象管理、社会赞许等原因而提供不真实的回答。即便被试乐于配合调查，但大部分的调查都要求被试基于对以往经验（如所经历过的事件、先前的情绪体验）的回忆来作答，这种事后回忆难免产生各种偏差。为提高研究的生态效度，避免回忆过往经验时存在的偏差，一种新的研究方法——经验取样法，日益得到学术界的重视。该方法一般要做多次的反复调查，每次调查时被试需要如实报告当下的"实时"经验或体验(延伸阅读6-1)。

延伸阅读6-1　经验取样法

经验取样法(experience sampling method)通常要求被试反复在某些特定的时点报告自身的"实时"经验内容或心理行为状态。举例来说，假如要探讨人们每天经历的各种活动与情绪体验的关系，可以在某一周的每天随机选择3个时点调查人们当时正在进行的活动内容(如工作、走路、看电视)以及实时的情绪体验。测量时点的选择有两种方法，一种方法是"时间取样"，如事先告知被试在每天的固定时点完成调查，但更常用的做法是随机选取时点，研究者会在随机选定的时点通过手机或其他电子设备通知被试完成调查；另一种方法是"事件取样"，要求被试当处于某个特定状态或某类事件发生时主动进行自我报告。由于要反复调查，故调查表要简短易行。这样收集来的数据一般至少包括两层变异来源，一是个体间的变异，二是个体内的变异，即个体若干次测量的变异，因此要采用合适的统计方法(如多层线性模型)来分离两层变异。经验取样法通过反复的实时调查，减少了一般的调查和访谈研究中被试依靠回顾以往经验来作答可能造成的偏差，从而提高了研究的生态效度。然而，该方法的使用难点是如何得到被试的配合，让他们愿意忍受研究者的反复打扰并坚持完成较为繁复的数据收集活动。

二、调查研究的基本类型

根据研究问题的性质，调查研究可以分为三类。

(1)现状调查。它指通过调查确定某个方面的心理行为现状、表现特点等。例如，某地区幼儿教师职业理想现状调查、大学生互联网使用偏好调查。

(2)关系调查。它通过调查两个或多个变量的情况，考察其相互联系的性质与程度。例如，家庭教养方式与青少年价值观的关系调查、人格类型与志愿服务行为关系调查。

(3)发展变化调查。它主要通过在不同时间点开展多次调查，以考察某种心理特点如何随个体年龄的增长而发展变化，以及社会心态如何变迁等。

发展变化调查可以细分为个体发展调查和社会变迁调查。例如，采用追踪设计或横断设计调查不同年龄幼儿所喜欢的游戏形式与内容有何不同，这是关于个体发展的调查。

在社会科学中，还经常就某一内容做社会变迁方面的调查。上文提到的世界价值观调查就属于这一类，该调查采用了连续独立样本设计，即在不同时间点对同一类群体进行追踪调查，它不要求每次调查时都是一批相同的个体，只要群体等同就可以（延伸阅读6-2）。

延伸阅读6-2　连续独立样本设计

连续独立样本设计（successive independent samples design）是大型社会调查中经常用到的一种设计方法，在这种设计里要对多个独立但可比的样本连续开展若干次同样的横断调查。这种设计遵循如下原则：(1)可比的独立样本。其中所用的若干个样本应该是从一个总体中随机抽取的独立等值样本，确保任何两次调查基于同样的总体。例如，每年对大学新生的心理调查，就可假定每年的新生都是新生总体的一个等值样本，只有这样研究者才能考察每年新生的心理如何变迁。(2)相同的调查工具和程序。必须对每一个样本采用同样的调查工具和程序，才能比较来自每个样本的调查结果。(3)若干个横断研究的组合。连续独立样本设计实际上是对多个等值样本进行的若干个横断研究的组合。例如，每年都对大学一年级到四年级的学生进行抽样调查，每次同时调查了四个年级的被试，因而构成一次横断研究，由此可以探讨个体层面的年龄或年级差异，确定大致的心理发展模式；每年重复这样的横断研究就构成了连续独立样本设计，由此可以考察在群体层面心理随年代的变迁，但不能确定个体心理的社会变迁，因为不是同一个被试的重复测量。(4)样本之间合适的调查时间间隔。这种设计之所以被命名为"连续的"，是强调两次调查在时间上是相继的，二者之间的时间间隔可以是一个月、几个月、一年或几年，具体采用多大的间隔要看研究目的和现实条件的要求。例如，要分析半个世纪内的心理变迁，每5年取样调查得到10个波次的数据就可以说明问题，当然每年都调查，结果会更精细，但成本很高。又如，要调查股民投资心态的变化，可能就要按周或月为时间间隔单位来取样，因为这种变化相对较快，明显受股市波动影响。总之，取样调查的时间间隔应该根据心理变迁的速度而定。

三、调查法的主要形式

调查法通常包括测验法与问卷法，二者分别使用量表和问卷作为基本工具。

测验法是通过心理测验或量表研究心理行为特点的一种方法。量表是一套标准化的试题或项目，按照规定的程序，对个体某一方面的心理进行测量，然后将结果与常模进行比较，从而做出某方面心理发展水平和特点的诊断或评价。例如，阿舍(S. R. Asher，1984)等人编制的专用于 3～6 年级学生的儿童孤独量表就被广泛用来测量儿童孤独感的发展特点；卡特尔的 16 种人格因素量表(16PF)则被广泛用于成年人人格的测量。

测验法是一种运用很广的研究方法，现有心理测验种类很多，如智力测验、能力倾向测验、人格测验、教育测验等。测验法常用于以下几个方面：(1)搜集资料。采用测验可以快速得到大量有关被试能力、人格、成就等方面的资料，有助于描述现状，发现关联，探索规律。(2)建立和检验假说。在心理学研究中，研究者可以通过分析测验结果提出和检验理论假说。(3)实验分组。在一些实验研究中，经常用测验对被试进行分组，以达到等组化要求。

测验法的优点主要表现在：第一，测验的编制和实施都有严格规定的标准化程序。比如测题的拟订须经过多次预试，慎重选择，使行为取样具有代表性。测验的实施过程包括指导语、时限、记录、评分标准和测验环境等都有统一、详细的规定。施测时要求严格遵守，以确保被试测验条件的一致性。这种标准化程序有利于提高测量结果的质量。第二，有常模进行比较，结果的含义比较明确。常模是参照的客观标准，将被试所得分数与常模比较后就可以知道他们的得分与常模群体平均分数的差距，从而确定被试在该测验上得分的相对位置。相比之下，问卷通常缺少这种常模可供参照。第三，测验法用数字或等级对拟测心理行为特征进行描述，操作较简便，评定标准较确定，便于进行数量化处理，并能在短时间内获得大量数据。

测验也存在一些局限性，主要表现在：第一，心理测验是间接测量，主要通过对拟测心理特征方面的语言或行为的测量，来推断相关心理方面的发展水平和特点。第二，任何测验都不可避免地受到经验和一定文化条件的影响，只适用于某种特定范围，难以做到绝对公平。第三，测验分数一般只表明"结果"，不能反映心理某方面的过程或质的特点，也难以解释结果产生的原因。例如，关于创造力的测验已经有很长的历史了，然而，所带来的关于创造力本质的理解并没有太多进步，到今天我们大多还停留在早前吉尔福特（J. P. Guilford，1897—1987）的理论认识水平上。

类似于测验法，问卷法也是通过书面的形式，以严格设计的项目或问题，向研究对象收集资料和数据的一种方法。例如，要收集夫妻之间婚姻冲突方面的信息，就可以从婚姻冲突的频率、强度、原因、方式等方面设计开放式或者封闭式问题，对他们进行问卷测查。

问卷可分为结构式问卷和非结构式问卷，两种形式各有特点。结构式问卷采用封闭式问题，每个问题都有几个明确规定的备选答案，被试只需从中选择一个，回答简单方便，资料便于整理。但是它缺少灵活性、深入性。特别是当备选答案不能完整、深入地表达被试所要传达的信息时，其缺陷更为突出。非结构式问卷的问题是统一的、开放的，不列出备选答案，被试可自由回答，不受限制，研究者能得到丰富多彩的信息。但由于问题答案没有统一的格式，整理起来难度较大。鉴于结构式问卷与非结构式问卷的特点，研究者常常依据具体情况选择适当的类型，并在很多情况下将二者结合起来使用。

总体来看，问卷法实施简便，适合大面积施测，较为省时、省力；其答案可以统一形式，便于整理分析。但它也存在明显不足：首先，由于问题和答案往往是已规定好的，被试可选择的余地较小，因而会丢失许多信息，不利于问题的深入分析和研究；其次，数据收集过程中难以控制无关因素的干扰，因而问卷有效率常常受到多种因素制约。因此，研究者常将问卷法用作对某一问题初步了解探索的方法，全面深入的研究则要配合使用其他方法。

四、调查的实施方法

调查的实施可以采用主试和被试面对面的直接调查形式，也可以通过邮寄、电话、网络等方式实施调查。

大部分调查都是在主试（调查员）的直接管理下，被试当面完成调查的填写，可称为直接调查。在直接调查中，主试不仅负责调查材料的发放与回收，还要负责被试的管理与指导。主试事先需要经过严格培训，他们不仅要完成问卷收发这类体力工作，还能够或应该做出重要的智力贡献，如指导被试如何作答，解答被试的疑问，控制现场可能存在的无关变量等。主试对测试现场情况的了解和记录，将为后续数据分析提供一些有用的参考信息。例如，对于很多选择题，被试不管是否理解其准确含义，都会选出答案，然而，主试在现场就可以了解被试提出的一些疑问，这有利于研究者发现调查中存在的问题，在后期数据分析时做到心中有数。又如，测试现场可能有很多无关因素，如噪声、被试之间的相互干扰、问卷填写不完整或不合理（漏答、重复选择）等，主试在现场就可以及时发现并处理，以提高问卷回答的质量。对于一些特殊群体的调查，尤其需要主试面对面地进行管理和指导。例如，对文化水平较低的群体（如文盲和年龄较小的儿童）进行调查时，主试可以采用"访谈调查"的方法，通过朗读问卷的指导语和题项，来确保被试能准确理解问题；若被试没有填写问卷的能力，主试还要根据被试的口述代为填写。这种直接调查可采取集体施测的形式，也可以个别施测。但无论哪种形式，主试对调查过程的管理和指导都是非常重要的。因此，在可能的情况下，应该由主试（最好是研究者本人）进行直接调查。

很多情况下，主试无法面对面地直接调查被试，这时可以采用邮寄的方式，将调查材料邮寄给被试，待填写好后由被试邮寄回来。对于一些可以匿名填写，而内容涉及隐私或尴尬问题的调查（如性观念与性行为、对婚外恋的看法），邮寄调查不失为一种好办法。邮寄调查虽然适于这些特定的调查内容，而且高效快捷，避免了面对面调查的很多麻烦（如调查场所的要求、交通等），然而，邮寄调查存在很多局限。对调查填答过程缺乏控制，可能会产生很多误差，致使这种邮寄调查显得很不严谨。与此相关的另一问题是，调查材料的回收率通常很低，甚至低于50%，有效率则更低。例如，美国作家海蒂（S. Hite，1942—2020）1987年出版了关于性行为调查的《海蒂报告》一书，这项调查向美国妇女发放了近10万份问卷，最后只回收了约4500份，回收率不到5%。如此低的回收率很可能导致最后的有效数据样本可能不是原定总体的代表性样本，由此，其搜集数据的方法遭到了猛烈批评。又如，一项研究本来是要调查城市居民的道德观念，若问卷回收率较低，最后收回的问卷往往是那些有助人与合作倾向的居民寄回的，其统计结果可能高估了实际的道德水平。因此，保证较高的回收率是邮寄调查的关键。究竟需要多高的回收率呢？巴比（2002，p. 223）提出，要进行分析和报告撰写，邮寄调查问卷回收率至少要有50%才是"足够的"，达到60%才算是"好的"，达到70%以上就"非常好"。当然，这个说法只是一种大致的说法，没有统计学根据。更重要的是，不管回收率多高，只要能验证回收的问卷没有样本分布上的偏差就足够了，这远比回收率高但不能代表预定的总体要好。为尽量克服回收率低等问题，做好邮寄调查，必须注意如下几个方面：调查问题尽量精练，减少对被试的工作量要求；调查内容要足够吸引人；要尽量拉近调查者与被调查者的关系；不仅要提供给被试邮资，必要时可以给予适当的经济回报。

课堂讨论6-1

结合海蒂的研究讨论调查中如何提高有效问卷的回收率。对大家的想法进行讨论或反思，并总结有关策略。

对于一些比较简单的调查内容（最好是封闭式问题），若能在三五分钟内完成，则可以采用电话调查。在拨通电话征得被调查者同意后，调查者则朗读题目，等待被试回答，然后代为填答调查表。然而，如何得到电话号码，而且确保得到代表性样本，这在实际上有很多困难。打通电话后，说服人们配合调查，也不是容易的事情，人们通常很反感陌生人打来的电话。例如，关于春节晚会的收视率，调查公司会对居民做电话调查，可以迅速得出收视率结果。然而，这种调查结果很容易出现偏差，至少不是每个家庭都有电话，没电话的家庭也可能看这个节目，调查结果不可能覆盖这一人群。

随着电脑的普及，一种新的电话调查形式出现了，这就是大家可能时常听到的所谓"CATI"技术——电脑辅助的电话访问（Computer-Assisted Telephone Interview）。电脑可以帮助设置和提示问题，并通过随机拨号程序选择电话号码。拨号成功后，戴着耳机的调查者向被调查者问候，介绍要做的调查研究，朗读电脑屏幕上提示的题目，并根据被调查者的回答在电脑上记录下他们的选项或对开放问题发表的看法以及其他信息。由于电脑协助拨号、提示信息、记录并管理数据，大大提高了电话调查的效率。大家可以想象，假设有一个可容纳几十个调查者的 CATI 实验室，每天就可以调查很大的样本。

CATI 实验室

近年来随着网络技术(包括移动互联网技术)的发展和广泛使用,网络调查也不断增加。网络调查借助软件可以对测试题目的呈现、测试过程、被试随机分配等进行有效控制,被试在回答后只要按提交按钮,计算机或手机可以自动实现数据保存,从而轻松、快速地获得大样本的数据,大大节省了人力物力。类似于电话调查,网络调查也存在样本偏差、虚假作答等问题,缺乏对调查过程的全面控制,会大大增加误差因素。

第二节 问卷的设计

大家或许会觉得问卷调查不是什么复杂的研究,问卷也不是什么高科技的工具,实际上做好问卷设计并非看起来那么容易。举例来说,对于问卷的选择题,让被试在选项上打钩好,还是画圈好?对于小学生被试的年龄信息,是问出生年月好,还是问年龄或年级好?诸如此类看似琐碎的问题,实际上都会对调查结果的质量产生明显的影响。

一、问卷的结构和基本设计要求

一份结构完整的问卷应包括标题、前言、指导语、问题和结束语等几部分。下面大致介绍每一部分的内容和功能以及设计要求。

首先是标题和前言。标题即问卷的题目,是对问卷内容和目的的简洁而明了的反映。通常一个简单的问卷只有一个标题,要是若干问卷组成的成套问卷可以有两级标题,即整个调查的标题以及每个问卷的标题,但是标题的层级不能过多,否则有杂乱之感,也不便于被试的理解。前言是对研究目的、意义和内容的简要说明,一方面是为了引起被试的重视和兴趣,另一方面是为了消除其戒心,以取得良好的合作。每个调查问卷本身可以有前言,若是成套问卷也可以分别写出总调查的前言和每个问卷的前言,但内容不必重复。

标题和前言的表述方式至关重要。首先,应该简洁且便于理解。如果某些调查内容涉及很专业的心理学术语,通常没有必要把这些难懂的术语放在标题和前言里,应该替换为意义接近但通俗易懂的表述。例如,"大学生内生和外生学习动机调查",不如修改为"大学生学习动机调查",因为被试不需要知道内生动机和外生动机这样的专业术语，不提这些术语并不影响调查的质量。其次，内容和意图的明确程度要适当。研究者通常可以如实地把最明确的调查内容和意图体现在标题和前言里，但有时却会带来不必要的麻烦。例如，一项关于敏感话题（如对领导的满意度、性观念）的调查，若题目过于"扎眼"，可能会让被试感觉不舒服，甚至影响其合作意愿。这时不如说得笼统些，或避重就轻地表述，甚至不出现总的标题。另一种情况是，在有的调查中可能要适当隐瞒调查内容和意图，因为若被试意识到真实的调查意图，可能会提供虚假的回答。最后，要提供关于研究必要性、保密原则等方面的说明。例如，可以在前言里提供关于研究的必要的背景信息，让被试明白为什么要完成这项调查，其意义何在。研究者要明确承诺研究的保密性，通常要明确自己的研究者身份以及机构隶属。

在前言之后，要准确写出指导语。指导语是用来指导被试填写问卷的一组说明性文字，包括填写方法、要求、时间、注意事项等。填写方法，包括明确选择题是单选还是多选，在选项上画钩还是画圈，或者填写在答题卡里；开放式问题也要明确作答方法与具体要求。作答是否需要被试"又快又好"地回答，还是选出自己认为合适的选项即可，是否限制时间，这些都要在指导语里说明，对可能出现的填答错误也要给予提醒。指导语包括的内容要全面，但要做到简洁、有可操作性。对于个别有特殊作答要求的题目，可以在相应题目中给出指导语。在整个问卷之前的指导语部分，只是整个问卷的一般性指导。总之，被试在阅读完指导语后应该清楚地知道如何作答，要做什么，不能做什么，而不能产生误解或不知如何是好。

指导语后通常是问卷的主体——问题或项目部分。一次问卷调查究竟应该包括多少问题，需要多长的作答时间，这取决于研究目的、客观条件和被试类型。通常，超过五六页，或者半小时还不能答完的问卷，作答质量就会明显下降，所以问题要尽量简短。要合理组织问题的排列方式。通常作答方式一致或相近的问题放在一起，内容相近的问题放在一起；事实性问题先出现，关于观念和想法的问题后出现；封闭式问题先出现，开放式问题后出现；此外，容易出现相互干扰的问题，要分开排列。问题的确定、表述、组织需要专门的技术，下文具体介绍。

问卷最后是结束语，它通常包括两种类型：一是以简短的语言表示对研究对象合作的感谢；二是让研究对象补充说明有关情况，对有的问题做更深入的回答，或谈谈对问卷有何看法和建议。

调查研究中还通常包括人口统计学变量，如被试的姓名、性别、年龄、种族或民族、受教育水平、职业、班级或机构隶属等。究竟要求被试提供哪些人口统计学变量信息，如何提供，这要综合考虑多种因素的要求，这里只能举例来说。首先，是否有必要让被试提供姓名。提供姓名，可以增加被试填写时的责任感，使填写更加认真，但在涉及敏感问题或自身利益时，也可能加剧被试的戒备心理，导致他们拒绝合作或不认真填写。其次，性别问题。被试通常不介意报告自己的性别，无论是以选择，还是填空的方式，都可以提供性别信息。再次，年龄与年级。在描述被试样本时，通常不仅需要报告样本的性别分布，还要报告年龄分布。对于成年被试的年龄信息，可以直接询问；若采用填空形式填写出生时间，则只给出出生年就可以了，顶多包括月，通常不必提供具体出生日期。对于儿童和青少年被试，情况会复杂得多。若是发展心理学研究，年龄信息很重要，若是教育心理学研究，年级信息很重要；通常中国学者更习惯报告年级信息，而国外刊物则更多要求报告年龄信息。因此，最好两者都收集。不过要注意，年龄较小的儿童（如小学三年级以下），未必记得自己的出生年月，另外在填写年龄时关于如何填写"周岁"和"虚岁"的问题也常常令儿童和研究者非常困扰。又次，关于成人样本的调查，特别是社会心理学方面的研究，通常需要提供被试的受教育水平、专业和职业类型、民族或种族之类的信息。究竟要提供哪些人口统计学变量信息，以何种形式提供，要考虑具体研究情况和本领域习惯要求。例如，认知心理学研究需要受教育水平信息，但通常不需要其他社会经济地位信息，然而这些对于社会学研究都很重要。最后，人口统计学变量的询问通常出现在问卷开始的部分，这也是被试习惯的方式，然而若放在问卷最后填写，被试可能更乐于提供这方面的信息。

二、问卷编制程序

第一步，建构问卷框架。

研究者首先要广泛阅读文献，明确研究目的与假设，在此基础上建构问卷框架，该框架要包括需要调查的内容、测查该内容的角度、问题的基本形式等。形成问卷框架的常用方法有多种。

第一，分解中心概念，形成问卷框架。一份问卷通常要涉及至少一个，多则三五个中心概念，通过多角度定义中心概念，或者将中心概念应用到不同领域的方法，可以分解出不同的子概念、维度或角度，以此为基础构造出问卷框架，并编制题目。例如，要开展企业员工满意度调查，"满意度"就应该是问卷的中心概念，满意度通常体现在不同的领域和方面，为此可将员工满意度分成工作环境满意度、工作内容满意度、薪酬满意度等不同方面，然后可以围绕每个子概念构造若干适合的问题。

第二，以理论为基础构造问卷框架。通过文献综述，通常可以了解某个研究领域有哪些已有理论，这些理论可能提供了设计问卷的框架或概念基础。例如，要调查不同阶层居民的需要及其满足状况，马斯洛的需要层次理论就提供了理想的问卷框架，在该理论中区分了五个层次的需要，它们是生理需要、安全需要、归属与爱的需要、尊重与自尊的需要、自我实现的需要，以此为概念框架，编制涵盖这五个方面的问题或项目就可以形成一份良好的问卷。

第三，通过开放式调查提取问卷框架。对于一些较新的研究领域，缺乏明确定义的中心概念和已有理论，则可以拟定简单的开放式问题访谈或调查被试或专家，了解他们的看法，从中提炼出需要的问卷框架。假定某位同学在网络聊天过程中注意到聊天者通常会通过自己的谈话控制自己给别人留下的印象，他意识到"网络聊天中的印象管理策略"可能是不错的研究选题。若他自己无法直接形成问卷框架，则可以调查有过网络聊天经历的网民，问他们"网络聊天时是否在意给别人留下的印象""是否有意控制自己给别人的印象，具体都如何做"。通过对聊天者印象管理做法的归纳，就可能抽取出问卷编制框架。此外，直接访谈专家，也可能有助于迅速建立问卷框架。

第二步，草拟问题。

一旦获得了编制问卷的框架，就可以围绕着中心概念、子概念、变量、维度或角度，设定可观测的具体行为指标，草拟能体现这些概念的问题。具体可以通过演绎概念的方式获得问题，可以从实际情况提出问题，也可以从已有理论描述或已有类似工具中寻找问题表述。总之，要尽可能列出足够多的问题或项目陈述，然后仔细分析某个问题和所测量的概念或变量的逻辑关系，并不断调整问题表述，确保测量到要测的内容。

例如，要调查"工作内容的满意度"，可以直接问"你喜欢自己每天从事的工作吗""你享受每天所做的事情吗""你期待迎接每天的工作任务吗""每天的工作能给你带来成就感吗"，等等。仔细思考这些问题的测量内容发现，它们主要考察了工作内容的有趣程度、喜好程度、价值感等，工作内容的满意度除了指代工作内容带来的积极情感外，或许还包括其他内容，如因为工作很简单、容易完成所以满意，于是增加一个问题"你每天的工作是轻松自如的吗"。总之，要深入分析问题的含义和测试的内容，并不断调整，使之有明确的理论意图，且反映实际情况。

草拟问题时还要决定表述问题的形式。问题形式最常用的区分是封闭式问题与开放式问题。例如，"你喜欢自己的工作吗"，给被试"是"与"否"两个选项，这就是封闭式问题；"请谈谈你对工作的看法"，这就是一个开放式问题。还可以从其他角度区分问题的表述形式。如可以是填空题（如填写出生年月）、选择题，选择题又分多选和单选，选项的设计可以是二择一的，也可以是等级评定；此外，还可以采用排序的方式，如"请按照你的喜欢程度，从高到低排列出你这学期所学课程的名称"。总之，研究者在拟定问题时一并要考虑好问题的表述形式（开放/封闭、填空/排序，若是选择设定几个选项，每个选项表示什么，如何计分），通常一份问卷不要采用过多的问题形式，一两种就可以了，否则会造成被试的理解和作答困难。

第三步，形成初步问卷。

问题草拟工作完成后，就要把问题组织起来，形成问卷。这时先要思考问题排列的顺序。要适当按照内容或问题形式对问题归类分组，同类问题放在一起呈现。通常先客观问题，后主观问题；先封闭式问题，后开放式问题；先呈现测查核心变量的问题，后呈现测查相关因素的问题；先呈现简单的问题，后呈现复杂或敏感的问题。当然，具体组织方式要依据情况而定。

然后，完善问卷结构。要为问卷拟定标题，编写前言、指导语、结束语，并加入人口统计学变量方面的问题。

最后，完善问卷的排版。排版时要做到层次清楚，重点突出，排列整齐，版式简洁。例如，要注意题目与选项的空间位置。问题与列出的该题答案应相对靠近，避免填答者漏读、漏答某些部分。例如，某题有 5 个可供选择的答案，其中 4 个列在一行，另一个单独放在下一行，这个答案就很容易被忽略不选；如果有一两个答案在下页或反面，也经常被漏掉。同类型项目若很多，可用表格呈现。例如，可以把选择题的问题放在表格的左列，选项放在表格的右列，这样看起来整齐美观。为了防止被试选择时看串行，可以加背景色，或改变表格边框颜色等以起到提醒作用。这方面的细节问题非常多，问卷编制时要下功夫。此外，还要反复校对、精练问卷的文字表述。大家要记住，一份设计完好的问卷虽然花了很多工夫，但能保证研究的质量，若问卷设计仓促草率，此后花再多的工夫可能都白费。

第四步，试测并完善问卷。

问卷的很多设计缺陷，只有在实际试测中才能发现。例如，测试时，很多被试都询问某道题如何作答，这可能说明这道题语义表述不清，或者指导语不明确。再如，测试结果表明，某个选项没有任何人选择或者选择过于集中，这说明选项设计可能不合理。举个具体例子，要调查大学生每月消费状况，其中一题问"你每月花在吃饭上的费用是多少"，选项为"500 元以下""500～1000 元""1000～1500 元""1500～2000 元""2000 元以上"，结果发现，"500 元以下""2000 元以上"几乎没有人选择，这就说明这些选项没有出现的必要，而 70％的被试都选择了"500～1000 元"，这就说明该选项涵盖了太多的被试，不能区分其间的差异，因此需要调整选项设计。此外，整个问卷以及每个项目或问题的信度、效度、区分度如何，也只能根据试测结果来分析，最后决定如何修订、完善问卷。

总之，研究者要仔细监控调查过程，认真分析调查结果，从中发现有价值的问题，找到完善问卷的思路。在试测之后，大家至少要反思下面这个核查表中提到的问题：

答完整份问卷大致需要花多少时间？哪部分花时间较多？

问卷的要求是否清楚明白？是否总有人询问如何答卷？

哪些问题不够明确或模棱两可？是否有人问某道题究竟是什么意思？

问卷是否遗漏了什么重要的问题？人口统计学信息的填写是否完整？

被试是否拒绝回答问卷中的某些问题？是否有人质疑问卷的某些内容？

问卷的外观是否整洁？问卷排版是否带来了不必要的麻烦？

重点问题出现的位置是否合理？是否引人注目？

问卷施测过程中，还发现哪些意外问题？

问卷的信度、效度如何？调查是否能达到预期的目的？

三、编题的原则与要求

决定使用问卷法进行调查时，首先应做好问卷题目的设计工作。这是关系到调查结果质量的关键所在，研究者应予以足够的重视。下面罗列一些常用的编题原则和要求以及容易出现的问题。

（1）语义要清楚明确，不能有歧义。例如，"父母吵架令你担心吗？"到底是担心父母会发生吵架的事情，还是父母吵架会让你感到害怕，这道题的意义不够明确。

（2）表述准确但要言简意赅。例如，这样一道开放式问题"假如你考不上研究生，你是复习一年再考呢，还是先就业，边工作边复习备考？或者采取其他做法。请你谈谈你的看法是什么"。这样的问题表述太口语化，又很啰唆，被试很难抓住语义重点，还不如简单地问"若考研失败，你将如何打算？"

（3）每一题只表述一个意思，或只问一个问题，避免有多重含义。例如，"你喜欢心理学和教心理学的老师吗？"答案又限定为"喜欢"和"不喜欢"两个选项，这种情况下，被试就无法回答。假定喜欢心理学，但不喜欢老师，该选哪个答案呢？

（4）尽量少用双重否定，或者语义关系复杂的句子。例如，"你（大学生）是否反对在非学习日，包括周末与假日，不实行按时熄灯的规定？"还不如直接问："周六周日是否应按时熄灯呢？"

（5）要保持价值中立，不要问诱导性的问题。例如，"遵守交通规则是每个人的义务，你最近一周是否闯过红灯？"似乎研究者成心不希望被试如实回答。

（6）题目与答案要避免"社会认可效应"。例如，问题"你看到一个孩子跌倒了怎么办？"选项包括"扶起他；安慰他；送他回家；认为事不关己，故当作没看见；心想：活该，谁叫你不当心"，最后两种做法显然为社会道德所不齿，大多数人不会选它们。

（7）敏感问题，最好改自评为他评。例如，"上次期末考试，你作弊了吗？"这么问，估计没有人做肯定回答。如果问"上次期末考试，你们班有人作弊吗？"估计更可能得到肯定的答案。

（8）使敏感问题只涉及"一般人"而非被试本人。例如，可以问"有时候，孩子会和父母产生不同意见，从而发生争执。如果这种情况发生，父母应该怎么办？"而不是问"你应该怎么办"。即便不得不涉及被试本人，也可以在题目中阐明很多人承认该问题存在，故看起来并不是难以启齿的事情。例如，"很多家长说，他们发现与自己的孩子很难交流感情和思想，或保持密切关系。你认为这种情况是否真的存在？"这时家长更乐意回答。或者采用这种表述："有人认为……还有人认为……你认为如何？"

（9）不要提被试不了解的内容或问题。例如，"你对'腐女'现象怎么看？"结果被试是一个很不新潮的人，对"腐女"这类网络新词和新现象根本就闻所未闻，何谈看法呢！这时可能要先提一个"过滤性问题"，如"你知道'腐女'这个词吗？"再询问被试的看法。

（10）不能问有虚假前提的问题。例如，"你喜欢每天跑步的原因是什么？"前提是被试确实每天跑步，才可以这么问，否则也要先通过问题确认前提条件存在。

（11）选项应周延，包含所有可能的情形。例如，要让被试选择自己的文化程度，选项只包括"小学及以下；初中；高中或中专；大专"，有研究生学历的人可能就没法选，为此要修改选项，如"大专"改为"大专以上"。总之，要确保对于任何被试而言，问题的选项中总有一个是符合其情况的，都要有一个答案可选。

（12）选项要互斥，不能有交叉。例如，问被试喜欢某品牌手机的原因是什么，给出的选项包括"价格优惠；使用方便；功能齐全；能拍照片；机壳漂亮；外观精美"，很多选项含义交叉，被试无法选择。

（13）对评分量尺中数字含义的表述要妥当。以五点量尺为例，很多人喜欢给出其中每个数字（1~5）的语义含义，然而，有时很难找到五个程度差别或梯队合理的词汇，这时反倒不如只给出两端数字的语义表述，如 1 代表"完全不赞同"，5 代表"完全赞同"，2、3、4 代表其间的不同程度，这样被试更容易根据数字之间量的差异做反应，确保任何两个相邻选项之间的差距均等，使量尺更接近等距量尺。若画蛇添足地对这些数字解释半天，反而可能降低了数据的质量。

（14）考虑被试的理解能力，选择合适的评分量尺及其呈现方法。通常五至七点以下的评分量尺，被试大多能够区分不同选项或数字的含义，但是对年龄较小或理解能力有限的被试，区分五点或七点以上的量尺选项会很吃力。另外，若文字或数字表达的选项不好理解，可以改用脸谱量尺之类生动的形式表达（图 6-1）。

图 6-1　幼儿用脸谱量尺

第三节　测验的原理与设计

没学过心理学的人可能已听说过弗洛伊德，可能还知道智力测验和"IQ"（智商）。智力测验是心理测验的一种。如今，心理学研究以及很多实践领域,如人才选拔、心理咨询,都广泛使用测验法收集数据,进行心理的评估与诊断。本节阐述心理测验的原理和设计思路。

一、心理测验的含义与由来

心理测验是对心理与行为特征进行测量的方法。物理学家对长度、重量、时间、温度、速度等各种时间、空间、运动方面的物理特性已经可以做出越来越精确的测量,而心理学家也在尝试对人类的认知、能力、人格等方面的心理特性进行测量。测量就是用数量表示事物的特性。心理测量的方法有多种,如心理物理学试图测量物理刺激引起的心理感受,而心理测验也是一种常用的心理测量方法。"心理测验"一词除了用于指代心理测量的一种"方法",也可以指代用于心理测量的一种"工具",如"智力测验"就是测量智力的工具。

进行测验的实践有很漫长的历史。中国的科举考试就是曾一度领先世界的伟大测验实践,自从隋炀帝时期开始,科举制度在我国作为考试取仕的制度,存在了13个世纪之久。然而,心理测验的科学研究历史不过一个多世纪,高尔顿、卡特尔、比奈等学者是这一领域的开拓者(延伸阅读6-3),他们提出了测量简单能力与复杂智力的方法,也奠定了测验的理论和技术基础。

延伸阅读6-3 心理测验的开拓者

英国的高尔顿是心理测验的鼻祖。他的表兄达尔文一生都在研究物种之间的差异与关联,而高尔顿研究的是人类这个物种内部的个体差异。他1883年出版了《人类能力及其发展研究》一书,被认为是心理测验运动兴起的开端。1884年,在伦敦国际博览会上,他专门设立了"人类测量实验室",参观者付三个便士就可以接受测量,在此后的6年内,他使用物理的、行为的、心理的测量方法,收集了5~80岁的9000多人的资料,资料内容涵盖身高、体重、头围、臂长、握力、肺活量、视觉和听觉能力等。高尔顿设计了许多简单的测验,还率先使用了等级评定量表、自由联想法。

1917 年美国心理学会主席耶克斯（R. M. Yerkes，1876—1956）和戈达德（H. H. Goddard，1866—1957）、桑代克（E. Thorndike，1874—1949）及推孟等心理学家都到军中服务，他们编制了陆军 Alpha 测验和 Beta 测验，在第一次世界大战中曾施测近 200 万名美国新兵。用智力测验筛选士兵对战争的胜利起了很大作用，也推动心理测验走入大众生活。由此，在美国 20 世纪 20 年代成为测验的"黄金年代"。图为美国士兵在接受测验。

美国的卡特尔（J. M. Cattell，1860—1944）也是心理测验历史的重要推动者。他曾留学德国师从冯特，但没有进行纯粹的实验心理学研究，而是以关于反应时个体差异的研究获得了博士学位。1888 年，他在英国剑桥大学短期任教期间，与高尔顿过从甚密，深受其影响。回美国后在哥伦比亚大学工作，先后编制测验几十个，进行了广泛的测量。他 1890 年发表的《心理测验与测量》一文，首创了"心理测验"（mental test）这个术语。

法国人比奈虽然在儿童实验心理学等很多方面都有杰出的贡献，但他的名字更多是因为创造了智力测验而被记住的。高尔顿和卡特尔只是测量了感知觉方面的简单能力，而比奈提出了测量高级智力的方法。为完成法国教育部提出的筛选能力落后儿童的任务，他与西蒙（T. Simon，1873—1961）在 1905 年发表了一篇论文，题为《诊断异常儿童智力的新方法》，在这篇文章中介绍了世界上第一个智力测验——比奈—西蒙智力量表。该量表 1916 年被美国斯坦福大学的推孟修订后，在新大陆掀起了测验的潮流。

美国的心理学史专家波林指出："在测验领域中，19 世纪 80 年代是高尔顿的 10 年，90 年代是卡特尔的 10 年，20 世纪头 10 年则是比奈的 10 年。"正是这三位学者开创了心理测验的历史。此后，心理测验迅猛发展。20 世纪 20 年代掀起了测验狂潮，40 年代达到顶峰，50 年代后趋向稳步发展。

二、心理测验的种类

心理测验有很多种类型，理解这些类型的划分标准和角度，实际上就了解了这类测验的特点。这对于选用现有测验和编制新测验都是有指导意义的，因为我们必须清楚自己"需要什么样的测验"。

（1）按照测验内容，区分为能力测验、成就测验、人格测验。能力测验又分为测量实际能力与测量潜能的测验，一般能力测验与特殊能力测验。成就测验主要用于测量个人或团体经过某种教育或训练之后对知识和技能掌握的程度，即学业成就，也称为学绩测验。人格测验主要用于测量性格、气质、兴趣、态度、品德、动机、信念、价值观等方面的个性心理特征。顺便说一句，一些人格测验和能力测验也常称为"量表"。

（2）按照施测方式，区分为个别测验与团体测验。个别测验采用单独施测方式，通常由一位主试面对面地测试一位被试。这样施测的优点是主试对被试的行为反应有较多的观察与控制机会，尤其对某些文字能力较差的被试或者测试任务非常复杂而且需要特别控制、指导和记录的测验（如韦氏智力测验），只能采用面对面的个别施测。个别测验费时费力，而团体测验则避免

韦氏智力测验

了这一问题。团体测验指对一些人或很多人在同一时间内进行施测。这样测验的优点是可以在短时间内收集大量资料，但是对被试的个别行为缺乏观察，不易控制，容易增大测量误差。

（3）按照测验材料的性质，可以区分为纸笔测验与操作测验。纸笔测验所用的测验项目以文字或图片形式呈现，被试只要做书面回答即可。纸笔测验的成本低，实施方便，多用于团体测试。但是，文字材料易受被试文化程度的影响，而且难以展示被试的操作过程。操作测验的项目多采用卡片、实物、工具、模型等实物形式，被试通常对这些实物进行辨认和操作，而无须使用书面文字作答。所以它不容易受文化因素的限制，但缺点是通常不宜团体施测，而要用个别测试方式，耗时较多，且记分方式较为复杂。

（4）按照测验的学术目的，可以区分为描述性测验、诊断性测验、预测

性测验。描述性测验用于对个人或团体的心理特点进行描述，以确定其现状，如确定个体绝对的能力水平或在团体中的相对位置。诊断性测验用于诊断可能存在的心理与行为问题，如鉴别个体是否存在某种人格障碍或认知加工过程缺陷。预测性测验的目的在于通过测验分数预测一个人将来的表现和所可能达到的水平。

（5）按照测验的应用领域，可以区分为教育测验、职业测验、临床测验等。教育测验用在学校、考试等教育部门或教育活动中，许多能力和人格测验都可在学校中应用，但使用最多的是成就测验或学绩测验。职业测验主要用于人员选拔、职业指导、绩效评估等方面，如企业人力资源部门经常使用的职业能力与倾向测验。临床测验主要用于医院、诊所、咨询中心等部门，以检测、筛查、诊断心理行为问题为主要目的，以服务于临床治疗。

（6）按照测验的要求，可以区分为最佳表现测验与典型表现测验。最佳表现测验试图在某个或某些从低到高的尺度上，确定被试的最高水平，为此要求被试尽可能做出最好的回答，表现出最佳水平，能力测验、成就测验均如此要求。典型表现测验试图确定被试通常的行为模式和心理特点，为此只要求被试按通常习惯的方式作答，对测验项目的反应没有正误之分，人格测验一般这样要求。

（7）按照结构化程度，可以将人格测验区分为自陈测验与投射测验。在人格测验中，由被试根据自己的实际情况与项目表述的吻合程度来自行判断并选择答案，这称为自陈测验，大部分标准化的人格测验都属于自陈测验，这种测验中所呈现的刺激和被试的作答方式都是明确的，"所见即所得"。投射测验所提供刺激的意义是模糊的，对被试的

投射测验之罗夏墨迹测验。你看看这个墨水印像什么？

作答方式限制较少，被试很难知道测验的目的和意图，研究者根据被试的回答或行为反应（如自由联想、编制故事）确定其背后隐藏的无意识层面的人格、需要和动机等，这种测验材料的解释通常不是结构化的。

（8）按照测验结果的解释方式，可以区分为常模参照测验与标准参照测验。常模参照测验将一个人的测验得分与其他人比较，考察其在常模群体中

所处的相对位置。常模群体是所测量的具有某种特征的群体的代表性样本，根据该样本的分数分布，可解释该群体中个体得分的含义。在标准参照测验中，根据与某种绝对标准的比较来解释被试分数的含义。这种绝对标准在能力测验和成就测验中体现为应该掌握的知识或能力，或者期望达成的效果或外部标准。例如，驾驶员考试对每项道路驾驶技能都有明确的标准。

三、心理测验的编制

对于上述不同类型的测验，编制过程的具体细节可能有所差异，但基本原理和程序大体相同。这里介绍测验编制的一般程序。为了便于理解，以国内学者胡卫平(2003)编制青少年科学创造力测验的过程为例加以说明。

第一，确定测验目的。确定测验目的时要回答三个问题。

(1)测量对象是谁？要明确定义测验的实际对象或可能的适用人群，明确该群体的基本特征，如年龄范围、文化水平以及其他可能影响测验的关键特征，只有做到心中有数，编制测验时才能有的放矢。例如，假定要研究青少年群体，其年龄范围为13～19岁，大致相当于初中生和高中生，为此所选定的测验题目和呈现方式应该是这些青少年能够理解的。

(2)测量什么内容？要明确陈述测量的具体内容，提取出其中的理论概念，并加以操作化。例如，将研究内容确定为科学创造力，即在科学活动中展示出的创造力。根据吉尔福特的观点，创造性思维可以用思维的流畅性、灵活性和独创性三个指标加以操作化。目前，很多测验，如托兰斯(E. P. Torrance，1915—2003)创造性思维测验，都采用了这一观点作为理论基础。因此，可以借鉴这三个指标来定义科学创造力。

(3)测验的用途是什么？测验通常可以用于描述、诊断、选拔、预测，编制测验之前需要明确测验的用途。例如，胡卫平试图用测验来描述中国和英国青少年的科学创造力水平，以便进行跨国比较。

第二，拟订编制计划。编制计划是对测验的总体设计，包括测验的内容、结构、项目形式等。例如，成就测验的编制计划通常采用"双向细目表"的形式，该表格包括两个维度：一个维度是内容，如某学科教材中的知识点；另一个维度是在教学中要达到的学习目标，如知识记忆、理解、应用、分析、综合、评价等。这样就可以围绕这些知识点和要达到的行为目标，构造测验结构，编制相应的题目。为编制科学创造力测验，基于文献分析将科学活动或任务加以分解，初步确定为问题提出、问题解决、科学实验、科学想象、产品设计、产品改进、物体应用等任务领域，然后分别在这些领域编制项目，项目均采用认知作业任务的形式，每个领域最终要有 1 道可用的题目。

第三，设计测验项目。项目的编制，当然可以直接根据测验内容来制定，但通常有必要借鉴现有的类似测验中的题目，或者到实践中通过开放的访谈或调查搜集题目或类似表述。若编制学绩测验，可以到教材或者教学辅助材料中搜集题目，或者向一线教师寻求帮助；编制人格测验，现有的人格理论、量表、案例中可能提供了可用的题目或相关陈述；编制能力测验，可以到现有的智力测验中寻求启发。搜罗了大量的备用题目后，还要考虑测验和项目的具体呈现形式，如采用纸笔测验还是操作测验，使用开放式问题还是封闭式问题，等等。

搜集来的项目在内容、形式上未必直接可用，因此，要进行改造和加工，编写出自己测验要用的项目。编制项目时，要精心表述，反复推敲，确保意义明确，内容准确；此外，还要考虑如下问题：项目的内容范围要与测验目的、测验计划相一致；项目的数量通常要比最后所需的数目多一倍至几倍，以备将来筛选和编制复本；项目的难度必须符合测验目的和实际需要；项目或测验的指导语必须清楚。编好项目后，将所用的项目按照适合的顺序和结构组织起来，补充测验指导语、被试人口学特征调查表等内容，就形成了初步的测验。这时，还要为测验制定评分标准和计分方法以及使用要求等。

再回到我们的例子，由于对科学创造力的界定参照了吉尔福特的理论，该理论以及基于该理论的托兰斯创造性思维测验都是题目的可能来源；此外，还要参照中学生科学课的教材，这些教材一方面可以提供备选题目，另一方面也帮助研究者确定所测验题目的难易程度是否适当。这是最终编制的题目的一些样例。如：（1）请尽可能多地写出一块玻璃在科学中的应用；（2）现在假如允许你乘宇宙飞船去太空旅游，接近一个星球，也可以绕这个星球转动，你准备研究哪些与这个星球有关的科学问题？（3）用尽可能多的方法将一个正方形分成具有相同形状的四等份。这些题目均为开放式问题，测验采用纸笔测验形式，可以团体施测，也可以个别施测。此外，还制定了计分方法，将流畅性、灵活性和独创性三个指标的得分之和作为创造力的整体指标。其中流畅性得分为给问题提供的答案的个数；灵活性得分为答案的类别及解题方法的个数；独创性得分由选择该答案的人数占总人数的百分比来决定（即想法或观点的罕见程度）：若比例小于 5％得 2 分，若比例在 5％～10％得 1 分，若比例大于 10％得 0 分。

第四，测验的试测和分析。所制定的测验的初始版本，虽然经过了反复推敲，但是要保证其科学性，还必须进行实际测试，在测验、项目、施测过程等层面或环节上检验其质量，分析问题与不足，以便改进和完善。

通常，试测或预试的对象应取自将来正式测验准备应用的群体，试测的样本不必过大，几十人到一两百人均可以。试测的实施过程与具体要求（如时间、场景）等应该与将来正式测试时的情况大致相同，在试测过程中，主试要注意观察和记录测试过程中出现的情况，如被试是否有不明白的地方，是否反映题目太多或太少，是否愿意配合，时间安排是否合理等。总之，试测过程中要发现一些意想不到的情况，为修订测验做好准备。在试测之后，要建立数据库，分析测验的信度、效度，还要分析项目的难度、区分度等，根据统计结果，进一步明确需要修订的地方。测验修订一次后，若质量仍然达不到测量学要求，则要再次试测并修订，直至其完善。

例如，在科学创造力测验的试测过程中就发现，有的题目难度过大，超出了被试的知识范围，需要删减这些题目；题目的作答要求过于笼统，被试不知道如何回答，因此需要提供更明确的指导语，并增加答题示范。为此，对测验进行了修订。

第五，正式测验的确定。在反复的试测、修订后，若确定测验已经没有较大问题的情况下，要正式施测测验的最终版本，确定测验的信效度指标、常模等，制定测验指导手册，以确定正式测验，供今后研究使用。

为使测验今后能够合理应用，在正式测验定稿后，需要编写测验使用指导手册，该手册要详尽而明确地说明：该测验的基本信息，如名称、作者、编制时间等；测验的目的和用途；测验的理论基础及设计依据；测验的结构、维度、项目隶属；测验的信度、效度资料；测验的施测方法、时限及注意事项；测验的标准答案和计分方法；常模或其他有助于分数转化与解释的资料等。

对科学创造力测验，研究者（胡卫平，2003）考察了测验的内部一致性信度、评分者信度、重测信度、结构效度、表面效度等信效度指标，以证明测验的可靠性和有效性。还以中国和英国各千余名被试为样本建立了常模。最后，制定了完善的测验使用指导手册。

创造力研究的发展非常依赖测验工具的进步，这一测验的编制同样为今后的研究提供了有效的工具。然而，我们也要正确看待测验方法的特点和局限，认识到它只适用于回答特定的问题，对于创造力的测验也不例外（延伸阅读6-4）。

延伸阅读6-4 "创造力"这种力存在吗?

对创造力的测量学研究,虽然在人才测评与选拔等很多方面都可以发挥巨大的实际作用,但是,传统的创造力测量研究容易陷入一种"套套逻辑"(tautology):产品有创造性,人就有创造力或创造特质;反之亦然。实际上,不管研究内容是什么,测量学研究总是容易存在这种问题。对创造性的测量,只是对认知活动结果的描述,告诉我们那样做是有创造性的,有些人是高创造力的,然而,这类测量范式的研究通常难以产生或检验解释性理论——为什么是创造性的?创造力是从哪里来的?与此相关的一个方法论问题是:结果具有创造性,就能推定有一种思维是"创造性思维",有一种"力"叫"创造力"吗?获得这种创造性结果是否使用了特殊的思维过程?这种创造力是否是已知的各种认知过程和能力之外的东西?

一个创造性作品或产品的问世,是其作者的人格特征和认知过程等主体因素与环境条件综合作用的结果,我们可以,也应该探明是哪些因素导致了创造性结果。但如果假定产生创造性结果,就是因为个体具有创造性人格或创造性思维,而又不能说清楚它们是什么,有什么特别之处以及如何获得的,那么研究远没有完成。因此,我们宁可把"创造力"或"创造性",作为结果,而且只作为结果,然后去寻求产生结果的原因和机制,却并不假定一种神秘的、说不清的"创造力"或"创造特质"。有学者(Amabile, 1983)的界定似乎是合理的,她指出:"创造力最好不是定义为一个人格特征或者一种一般能力,而应定义为一种由人格特征、认知能力和社会环境有机结合而导致的一种行为(转引自胡卫平, 2003, p.4)。"这样一种观点似乎更符合科学家实际的创造经历和认知心理学的看法。

认知心理学家西蒙(Simon, 2001)明确指出,我们根本不需要一个专门的创造性理论;至多,我们需要一个理论说明在什么条件下,通常的人类思维过程可能产生新颖的、有价值的或者有趣的东西。我们目前知道,一个条件是需要获得大量的有正确索引的知识体系(来自前人的创造);另一个条件是获得在某个专长领域进行有选择的、启发式搜索的能力,并且仔细检查通过这种搜索揭示的新现象。当然,专长或专门知识的获得需要长时间的专业学习和实践作为基础。总之,通俗地讲,创造活动的这两个条件就是:知识基础与深入思考。我们可以这么说:"创造性的条件是,站在巨人肩膀上用自己的头脑思考(辛自强, 2006, p.29)。"

总结一下，或许可以说，有的人或有的行为（或工作、产品）是有创造性的，这是创造力测量的基础，而且测量非常必要，对于评价产品及其作者的水平都非常有用。但测量到创造性表现，只是研究的开始，而非终点。测量研究本身难以提供关于创造力本质和来源的理论解释。我们不能根据结果的创造性就简单推定"创造"本身是一个如此不同或独特的以至于需要专门定义的心理过程或能力特质。进一步讲，在教育，特别是基础教育中，我们应该踏踏实实地教授学生基本知识，促进他们对知识的理解和应用，启发他们学会思考，这是创造性活动的基本条件，而不是径直去搞创造力教育。或许，"创造力"根本不存在。总之，我们应该以合理的方式看待创造力，看待心理测验的价值。心理测验只是一种方法，任何方法都有其优点和局限，只适用于特定问题的解决。

四、心理测验的评价

一份测验编好后，需要对其测量的可靠性和有效性加以评估，为此就要进行测量学方面的分析，搜集信度和效度资料；除了评价测验的信度和效度之外，还要做项目质量的分析。

（一）信度

信度指测量结果的可靠性、稳定性和一致性。举个通俗的例子，我们用钢卷尺去量一个人的身高，所得的结果大致是可靠的，因为无论是由一个人量数次还是分别由几个人去量，所得的结果都较为一致。然而，如果我们改用橡皮筋做的软尺去测量身高，因为拉力的大小不同，多次或多人测量所得到的结果就难以取得一致。因此，用橡皮筋做的软尺测量长度或高度是不可靠的，也就是说，这样的测量工具是缺乏信度的，而钢卷尺的信度相对较高。与此类似，心理测验的信度也有高低之分。

一个测验分数的变异由真分数和随机误差两部分的变异组成。真分数，可以理解为一个被试无数次反复测量的平均结果。根据大数原理，虽然每次测量都受随机误差影响，但是当测验次数足够多时，随机误差的影响相互抵消，平均误差值为0，这时测量的平均结果就代表了所测量事物特性的真实情况。然而，真分数的变异无法直接计算（因为实际上不能反复测量很多次），我们可以计算出随机误差的方差和测量结果总的方差，再计算出二者的比值，用1减这个比值，即为信度。换言之，信度代表了总方差中非随机误差的方差所占的比例。计算信度的具体方法有多种，通常要考察如下三种信度指标。

(1)重测信度。它又称稳定性系数，通过重测法获得，即采用同一测验，相隔一定时间(几周或几个月)两次测量同一群体，前后两次测量分数的相关系数(通常用积差相关系数)，就代表了测验的稳定程度，或跨时间的一致性。

(2)内部一致性信度。它代表了测验项目之间测量到同一内容或特质的一致程度。将一个测验中的所有项目分成等值的两半，计算两组项目得分的相关系数，称为分半信度，可以反映项目的内部一致性。当一个测验所有项目之间的相关都很高时，表明测验项目可能测量了单一的特质，这种相关代表了测验的同质信度。分半信度和同质信度，都反映了测验跨项目的一致性。

(3)评分者信度。一些测验分数的获得依赖评分者的打分，如两名教师对同一篇作文进行打分，多名研究者对一件作品的创造性予以评分。这时的两名或多名评分者之间所给分数的一致程度，就称为评分者信度。如果是两人评分，则计算两列分数的积差相关(用于等距数据)或斯皮尔曼等级相关(用于等级评定结果)；如果是三人或更多人做等级评定，则计算不同人评分结果之间的肯德尔和谐系数。

通常，信度系数越接近1越好。对于内部一致性信度，如果能在0.70以上，表明该测验可以用于团体层面的描述和比较，如果能在0.85以上可以用在个体的诊断和鉴别中；评分者信度最好能在0.90以上；而重测信度往往要低一些，它受到测验内容、性质和间隔时间的很大影响。不过这些标准都是习惯标准，只可大致参考，具体如何判定一个测验的信度高低还要考虑其他复杂的因素。例如，对于儿童发展研究，可能就难以如通常那样考察重测信度，因为他们的心理变化很快，两次测验的结果不一致是很正常的。

(二)效度

效度指的是测量的有效性或正确性，这是对测量工具的根本要求。衡量一个测量工具是否有效，就是看它所测量的是不是它所要测的东西。例如，钢卷尺测量身高是有效的，但不能用它量体重，不管它每次测量结果之间是否一致，都是无效的，因此，对量体重来说，钢卷尺是个无效或效度很低的工具。优秀的心理测验不仅应该是可靠的，还应该是有效的，即不仅要有信度，更要有效度。

信度是用真分数方差和测量结果的总方差之比来定义的。在真分数的变异中，除了所要测量的心理特质的真实变异，还可能包括了某种系统误差导致的变异，当然仍会有随机误差的影响。例如，一个钢卷尺开头的一厘米被折断丢掉了，若每次都从原来的一厘米处开始计量，仍然能得到稳定的、一致的测量结果（即有信度），但是，我们知道这些结果总是存在系统性的误差，其测量的有效性（效度）就降低了。所以，在排除掉系统误差和随机误差后，测验所测量的心理特征的真实变异占整个测量分数变异的比值，就代表了测验效度。

显然，测验的效度是比信度更严格的指标，二者的关系是：一个测验有较高的信度，但可能未必一定有较高的效度；反过来说，有较高的效度，一定会有较高的信度。提高信度的方法是控制随机误差；而要提高效度，须同时控制随机误差和系统误差；若两种误差都控制了，可以让一个测验既有信度又有效度。

要评估所编制测验的效度，具体有多种方法。

（1）内容效度。如果测验项目"恰当地"代表了测验所规定范围的内容，则它具有内容效度。例如，假定我们认为，应该从思维的流畅性、灵活性和独创性三个角度来衡量创造性，然而，若所用的题目中根本没有考虑到思维的独创性问题，则这个测验的题目设置缺乏内容效度。不过，实际上如何评价这种"恰当性"是很复杂的问题，通常请专家根据自己的经验来判定，若专家的认可度很高则表示有内容效度。内容效度最适用于学业成就测验、职业成就测验。

（2）效标关联效度。效标指的是某种外部标准（如实际工作表现、学业成就、临床诊断结果），如果测验的结果与效标有很高的相关系数，就表明它有较好的效标关联效度。若效标选用被试未来的某种实际表现作为标准，一项测验的结果若能预测被试的未来表现，这就表明测验有预测效度。例如，高考成绩若能预测大学时期学生的表现，则说明高考试卷有预测效度。如果测验结果和效标资料同时收集，二者的相关系数体现了同时效度。例如，学习能力测验应该和通常的考试成绩有较高相关，这种相关代表了学习能力测验的同时效度。无论预测效度还是同时效度，都属于效标关联效度。若一种测验的效标关联效度较高，我们就有了使用这种测验预测，甚至代替效标测量的可能。例如，临床上诊断一个人是否有网瘾，是很费时费力的事情，若某个网络成瘾量表能预测临床诊断结果，以后只要选用该量表来诊断就行了，而免去了临床诊断的麻烦。能力测验和人格测验都适宜考察其效标关联效度。

（3）构想效度。它也称为结构效度，指一项测验测量到理论所构想的特质的程度。考察构想效度最常用的方法之一，是因素分析，特别是验证性因素分析。如果根据理论构想的模型，能较好地拟合实际测量数据（要根据各种绝对的和相对的拟合指标来判断，可以参考相关的高级统计教材），则说明测验测到了理论构想关注的内容，或者说理论构想是正确的。能力测验和人格测验的编制通常建立在某种理论构想的基础上，因此需要考察其构想效度。

(三)项目分析

除了对测验整体的有效性和可靠性进行评价，还要分析测验中每个项目的质量。这种分析可以是定性的，也可以是定量的。定性分析主要是分析项目的内容效度、项目表述的恰当性等；定量分析主要是分析项目的难度和鉴别度。项目的难度可以用在该项目上的通过率来表示，即通过的人数在所有作答人数中的百分比。通过率越高，项目难度越小。项目的鉴别度，是项目对心理特性的区分程度。在某个效标上的高分组和低分组在一个项目上的通过率的差值，就可以表示项目的鉴别度。计算项目得分和测验总分的相关系数也是表示项目效度的一种方法。

五、心理测验的标准化

问卷和心理测验有很大的共性，如都是提供一些项目，要求被试作答，都可以采用纸笔形式施测，以此进行实际情况调查和心理测量，二者都可归入调查法的范畴。然而，问卷和心理测验的根本不同是，后者往往是"标准化的"，而前者的标准化程度相对较低一些。

测验标准化指测验的编制、实施、计分以及测验分数解释程序等方面的一致性和统一性。这种标准化有助于减少误差，控制无关因素对测验结果的干扰，确保心理测量的准确性和有效性。

第一，测验的内容标准化。标准化首先指测验内容的标准化，即给所有被试施测相同的一组测验项目，也就是确保所有被试接受相同内容的刺激，这样测试结果才有可比性。测验的制作还要保证物理特性上的一致。例如，纸质测验的印制、操作测验中的实物等要确保对于所有被试而言是一致的。

第二，测验的实施标准化。除了对所有被试施测相同的测验题目，还要保证在相同的条件下进行测验。实施的标准化包括：(1)统一的指导语。指导语有两个方面，一是对被试的，二是对主试的。这两个方面的指导语都要明确无误，以控制可能来自这两个方面的误差。(2)统一的施测程序和要求。施测程序，包括测验的发放与回收、测验的顺序和时间安排、测验的场景与材料、主试的行为规范等，都要做到统一。

第三，测验的计分标准化。这方面的标准化既包括计分与分数合成方法的标准化，也包括这种方法的使用要做到标准化。对于完全使用客观题目的测验，只要按照统一的计分方法，测验分数的整理与合成比较容易保证一致性。然而，对于主观题目（如创造力测验中的认知作业、投射测验等），评分、计分方法相对复杂，而且对于评分者的要求很高，为此要严格训练评分者，确保最后测验分数的可比性。一般认为，两个评分者之间所给分数的平均一致性应该达到 90% 以上，才可认为计分是可靠的、客观的。

第四，测验分数的解释标准化。一个标准化测验，不但其编制、施测和评分要标准化，对分数的解释也要标准化。假如同一个分数可做出不同的推论和解释，测量便失去了客观性。测验分数必须与某种参照系相比较，才能显出其意义。例如，单单知道自己家孩子语文考试 85 分，家长无法判定其含义，但如果知道了全班的平均分、全距等，就可以判定这个分数的含义，并决定如何奖惩。在测验中，用作分数解释参照系的是"常模"，它是根据测验对象总体的代表性样本测得的分数分布。根据该分布的主要描述统计指标，如平均数、标准差、全距等，就可以有效解释某个被试得分的含义。作为心理测验，通常要建立常模，而问卷却一般不要求有常模。除了根据常模作为参照来解释分数含义外，还可以使用某种绝对标准作为参照。例如，体能达标测验、驾驶执照考试等都规定了绝对的标准。

思考题

1. 简述调查法的含义及优缺点。
2. 调查研究有哪些基本类型？
3. 简述调查研究的主要形式及各自特点。
4. 实施调查的各种方法分别有什么特点？
5. 简述问卷的结构和基本设计要求。
6. 问卷设计包括哪些步骤？
7. 列举问卷设计中题目编制的原则和常见问题。
8. 对各种类型的测验举例加以说明。
9. 简述测验编制的程序。
10. 如何评价某一心理测验？
11. 何谓测验的标准化？

练习题

1. 自选主题，编制一份简短的问卷。
2. 阅读一篇心理测验编制方面的研究报告并加以评析。
3. 开展一次小型调查活动。

综合实践

针对选定的题目或其中部分变量，拟订调查工具与调查方案。

第七章

观察法

第一节　观察法概述
第二节　主要观察策略
第三节　观察的记录与分析

　　有这样一道选择题：心理科学研究最基本的方法是什么？答案包括实验法、观察法、访谈法、测验法四个选项。如果问心理学专业本科生（三年级），估计至少 60％的人会选择实验法，理由是心理学是实验科学；可能有 20％的人会选择观察法，其理由说不太清楚，反正心理学离不开观察；其他同学会选择访谈法或测验法。这个问题我几乎会问每一届学习这门课的学生，答案模式大致如此。

　　确实可以笼统地讲"心理学是实验科学"，但实验法也只是一种在实验条件下的观察，心理学研究乃至一切科学研究（如天文学、生态学、人类学、社会学），都要依赖观察获取直接经验。因此，我们应该认为观察法才是心理科学研究最基本的方法。

第一节　观察法概述

观察法在心理学中的使用由来已久，它有鲜明的特点和较为广泛的适用范围。在设计观察研究时，要根据研究目的灵活确定观察类型，明确观察内容，科学实施，以收集高质量的研究资料。

一、观察法的含义、特点与来源

观察法是科学研究最基本的方法。观察法是研究者通过感官或一定仪器设备，在自然条件下有目的、有计划地观察心理和行为表现以收集研究资料的方法。

科学研究中的观察，具有如下特点。

(1)科学观察是有目的、有计划的感知活动，这有别于日常生活中自发的观察。科学观察的目的性，表现在对观察所要解决的问题、所要获取的资料，有预先明确的规定与界定。科学观察的计划性，表现在对观察活动的时间、顺序、过程、对象、仪器、记录方法与手段等都有预先的安排和准备并照此进行。

(2)科学观察通常是在"自然发生"的条件下进行。也就是说，研究者对所观察现象发生的情景不加控制，不加干扰，以确保观察对象的"自然性""真实性"。

(3)观察总是要借助一定的"工具"。观察的工具可以是研究者的感觉器官，如眼、耳、鼻、舌、身；研究者还经常要运用各种仪器设备延伸自己的感官功能或克服感官的局限，这些仪器设备如显微镜、望远镜、探测器、各种录音录像设备等。

(4)科学观察不仅是感官活动，还包括理性思考。如同贝弗里奇(1979，p.105)所讲的，"所谓观察不仅止于看见事物，还包括思维过程在内"。观察总是受到理论的影响，也应该基于理论的指导，通过理性思考把握感官经验。

观察法是心理研究中使用最早的一种科学方法。对于这种方法的确立，儿童心理学家做了重要贡献(这方面的内容可以参考朱智贤、林崇德所著《儿童心理学史》，2002)。早在1787年，德国马尔堡大学的一位希腊语和哲学教授提德曼（D. Tiedemann，1748—1803)就出版了《对儿童心理能力发展的观察》一书，该书是对自己孩子成长的详细观察记录。此后的一百多年里，很多人(包括达尔文)都将观察法用于科学研究。然而，真正确立观察法在心理科学中的地位及其使用原则的人是"儿童心理学之父"德国人普莱尔。在普莱尔1882年出版的《儿童心理》一书中，他介绍了自己为观察法所设定的基本原则，并声称自己"毫无例外地严格坚持"以下原则。

（1）只有直接观察才能被调查者引用，并且为了精确起见，这些直接观察还要和其他研究者的观察进行比较。

（2）要立刻把所有的观察详细记录下来，而不管它们是否乏味或只是"无意义的发音"。

能坚持按照严格的程序观察，哪怕是观察自己的孩子，也非易事。普莱尔等很多儿童心理学家都这么做。

（3）观察中要尽可能保持平静自然，尽可能避免"人为造成儿童紧张"。

（4）观察中如有任何长于一天的中断都要找另一个观察者来代替原来的观察者，当原来的观察者重新工作后，他需要核对他观察的中断期间另一位观察者观察到和记录下了什么。

（5）同一个孩子每天至少要被观察三次，并且所有偶然观察到的现象都要被记录下来。

普莱尔设计的这些原则已经涵盖了观察的可靠性和观察者一致性等问题。"即使按照今天的标准，普莱尔为自己设置的方法学标准也是极好的"（Cairns & Cairns，2006，p. 97）。

二、观察法的适用范围

观察法之所以最早在儿童心理研究领域得到广泛而系统的使用，这实际上与观察法的特点和适用性有关。

第一，观察法因为"要求条件低"，所以适用于广泛的研究问题和研究对象。以对儿童研究为例，若对其做访谈或纸笔测验，可能受其口头和书面语言能力所限而无法实施；若对儿童做实验，虽然可能实施，但实验条件的准

备和控制实为不易，也大大增加了实验结果的人为性。相比而言，观察法对研究对象的要求，对观察场所条件的要求都很低，容易实施。

第二，在实验控制难以进行的情况下，观察法却能大显身手。虽然科学实验通过操控实验条件，有助于得到明确的因果规律，但是有大量研究对象或现象是无法操控的。在天文学中研究者基本不能操纵天体运行，古生物学家也不能在实验室里重现生物进化过程，因此只好借助观察法进行研究。心理学中也有大量心理现象是不能或不适宜进行实验操控的。例如，对于个体心理发展过程，因为无法操控，而只能做观察研究。

第三，为了追求研究的真实性和生态性，很多情况下应该使用观察法。观察法强调在研究对象的自然状态下收集资料，有助于获得真实信息，保证研究的生态效度。很多情况下，我们不能依赖研究对象的"自陈式"报告，因为被试可能产生"主动反应"的偏差。例如，若让被试报告自己的道德品质，被试很可能表现出"社会赞许"的行为和倾向，由此得到的研究结果是不真实的，这时还不如直接观察被试是否有某种道德行为。此外，实验室实验的生态效度也常被质疑，相比之下，自然观察法则容易保证研究的生态性。

第四，适于立体地、直观地了解观察对象。当把被试放在其生态背景下进行观察时，观察者可以多角度地了解被试，察看其行为与背景的关系，获得对被试直观的、全面的了解；还可对观察对象做较长时间的追踪研究，获取行为变化趋势的资料。相比于问卷法、实验法等，观察研究是一种生动、具体、直观的研究，通过观察可以了解一个"活生生"的人，而不是把复杂的心理现象简单表示为某些变量，然后收集一堆生硬的数据。观察获得的第一手资料有助于研究者直观地理解问题本质，也有助于发现新的问题。

观察法有上述优点，也存在相应的局限性。

第一，观察法只能用于直接观察那些可观察的内容。在心理学中，心理本身无法观察，只能观察行为以及行为的背景。如果我们想了解被试的主观感受、思考过程等内在心理活动，就难以直接观察。

第二，观察研究的可重复性可能会较差。由于在自然状态下进行观察，不允许改变观察对象的各种条件，对影响因素难以控制，难以完全重复观察过程，难以检测观察结果。

第三，观察资料的量化较为困难。虽然可以对观察资料进行编码，然后进行量化处理，但观察资料本身通常是以文本、图像、声音等形式记录的，其量化工作复杂而困难。

第四，难以明确变量关系及其性质。由于一次观察可能涉及众多变量，而每个变量的界定与观测未必能从背景中准确分离，这不利于确定变量关系；再加上对变量缺乏操控，变量的顺序逻辑可能不明确，从而难以确定变量之间是否存在因果关系。

第五，观察研究容易受到研究者因素的影响。观察研究对研究对象和场所条件的要求很低，但对研究者的要求非常高。研究者的主观性、观察的技巧性等可能影响观察的效度。观察过程中研究者有意识的或无意识的选择性，可能让其对很多本该记录的资料视而不见。若观察者缺乏经验和理论指导，往往只能得到表面的、感性的资料，难以深入事物的本质。

三、观察法的类型

按照不同的标准，观察法可以划分为不同类型，了解各自的特点，有助于正确选用观察法。

(一)直接观察与间接观察

以是否借助中介，可以区分出直接观察和间接观察。前者指通过感官在研究现场直接观察研究对象的行为或活动；后者指通过某些仪器设备来观察研究对象的行为活动。例如，要研究师生课堂互动模式，研究者可以在课堂里直接做"望、闻、问、切"式的观察研究；也可以借助录像设备对教学过程进行录像，通过分析录像做间接的观察研究。

那么眼镜也是科学观察的工具吗？

此外，还有一种"更为间接的"观察研究，研究者没有观察正在进行中的行为，而只是观察了行为的产物或后果，通过观察"事发后"留下的痕迹（如行动轨迹）或分析某种作品间接了解研究对象。这种间接观察可以进一步区分成磨损情况观察、累积物观察和作品观察等（延伸阅读 7-1）。

延伸阅读 7-1　间接观察的一些特殊形式

间接观察包括磨损情况观察、累积物观察和作品观察等一些特殊的形式。

(1)磨损情况观察。人们在使用某些物品时往往具有选择性，这种选择可以反映人们的心理倾向和想法，因此，通过观测物品的磨损程度可以了解人们的心理行为特点。例如，图书的磨损程度可以反映阅读爱好，大学图书馆开架书库里的书可能有两类最破烂：小说，特别是武侠小说，英语读物和模拟题；而专业书都相对较完好。这就可以折射一种不良的学习倾向——大学生阅读多是为了"应付考试"和"享受"，而相对忽视专业。又如，刑警队的车辆的磨损程度可以反映这个区域的社会治安情况。

（2）累积物观察。考古学家或者古生物学家可以根据对历史沉积或地层沉积的观察，确定文物或化石的特点，恢复过去的面貌。而在社会生活中，同样有很多"沉积物"，提供了以往人们行为的信息和线索。例如，书架上的灰尘可以反映阅读的频率，教室里课桌上留下了一代代学子"刻苦"（苦刻）的痕迹，通过上面的文字和符号可以折射出某种心理特点。美国性学专家金赛（A. C. Kinsey，1894—1956）观察分析公厕墙壁上的"文化遗存"了解人们的性心理。

（3）作品观察。人的作品往往会流露出作者的很多无意识的特点，可以反映出人们的心理。例如，人的笔迹中的笔触、笔压、速度、线条特点往往是无意识的、不可有意控制的，因此笔迹学据此研究人们的"笔迹与心迹"的关系，是所谓"字如其人"。当然，作品多种多样，如从书桌上物品的摆放特点，可以看出主人的秩序性、爱好；削苹果的特点，也可以反映出气质类型。

（二）自然观察与实验观察

根据研究对象是否受到控制，可以区分出自然观察与实验观察。当研究对象不被控制，而是在其本来存在的"自然"环境或背景下行动时，这时的观察可称为自然观察，狭义的"观察"就是指这种自然观察。如果被试被置于操控或改变了的条件下进行观察，以确定这种条件变化对被试行为的影响，这时就是实验观察，即基于实验操控逻辑的观察。如果广义地来看待观察法，这时的实验法也是一种观察研究。例如，研究者要了解课堂 45 分钟里，小学生的违纪行为模式，可以直接在其自然背景——课堂里，跟踪观察 45 分钟，全程记录学生的违纪行为类型与频次等，这就是一种自然观察。如果研究者试图确定实施不同教学方法的课堂中违纪行为是否有差异，这时即便在教室这种自然场所中观察，也可以理解为实验观察，因为加入了实验的逻辑。

根据观察的场所区分，还有一种貌似而实则不同的划分方法，即区分成实地观察和实验室观察。课堂或学校是师生行为发生的场所，即实际地点，在这里做研究可以是一般的实地观察，也可以做实验目的的观察；若把师生一起请到实验室做一般的观察研究也是可以的，实验室里的观察（准确讲，这种情况下只是观察室），未必都是真正的实验研究，因为可能没有采用"操纵变量以考察其影响"的实验逻辑。

（三）参与观察与非参与观察

根据观察者是否直接参与到被观察者从事的活动中，区分成参与观察与非参与观察。参与观察是人类学家较多采用的一种研究策略，也称为现场研究、田野观察（案例 7-1）。近年来这种方法也逐渐被心理学研究者重视。参与观察要求观察者参与到观察对象的活动中去，以便搜集全面而深入的信息，了解研究对象行为发生、发展的全过程。做参与观察时，可以根据情况决定是否暴露自己的研究者身份，以及卷入研究对象活动的程度。若做"间谍式"参与观察，则研究者与被试一同活动，但被观察者并不知晓观察者的研究者身份。例如，扮成乘客，观察公共汽车上其他乘客的行为。又如，美国社会心理学家奥瓦伯安曾装扮成囚犯，到监狱中了解"狱友"的心理，并在 1914 年出版了《在监狱内》一书，描述监狱生活、囚犯心理。在有的参与观察中，被观察者知晓观察者的身份，不仅如此，观察者还可以有意创造条件改变被观察者的行为，这都是参与程度不同的观察。而在非参与观察中，观察者不参与，也不改变观察对象活动的自然状态，只是作为一个"局外人"，置身事外而"袖手旁观"。例如，为研究马路边汽车站的排队上车行为，可以在临街的楼房里进行非参与观察。

案例 7-1 人类学家的参与观察

人类学家马林诺斯基（B. Malinowski，1884—1942）在其名著《西太平洋的航海者》一书中描述了他对突布兰群岛土著文化进行参与观察的情况："当我在突布兰群岛的村落安定下来不久，我就开始用各种方法参加到村落的生活中，等待着村中各项事情的发展……当我每天清晨在村中散步时，我可以很靠近而且详细地看到他们的家庭生活，包括清洁、排泄、烹煮食物以及进餐等；我也可以看到他们安排一天的工作，看到人们开始干自己的事情，男人或女人们忙于生产某种东西。争吵、开玩笑、家庭琐事，等等，有时是琐碎的，有时是戏剧性的，但这些都形成了我们及土著的日常生活中重要的气氛。土著们每天都看到我，所以他们不再对我感兴趣，对于我的出现，他们既不感到惊慌，也不会在意。……

我开始觉得自己真正与这些土著相通了，这种境界才是完成一个成功的实地工作的初步状态。"

[资料来源：袁方，王汉生(1997)，pp.342-343。略有改动]

(四)结构化观察与非结构化观察

按照观察内容和方式是否有明确的形式结构，观察法可分成结构化观察与非结构化观察。前者中，研究者事先设定了统一的观察内容和项目，观察过程中采用统一的记录方法(如特定格式的记录表)，而且对所有观察对象使用同样的观察方式和记录方法。后者中，只有大致明确的观察目的，允许观察者根据当时当地的具体情境调整自己的观察内容和记录方法，观察活动有一定的开放性和变通性。

(五)系统观察、取样观察与评定观察

根据观察内容是否连续完整以及观察记录的方式的不同，观察法可分为系统观察、取样观察与评定观察。系统观察指详细观察和记录被试连续、完整的心理活动事件和行为表现；取样观察指依据一定的标准，选取观察对象的某些心理活动和行为表现进行观察或选择在特定的时间内进行观察记录；评定观察要求在反复观察的基础上，采用评定量表对行为或事件做出性质上的或数量上的判断。

四、观察内容

究竟要观察什么内容，当然要根据研究目的而定。通常观察的内容既包括人的行为，也包括行为发生的环境以及物质方面，这里只大概地分类列举常见的观察内容。

(一)人的行为方面

(1)个体的语言行为。包括个人讲话的内容、组织方式、表达习惯(如字词的不同念法、言词风格)及副语言(语调、语速、重音)等。

(2)个体的非语言行为。包括语言之外的所有行为。例如，刺激后的行为反应、动作、眼神、身体状态、表情，等等。

(3)人与人之间的行为匹配。很多行为发生在人与人之间，我们既要观察互动中个体的语言和非语言行为，也要分析双方或多方的行为匹配模式。例如，在亲子互动中，谁发起行为，发起什么行为，对方如何应对，然后如何进行下一轮次的互动。

(二)物质方面

(1)档案资料。这包括履历档案、行为记录(如考勤表、成绩单)等。例如,在犯罪心理学研究中,分析一个青少年在校期间的违纪记录与进入社会后的犯罪记录之间的关系。

(2)场景与背景。例如,在幼儿心理研究中,观察游戏场所布置、幼儿园设施是否便于孩子使用;在环境心理学中,则专门研究环境和背景的结构、组织特点及其对人的注意恢复作用;在消费心理研究中,观察大卖场中货架位置和高度、货物摆放方式等是否影响购买行为。

(3)遗迹与作品。这包括行为活动的遗迹(如涂写、磨损、印痕、字迹)、残留物(如垃圾、废旧字纸)、作品(如日记)等。例如,笔迹心理学家通过观察笔迹特征确定书写者人格特征。

(4)实际过程。它指行为或活动发生的轨迹或过程。例如,自由活动时儿童的走动轨迹或流动方向,地铁中人群的流动方向与轨迹。

(5)人际互动空间。它指交往者之间的空间关系,如距离、位置等。例如,社会心理学中研究的人际距离、购物场所的拥挤程度等。

(6)人的衣冠装饰。例如,为了确定研究对象的年龄,观察被试是否佩戴戒指。通过人们的衣冠装饰、所拥有或使用的物品等可以帮助间接了解其心理行为特点。

> **课堂讨论7-1**
> 课堂观察一名男生和一名女生分别从外面进入教室并就座的过程,讨论"究竟观察到了什么?"

五、观察研究的设计与实施

(一)观察研究的设计

科学的观察研究与日常生活中随意的观察不同,它为达成研究目的,需要事先进行精心设计。在设计阶段要考虑如下内容。

(1)确定观察目的。观察只是研究过程中收集资料的方法,这种方法是服务于研究目的的。我们要基于研究目的,确定需要通过观察达成的具体目的,并准确地表述观察目的。

(2)界定观察内容。基于观察目的,确定需要观察的行为的、物质的、环境的内容,准确界定观察的范畴和类目,并定义其内涵和外延。例如,要研究某班级幼儿的友爱行为，可规定所要观察的具体友爱行为的类型和性质，注意记录这些有关活动的数量、频率、持续时间、涉及人次、结果和影响等信息。

（3）设定观察策略。根据观察目的和内容的特点以及各种主客观条件，设定合适的观察方法、观察取样策略。对幼儿友爱行为的观察，可以在幼儿活动区这一自然场所进行直接的、参与式的、结构化的观察，并采用事件取样（或时间取样）策略。我们通常难以观察到所有的行为，而只能在特定的时间、地点、条件及场景下，对特定被试实施观察，这就涉及在被试、时间、地点、场景和条件等方面的取样问题，研究者要事先设定这些方面的取样策略。通常取样或抽样一词只用于指被试的抽样，然而，在观察中，指的是行为的抽样，即在什么样的时空条件下，观察什么人的何种行为。研究者必须清楚一点，观察研究只是收集了样本行为，而试图获得行为总体的一般化结论，这种推论必须考虑外部效度的问题。

（4）制定观察记录表。观察记录表可以是相对开放的，也可以是相对结构化的。它通常包括观察者的基本信息、被观察者的基本信息、事件或行为发生的时间和地点、行为的内容和频次、环境特征等诸多方面。一个明确、完善的观察记录表有助于观察者迅速记录有关内容，保证观察资料的完善性和可靠性。此外，若研究中需要仪器设备，也要事先安排好。

（5）选定观察者与观察对象。若需要多名观察者，则要事先选定观察者并对他们进行培训，确保观察的有效性和一致性。此外，还要选定合适的观察对象。

（二）观察研究的实施

实施观察研究的过程包括：进入观察场所（如自然场所、观察室、实验室）；与观察对象建立合适的关系（如是否暴露观察者身份，如何交流等）；进行观察并做记录；结束观察并整理观察资料。

（三）观察研究的注意事项

（1）要精心准备和设计。观察研究貌似很好做，实则不然，它要求研究者事先精心准备，设计好方案。

（2）保证观察的自然性和生态化。观察研究的一大优势就是其自然性和生态化，研究过程中应尽量避免对研究对象不必要的干扰或改变。

（3）研究要有明确的目的性和计划性，但观察者也要保持经验的开放性，灵活处理意外情况。

（4）对同一行为应观察足够的次数或时间，以保证观察结论的可靠性。

（5）了解各种可能的误差来源，有意识地避免或减少误差。例如，观察者要有意识减少自身的偏见，克服第一印象、晕轮效应、刻板印象、心理定势等的影响。

第二节　主要观察策略

心理学以及相关学科的研究中，已经形成了一些成熟的观察策略。所谓观察策略指观察内容的选取与记录等方面的一套方法或技巧。了解这些策略的特点和要求，方能决定如何选用特定的观察策略。

一、实况详录法

实况详录法指在一段时间内（如一小时或半天）持续地、尽可能详细地记录观察对象所有的行为表现，包括与环境及他人的相互作用或互动。观察者的目的是无选择地记录他们行为系列中的全部细节，获得对这些行为详细的、客观的描述，而不做主观推断、解释和评价，犹如描绘一幅反映现实情况的全景系列图（王坚红，1991，p. 80）。由于对详细记录的较高要求，一般难以做手工记录，而较多使用摄像技术，将现场实况全部实录下来，以后再做处理。

实况详录法在教育心理学、发展心理学等很多领域都有所应用。例如，为研究课堂上师生之间的互动行为，可以对教学过程进行实况录像，留待日后分析。又如，儿童心理学专家陈会昌曾经长期对婴幼儿的气质、依恋发展进行追踪研究，收集资料的主要方法就是观察法，包括做了大量的实况详录工作。除了对儿童在家庭中和父母的自由游戏、在幼儿园的自由游戏以及进入小学后在课外活动中的同伴游戏进行自然观察之外，他还多次在实验室里进行录像。他们采用了"陌生情境"的研究程序，让一个婴儿或幼儿与母亲一起进入一个不熟悉的房间（也就是观察室），研究者在40～60分钟时间里不断变换陌生人和新奇的玩具，观察儿童对陌生人、陌生事物和情境的反应。其观察室中装备有可以快速转动的摄像机，一面墙上装有大镜子，这样可以保证在任何时候、任何情况下都能拍摄到儿童在观察室任何角落的行为（陈会昌，2002）。

由于整个研究过程被完整录像，实录下来的资料可在以后根据不同的研究目的或需求进行反复的、多角度的分析。例如，上述"陌生情境"下的录像可以被用来分析儿童的气质类型、情绪调节策略、亲子依恋特点等。这体现了实况详录法的一大优点，即一份完整的记录可以用于多个研究目的的分析。此外，也可以将不同时期对同一批儿童的录像材料做纵向比较，获得发展性结论。对这种实录资料既可以做定性分析，直接用语言文字归纳出行为模式、结构特征等，也可以做定量分析，分析各种行为的持续时间、发生频次等。总之，实况详录法的优点是，能提供关于个体行为及其发生环境等方面的详尽资料，并可做长久的保留，用于多种目的的分析，从而经济而有效地利用观察资料。然而，这种方法对记录技术的要求高，手记困难，而且资料的分析过程复杂，做大样本的实况详录尤其困难。

二、时间取样法

时间取样法是指观察者根据事先确定的观察维度有选择地在某些时间段内观察某一方面的特定行为或事件，并将结果记录到规定的表格上。采用时间取样法进行观察，主要用于了解某一方面行为或事件是否发生，该行为或事件的发生频率，以及每次发生持续的时间。

时间取样法的基本原理是，将在较短时间段内观察到的被试行为看作其平时行为的代表性样本，即对某一行为在时间维度上抽取样本。在时间段上选择代表性样本是该方法的关键。时间段的抽取可以是系统的（如每个星期二做观察），也可以是随机的，或者综合使用二者。例如，有的研究者采用三分钟作为时间单位，将一次游戏过程划分成若干这种等长的时段（20 个），从中随机选取 5 个时段进行观察，研究幼儿的依赖行为，如果在三分钟内某个幼儿出现四次求助，那么就记 4 分，这就是行为的频率，最终通过这 5 个样本时段内的行为频率代表总体上 20 个时段的行为频率。由于需要做时间取样，这种策略只适用于经常发生的行为或事件，并且是一些外显的、易于观察到的现象。例如，幼儿在自由游戏中的攻击与合作行为，由于发生频率较高，可用时间取样策略进行观察。此外，研究者还要事先了解观察对象行为表现的大致时间模式，以确保所做取样的时间点、时段长度是对整体的代表性样本。总之，时间取样策略要求观察之前进行大量的准备工作，如给出观察内容的操作定义、确定观察时间及间隔、制定代码系统，这样可在一定程度上控制观察者的主观性对结果的影响。

时间取样观察可以在研究现场实时进行。例如，为研究幼儿的攻击行为，每周的星期二、星期四都在幼儿园某班的自由活动区观察孩子们的游戏情况。假设这一活动区的整个时间是 40 分钟，可以将其划分为 20 个 2 分钟的时段，然后从中选择 5 个代表性的时段进行观察，现场记录所定义的攻击行为在每个时间段出现的频次，这样就可以了解幼儿攻击行为的时间模式及总体的攻击行为特点等信息。

除了在现场同步做时间取样的观察记录之外，也可以针对前述实况详录的资料，事后进行时间取样的分析。例如，为了确定婴儿的依恋类型，就要对他们在陌生情境实验中的录像进行时段划分，将全过程分成相等的时段（如每段 30 秒或 1 分钟），为简化分析可以随机选取时间段，将每一时段中发生的各种可能帮助确定依恋类型的行为特征的出现次数记录下来。

时间取样观察有很多优点，例如，观察的目标明确，观察过程与分析过程简化方便，能在较短的时间内获得关于行为频率等方面的代表性资料，特别有助于确定行为的时间模式。但时间取样策略也存在局限性。首先，它仅仅适用于经常发生的行为；其次，时间取样策略难以揭示行为的环境信息和行为发生的顺序与连续性。所以，有些研究要采用下面要介绍的事件取样法。

三、事件取样法

事件取样法不受时间间隔和时段规定的限制，只要所选定的行为事件发生，研究者就进行持续的观察和记录，直到事件结束。

与时间取样的根本不同是，时间取样观察考察的单位是时间区间，而事件取样考察的是行为事件本身，只要观察的事件发生就可以记录，而没有时间限制。在记录方法上，可以采用行为分类系统，也可以将行为或事件与其前因后果及环境背景等的描述性记录综合起来记录。

事件取样法有较广泛的适用性和独特的作用。它适用于各种行为，不受行为发生频率的限制；可以对行为事件的特征及其内部联系进行比较深入、系统的观察，可在一定程度上保留行为的连续性和完整性；也可以联系行为事件发生的情境条件和后果进行记录，这样易于确定行为的因果关联（案例7-2）。但事件取样所得信息不易进行量化分析处理，取样容易缺乏代表性。观察结果可能会缺乏稳定性，因为个体在不同时间、场合发生的同类行为，有时可能具有不同的性质和含义。因此，在运用事件取样法时应注意记录与分析事件发生的情景或背景。

案例 7-2 幼儿争执事件的观察研究 🔍

　　美国研究者道（H. C. Dawe，1934）为我们提供了事件取样法的著名实例。该研究选择保育学校中幼儿的争执行为事件作为观察内容，在儿童自由活动时间内观察自发的争执事件，进行描述与记录。观察对象为25～60个月龄的幼儿，其中女孩19人，男孩21人。研究者事先制定好观察记录表（表7-1），以便迅速、完整地记录事件情况。观察过程是这样的：一旦发现有争执事件发生，便开始用表格记录，并观察与记录事件的进行情况。经过58小时的观察，研究者共记录了200例争执事件，平均每小时3.4次。其中68件发生在室外，132件在室内，13件持续1分钟以上。观察发现，男孩的争执多于女孩；年龄相差大的孩子之间比年龄相仿者之间的争执更多；随年龄的增长，争执事件减少，但攻击性增强。导致争执发生的原因，往往在于对所占有物品的不同意见。大多数争执会自行平息，恢复较快，没有进一步的愤恨或敌意表现。

表 7-1 幼儿争执事件记录表

儿童	年龄	性别	争执持续时间	发生背景	行为性质	做什么说什么	结果	影响

［资料来源：王坚红（1991），pp. 87-88。据此整理］

　　对事件的完整观察和记录，有助于理解一个或一类事件发生的过程，理解其前因后果，理解事件与背景的关系。例如，下面这项关于课堂纪律的研究，就是通过对一个事件的完整记录，揭示了教师和学生之间纪律观念的不同、纪律观念的结构及其变化过程（案例7-3；案例文本括号内是研究者的简评）。

案例 7-3　违纪处理过程

音乐课，许多学生没带口琴。这是上午最后一节课。下课后，教师说：“带口琴的先走，不带口琴的留下。”教师让留下的 27 名学生写检查，写完检查写保证(此时的规范是：不带口琴的学生要留下写检查、保证)。学生们起哄、怪叫。教师：“我们上的不仅仅是音乐课，还要对你们的品德进行教育。”学生们：“我们没带笔。”教师让其中一名女生去办公室拿笔。过了几分钟，去办公室拿笔的学生仍未回来，学生们叫道：“她自己逃走了。”并一起起哄。教师：“不要发出声音。”在学生们的吵闹声中，教师边记录学生的学号，边不断说：“不要起哄。”

6 分钟后拿笔的学生回来，说办公室里没有老师。学生们高兴地大喊：“啊——”教师仍在记学号。学生们大吵大闹，哄笑。教师似乎不再有兴趣批评他们了。学号记录完毕，教师让没有参与吵闹的 9 名学生先走(此时的规范是：虽然不带口琴，但没有参加吵闹的学生可以不必受到惩罚)，并质问留下的学生为什么吵个不停，学生们揭发是一名男生在讲笑话。

教师让其他学生都离开，只留下了这名讲笑话的男生(此时的规范是：虽然不带口琴，还参与了吵闹，但只要不是主犯，就可以离开)。教师：“你讲过笑话吗?”男生：“讲过的，但是他们先骂我。”教师：“难道你没有别的办法吗?”对该生进行一番批评后也让他走了(最后的规范是：虽然不带口琴，虽然参与吵闹，并且是主犯，但只要教训一下就行了)。

[资料来源：丁笑炯(1997)]

四、参与观察

参与观察策略要求观察者参与到观察对象的活动中去，以搜集全面而深入的信息，了解研究对象行为发生、发展的全过程。在参与观察中，观察者承担双重角色，既是行为的观察者和记录者，又是行为过程的参与者，参与到观察对象的活动情境中。这种参与观察，对于了解一个群体的心理、文化等有特殊意义，在心理学、人类学、社会学、文化研究等领域都有广泛应用。

在参与观察中，观察者的角色可以进一步区分。若观察者身份的暴露，可能会改变被观察者的真实行为，则需要隐藏自己作为研究者的身份，进行"间谍式观察"。例如，要研究一个秘密群体的社会规则，观察者必须想方设法打入群体内部，参与其中，且不能暴露身份，否则无法进入观察情境，或者无法看到真实的行为。不过，在间谍式观察中，隐藏自己的研究意图就和被研究者的知情权相矛盾，有违知情同意原则，容易出现研究的伦理问题。然而，在其他一些情况下，研究者即便公开了身份，也不会对研究对象行为的真实性产生明显影响，研究者则进行"无须伪装的参与观察"，允许被观察者知道观察者作为情境的参与者和观察者的双重身份（案例7-4）。

案例7-4　怀特对"帮伙社会"的研究

"作为参与者的观察者"，指研究者的身份被所研究和观察的对象知道，人们知道他是个研究人员，研究者不去伪装自己的身份。典型的例子是美国社会学家怀特对"帮伙社会"的研究。怀特1914年出生于中产阶级家庭，1936年他获得一笔资助，可以做任何感兴趣的研究。他就试图研究波士顿的一个叫"柯纳威里"的意大利贫民区。为了进入这个地区进行研究，他尝试几次都失败了。后来在当地一位社会工作者的帮助下，他得以进入这个地区，并得到一个叫多克的29岁的团伙头目的允许，与他们一起打棒球、玩纸牌、赌博、赛马、谈论性等事情。怀特在这个贫民区生活了三年半，其中一年半是同一个意大利家庭住在一起，还学会了意大利语。当地人都知道他是个研究者，正准备写关于贫民社会的书，但是人们已经接纳他作为成员。通过这种观察和调查，怀特获得了有关青年帮伙、社区政治以及社会心理等方面的重要资料。例如，他发现在一个帮伙里，每周六都进行滚木球的比赛。其中有个人叫弗兰克，本来他水平很高，曾在一个半职业球队干过，但是他每次比赛时总是输。后来怀特认识到：一个人在滚木球比赛中的表现，不是仅取决于这种体育能力，而主要是因为他们在帮伙里所处的地位不同。弗兰克的地位很低，所以"只能"表现得很糟糕。即使他表现得好，别人也会认为他是由"运气"所致，甚至指责他；而那些头目的表现总被认为由能力强所致。由此可见，个体的表现与群体结构有关，并且影响到社会归因。

［资料来源：袁方，王汉生（1997），pp.343-345。据此整理］

参与观察策略的主要目的不在于验证假设或揭示因果关系，而在于对未知领域进行现象描述和方向探索。观察者深入对象的活动之中，可以排除先入为主的偏见，不受特定假设的约束，对观察活动能有深入、真实的了解和切身的体会。然而，其不足之处也有很多，如费时费力，资料多属个案而不系统，结果适用的范围有限，研究的信度不够高，等等。其中，最突出的问题是观察结果因为研究者的"参与"而失去了客观性。研究者的参与和卷入，一方面可能会改变观察对象的行为，另一方面也会改变研究者自身的中立性和超越性，陷入"当局者迷"的状态。

五、特性等级评定法

观察者可以带着某种目的，对观察对象进行多次观察，然后用某种等级评定量表对所要研究的特性加以评定。它不对每次观察到的具体事实加以描述或记录，而是在观察之后对观察对象较为稳定的行为特性进行评价。用该方法可以对极为广泛的行为特性进行观察和评定。

例如，要研究小学儿童的多动症，可以事先根据多动症的鉴定标准，设定相应的行为观察指标，要求父母和教师分别根据儿童家庭内的、学校里的行为表现，结合自己反复观察后的整体印象，就这些观察指标或行为特性进行评定。又如，假定要对某公司前台员工的沟通能力进行评定，可以组织观察者在每名员工上班时各观察5次，每次10分钟。在5次观察之后，用某种评定量表对每位员工的工作情况进行等级评定。所用的评定量表可包括下列特性：(1)沟通的热情程度；(2)礼貌用语的使用；(3)人际敏感性；(4)表达的清晰性；(5)处理问题的灵活性，等等。观察者采用1～5的5级评分（分数越高，代表该特性越强），对这些行为特性进行等级打分，然后计算每位员工的等级总分代表其沟通能力。

这种方法实际上是建立在反复观察基础上的量表式评定，容易得到量化的结果，但因为不是评定客观行为本身，而是评价行为体现出的特性，故而容易受到评价者主观印象或视角的干扰。

六、日记描述法

对同一个或同一组被试长期跟踪、反复观察，以日记的形式描述性地记录被试的行为表现，称为日记描述法，又称传记法。这种方法在儿童心理学研究中曾发挥重要的作用。很多著名的儿童心理学家，如普莱尔、皮亚杰、陈鹤琴都曾对自己的孩子进行观察，并写了孩子的"成长日记"，以此收集了大量有价值的研究素材。这种日记描述可以是综合性的，记录子女各方面发展过程中具有里程碑意义的新出现的动作或行为现象，也可以是关于特定主题的，如皮亚杰对自己孩子认知发展的日记描述。

该方法方便易行，能记录详细而长期的资料，以后可反复利用。通过对少量对象的持续观察和记录，能了解其心理发展的次序和行为的连续性，生动地展示出心理和行为变化的过程。这种描述是在日常生活环境中进行的，如能客观地记录，资料一般较真实可靠。然而，这些资料往往局限于少量个案，缺乏样本的代表性，难以做出有意义的概括；若由儿童父母或其他家庭成员进行日记描述，由于感情上的特殊联系，可能在观察记录中加入主观偏见或浓厚的感情色彩，导致记录结果不客观、不可靠。

第三节　观察的记录与分析

观察研究过程中需要对观察结果进行记录，记录质量的高低左右着观察资料的分析乃至整个研究的成败。究竟应该记录哪些内容，如何记录，这取决于研究目的，也取决于将来如何分析、报告研究结果。然而，了解常用的记录方法与分析策略，便于根据研究目的自如甄选使用。要说明的是，有时是先观察并记录，事后再做分析（如行为类型编码）；有时在记录过程中，就包含初步的分析（如观察中就对行为类型作了编码）。因此，下文并不严格区分一种策略是用于记录，还是分析，实际上很多策略可同样适用于观察资料的记录和分析。

一、叙述性记录

上节提到实况详录法，主要从观察策略的角度作了介绍，实际上从观察资料的记录上，它要求尽可能做全面记录。这种全面记录，也被有的学者称为叙述性记录（narrative records），它力图对观察到的行为的原始形式进行一定程度上的忠实再现（肖内西等，2010，p.91）。研究者可以采用文字完整地记叙观察到的内容，也可以采用录音和录像方法做记录。在叙述性记录的过程中，研究者并不对行为进行分类和挑选，而是尽可能细致地全面记录所有观察到的东西，对记录资料的分类和组织是在记录结束后进行的。

在叙述性记录中要求观察者只记录观察到的内容，而不能做任何主观推断和设想。例如，在对攻击行为的记录中，只需记录儿童具体做了什么，而不能推测其攻击的动机、意图、情绪体验等。否则，可能因为记录者的主观臆断，导致资料记录的偏差，误导后期的分析。简言之，在叙述性记录中，记录者要像摄像机那样忠实地记录客观现实。当然，没有完全纯粹客观的记录。因为即便用摄像机，从什么角度拍摄，拍摄什么内容，也是观察者选择的结果，做到完全的、客观的记录并非易事。只要不影响研究目的的达成，尽量做到全面和客观就可以了。要指出的是，这里说的"全面"并非字面上理解的"无所不包"，只是相对于观察目的而言，是全面的，那些明显与研究目的无关的内容是可以舍弃的。这里说的"客观"，只是强调要保证客观地记录事实。在进行人工的书面叙述性记录时，应注意把对事实的客观描述，与记录者或观察者的主观解释和评价区别开来。适当记录观察时的"主观"想法，有利于事后的资料分析，但要分清哪些是事实，哪些是想法。

叙述性记录中要记录的内容通常非常之多，所以需要在事件或行为发生过程中同步记录，而事后补记会非常困难，虽然特定情况下只好如此。例如，一位生态学家在一次旅行时意外看到了自己搜寻已久的动物的活动，他当时并没有准备记录工具，只好仔细观察，事后凭记忆尽快记录下观察到的每个细节。另外，在很多参与观察中，观察者因为参与到现场活动中，可能不便或不应该（如防止暴露研究者身份）做现场记录，只好事后补记。实际上，在参与观察中，通常要使用这种叙述性记录。

叙述性记录只是对观察内容的定性记录，是为了完整再现事件和行为本身，为事后的分析做准备。对这种记录过程本身，研究者不需要做太多理智的工作，例如，不需要现场做行为类型归纳。然而，在大多数情况下，记录和分析可能是结合在一起的，这就是各种定量记录中要做的。

二、行为的分类记录和编码

在观察过程中，经常需要确定某种行为发生的频次和持续时间，以便于定量地描述行为。然而，无论如何定量记录或量化分析某些行为，建立对行为的分类和准确界定是基本前提。

将行为进行分类的方式主要有两种，相应地形成两种行为分类系统（王坚红，1991，p.82）。第一种是"类别系统"（category system），它要求将所有被观察到的行为，都记入一个唯一适合它的、与其他类别相互排斥的类别中。该分类系统要求将行为明确定义，从而使可观察行为的每一类别精确地相互区分，无交叉含义，所以，观察到的每一个行为便有一个(也只有一个)泾渭分明的类别归属。为此，制定行为分类时，要确保类别彼此相互排斥(互斥原则)，不能出现一种行为可同时归入两个或以上类别的情况；此外，所制定的类别系统要足够详尽、完善(完备原则)，即凡与所研究问题相关的行为，其所有可能的具体表现都能够归入其中某一个类别，从而不会有某个观察到的行为无从归属。

第二种是"特选系统"(sign system)，即预先选定一组有限数量的具体行为作为观察研究的对象，通过观察，记录这些具体行为发生与否。"特选系统"仅纳入那些已选定的行为，而不包括观察期间可能出现的所有其他行为。因此，它具有相互排斥性，但不具有详尽性(不包括所有的类别)。以上两种分类系统常用于时间取样观察法，以及其他需要对观察做定量记录和量化分析的情况。例如，在帕顿对于幼儿游戏的时间取样观察研究中，就只针对游戏行为的社会参与水平做特选系统的行为分类编码(案例 7-5)。

案例 7-5　幼儿游戏的社会参与水平

研究者帕顿(M. B. Parten)于 1926 年 10 月至 1927 年 6 月间开展了一项关于 2～5 岁幼儿的观察研究，探讨幼儿在自由游戏中的社会参与状况。她区分了 6 种社会参与水平不同的活动，并对每一类型赋予详尽的操作定义。

(1)无所事事：幼儿未参加任何游戏活动或社会交往，只是一个人随意观望任何可能引起兴趣的情景。如没有可观望的，便玩弄自己的身体，走来走去，跟从老师，或站在一边四处张望。

(2)单独游戏：幼儿独自游戏，在近处或许有其他幼儿在用不同玩具游戏，但幼儿不做任何努力设法接近他人或与别人说话，只专注于自己的活动，完全不受别人的影响。

(3)旁观：幼儿基本上是在观看别的孩子游戏。可能与那些孩子说几句话、问个问题，或提供某种建议，但不参与其游戏。始终站在离那些孩子较近的地方，故可听见他们说话，了解他们玩的情况。与无所事事幼儿的区别是，旁观幼儿对某一组(或几组)同伴的活动有固定的兴趣，不像前者对所有的组均无特别兴趣，一直处于游离状态。

(4)平行游戏：幼儿会在离其他儿童很近的地方用同样的玩具独自游戏，他们会模仿别人的玩法，但不会去影响别人，也没有让别人参与自己的游戏。

(5)联合游戏：幼儿与其他孩子一起玩，分享玩具与设备，相互追随，有控制别人的企图，但并不强烈。幼儿从事相似的活动，但无组织与分工，每个人都做自己想做的事，而不是把兴趣首先放在小组活动上。

(6)合作游戏：幼儿在为某种目的而组织起来的小组里游戏，如用某种材料编制东西，竞赛、玩正式的游戏等。具有"我们"的概念，知道谁属于哪个组。有1～2个领头者左右着小组活动的方向，有明确的角色分工，并相互帮助，支持这种分工角色的执行。

研究者根据上述分类和相应的界定就可以对每个儿童观察，每次观察1分钟，以确定在某个时段内该儿童从事了哪类游戏活动，并记入行为分类表中。通过对观察资料的分析，发现儿童的社会性行为发展随年龄的增长表现出顺序性，如较小的儿童单独游戏多，而后发展到平行游戏，再发展到集体联合游戏和合作游戏。

根据行为分类系统做记录时，可以使用数字、字母或其他符号作为行为类别代码，这样可以提高记录效率。这时的数字只是一种称名变量，不具有真实的数学含义。对每类行为可以分别记录频次（得到计数数据），也可以对每类行为的持续时间长度以及其他量化信息加以记录。

［资料来源：Parten(1932)］

三、在不同测量水平上量化行为

行为的量化可以采用不同的测量水平：称名量尺、等级量尺（也称顺序量尺）、等距量尺、等比量尺。我们在前面介绍变量类型时提到过这种划分，在观察研究的行为记录和分析阶段依然涉及在不同测量水平上的量化问题。

根据行为分类系统，用数字作为某种行为的代码，就是在使用称名量尺。这时使用的数字，只是行为类别的代号而已。类似地，可以为观察内容制定相应的"观察代码系统"，用制定的代码或符号做快速记录或分析。通常，在对活动或事件的观察和记录中，涉及的对象多、内容庞杂，只用自然语言叙述就比较困难，可用预先规定好的符号系统进行记录。例如，用1和2分别代表男性和女性，用不同数字代表被试的行为类型，用英文字母代表职业类型等。研究者可以根据自己的爱好和通常的习惯制定观察代码系统，以方便记录和分析。在使用前，记录者应记熟这些符号，并经过一段时间的练习后方可正式使用。使用时，手头应备有符号说明表，以免当时遗忘。

在做观察记录和资料分析时，也可用数字代表某种属性上的等级差别，前文介绍的特性等级评定法就是这么做的。例如，要观察游客在乘坐过山车之前、过程中与之后的恐惧程度，可以由观察者直接对不同时段内游客的行为，特别是表情代表的恐惧程度做等级评定，如做 5 级或 7 级评定，数字越高代表越恐惧。类似地，对幼儿是否乐意与别人分享玩具，可以区分为"从不、很少、有时、经常、总是"5 级。这种由研究者或观察者主观上做出的等级评定，严格讲提供的只是顺序信息，例如评定恐惧程度为 7 级的游客，比 6 级的更为恐惧，但是任意两个相邻等级之间的差距并不是完全等值的，即这些数字还达不到等距变量的水平。如果这么较真，真正的心理变量很少有等距变量，然而，心理学家以及其他社会科学家大都将等级评定得到的数据按照等距变量做统计分析。

心理学家用到的一些物理变量可能属于等距变量或者等比变量。例如，观察者要检验过山车的高度以及运行时间与游客乘坐时恐惧程度的关系，就要记录高度、时长等信息，二者都是等比变量。

在观察中，更常用的是记录行为的频次，这种频次是一种计数意义上的数据，而非测量意义上的数据。换言之，频次是逐一数出来的，不是测量出来的。

四、观察资料分析的单位

通常对观察到的行为的编码和量化，是建立在行为类型划分基础上的。要对行为进行归类，往往要界定具体的行为，行为界定越具体，越容易决定将其划入哪一类别。然而，这种行为类型分析，虽然不必然，但很容易导致还原论——让观察者只看到零碎的行为，而看不到行为的模式、事件的结构及其与背景的关联性这些整体特性。观察研究的一大优势恰恰应该体现在对研究对象整体的把握上，而非把观察资料都还原成细节。实际上，观察资料的分析要设定合理的分析单位，这种具体行为的类别划分只是分析单位最小的一种方法。根据分析单位的不同，可以区分出三类常用的编码方案：行为类型编码、行为序列编码、行为结构编码(池丽萍，2010)。

(1)行为类型编码。这是最常用的观察资料编码方式，即先根据某个标准对行为进行分类并对每类行为做出明确的操作定义，然后将实际观察到的行为归入相应类别。归类可以根据一个标准，区分出两类、三类乃至更多行为。例如，可以将营业员的行为分为言语行为和非言语行为两类。当然，也可以结合多个标准或维度对行为进行更复杂的分类。总之，只要定义清楚了具体行为的类别，就可以进行编码和量化工作。不过，这种行为类型编码只是关注了具体行为，而没有考虑行为之间的顺序、关联和结构等。

（2）行为序列编码。人类的很多种行为都发生在人际互动背景下，一个人的行为往往引发另一个人的行为，如此循环往复。换言之，互动双方的行为是相互依赖的。例如，要研究师生之间的人际互动，我们就不能根据观察只分析教师的行为和学生的行为，而应该分析双方行为的序列和匹配模式，这样有助于说明双方行为如何相互激发、各种行为匹配分别起什么样的作用。在亲子互动的研究中，也同样有必要关注双方的行为序列（案例7-6）。

案例7-6　母子沟通的行为序列分析

　　两名荷兰心理学家（Van Der Veer & Ban Ijzendoorn，2000）在其对2岁幼儿与母亲沟通的研究中采用了行为序列编码方式。研究者首先区分出儿童的4种沟通行为（包括用非言语形式寻求帮助、寻求母亲的反馈、对自己表现的积极评价、对自己表现的消极评价）和母亲的5种指导行为（包括无指导行为、整体反馈、策略建议、示范、解决问题）。然后，通过考察母亲某种指导行为出现后5秒钟内儿童各种反应出现的频率来建构父母和儿童沟通行为之间的匹配关系：母亲的某种行为最可能引起儿童的哪类反应。这一研究从原始资料的编码到数据的分析和讨论都充分体现了行为序列中父母和儿童沟通行为的对应与互倚关系，是行为序列编码研究中较典型的代表。

　　（3）行为结构编码。个体在与他人或环境的互动过程中，其行为会从原始的混乱状态（没有固定的行为模式），通过不断的自组织而达到某种稳定状态（在动态系统理论中，称为"吸引子"，指该系统被扰动而出现偏离后，还会被吸引回这种稳定状态），也就是出现了稳定的"行为结构"，即不同的行为要素之间某种稳定的结合方式。因此，研究者不仅要对个体行为做简单的类型划分和频次计算，还应该寻找这种行为结构。行为的"序列"强调了行为相互作用的顺序性，而"结构"的意义更宽泛，它不限于行为之间的序列关系，还可以是其他形式的组合方式（案例7-7）。

案例 7-7 攻击儿童亲子沟通的结构

在亲子系统中，随着系统的发展和演变，可能会出现一种或多种稳定的亲子沟通模式，这种模式代表了双方之间形成的稳定的行为结构。例如，亲子之间可以形成父母严厉—儿童退缩或服从、父母严厉—儿童反抗、儿童攻击—父母妥协、儿童攻击—父母惩罚、儿童攻击—父母忽略等不同沟通模式。通常，父母和儿童在沟通实践中尝试过多种可能的沟通行为和模式，并根据沟通结果不断修改和调整彼此的角色、行为、双方的关系和界限，最终逐渐形成某一种相对稳定的亲子沟通模式。有研究(Granic & Lamey, 2002)证明，许多攻击性儿童都形成了稳定的亲子沟通模式或结构：一种为"不一致的模式"，即孩子攻击而父母退让(孩子进，父母退)；另一种为"相互敌对的模式"，即孩子攻击，父母也攻击或惩罚(孩子进，父母压)。"不一致的模式"的形成经历这样一个过程：面对儿童不断增加的不服从行为，父母逐步降低自己的要求，努力安抚儿童，期望其主动终止敌意行为。在上百次类似的重复互动之后，形成了这样的稳定模式：父母的限制越来越少，经常采用中性的，甚至是积极的方式来回应儿童的攻击行为。"相互敌对的模式"指亲子双方都用更强烈的批评、轻视、敌意来回应对方的敌意行为，这种模式也是在双方反复互动中最终稳定下来的一种行为结构。

总之，简单的行为类型编码和频次分析根本无法提供行为序列、行为结构方面的信息。例如，观察儿童的攻击行为时，若只是记录某个儿童一天"打人10次，招惹别人5次"，事后便无法获知每次打人事件的详情与细节，无法确定行为的序列(打架双方的行为是如何相互激发的)和结构(是否存在某种稳定的互动模式，如某人总是固定地被另一个人欺负而不做任何反抗)。因此，观察研究者必须清楚自己的研究是在个别行为，还是行为序列或结构层次上做分析。研究目的不同，分析的单位就不同；分析的单位不同，得到的结果也不同。顺便说一下，这种行为序列和结构只要概括出来，并加以描述和解释就可以了，一般不要求必须做量化处理，虽然也可以计算它们出现的频次。比如，很多人类学家和文化心理学家的参与观察，经常只是为了描述某个文化中人们的典型行为模式。毕竟，观察研究一个更基本的然而常被忽视的目的是描述行为和事件本身。这种情况下，只要完整地对事情做白描，就可以说明问题，无须再画蛇添足地将观察资料量化。

"量化"通常仅仅指研究资料的处理方式，然而，近几十年来，一些学者将量化研究与质性研究作为两类对立的研究方式，并试图通过鼓励质性研究来矫正心理学等学科中过分重视量化研究的倾向（延伸阅读 7-2）。了解这方面的情况，可能对于理解参与观察、观察资料的分析方法等有所裨益。

延伸阅读 7-2　量的研究与质的研究的关系

在心理学中，量的研究指借助数学工具对实验事实进行归纳而获取规律的研究方法，它已成为心理学研究科学化的一个重要标志。量的研究以实证主义为其方法论基础。实证主义认为社会与自然现象是一种客观存在，不受主观价值因素的影响，不被知识、理论所过滤。主体与客体是两个截然分开的实体，主体可以使用一套既定的工具和方法程序获得对客体的认识，主体与客体、价值与事实之间是二元分离的，不能相互渗透。实证主义遵循的是自然科学的思路，认为事物内部和事物之间存在因果关系，对事物的研究就是要找到这些关系，并通过理性的工具对它们进行科学的验证。

量的研究范式认为，在人的主观世界外存在一个客观且唯一的真相，研究者必须采用精确而严格的实验程序，控制经验事实发生的情景，了解心理运行的因果关系。因此，量的研究强调在研究设计、数据收集、结果处理与解释上，必须具备严格的形式，具体体现为：（1）强调对事物进行量化的测量与分析；（2）强调创设实验条件对研究对象进行人为干预；（3）主要采取假设—检验的研究方式（郭力平，2002，pp. 18-21）。由此出发，量的研究形成了包括严格的抽样技术（概率抽样）、量化的资料收集技术（实验、调查）和以数理统计为基础的资料分析技术（描述统计、推断统计）在内的一套完整的方法体系。量的研究在心理学领域被广泛应用，成为主导性的研究范式。

尽管量的研究取得了辉煌的成绩，但是其"拆整为零"的研究方式，对技术与方法的过度依赖以及价值中立的研究原则也导致了诸多弊端，损害了心理研究的整体性、意义性与动态性。近几十年来，不断有学者对长期居于主导地位的量的研究传统进行反思，提出批评、质疑，而另一种研究范式，质的研究则悄然兴起，引人关注。

质的研究是由人类学以及其他社会科学领域的基本方法发展起来的一种强调在自然状态下，由观察者参与体验，并最终获得和解释关于研究对象的深度信息的研究方法。质的研究方法可以这样定义："质的研究是以研究者本人为研究工具，在自然情境下采用多种资料收集方法对社会现象进行整体性探究，使用归纳法分析资料和形成理论，通过与研究对象互动对其行为和意义建构获得解释性理解的一种活动（陈向明，2000，p.12）。"这一定义包括以下几方面内容。

（1）研究环境。在真实的自然和社会环境而非人工环境中进行研究。因此，实验室并不被认为是心理学研究的好场所，因为真正的心理活动发生在真实的环境中。

（2）研究者的角色。研究者本人是研究工具，通过长期深入地体验生活从事研究，研究者本人的素质对实验的实施十分重要。在很多情况下，这要求研究者必须在生活层面对研究现象也有很深的理解，而不是只在"象牙塔"里做那些脱离实际的研究。

（3）收集资料的方法。采用多种方法，如开放型访谈、参与型和非参与型观察、实物分析等收集资料，一般不使用量表或其他测量工具。

（4）结论和理论形成方式。采用归纳法，自下而上地在资料的基础上提升出分析类别和理论假设。

（5）理解的视角。通过研究者与被研究者之间的互动，理解后者的行为及其意义解释。研究者没有必要为了保持价值中立，而只是"冷眼旁观"。

（6）研究者与被研究者的关系是一种互动关系。在研究中要考虑研究者个人及其与被研究者的关系对研究的影响，要反思有关的伦理道德问题和权力关系。

质的研究与量的研究各具特色，相辅相成。"一般来说量的方法比较适合在宏观层面对事物进行大规模的调查和预测；而质的研究比较适合在微观层面对事物进行细致、动态的描述和分析。量的研究证实的是有关现象的平均情况，因而对抽样总体具有代表性；而质的研究擅长对特殊现象进行探讨，以求发现问题或提出新的看问题的视角。量的研究将事物在某一时刻凝固起来，然后进行数量上的计算；而质的研究使用语言和图像作为表述的手段，在时间的流动中追踪事件的变化过程。量的研究从研究者事先设定的假设出发，收集数据对其进行验证；而质的研究强调从当事人的角度了解他们的看法，注意他们的心理状态和意义建构。量的研究极力排除研究者本人对研究的影响，尽量做到价值中立；而质的研究十分重视研究者对研究过程和结果的影响，要求研究者对自己的行为进行不断反思(陈向明，2000，p.10)。"

质的研究与量的研究代表了研究范式的两极，某个具体的研究必然处于这个连续体的某个点上。它究竟应该靠向哪一端，应根据研究的主题、研究目的来确定。也有一些学者主张在实际研究中将量的研究与质的研究结合起来。马克斯维尔(J.Maxwell，1995)指出，量的研究与质的研究的结合可以有三类形式：(1)顺序设计，即质的研究与量的研究分别在一项研究中使用，但有一定的先后顺序。(2)平行设计，即在同一项研究中同时使用两种研究，并进行相互验证和补充。(3)交叉设计，即在研究初期采取一类研究形式，随着研究的进行，再结合使用另一种形式(转引自俞国良，辛自强，2004，p.146)。这些思想给我们以很好的启示。

思考题 ?

1. 观察法有何特点？
2. 简述观察法的适用范围。
3. 观察法有哪些类型？
4. 简述可能的观察内容。
5. 如何设计观察研究？
6. 比较时间取样法与事件取样法的异同。
7. 简述参与观察的特点。
8. 如何做叙述性记录？
9. 如何进行行为分类与编码？
10. 如何在不同测量水平上量化观察结果？
11. 谈谈对观察资料分析单位的看法。

练习题

1. 阅读一篇使用观察法的研究报告。
2. 自选主题，在校园里进行一次简单的观察研究。

综合实践

根据自己选定的研究课题，对可以用观察法收集资料的变量，设计观察研究方案。

第八章

访谈法

第一节　访谈法概述
第二节　访谈研究设计
第三节　访谈实施与分析

访谈法在形式上就是一种交谈活动，而与人交谈是人类社会生活中常见的活动，可以说人人皆会。因此，很多人觉得访谈法似乎没有专业性，不像实验法、测量法那样"科学"。实际上，这是一种误解。科学研究中的访谈有严格的方法学要求，访谈研究一样能产生重要的研究结果。弗洛伊德、皮亚杰等都使用访谈法取得了重要成果，成就了自己的学说。访谈法是心理学以及各种社会科学广泛使用的基本研究方法之一。

第一节　访谈法概述

访谈法不同于日常谈话，也有别于其他数据收集方法，在科学研究中有重要的使用价值。访谈法包括多种类型，了解每种访谈类型的特点，方能灵活选用。

一、访谈法的含义与特点

访谈法就是通过与人交谈搜集所需信息或资料的方法。许多职业都需要依靠谈话来了解某些事实。例如，经理通过面谈来发现应聘者的才干与缺陷，医生通过问诊来了解患者的病情病史，记者通过采访获得新闻线索，警察通过讯问来搜寻犯罪证据。在日常生活中，访谈也是人们获得信息的基本手段。我们会通过询问朋友来了解某个陌生人的品行操守，也会在迷路的时候向当地人问路。

访谈法是心理学和各种社会科学研究的一种常用方法。它又称为谈话法，指研究者通过与研究对象进行口头交谈来收集资料的方法。访谈法虽然在形式上类似日常谈话，但作为科学方法的访谈有着严格的方法学要求，与日常谈话有根本的不同。

首先，访谈法有明确的研究目的。访谈法是为了从受访者那里收集信息，以达成某一研究目的，解决特定的研究问题。访谈法的目的性和针对性很强，所有的访谈设计与安排都是为实现研究目的服务的。而日常谈话也可能有明确的目的，如了解实情，求得帮助，交流感情等，但不涉及研究目的，不是为了解决研究问题。

其次，访谈法注重对方法效度的考量。这也是所有科学方法的共同特点。一种方法之所以被称为科学方法，一个重要的原因是，它通过某种合理的设计，来回答对于其效度的质疑，从而使研究结果经得起检验和推敲。作为一种科学研究方法，访谈法需要在设计和实施的每一个环节都进行严格的考量。访谈计划的编制、访谈问题的设计、访谈过程的实施、访谈活动的记录、访谈结果的整理与分析等都需要按照一定的科学原则来进行，这样才能保证访谈有效服务于研究的目的。相比之下，日常谈话则很随意，很少需要专门的设计，也不需要对谈话者进行方法学训练。

最后，访谈的实施过程是由访谈者控制的。为了达成研究目的，确保访谈资料的可靠性和有效性，研究者或者访谈者（研究者可以自己访谈，也可以训练访谈员负责访谈）要负责控制谈话过程以及其他访谈安排。这里的"控制"并不是说所有话语权都由访谈者把握，不给受访者表达和发挥的机会，而是说，究竟如何让谈话进行，需要受访者如何表现，这些都是由访谈者有目的地加以控制的。例如，访谈者负责调控谈话的节奏和进程，确保谈话不跑题，从而有效地收集对研究目的"有用"的信息。与此相比，日常谈话则可能显得漫无目的，整个谈话过程是交谈双方自然互动决定的，缺乏明确的控制性。

综上所述，访谈法是根据研究目的和问题，由访谈者控制谈话过程，通过与受访者的交谈，来有效收集研究所需信息和资料的方法。

下面这个例子可以帮助理解访谈法与日常谈话相比的不同特点。皮亚杰儿童心理学理论的建立所依赖的经验资料，大多是通过访谈法获得的，他把访谈法称为"临床谈话法"。比如，皮亚杰在 1932 年出版的《儿童的道德判断》一书中曾用该方法研究儿童对谎言的理解，以考察其中的道德推理特点（案例 8-1）。在这个例子中，皮亚杰自己做访谈员，受访者是一个名叫克雷（Clai）的孩子。皮亚杰在理论上将"谎言"定义为，为了欺骗的目的而说不真实的话。也就是说，谎言包括两个成分：欺骗的目的和说假话。然而年龄较小的孩子是否能这样理解"谎言"的概念呢？访谈是探悉儿童道德概念理解水平或认知结构的有效方法。有了明确的研究目的和理论预期，我们就知道皮亚杰为什么那样访谈，以及如何根据儿童的回答调整询问方式、控制谈话进程。

案例 8-1　皮亚杰关于谎言概念的访谈

皮亚杰：你知道什么是谎言吗？

克雷：当你说了不真实的话时，就是谎言。

皮亚杰：说 $2+2=5$ 是谎言吗？

克雷：是的，它是个谎言。

皮亚杰：为什么？

克雷：因为它不正确。

皮亚杰（居左者）在访谈儿童！

皮亚杰：那个说 $2+2=5$ 的男孩知道它不正确或者确实犯了个错误吗？

克雷：他犯了个错误。

皮亚杰：那么如果他犯了个错误，他撒没撒谎呢？

克雷：是的，他撒谎了。

[资料来源：俞国良，辛自强（2004），pp.260-261]

访谈法看上去好像和日常谈话一样容易，实际上它对"科学性"有严格的要求。这种似乎容易入门的方法，要真正掌握反而很难。不过，鉴于它对科学研究的重要价值，需要深入学习，熟练运用。与其他研究方法相比，访谈法有自己的特点和适用范围。

第一，访谈法能揭示深层的信息。当研究者关心的是个体对某种客观事物或自身行为的理解、观念、想法、体验、信念、期望、评价等与"意义"和"解释"有关的"心理"内容时，访谈法往往是最为必要、有效，而且可行的方法。

心理学研究的真正对象是心理，研究行为是为了间接推测心理，而访谈是直逼内心深层的方法。相比之下，观察和实验等方法往往只能了解研究对象的外显行为及其与特定变量间的关系，而难以直接了解他们为何做出这些行为；问卷调查虽然也是一种询问，但它既不能面对面地建立信任，又不能灵活地进行追问，因此难以深入探讨一些敏感问题；而访谈不但可以了解受访者做了些什么，而且可以询问他们为何这么做。

例如，要研究青少年吸烟问题，观察法可以让我们了解青少年吸烟的表现；拿青少年做吸烟实验，可能会面临伦理问题；若用问卷调查，只能询问青少年是否吸烟、吸烟的频率、吸什么牌子的烟、每天吸了多少支烟这类基本信息。但是，当研究者关心的是如何解释他们已经知道吸烟对健康有害但还是明知故犯，要探明吸烟对于他们有什么重要性和心理意义，这些深层问题的回答可能最适于使用访谈法来研究。

第二，访谈法具有很强的灵活性。访谈是访谈者和受访者相互影响、相互作用的过程，可以借助这种人际互动过程灵活地探知研究需要的信息和资料。

观察研究中基本是观察者单向的观察活动，而且应该尽量控制观察活动对观察对象的影响，而访谈法的特点则是突出双方的相互作用和相互影响。实验法虽然可以严格操控，但有很强的人为性和刻板性，容易缺乏生态效度，而访谈过程是谈话双方的相互影响过程，发生得非常自然，可以根据研究中发现的问题灵活调整访谈方案。问卷调查法虽然可以快速收集大量数据，但是容易受被试作答意愿、文字表达能力的干扰，而且很难临时调整调查问题，然而访谈法可以弥补这些不足。访谈研究成本低廉，对客观条件（如实验室、观察室、仪器设备）的要求较少，实施起来比较容易，也能体现研究者的灵活性，能及时处理研究过程中产生的疑问、误会及其他各种问题（案例 8-2）。

> ### 案例 8-2　我的手比你的手大——说理还是恐吓　🔍
>
> 　　某研究者通过谈话调查家长对 5 岁幼儿的家庭教育方法。他预先准备好了记录表格，把家庭教育方法分为不同的类型，如体罚、物质奖励、暂停某项权力、关禁闭、恐吓、放任、说理、口头表扬等。谈话中，有位母亲说她用说理的办法对待儿子的某些行为。为慎重起见，调查者没有直接在表格中记录，而是进一步追问："可以举一个例子谈谈您是怎样说理的吗？"那位母亲答道："我叫他把手伸出来，我也伸出手，对他说：看！我的手比你的手大，对不对？我用我的手打你，比你用你的手打我要痛，对不对？所以呀，你最好照我说的话去做。"根据这位母亲讲述的情况，调查者应选择"恐吓"而非"说理"一项做标记。这一事例说明访谈法的优点恰恰弥补了问卷法的缺陷。问卷是间接作答，调查者很难了解填答者的问题和当时的某些具体想法与反应。
>
> 　　[资料来源：王坚红（1991），p.122]

　　第三，访谈法有广泛的适用性。心理学以人的心理为研究对象，人除了可以通过行为表现其心理活动外，更重要的是拥有用语言来描述其心理的能力。通过语言，人们可以表达对各种事件的记忆、理解、态度和情感体验，可以对这些事件的意义进行诠释。因此，可以用语言交流的内容，基本都适合用访谈法来研究。

　　访谈法还适于做其他方法做不到的事情。在心理学研究中，做实验之前要求有明确的变量、清晰的变量关系假设，做调查之前要设计明确的问题和良好的工具。然而，在对某个领域了解较少时，就很难做到这一点。而访谈法可以用于某个领域的初步研究。例如，可以通过访谈提取被试的相关概念和各种表述，为编制问卷或量表做铺垫；通过访谈确定值得通过实验检验的假设或要解决的问题。此外，观察研究往往只能了解观察对象的行为表现，要了解其背后的心理因素，适合采用访谈。面对面的访谈是一种人与人交往的活动，同时研究者又是带着一定的目的，遵循某些设计好的实施原则来交谈的，在一定意义上，访谈法能比观察法揭示更深层、更丰富的信息。因此，可以在观察研究的基础上采用访谈法进一步深化研究。

虽然与其他研究方法相比，访谈法在心理学研究中有其独特价值，但也有缺点。一是这种方法在设计、实施和数据分析方面较为复杂，标准化程度较低，这使得研究者在使用这种方法时需要考虑方方面面的因素，且不一定能达到满意的效果。二是由于访谈法缺乏标准化规则，导致对于研究效度的评估变得困难且富有争议，限制了研究结果的发表和影响力。三是对于研究者和访谈者的个人能力要求较高。虽然谈话很容易，但符合科学标准的访谈，对于研究者的设计能力，对于访谈者的实施能力，特别是交流能力都有很高的要求，这导致访谈研究的效果很容易受到研究者和访谈者的影响。四是在一些情况下不适合用访谈法。例如，访谈法难以检验因果关系，不适于反省能力和口头语言能力太差的研究对象。

二、访谈法的类型

访谈法不是一种单一的研究方法，而是一系列研究方法。虽然它们都是一种以研究为目的的交谈，但依据研究性质、对象和媒介的不同，访谈法可以从不同的角度划分为许多种类。

(一)结构性访谈与非结构性访谈

根据访谈研究的控制水平或标准化水平，访谈可以分为结构性访谈与非结构性访谈。

结构性访谈又称标准化访谈，指按照统一的设计要求而进行的访谈。结构性访谈的特点是整个研究在设计、实施和资料分析的过程中标准化程度非常高。所谓"标准化"，即所有受访者都接受完全一致的访谈过程。具体来说，结构性访谈对选择访谈对象的标准和方法、访谈中提出的问题、提问的方式和顺序、受访者回答的方式、访谈记录的方式等都有统一的要求；有时甚至对于访谈者的选择以及访谈的时间、地点、周围环境等外部条件，也要求对所有受访者保持一致。访谈程序标准化的价值在于,所有访谈结果间的差异仅仅体现了受访者之间的差异,而与访谈研究过程无关,从而在结果分析时可以保证从结果差异推论受访者差异的逻辑可靠性。从中可以看出,结构性访谈和实验法一样要强调无关变量的控制,确保对结果解释的唯一性。结构性访谈的优点也意味着其不足,即缺少了访谈的灵活性。

可以看出,结构性访谈非常类似于标准化的问卷调查,所以有时也称为"标准化的调查访谈"或"问卷访谈"。但是相对于标准化的问卷调查,结构性访谈有特殊优势。第一,这种方法可以减少"我不知道"或拒绝作答之类的反应,因而更适合对比较敏感的问题进行研究。第二,通过访谈,研究者还能观察受访者的言行,而这在问卷调查中不可能做到。第三,调查访谈比自行填答问卷的回收率和有效率高得多。受访者似乎不太会拒绝已经站在面前的访谈者,但却很可能把收到的问卷丢到一旁或胡乱作答。

非结构性访谈又称非标准化访谈,亦即自然的、广泛的、自传式的、深度的、叙述性的访谈。与结构性访谈不同,非结构性访谈方法对于研究的标准化程度要求比较低,事先并不规定访谈的标准程序,而只有一些大致的访谈主题或范围,访谈者和受访者可以就这个主题进行比较自由的交谈,甚至有时候就是随意的"闲聊"。这种方法之所以不十分强调标准化,甚至在一定程度上"牺牲"标准化,是因为研究者最关心的问题并不是如何从访谈结果的差异中来发现受访者之间的差异,而是如何通过将不同受访者的讲述归纳在一起,"重建"或"重现"某种研究者未知的社会事实或文化,或者挖掘受访者谈话的深层意义。因此,研究者需要让受访者畅所欲言,需要尽可能地从多方面或多角度向受访者发问和追问,而不能让"标准化"的访谈程序束缚住访谈者和受访者的交流。但是这种方法在研究实施和分析阶段,都需要花费相当长的时间,因而这类访谈不适合那些需在较短时间内完成的项目;更为重要的是,访谈资料及其分析都容易受到访谈者主观意图的干扰或污染,而导致结果失真。

(二)个体访谈与集体访谈

根据受访者的人数多寡,可以将访谈分为个体访谈与集体访谈。二者的关键区别在于,访谈是发生在一个"一对一"的社会情境中,还是一个集体的社会情境中。个体访谈通常只有一名访谈者和一名受访者,两个人就研究的问题进行交谈;而集体访谈的对象是同时有多名受访者,受访者相互之间就有关的问题进行讨论,这时访谈的结果未必只代表了某个受访者的观点和看法，可能包含其他人的社会影响。

个体访谈是指访谈者对受访者进行的单独访谈。这种个体交谈的形式使得访谈者与访谈对象之间更易于沟通。例如，正式访谈开始之前，可以就访谈对象感兴趣的话题进行初步的交流，这种面对面的言语与非言语交流有助于访谈双方建立友好关系。在访谈过程中，还可以随时调整谈话速度，对于非结构性访谈而言，还可以随时追问。个体访谈的这些特点在集体访谈中就很难体现出来。正因为如此，个体访谈往往比集体访谈更为常用，尤其是对一些敏感问题的研究。

相对于个体访谈而言，集体访谈特别适合对群体心理过程进行研究。由于集体访谈是许多人在一起面对面地讨论问题，在这一过程中，必然会发生个体间的交流活动，譬如争论和妥协。而这种争论和妥协可能正是研究者所关心的问题，它表现了个体对事件的不同看法以及群体心理的形成过程。这种研究资料只有在团体交流的情境中才可能获得。例如，20 世纪 40 年代，美国社会学家默顿使用集体访谈的方法研究了政府发放战争宣传品的效果。他将一些具有同类社会身份的人聚集在一起，请他们就某类战争宣传品对他们个人和家人的影响进行讨论。通过观察不同参与者对同一主题进行交谈，可以了解他们看待问题的多种角度、观点的相互纠正以及他们之间的其他各种人际互动信息（陈向明，2000，p. 211）。而这些资料在个体访谈中很难得到。因此，一些社会心理学家在考察群体心理和行为时，特别喜欢利用集体访谈。

集体访谈还有一种特殊的形式——座谈会。座谈会是一种无结构的集体访谈。座谈过程不仅是访谈者与受访者之间的互动，也是受访者之间的彼此互动。这种方法能迅速收集受访者对一个问题的看法，也可以了解某一群体的普遍看法和倾向。通常参与座谈的人数以 5～7 人为宜，人数太少没法开展讨论，太多了无法充分互动。组织座谈会时，要选择有代表性的、了解情况的人参加，要提前通知他们，告知议题，让他们有所思考，有所准备。例如，要了解师生员工对于学校班车运行的建议，就要选择各方面有代表性的人员参加，让大家充分发言，积极参与讨论。最后，根据收集到的意见，决定如何改善班车服务。

(三)直接访谈与间接访谈

根据研究所采取的会话媒介手段，可以将访谈分为直接访谈与间接访谈。直接访谈是指访谈者与受访者之间发生的面对面的访谈活动，而间接访谈是指双方通过电话、网络等通信工具进行的访谈活动。

　　在间接访谈中，使用较多的是电话访谈。我们需要了解，是否借助电话这类媒介进行交谈，会影响访谈效果。与面对面的直接访谈相比，在电话访谈中，受访者在回答某些敏感问题时受社会赞许性的影响程度可能比较小，但回答开放式问题时给出的答案往往比较简短，信息量有限；同时，电话访谈在抽样、访谈员误差、数据录入等环节更易于进行控制，有助于确保访谈质量；另外，与直接访谈相比，电话访谈的速度快、效率高，更节省时间。但是电话访谈也有缺点，电话媒介不容易进行长时间的交流，不能得到受访者的非言语信息，也难以对较为复杂的问题进行深入访谈。

(四)临床谈话法

　　临床谈话法是皮亚杰在儿童认知研究中使用的一种方法。其实质是访谈法，但综合了自然观察、测验和精神病学的临床法(林崇德，2002，p.42)。该方法把摆弄实物、谈话和直接观察结合了起来。具体有如下特点。

　　(1)生动有趣的小实验。研究者采用了丰富多彩、各式各样的物理小实验，当面做给被试看或要求被试自己动手来实际操作，以此来研究儿童的思维或智力水平。这些实验被称为"皮亚杰任务"，如各种"守恒"实验、"三山"实验、"类包含"实验。

　　(2)合理灵活的谈话。谈话的目的是把儿童实际思维的内容和过程通过语言和操作外化出来，从而确定其思维结构。鉴于儿童的语言水平和任务的特点，研究者既可以使用纯语言来提问，也可以结合实际操作来提问，提问的方式非常灵活，完全取决于研究者的机智和技巧。

　　(3)自然性质的观察。临床谈话法和精神病学上的临床法一样，都采用自然性质的观察来收集被试的信息。它虽然使用物理小实验，但本质上属于观察法，而不是实验法，因为它不是就物理问题做实验，也不是在实验条件和结果之间下结论。

　　皮亚杰正是基于这种临床谈话法收集资料，采用数理逻辑作为分析儿童思维或智力结构的工具，最终建立了他伟大的儿童心理学理论。这种方法被后来的追随者广泛使用，可以阅读案例8-3。仔细分析这个例子，或许可以充分体会研究者如何根据明确的理论灵活地和儿童交流，以真正探测清楚儿童的概念理解水平或认知结构特征。研究者的这种理论素养、智慧和技巧，在今天的研究中似乎又被遗忘了，然而这非常重要。

和小孩子一起做实验是为了观察，但这不是实验研究。图为"守恒"实验与"三山"实验。

案例 8-3 塞拉利昂儿童的守恒概念

卡马拉（Kamara，1971）在美国伊利诺伊大学完成的博士论文曾使用这种临床谈话法，考察了儿童体积守恒概念的发展。卡马拉研究的问题是，当用儿童的母语进行访谈时，非洲塞拉利昂的泰姆奈族（Themne）儿童的认知发展水平是否也像更进步的西方文化中的儿童表现得一样好。这段访谈中的被试叫阿马丹（Amadn），是一个没有受过学校教育的 9 岁泰姆奈族男孩。在与儿童进行了几次访谈后，给他出示两个橡皮泥球，然后按皮亚杰的方式提问，另外还注意到对泰姆奈族文化和语言的适应，在访谈中橡皮泥代表着大米面包。

研究者：你得到哪一个将有更多面包呢？

被　试：它们是相等的，得到哪一个都一样。

研究者：如果阿如纳（Aruna，阿马丹认识的小朋友）回来了，你告诉他这两个都是相等的，但他不相信，你如何做才能说服他？

被　试：（停顿）……他将认为这一个（扁平的面包）更多。

研究者：你将如何做以告诉他两者是相等的？

被　试：我将告诉他这个已经被压扁了，所以看上去比较大，但它们是相等的。

研究者：你如何做才能使他信服呢？

被　试：（停顿）……我将把这个（球状的）和这个（扁平的）放在一起，并且把它（扁平的）做成球状的……

现在的问题是阿马丹所做的判断是否出自一个基于具体运算的守恒结构，还是出自低水平的知觉比较结构（即没有达到守恒水平）。如果只根据他与研究者的第一次互动，我们很难判断其真正的认知结构，虽然看上去是"守恒的"（能判断两者相等）。

在第二次互动中，我们得到了好像是知觉比较结构的证据，因为其中涉及球状与扁平状（饼状）表面的比较（被试说饼状比球状的能提供更多面包，表明他关注的主要是表面积，但这不一定是几何意义上的"面积"，因为物体的直径等其他特性也能说明观察到的行为）。阿马丹把这种比较放在他的朋友阿如纳身上，暗示他自己并未改变守恒的信念，这意味着用以说明守恒的结构比根据知觉特征的比较结构更强大，后者只在代别人思考

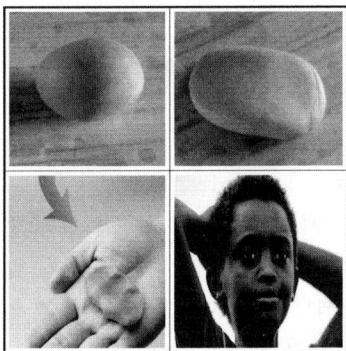

得到哪一个更多呢？图为体积守恒实验。

时才起作用。应该注意到，只有研究者的第一部分问题被阿马丹同化了。"同化超载"可能是他在进行反应之前有所停顿的原因。问题的后半部分"你如何做才能说服他？"必须被重新问一次才被完全同化。

在第三次互动中，研究者再次重复问题，这时儿童的反应给出了前面提到的两种结构的证据，也证明还有一种结构。这个"看上去比较大"再次证明存在知觉比较结构，但是因为它"已经被压扁了"表明是"物体—操作结构"（object-manipulation structure，这类似于感觉—运动结构），即考虑到了把球状压成饼状的问题。由于研究者不断提问以及对饼状面包的知觉，使被试想起了"压扁"这一动作。最后一句"但它们是相等的"表明物体守恒结构的存在而非只是形状记忆。

在第四次互动中，研究者再次问"你如何做才能使他信服呢？"之前还没有证据表明与物质守恒有关的具体操作。在一个停顿（表明这时正在搜索可以同化问题的新结构）之后，被试的反应体现了被皮亚杰认为是可逆的具体运算图式（reversible concrete operational schemes）的证据，这种

图式在被试思维中产生或唤起了相反的动作。如果一个人接受了这种操作，反应就是"我把饼状的做成球状的"。在这个情境中，守恒结构、可逆动作图式、物体操作图式都被激活并联系起来，这时才能认为被试真正理解了守恒概念。

第二节　访谈研究设计

在确定了研究问题并决定采用访谈法收集数据之后，研究者需要对访谈研究进行精心的设计，以确保研究过程和研究目的之间的一致性，确保研究的有效性。访谈研究的设计，需要考虑的总问题是，如何使用访谈法回答研究问题。具体考虑的内容包括：访谈内容、访谈对象、访谈者、访谈的情境、访谈问题、访谈记录、数据分析等，最后要形成正式的访谈设计方案和访谈提纲。访谈记录和数据分析将在下一节介绍，本节主要介绍除这两部分之外的其他内容。

一、访谈内容

在访谈设计中，研究者面临的第一个问题，也是最重要的问题是：为了回答研究问题，需要询问一些什么样的信息？通常，我们不能拿自己所关心的研究问题直接询问受访者，因为这些问题对于他们来说往往过于抽象，令受访者无从回答，研究者自然无法得到有意义的答案。

如果你直接问一名成人"请谈谈你对金钱有什么看法吧"，他可能不知该从何答起，只好拿一句流行说法草草应付，如他会说"钱不是万能的，但没有钱是万万不能的"；如果你问一位妻子"你们的婚姻是如何维系的"，她可能不好意思细说详情，就只说"双方相互信任"之类大而无当的话；如果径直问一位教师"在教学中一般怎样创设情境"，受访者从未对这样的抽象问题进行过认真思考，只好挂一漏万地用一个具体事例来回答，或者给出某种公式化的答案。很显然，这种总体性的研究问题不能直接当成访谈的问题来问。

研究者在明确了研究问题之后，首先要做的就是考虑如何将研究问题分解为一些具体问题，并对其中的关键概念进行操作化定义。操作化就是将抽象的概念转化为表现这一概念的具体现象或指标（案例8-4）。例如，"同情心"这一概念可以操作化为"给灾区捐款""为弱者做义工"，然后询问被试是否在最近一次大灾难时为灾区捐款，或者过去一年做过多少次义工以帮助弱者，这类具体问题被试比较容易回答，根据其回答也可以推知受访者是否有"同情心"。在访谈研究中，理论概念被操作定义后的内容应是受访者了解和熟悉的具体现象，这样受访者才能做出有针对性的回答。

案例8-4 青少年群体社会化的社会微环境研究

我们以一个研究实例来说明如何确定访谈的内容。研究者试图通过访谈法考察社会微环境在青少年群体社会化中的作用（张丽等，2007）。在设计访谈内容时，研究者将社会微环境操作化定义为访谈对象所在学校的周边环境，将群体社会化的方式定义为群体活动，并将群体活动操作化为内容、时间、地点、频次、伙伴、原因、意义等指标；接着将上述研究问题具体化为四个方面：第一，学生常在哪些校园周边环境进行群体活动；第二，这些群体活动是什么；第三，这些校园周边环境为青少年群体活动提供了怎样的条件；第四，这些群体活动对个人社会化有何作用。最后，研究者设计了九个访谈问题来收集这些内容方面的信息。

核心问题：你每天在进入校门之前或离开时，经常在学校周围的一些地方做什么事情？

对每件事，要了解如下各方面的信息。

（1）具体内容。你能具体解释一下这件事或这项活动的具体内容吗？

（2）地点。这种行为或活动发生在什么地方？

（3）时间。你通常什么时间去做这件事情？（如第几节课后？上学还是放学时？还是中午休息时？）

（4）频率。你每周（或每天）大概做几次这种事情或行为？

（5）原因。你为什么这样做？

（6）意义。这样做有什么意义？

（7）同伴参与。你做这件事情时有人一起吗？是谁？为什么你喜欢和他们一起去做？

（8）同伴交流的话题和内容。你和同伴一起时都聊些什么？经常谈论哪些话题？

（9）影响。你在学校附近待着的这段时间里的谈话对你有什么影响？

从上述研究过程中可以看出，将研究问题具体化为特定的访谈内容是我们设计具体访谈问题的基础。

二、访谈对象

应该如何选择受访者呢？这首先取决于研究问题。如果研究问题是针对特定人群提出的，或者说预期的研究结论是针对特定人群做出的，那么在选择受访者时，首先要考虑实际受访者对于特定人群的"代表性"。例如，一项研究的目的是考察青少年对待老师的态度。如果只针对学校中正在读书的中学生进行访谈，就可能得到一个不全面的结论，因为这忽略了那些逃学或辍学的学生，他们对教师的态度可能与在校生截然相反。在选择有代表性的受访者方面，可以采用一般的被试随机取样方法，这里不重复介绍。

如果研究问题是针对某种社会文化现象提出的，而不针对特定的人群，那么研究者就要尽量去找这种社会文化现象的"知情者"。这些受访者应该熟悉你要了解的社会文化现象，并最好能拥有与之有关的第一手资料。同时，研究者要尽量保证这些知情者的多样性而非代表性。因为在实际研究中，你很少能找到一个掌握你所需要的所有信息的人。你要寻找了解问题的特定方面的人，然后把他们所报告的内容加以整合。假如你想了解一条商业街是怎样从无到有发展起来的，这其中可能有很多人涉及在内，每个人只知道某一部分内容，而你要跟所有人进行交谈。另外，受访者应该对访谈者提出的问题有深入的了解和看法，并且有很好的交流能力，从而可以向"局外人"解释他们自己的经验。比方说，对于城市的未来发展问题，房地产开发商、市政建设部门的官员、城市规划工程师和环保人士是理想的受访者，而普通市民可能仅仅对此有直观的感受，很少认真思考过这些问题。

如何找到这些知情者呢？这需要一些前期的调查工作。如果要找到掌握第一手资料的人，可以找那些对相关领域进行持续性监控的人，如持续跟踪特定领域的记者或编辑，或者一些协会的工作人员。对于某些特殊的被试来说，比方说若干年前某一事件的亲历者（如"非典"时期的患者），要找到往往就比较困难。你可以首先从一般的旁观者那里寻找信息，如记者或者当时的主管官员。而你一旦找到一个亲历者，就需要尽量从他那里得到其他亲历者的信息，进行"滚雪球"式的取样。有时候，很难在研究开始前就想到哪些人是理想的受访者，而需要在研究中不断补充进来。

总之，要根据研究目的或问题的性质，确定合适的筛选受访者的原则和策略(陈向明，2000，p. 104)。通常我们只需要根据一般的随机取样方法选择代表性样本，而有时需要想方设法找到知情者。

三、访谈者

什么样的人适合担任访谈者呢？要成功进行访谈，需选择合格的访谈者或访谈员。所谓"合格的"访谈员，首先应具有一名合格的研究助手必备的基本特征。第一，态度要诚实。譬如说，不能将自己的猜测意见添加到访谈记录中，不能伪造访谈记录。第二，对研究的问题和对象比较感兴趣。譬如要有探究研究问题的愿望，不能厌恶和排斥自己的访谈对象。第三，工作认真负责。由于访谈工作进程很大程度上掌握在访谈者手中，只有认真负责的态度才能保证访谈工作按时而且保质保量地完成。第四，具有一定的科学文化水平，有比较好的口头表达和书面表达能力。一般情况下，大学高年级学生和研究生往往具备上述基本条件，因而是比较理想的访谈员的来源。

对于访谈研究来说，合格的访谈员还需要具备一些进行良好人际沟通所必需的个人特征，这些特征会直接影响受访者的言行。例如，访谈员越是具有魅力，就越能激起受访者的合作愿望和兴致，访谈获得成功的可能性就越大。又如，气质类型比较急躁的访谈员可能会更频繁地采用批判性的追问方式，如要求受访者为自己的观点提供证据。这种访谈风格容易使那些在社会生活中处于弱势的受访者感到自己受到了胁迫或歧视。通常，气质比较温和，人格有"宜人性"的访谈员更容易赢得受访者的合作。

另外，在选择访谈员时，还有一类特殊的个人特征需要考虑。这类个人特征包括年龄、性别、文化背景、受教育水平、语言以及穿着打扮等，它们往往体现了个人特定的社会地位、态度和价值观。一般情况下，研究者应尽可能缩小访谈员和受访者在这些特征上的差别，而不是保持所有访谈员在这些条件上的一致性。例如，由于穿着打扮常被视为一个人社会地位、态度与倾向的外在表征，因此访谈员的穿着应与受访对象风格尽量相似。在难以保证相似性时，至少应该是干净整齐，体现社会主流价值规范，从而能被大多数的受访者所接受。

由于合格的访谈员需要多方面的条件，因此，访谈研究需要审慎选择和严格培训访谈员。特别是在一些大规模的访谈研究中，研究者往往需要雇佣一些人作为访谈员，而不可能自己亲自访谈。这时访谈员称职与否，会直接影响到访谈资料的信度和效度。一个不称职的访谈员，即使得到一堆资料，里面可信的和可用的部分也极少。选用访谈员的一般原则是，首先考虑一般条件，即在任何访谈研究中，访谈员都应该满足的这些条件；然后考虑特殊条件，即在不同的访谈对象和情境条件下，访谈员要满足的特定条件。在选定访谈员后，要进行严格的方法和技能培训，待其熟练后再上岗工作。

四、访谈的情境

受访者在什么情况下会提供研究者需要的信息呢？很多话能否说，是要看情境的。为此，研究者要慎重考虑访谈发生的情境。这里的情境，不仅是指访谈行为发生的物理意义上的具体时空环境（何时、何地）；也包括这个物理情境的社会意义，如在这个情境中受访者的身份和角色、访谈者和受访者的社会关系，以及此时此地还有哪些人在场；还包括访谈所使用的媒介手段，如是面对面的访谈，还是电话访谈，抑或是通过网络聊天方式进行的访谈。

访谈的情境会明显影响受访者的回答，甚至同一个受访者，在不同的情境下表达的观点也会大相径庭。例如，在网络情境中，由于个人身份的隐蔽性，人们更倾向于表露真实的自我，其言行更少受到外在道德规范的约束。又譬如说，在家里和学校这两种不同的情境下，同一学生对同一问题很可能给出不同的答案。这些差异可能是访谈情境的社会意义造成的。在访谈情境中，受访者并不仅仅是根据对自己所经历的过去事实的回忆进行如实陈述，他最终说些什么，可能取决于他如何感知和理解在当前情境下交谈双方的关系，以及如何预期自己在当前情境下的言行后果等因素。例如，在企业里直接访谈员工对领导专制作风的看法，员工可能会轻描淡写地敷衍过去，而把员工约到公园或茶馆里访谈，可能得到的是另一番答案。直接在流动商贩摊位前，询问他们对城管执法行为的看法，所选访谈环境好像很"生态化"，但商贩一定会首先怀疑访谈者是否是"卧底"。

再举个具体例子来说，一位研究者曾对那些正在坐火车旅行的商业经理们进行访谈，在他的研究报告中这样写道：令我（研究者）吃惊的是，这些经理对一个不可能再次见面的人毫无戒备，他们的观点和意见与多数管理文献中的"现实"相矛盾的程度非常大。如果访谈是在经理们的办公室进行的话，结果就可能大不一样(阿克塞，奈特，2007，p.61)。

因此，在设计访谈研究时，研究者需要思考，访谈应该选择在什么样的情境下，以及通过何种媒介来进行。虽然访谈情境对交谈行为的影响很大，但是在访谈研究实践中，我们不可能对访谈情境做到完全的预先了解和控制。我们需要考虑的是，情境中的哪些因素会在很大程度上影响受访者对于问题的理解和回答，然后根据自己的研究目的，选择合适的访谈情境。一般来说，如果受访者十分愿意提供你所需要的那些信息，那么由对方来确定交谈的时间和地点，不失为一个简单的好办法。

另外，研究者还需要仔细考虑访谈应使用何种媒介手段进行。事实上，媒介是交谈情境的一部分。媒介情境理论就强调，媒介手段决定了交谈双方可以知觉到的情境，进而会影响交谈行为(梅罗维茨，2002，p.31)。例如在访谈研究中，对于一些较为敏感的"胁迫性"问题，往往采用间接访谈的形式比较好，如电话访谈。这可能是由于在非面对面的媒介条件下，受访者知觉到的会话情境是"安全"的，自己的真实身份对于对方来说是不明确的，其答案受社会期望影响的可能就比较小。

五、访谈问题

要获得需要的信息，就需要根据访谈内容编制具体的访谈问题。访谈问题的编制是访谈研究设计中最重要的部分。从某种意义上讲，受访者回答什么，主要取决于访谈者问了什么。因此，在研究开始之前，研究者需要精心设计访谈问题，并在预备访谈中进一步修改和完善这些问题。研究者在设计问题时，一般要考虑问题的类型、措辞、组织以及回答方式四个方面。

(一)问题的类型

在访谈中，研究者一般不是通过一个问题，而是通过一组问题来收集信息。这组问题及其回答构成了访谈员与受访者一段完整的交谈。从问题的不同功能上看，一组访谈问题主要由研究的主干问题、追问问题和控制问题组成，每一类都在访谈中发挥着重要作用(鲁宾，2010，p.119)。

(1)主干问题。主干问题是获取研究问题或目的所需要的关键信息的直接问题，它构成了访谈的基本框架，确保了研究者正在回答他的研究问题。主干问题是基于上文所述的访谈内容来设计的。我们曾提到，确定访谈内容就是要说明"回答关心的研究问题，需要什么样的信息"，而一旦知道需要何种信息来解答研究问题，访谈主干问题的设计就很明确了。我们只要针对所欲了解的信息，或者说研究变量的操作定义进行提问即可。例如，要了解夫妻关系如何得以维系，那么应该问一对夫妻他们每天在一起做些什么，他们怎样应对冲突或争吵，怎样要求对方，婚前他们对婚姻有什么期待，这些期待是否都实现了，等等。

在设计主干问题时，需要注意以下几个方面。

第一，对于受访者来说，主干问题应该通俗易懂。这意味着在内容上，主干问题应该是足够具体的，具体到受访者可以立即根据自己的生活经历和行为反应作答，而尽量不要问诸如"你是否赞成素质教育""你为什么要考大学"之类笼统、抽象的问题。这种抽象问题对于受访者来说比较难回答，而且即使得到答案，这种一般态度和特定情境下的行为也没有多少一致性可言。其实，研究者通过询问他们的经历或对某些具体情境的反应，可以从中得到"为什么"的答案。如果确实需要问一些较为一般的问题，那么研究者需要制定对于该问题的统一的解释说明方式，由访谈员念给受访者，而不能由访谈员根据自己的猜测做出解释。

第二，提出问题时，注意不要将自己的理解或预设包含其中，以免限制受访者作答的自由。例如，"在过去的一年中您读过的最好的书是哪本?"这个问题里面有两个假设，第一，受访者在过去一年中至少读过一本书；第二，在读过的书中，至少有一本是他喜欢的。这会让那些不符合这两条预设的受访者难以根据自己的真实经验来回答问题。一个更好的提问方式是将这些预设提取出来单独设问。例如，"您在过去一年中读过多少本书? 其中有您喜欢的书吗? 您最喜欢的书是哪本呢?"这样的问题往往不会限制受访者对问题的理解和回答，研究者可以得到充分的信息。

第三，在开放式访谈中，避免问那些容易通过"是"或"否"来回答的问题。例如，如果你问在岗员工："你觉得领导对待你是公平的吗?"你可能得到一个很快的回答，"是"或"不是"，然后就是沉默。一个更好的问题可能是："你能描述一下你在工作中与上级领导是如何相处的吗?"这样提问，受访者就不可能直接用"是"或"否"进行回答，而很可能给你一个更丰富的答案。

第四，尽量不要在访谈的主干问题里直接询问受访者的意见，至少在进入访谈末段之前不要这样做。在开始的时候，如果你问有关意见的问题，人们会表明态度和观点，然后整个访谈中他们都会出于"认知协调"的需要而试图跟自己所说的观点保持一致，即使他们后来想到了矛盾的情况或微妙之处也可能会隐而不报。如果要问一个评价性的问题，尽量拖到访谈快结束时再问，或者在受访者讲述了一定数量的例子和各种想法之后。

第五，妥善处理敏感性问题。敏感性问题往往涉及个人隐私、文化禁忌或重要的个人利益，如夫妻关系、个人收入或上下级关系等。由于自我防卫，人们往往拒绝回答这类问题。因此，对于较为敏感的问题，要采用委婉的方式提问。一种常用的方法是投射技术，即用第三人称的方式来提问，似乎问题是针对其他人而非受访者。例如，针对上下级交往中的送礼问题，研究者可以问："老张认为看望领导不应该携带礼物，老李认为看望领导应该携带礼物，你同意谁的观点？"也可以采用"大众化"技术，使得受访者感到他那些"犯禁"的观点其实并非不可告人。例如，"多数人承认他们有过犯罪的冲动，你有过吗？"

（2）追问问题。在访谈中，追问往往是必不可少的。它可以使受访者的回答结构化，保证研究者所欲探讨的问题都已经被问及，从而避免在数据分析时面临"资料万千，无一可用"的窘境。它还可以引导受访者更全面、更精确地回答问题，帮助我们获得一些深入的具体信息。例如，如果我们对一位企业员工进行访谈，他评价他的上司"非常好"，那么这里的"好"具体是什么意思呢，访谈者就需要进行追问。

虽然追问的问题是根据受访者实际回答的内容提出的，但是良好的追问很大程度上依赖研究设计阶段的充分准备。在研究设计阶段，尤其在预备访谈之后的设计完善阶段，研究者应主要考虑哪些问题可能需要进一步追问，以及追问什么问题。最后将设计好的追问问题写在访谈提纲上。

对什么样的问题进行追问，这要看问题的性质，以及访谈时的具体情况。一般来说，在访谈中，如果对于某一问题，受访者容易出现回答残缺不全、含糊不清、模棱两可、过于笼统、不完整、不准确等情况，我们就需要考虑进行适当的追问。例如，当研究人际吸引的问题时，如果受访者说，他被女朋友的"漂亮"所吸引，要进一步追问在哪些具体情境中他感到"漂亮"或"漂亮"体现在哪些方面。当受访者描述吸引人的具体事例时，也许会发现，他其实是被对方的温柔、善良、自信或对某事充满激情所吸引，这时候他会感到对方"漂亮"。总之，在访谈中，我们不仅要避免问一些抽象的问题，也要通过追问来避免受访者仅仅留下一些抽象的答案。

在访谈设计中，研究者可以根据目的，酌情为不同的问题设计不同的追问问题。

一是背景性追问，即在受访者给出答案后，为了让其提供更多的背景信息而进行的追问。这种追问可以帮助我们获得丰富的背景信息。当受访者的陈述需要特定的背景信息才能更好地理解时，可以采用这种追问方式。例如，受访者提到了在某次会议上的一次观点冲突，访谈员应追问"在这次冲突之前有什么征兆吗"或者"你能介绍一下当时具体的情况吗"。

二是说明性追问，即为让受访者更详尽地解释某些谈话内容或澄清意义而进行的追问。这种追问可以帮助我们理解受访者复杂微妙的陈述的具体含义。当受访者的表述抽象宽泛或者明显过于片面时，可以采取这种追问方式。例如，受访者说完某事后，接着说自己"非常遗憾"，访谈者可以追问"是什么事情让你感到遗憾呢"。

三是详尽性追问，即当受访者的回答残缺不全时，为了让其全面回答访问问题而进行的追问。这种追问可以帮助研究者获得关于一个问题的全面信息。例如，受访者陈述一个事件后，访谈者问"当时还发生了些什么呢"。

四是评价性追问，即为了获得受访者对某一事件的态度、预期、价值判断或情感反应而进行的追问。具体可以这样追问，如"你对这事怎么看""你当时有什么感受"，这种追问有时候也可以采取假设性的方式来进行。例如，受访者讲述了他在机场等了一小时接太太回家，访谈员可以问："假如你当时让她自己打车回家呢？"

五是质疑性追问，即访谈者感到对方回答不真实或不可信而进行的追问。它可在一定程度上保证答案的真实性。由于质疑性追问意在指出对方的不真实之处，因此，使用时应特别小心，常常只有交谈双方关系十分融洽时才能使用。

（3）控制问题。主干问题和追问问题主要是用来得到那些研究所需要的信息，而控制问题的目的则是更好地控制访谈进程，使得访谈连贯、过渡自然。虽然控制问题与研究问题没有直接关系，但是在访谈设计阶段，应适当准备一些此类问题，以备实施访谈时灵活使用。

控制问题一般包括推动、返回或转换三种类型。推动型控制是让受访者就其刚刚说过的内容进行更深入细致的解释和阐述，可以用来获得与特定观点相关的解释、评价、例子或证据。而返回型控制则在谈话对象离题太远的时候礼貌地将他们拉回到主题上来，如"对不起，我让你转移了话题，你刚才说某某事件"。如果需要转换的话题很难与当时受访者正在谈论的问题联系起来，访谈者可以用转换型问题来实现话题的控制，如"你说的这些很有意思，可是因为时间的关系，我还想问你另外一个问题，不知道行不行？"

从表述方式上看，控制问题可以是口头的，也可以是非口头的。口头的表达通常很简短，如"能多告诉我一点吗"和"继续，这样就很好"。非语言的表达包括稍稍等候一下让受访者继续说下去，身体前倾表示你很感兴趣，或者点点头、专注地看着对方，又或者急忙记笔记，这些肢体语言都在暗示对方多讲点。

无论采用何种表达方式，控制问题都要简短，不要显得唐突，否则会影响交谈的流畅性。例如，受访者说"我去商场买了些东西"，访谈员不要生硬地说"请举例说明"，而应该问"都买了些什么呢"。另外，控制问题数量要适当，过多的控制问题会使得受访者感到谈话僵硬或不被信任。在访谈中说"是的，我明白"一两次，可能表示赞同，但如果访谈者将其重复20次，就只能被当作机械回应。第一次问"你是怎么知道的"，受访者可能会给出如何知道某事的具体说明，但如果问好几次，就会造成一种不好的印象——似乎你并不相信受访者的观点或结论。

(二)问题的措辞

在访谈中，问题的措辞会直接影响受访者对问题的理解和回答。有时，哪怕问题措辞只有微小的差异，都可能改变问题性质和回答方式。

问题措辞的首要原则是语义明确，即措辞要避免含糊和指代不明。问题表述含糊不清的一个表现是双重问题，即在一个问题中询问两个问题，如"您和您父母的关系融洽吗"这样的问题实际上问了"您和您父亲的关系融洽吗"和"您和您母亲的关系融洽吗"两个问题。如果是采用封闭式问题，这就会让一部分受访者觉得难以回答。

问题表述还需通俗易懂。要使用受访者很容易就能听懂，并且经常使用的日常生活词汇，而不要用抽象的、生僻的词汇，如"社会地位""阶层固化"等。虽然受访者大都知道这些词汇，也能大略理解其含义，但是这些词汇他们很少使用，而且不同的人对其理解的差异也较大。当然也不要使用专业词汇(如"归因""表征"等)，这些词汇对于许多受访者来说根本就不知所云。为做到通俗易懂，有时还要使用受访者习惯的方言或行话。

同时，问题一定要简短。长句子不适合访谈这种口头交流形式。问题的陈述越长，句子结构越复杂，受访者越难以听懂，含义也就越可能含糊不清，不同受访者的理解就越可能不一致。

另外，提问的措辞应中立，不应包含某种价值判断的倾向性。这种措辞倾向性会对人们的答案形成某种暗示。许多语言因素都会造成这种倾向性。一是提问的句式。例如，问"你抽烟吗"和问"你不抽烟，是吗"就有所不同，后者的句式带有一种希望受访者回答"是的，我不抽烟"的倾向。二是在问题中引用一些权威的观点。比如"医生认为抽烟有害健康，你的看法如何?"这会使得受访者不好意思承认自己抽烟的事实。三是在提问中包含了某些修饰和说明，也会形成对回答的诱导。例如，"《流浪地球》这部影片引起了很大的轰动，很多人都喜欢这部影片。请问你喜欢这部影片吗?"如果受访者回答"不喜欢"，似乎在冒天下之大不韪，或者他会怀疑访谈员是导演的朋友或亲戚。四是一些包含明显情感色彩或价值含义的语汇。例如，问题中使用了"官僚""企业家""伟大理想""自由""尊重""成就"等这类有导向性的词汇。人类语言非常复杂，在问题措辞上要尽量避免这些倾向性因素。

(三)问题的组织

在设计访谈问题时，不仅要考虑每个问题的内容和措辞，还要考虑如何将多个访谈问题组织和编排在一起，以便谈话自然地从一个话题转到另一个话题。

如同编排问卷中的问题，设计访谈问题的编排顺序时，一般采用"漏斗顺序"(funnel sequence)，即由一般的宽泛型问题逐步聚焦到具体的、针对特定事件的问题。例如，先问一般的健康状况，再询问特殊的疾病。这是因为，受访者对一个问题的回答会受到已回答问题的影响，而且越宽泛的问题越需要基于上文加以理解，因而问题的内容越宽泛，越缺乏针对性，受先前问题影响的程度就越大，而具体问题受到的影响就要小得多。为了避免这些宽泛的问题受到过大影响，因此要把这些问题放在前面来提问。例如，有研究者(Sudman et al.，1996，p.90)曾询问受访者是否关注政治。当他们单独问这个问题的时候，大约21%的回答者说他们"偶尔"或"根本没有"关注过政治，而当被问及"你最近选举的议员是谁"之后，说他们不关心政治的人数的百分比增加了近一倍，达到39%，这是因为关于议员的问题使得很多受访者感到他们真的不怎么关注政治。

同时，开始与访谈对象谈话时，不应直截了当提出一些敏感性问题，诸如对方的家庭关系、政治或社会敏感问题、两性关系等。谈话开始最好问一些事实性的问题，内容要简单，这样有助于受访者与访谈者建立融洽的关系，以便于交谈，不致出现拘谨的局面，由此逐渐引导受访者轻松自然地进入研究者所关心的重要问题。对于一些可能使访谈对象感到为难、窘迫或产生敌意的问题，均应放在访谈临结束之前。否则，如果访谈对象产生了窘迫感或敌对情绪，就会影响后面问题的回答。

(四)问题的回答方式

在访谈问题的设计中，研究者还要考虑问题的回答方式是封闭式的还是开放式的。封闭式问题有确定的备选答案，要求受访者从问题给定的几个选项中选出一个作为答案，如"您喜欢看哪类电视节目？新闻、体育、娱乐、影视、其他(请说明)"。而开放式问题则没有备选答案，允许受访者根据自己的想法，用自己的语言来自由回答，如"在培养和教育孩子方面，您目前最大的困难是什么"。

封闭式问题有许多优点。第一，它限定了受访者回答的维度或范围，进而保证研究者可以得到他想得到的答案。如果受访者可以自由提供任何答案时，他们很可能不会按照研究者希望的方式回答，而会"答非所问"。第二，封闭式问题可以使受访者更便于回答，进而受访者的合作率更高，缺失数据会更少。这种反应的便捷性也使得封闭式问题在记录的准确性等指标上更好。第三，封闭式问题可以使研究者对受访者反应的分析，特别是编码、量化和比较更为便捷。由于反应和分析的便捷，大规模的标准化调查访谈往往更倾向于采用封闭式问题，而由于结果易于分析比较，在以探讨受访者个体差异为目标的结构化访谈中，研究者也更愿意采用封闭式问题。

需要注意的是，这种反应和分析的便捷性，以及由此带来的对研究效度的增益，是以有效编写封闭式问题时所耗费的大量时间和精力为代价的。在编写封闭式问题时，研究者既需要保证全体选项的完备性，即自己所关心的受访者的任一反应都可以落入某个事先编写好的答案类别之中；也要保证单个选项之间的排他性，即不能有一个反应同时符合两个类别；还要保证不同选项之间的划分体现了一种与研究问题有关的、有意义的差异，或者说类别间的变异要大于类别内的变异。这意味着，如果研究者事先对于受访者可能给出什么样的答案没有充分了解的话，就不可能设计出封闭式问题。

与封闭式问题不同，开放式问题实质上就是研究者只管提出问题，而与回答问题有关的所有工作都由受访者来完成。这样做的优点是，允许受访者按自己的方式充分自由地对问题做出回答，不受任何限制。这种回答的自发性能够自然地反映出回答者各不相同的特征、行为和态度。因此，开放式问题所得到的资料往往比封闭式问题所得到的资料丰富得多、生动得多。特别是它常常可以得到一些调查者事先未曾料想到、未曾估计到的资料。而其缺点是，要求受访者具有一定的反思能力和表达能力，并相当花费时间。受访者不仅要能理解问题，还要思考自己的答案，并考虑表达的方式和语言，这会花费受访者更多的时间，降低受访者的配合意愿。

在实际的访谈研究中，研究者可以根据研究问题的特点和自己对该问题已有的了解水平，将这两种问题形式结合使用。例如，如果研究者对于问题的可能答案不清楚，又需要进行大规模的调查性访谈，那么可以首先采用开放式问题在小范围内获得受访者的可能反应，再据此设计封闭式问题，然后进行较大规模的调查性访谈。

六、预访谈

在研究设计方案初步完成之后，研究者需要通过预访谈来检验一下设计的有效性及可行性，并在此基础上对研究设计方案做进一步修订、完善。

预访谈是对正式访谈的模拟，因此受访者与正式访谈时的受访者应为一类人，只是人数上可以少一些，其他各方面的工作应基本按照正式访谈的设计要求进行。

在进行预访谈时，要着重注意那些在研究设计中没有考虑到的因素。例如，当询问受访者时，受访者表示对哪些问题理解困难，或者受访者对问题的理解与研究者的设计构想不一样。要详细记录这些情况以备修改。

预访谈结束之后，研究者要根据访谈结果修改先前的研究设计，并拿出正式的访谈提纲。其中，对于访谈问题的修改完善，要做好以下三方面的工作：第一，全面检查所有的问题，防止文字上有遗漏和疏忽之处；第二，重点分析问题的措辞，根据预访谈结果看哪些问题措辞含糊不清，容易引起误解，然后重新斟酌措辞或添加说明；第三，考虑是否需要在某些问题后面增加追问问题。

总之，访谈是发生在特定情境下的一个会话过程，包含参与者、问题、情境、媒介、会话内容以及结构等多个要素。访谈研究的设计就是要从这些要素对于受访者回答的影响出发，对访谈过程进行整体性设计，从而在保证访谈有效性的同时，尽量减少访谈过程对于受访者言行的无关影响。我们必须承认，目前访谈法的研究设计还难以像成熟的实验设计那样对研究过程所涉及的因素进行精细的控制或安排。但是，对于一个研究者来说，能不能做到对一些因素的控制，是一个现实的技术问题，而有没有想到要对某些因素进行控制以及为什么要控制，却是一个更基本的研究素养问题（潘绥铭，1996）。

第三节 访谈实施与分析

虽然良好的设计可以在很大程度上保证访谈研究的效度，但是访谈法的一个特殊之处在于，它是发生在活生生的个人之间的互动和交流。正如有学者所说"访谈不仅是一种研究方法，而且是一种必须培育、维系，而后优雅地终止的社会关系（塞德曼，2009，p.104）"。事实上，访谈质量的高低，不但取决于访谈设计是否切合研究问题，而且取决于访谈者和受访者之间所建立的访谈关系。成功的访谈关系往往和谐融洽，但同时又保持一定距离，从而给受访者尽可能留出独立思考和回应的空间。这种关系的建立更多依赖访谈实施过程中的一些具体的互动细节，包括如何准备、开始和结束，如何倾听和回应等。访谈结束后，通常能获得大量的数据和文本资料，如何编码分析就成了新的问题。访谈资料的分析是访谈结束后的主要任务，也是完成访谈研究的关键一环。

一、访谈实施

（一）访谈如何准备

在开始正式的访谈之前，研究者需要做一些基本的准备工作。这些工作虽然细小琐碎，却会对访谈的顺利进行产生很大影响，故需认真对待。常规的准备工作包括以下方面。

（1）协商、安排访谈事宜。要与受访者事先沟通，确定访谈时间、地点，其原则是以受访者的便利为主，每次访谈一般半小时至2小时。在与受访者协商时，要做好自我介绍、课题介绍，说明交谈规则、保密原则、录音或记录要求等事项。

（2）熟悉访谈内容。访谈前，要充分熟悉访谈提纲和问题的内容，甚至达到背诵水平。通常要事先演练数遍，做到熟练掌握。这样有利于节约访谈者在实施访谈时的认知资源，使其将主要精力用于倾听、观察、思考、追问和记录受访者的回答，从而能从容不迫地控制访谈进程。

（3）尽可能了解受访者。例如，要了解他们的性别、年龄、文化背景、个性特征、受教育水平等。只有对受访者的特点做到心中有数，访谈才能有针对性。

（4）做好物质准备。除了熟悉访谈场所以及交通方式外，还要准备好访谈工具袋，工具袋的内容包括笔、笔记本、录音机或录音笔、受访者名单（最好有其基本资料）、当地地图、访谈记录表（应多准备几份备用）、访谈员的证件和证明，等等。

（二）访谈如何开始

访谈的开始阶段是建立良好访谈关系的关键时期。特别是在一开始，访谈员应向受访者发出访谈邀请，让受访者大略了解访谈员的个人身份和访谈目的，打消对方的顾虑。访谈者在向受访者介绍自己和研究课题时，应该出示必要的证明文件，说明为何选择他们作为访谈对象，是如何找到他们的，希望从他们那里了解哪些情况。

在开始访谈时，要注意受访者是否明白访谈中自己的角色，避免误解。事实上，很多受访者并不清楚自己在访谈中所承担的角色，对于研究者期望自己做什么，也没有清晰的概念。他们也许会把访谈当作一种咨询治疗，或者视为对自己内心深处想法的神秘测量，这都会影响他们对于问题的理解和回答。

此外，还要和受访者一起对一些访谈相关事宜磋商并达成共识，包括如何交流、自愿原则、保密原则和录音许可等问题。特别是对于时间较长的或非常敏感的访谈研究，在开始之前，访谈者应该向对方承诺，在研究的过程中受访者有权随时退出，而且不必对研究负任何责任，即访谈遵循自愿原则。同时，研究者应该向受访者做出明确的保密承诺，保证对受访者提供的信息保守秘密。如果在研究报告中需要引用受访者提供的资料，研究者将对所有的人名和地名等涉及身份的信息做匿名处理或使用化名。访谈者还应该与受访者探讨是否可以对访谈进行录音。一般来说，如果条件允许而受访者又没有异议的话，最好对谈话内容进行录音（如果没有特别需要，尽量不用录像）。但是有些受访者对录音比较敏感，担心录音会产生对自己不利的后果。访谈者一定要征求对方的意见。如果对方拒绝进行录音，研究者应该尊重受访者的选择权，以维护良好的访谈关系。

对于时间较短的，不针对特定对象的街头调查性访谈，有一些特殊的开始技巧。例如，研究者可直接用正面肯定的祈使句发出访谈邀请，就仿佛日常问路一般，如"我想向您了解一下……谢谢"，而不宜使用"不知道能不能占用您几分钟，我想了解……"在表示保密性时，无须过于强调，可以说"您可以不用告诉我们您的姓名和工作单位，我们只是想了解一下您对几个问题的看法"。

总之，在访谈的开始阶段，访谈者应该尽量做到坦率、真诚，尽自己的可能回答对方提出的问题，帮助对方消除疑虑。另外，在开放式访谈中，访谈者在一开始就应该鼓励受访者主动发表自己的意见，并明确地告诉对方可以随时打断自己的谈话。

(三)如何追问

虽然在研究设计阶段，研究者对用于追问的问题进行了充分准备，但是在实施时要根据受访者实际回答状况灵活进行追问。如果在访谈实施过程中，访谈者不管对方在说什么或想说什么，只按照事先设计的访谈提纲挨个把问题抛出去将会完全打乱访谈的结构，妨碍受访者自然流畅的表达。访谈者也无法抓住受访者的思路，无法达到追问应有的效果。

在实施追问的过程中，研究者需要考虑的是在什么时候进行追问。从时机上看，研究者应避免在访谈的开始阶段频频追问，而应将自己想要追问的问题记下来，在访谈后期进行。这是因为，在访谈初期，受访者对于访谈问题有许多自己想要说的内容，即使这些内容与访谈目的没有太大关系，他们也会"顽强"地把它说出来。这时候，如果他们的谈话被打断，则会伤害到他们对于访谈者的信任。因此，如果访谈者听到了自己希望继续追问的内容，不应该立刻打断对方，而应该等待时机，在对方谈话告一段落时再对这些内容进行追问。从频次上看，研究者要控制追问的数量，并且避免对那些受访者感到尖锐的问题直截了当地追问。如果问题比较尖锐，可以考虑采用比较迂回的方式来追问。

(四)如何倾听

在访谈中，当受访者回答问题，特别是回答开放式问题时，访谈者还要注意倾听，不要轻易打断对方的谈话。一方面，倾听对于维系良好的访谈关系非常重要。受访者说话时，访谈者能用心倾听、积极关注，这是对谈话者的基本尊重，在感受到尊重时他们才会愿意就访谈者认为重要的问题进行交谈。另一方面，耐心倾听"跑题"的谈话，可能带来新的发现。有时受访者所说的内容，虽然不在研究者预先估计范围之内，有"跑题"之嫌，但可能这些内容对于回答研究问题可以提供新的、有价值的线索或视角。因此，访谈者一定要耐心倾听，不仅要注意受访者所说的具体话语，而且要思考对方是一个什么样的人，具有什么样的动机、愿望和需求，他说的内容与研究问题有何关联。

除了倾听受访者的言语表达以外，访谈者还要特别注意"倾听"沉默，即当受访者沉默时，访谈者不要马上发话来打破沉默，而应该首先判断对方是因为什么原因而沉默，然后再根据具体情况做出相应的回应。很多时候，访谈者都会由于难以忍受对方的沉默而立即发话，这是由于访谈者往往将对方沉默的责任归咎于自己的不称职。为了"证明"自己的能力，访谈者通常马上发话，结果却可能打断受访者的思路，不仅失去了研究所需要的宝贵资料，而且剥夺了受访者深入探索自己的机会。因此，访谈者应该相信自己的研究能力和对访谈过程的控制能力，认识到受访者的沉默并非由于自己无能。如果访谈者自己心态平和，受访者也会感到轻松，并自然地表现自己。

（五）如何回应

在访谈过程中，访谈者不仅要提问和倾听，还要对受访者的言行做出适当的反应。回应是控制性问题在访谈实施中的具体运用。其目的是通过将自己对受访者言行的态度、想法（如接受、理解、疑问、共情）及时传递给对方，从而在一定程度上控制访谈的运行节奏，并与受访者建立一种融洽的访谈关系。

访谈者一般可以用以下几种方式进行回应：认可、重复、自我表露和鼓励对方（陈向明，2000，p. 203）。

认可表示已经听到对方的谈话，并希望对方能继续说下去。访谈员可以通过言语行为（如"嗯""对""是吗""很好""真棒"）和非言语行为（如点头、微笑、鼓励的目光等）两种方式表示认可。通过认可方式进行回应，会使受访者感到自己在被认真地倾听，自己是被欣赏、被认可的，因而愿意继续说下去。很多实践经验表明，在大多数情况下，访谈者的点头微笑以及不时的"嗯""是的"这类简短的回应就足以鼓励对方不停地说下去了。

重复指将对方所说的语言或意义进行重述，可以是对受访者原话的重复，也可以是访谈者以自己的方式进行的概括性的重复。重复的回应方式表明访谈者在注意倾听和努力理解受访者所说的话，并希望对方能对自己的理解是否正确进行反馈。这种回应体现了访谈者对于受访者所说内容的重视和渴望，因而可以起到引导受访者进一步描述，澄清思想，并让对方体验到被尊重和关心等多方面的作用。

除了重复对方的观点之外，访谈者还可以通过适当的自我表露进行回应。"自我表露"指的是访谈者表露自身经历或体验以对受访者的言行做出回应，如说"我也是教师，也有过这种经历"等。自我表露可以产生两方面的作用。第一，拉近自己与受访者之间的距离，使访谈关系变得比较轻松和平等。当受访者了解访谈者曾经有过与自己一样的经历和感受时，他不但会相信对方容易理解自己，而且还会感到对方和自己是一样的人。第二，访谈者适当的自我表露还可以起到对受访者的示范作用。当访谈者对自己的经验进行描述时，受访者在倾听对方的过程中通常会受到感染，进而更加积极地探索自己的内心。反之，如果访谈者将自己掩盖得十分严实，不让受访者知道自己的任何情况，那么受访者可能也会有意无意地避免涉及实质性问题。

在访谈中，对受访者适当的鼓励和肯定也是必要的。鼓励是指访谈者从对方的期望出发来肯定对方的特定言行的回应方式。当访谈者问的问题可能使对方感到很为难，如那些涉及对方的个人隐私、生活中的伤心事或同事之间冲突的细节等，在这种情况下，访谈者可以使用一定的回应方式安抚对方，表示自己并不要求对方一定这么做，并鼓励对方就自己觉得可以谈的话题继续谈下去。

在访谈中，还应避免一些不适当的回应方式，尤其是"论说式回应"和"评价式回应"（陈向明，2000，p. 207）。"论说式回应"指的是访谈者利用一些心理学理论或者个人经验对受访者所说的内容做出解释和推断的回应方式。例如，当受访者讲述他反复回忆某事时，访谈者解释说："这可能与您内心深处的自卑感有关。您可以看看阿德勒的书，他讲过这事。"事实上，这种评论方式显示了访谈者在知识权力上的一种优越感或"话语权"，容易给受访者一种被居高临下加以审视的感受。受访者会觉得他们是在被分析，而不是在被理解和被尊重，因而不愿意与访谈者合作。"评价式回应"则是访谈者对受访者的言谈进行价值评判的回应方式。例如，"您这么卖命干是何苦呢？"或"您真是我们学习的好榜样"。这种回应很可能会对受访者的回答形成暗示，而且其中隐含了访谈者的价值观点和某种道德优越感，可能会使受访者觉得不舒服。因此，访谈者需要在回应时尽量保持价值中立，即使有时受访者会询问访谈者对一件事的评价："你怎么看待这件事？"访谈者可以说，"在这里，我们主要是想了解您是怎么想的，您的想法很有启发"，或者说

"这件事情，我还没太想好怎么看"。

（六）如何衔接不同的问题

虽然在设计环节中，已经用一定的逻辑结构安排了各个问题的顺序，但是只做到这些，还不能保证访谈过程中问题衔接得顺畅自然。要做到访谈问题之间过渡自然、流畅，访谈者应该以受访者的思想作为访谈问题起承转合的主线。具体来说，访谈者需要注意倾听受访者的谈话，将对方刚刚所谈内容中的某一点作为提出下一个问题的契机，应该使用受访者自己前面使用过的词句进行提问。比如，当一位母亲正在谈她的孩子如何调皮，而访谈者希望转到有关她的工作问题时，可以这么问："您的孩子这么顽皮，这对您的工作有什么影响吗？"如果访谈者不够灵活，顽固地坚守自己事先设计好的访谈提纲，不管对方说什么都机械地将自己的问题一个一个地抛出去，那么这个访谈不仅在形式上会显得十分生硬、僵化，而且在内容上也没有自己内在的生命。反之，如果访谈者将自己放到与对方情感和思想的共振之中，用对方的语言和概念将访谈的问题像一串珍珠似的串起来，那么这个访谈便不仅会如行云流水，而且会展现出自己生动活泼的生命。

访谈时转换话题之所以要尽可能做得自然，主要是为了建立良好的访谈关系。这样做的好处，一是可以使访谈进行得比较顺畅，不因为话题的转换而显得突兀；二是可以使受访者感到心情愉快，不因为自己"跑题"而感到不安。因此，在实际访谈时，如果交谈双方的关系已入佳境，受访者往往不需要对方提问便会主动敞开自己的心扉。因此，访谈者最需要做的不是坚持按顺序问完自己访谈提纲上所有事先准备好的问题，而是要用心去体会对方，谨慎地、细心地、富有共情地与对方进行交流。访谈者如果有这样一种态度，就必然会知道什么时候该问什么样的问题，而所谓"访谈问题的顺序和过渡"便由不得不遵守的"技术"变成了一门"艺术"。

（七）如何记录

在记录受访者的回答时，访谈者一般可以采用笔记和录音两种记录方式。在封闭式访谈中，由于记录比较简捷，一般可以采用笔录的方式。但在开放式访谈中，由于受访者可以自由表达自己的观点，而研究者很难知道哪些资料有用，哪些资料没有用。特别是研究者有时可能认为受访者所说的话"离题"了，没有记录的必要，但是在分析资料的时候，却发现那部分资料非常有价值。因此，对于开放式访谈，研究者的最佳记录原则是：尽力记下所有的事情。要做到这一点，研究者一般需要采取录音加现场笔录的方式。

录音是访谈内容的主要记录方式，只要保证音质清晰即可。现场笔录则可以包括四个方面的内容：第一，受访者在访谈中所说的内容，这种记录在无法录音的情况下尤其重要，有录音时可以省略。第二，访谈者看到的东西，如访谈的场地和周围的环境、受访者的衣着和神情等。第三，访谈者自己使用的方法以及这些方法对受访者、访谈过程和结果所产生的影响。第四，访谈者个人因素对访谈的影响，如性别、年龄、职业、相貌、衣着、言谈举止、态度等。

然而，如果访谈者低头忙于记笔记，就会影响访谈的质量和访谈关系。因此，访谈者与其急匆匆地试图记下所有的内容，不如发明一些自己看得懂的速记方法，在访谈进行时对谈话内容进行速记，然后等访谈结束后再找机会将细节补充进去。访谈者在访谈刚刚结束时，要趁着记忆犹新，补充记录一些访谈细节。这包括访问的时间和地点，受访者的态度是严肃、生气还是高兴；访谈中的意外情况（例如，在回答第 15 题时，手机响了，受访者打了 4 分钟电话）以及任何访谈者觉得可疑的事情（例如，当问到大学生活的问题时，受访者显得有些慌张）。

（八）如何结束

一般来说，访谈应该在良好的气氛中进行，也须在友好的气氛中结束。因此，如果受访者已经面露倦容，或者情绪变坏而不愿意继续访谈下去，访谈环境受到很大干扰，受访者有事需要立即离开，即使此时尚未到达预定时间，访谈也应该立刻结束。

访谈应尽量避免超时。有的访谈新手希望在一次访谈中获得所有希望获得的信息，结果任意延长访谈时间；而有时候是受访者不知道是否提供了足够的信息，于是按照自己的意愿不停地说下去，这都会使访谈时间失去控制。这样做对访谈关系极为不利，受访者既容易产生"受剥削"的感觉，也可能因耽误过多的时间而感到不快。如果访谈者自作主张地延长访谈时间，还会使受访者产生"被欺骗"的感觉。因此，研究者要严格控制访谈时间，如果时间确实不够，则应安排再次访谈；如果确需在这次访谈时延长时间，则应该和受访者协商，取得同意。

访谈应该尽可能以一种轻松、自然的方式结束。访谈者可以有意给对方一些语言和行为上的暗示，表示访谈可以结束了，促使对方把自己特别想说的话说出来。比如，访谈者可以问对方："您还有什么想说的吗？""您对今天的访谈有什么看法？"如果必要的话，访谈者还可以做出准备结束访谈的姿态，如开始收拾录音机或笔记本。为了给结束访谈做一些铺垫，访谈者也可以谈一些轻松的话题，如询问对方："您今天还有什么活动安排？""您最近在忙什么？"如果受访者在此时对研究仍旧表现出疑虑，担心自己的谈话造成不良后果，访谈者可以再一次承诺会遵守保密原则。如果研究需要对同样的受访者进行多次访谈，访谈者也可以利用这个机会与对方约定下次见面的时间和地点。当然，对所有的受访者，访谈者都应该在访谈结束的时候表示自己真诚的感谢，为他们所提供的有价值的研究信息、他们对自己的信任以及他们付出的时间和精力，由衷致谢，也可以赠送对方简单的纪念品。如果受访者还有什么关于研究或生活的问题需要咨询，也应该给予力所能及的解答，或者提供寻求帮助的渠道信息。

课堂讨论8-1

由一名同学在课堂上访谈另一名同学（约5分钟），其他同学观摩，并讨论访谈的优点以及其中存在的问题。

二、访谈资料分析

（一）访谈资料分析概述

访谈研究可以获得大量原始资料，如长达几十小时的访谈录音，或者几百页的访谈记录。研究者只有通过对这些资料进行深入分析，才能有效回答研究问题，在研究过程中这个环节往往称为数据分析或资料分析。所谓数据（资料）分析，就是通过对原始访谈资料的系统整理，将资料或数据与所研究的问题建立直接联系，进而从中得到研究问题的答案的过程。

对于以封闭式问题形式进行的结构式访谈来说，其数据分析工作较为便捷。由于受访者的回答在研究现场就已经被归入某一类别之中（或者说被归入某变量的某一水平），只要按照一定法则予以赋值即可转化为数字形式。因而在数据分析阶段，这些资料经过初步的整理，就可以采用相应的统计学方法加以量化分析。

与封闭式问题不同，开放式问题的访谈结果往往以文字形式呈现且十分庞杂，每一个受访者表述的内容和措辞方式都彼此不同，这给资料分析造成了很大的难度，也使得开放式访谈的资料分析过程更为复杂。在本节中，我们将重点介绍开放式访谈的资料分析方法。

一般来说，开放式访谈的资料分析主要包括以下环节：第一，资料整理，即将访谈资料整理为书面文本，并对资料进行编号存档。第二，资料编码，发现访谈结果中所包含的概念、主题或事件，并据此对访谈记录进行编码。第三，资料分析，针对编码后的资料进行分析，并从中得出有意义的结论。

(二)访谈资料的整理

当我们以录音的方式记录访谈数据的时候，我们首先需要将录音整理为文本，这一过程称为转录。之所以要进行转录，是因为与声音材料相比，文本形式的材料更适合作为研究者的分析对象。转录最基本的要求是忠实于原始的访谈资料，而无须将之整理为流畅的书面文字。另外，整理时应该将受访者说的话和访谈者或整理者的解释或总结区分开来。如果通过做笔记而不是录音进行记录，就需要在文本中精确地标出什么地方是引用受访者的原话，什么地方是访谈者在对听到的内容进行总结。

根据不同的研究目的，资料转录可以在不同水平上进行。结构化程度很高的调查式访谈的数据表现为受访者在给定选项中的选择，这种访谈数据一般在受访者回答问题、访谈者记录选择的过程中就已转化为文本材料，而很少需要专门进行转录。对于一些更为开放式的访谈，当研究者感兴趣的是受访者的话语意义时，就需要转录其语义的内容要点；如果研究者不仅对受访者的话语意义感兴趣，而且关注其表达意义的过程和方式，则需要转录的内容就不仅要包括受访者的言语行为，还要包括他们的非言语行为(如叹气、哭、笑、沉默、语气中所表现的迟疑，诸如"嗯""哦""呜"等语气词，以及停顿的时间)。不同水平的转录花费的时间也不同，如果要求是精细转录的话，1小时的访谈录音大约需要5小时的转录时间。

在转录结束之后，需要将每份转录后的文本按照一定的规则编号，建立编号清晰的资料库，并将编号后的资料库保存副本。编号系统通常包括以下几方面的信息：(1)受访者的信息，如姓名、性别、职业等；(2)收集资料的时间、地点和情境；(3)访谈者的姓名、性别和职业等；(4)资料的访谈序号(如对某人的第一次访谈)。我们可以给所有的书面资料都标上编号，并且标上页码，以便今后分析时查找。

(三)访谈资料的编码

在转录之后，研究者会发现他面对的是多达几万字甚至几十万字的访谈文本资料，而且这些资料结构凌乱，内容五花八门。只有将这些庞杂的资料在一定程度上予以简化，才能分析其中所包含的事物间的内在联系，并从中得到有价值的结论，最终回答研究者关心的研究问题。在访谈研究中，访谈资料的简化也是一个给资料编码的过程。这个过程一般包括两个环节：一是建立编码表，二是依据编码表对原始访谈文本进行编码。

（1）建立编码表。编码表的设计可以有两种途径，一种是理论驱动的途径，研究者依据先前的文献分析，或者依据研究的设计理念和概念框架建立编码表；另一种是经验驱动的"扎根理论研究"过程（延伸阅读 8-1），即研究者在仔细阅读原始访谈文本时，从中找出那些与研究问题相关的有价值的资料，并将之归纳为概念、主题和事件，并据此建立编码表。

延伸阅读 8-1 扎根理论研究的编码方法及应用

扎根理论（grounded theory）是一种运用系统化的程序，针对某一现象归纳式地发展并提出扎根于实际资料的理论的一种研究方法。要指出的是，"扎根理论"本身所指的并非某种"理论"，而是形成、建构某种理论的思路、方式、方法。

该方法由美国社会学家格拉瑟（B. Glaser，1930—2022）和斯特劳斯（A. Strauss，1916—1996）提出。它最初源自 1964 年两人对临终照料机构的研究，该研究考察了医务人员处理即将去世病人的过程，1967 年两人合著的《扎根理论的发现》一书中正式提出"扎根理论"这个概念。在此基础上，1990 年斯特劳斯和柯宾（J. Corbin）出版《质性研究基础：扎根理论的程序与技术》一书，对扎根理论研究程序再次进行阐述。

扎根理论是一种自下而上建立实质理论（或情境化理论）的方法，即在系统地收集资料的基础上，寻找反映事物现象本质的核心概念，然后通过这些概念之间的联系建构相关的理论。运用扎根理论研究方法建构出的概念及它们之间的联系，不但是由资料中萌生出来，而且也被资料暂时性地验证过了。是故该方法建立的理论，可曰"扎根的理论，或者植根于经验资料的理论"，这样建立的实质理论更具有生命力和现实解释力。

这种实质理论是相对于宏大理论（形式理论）和微观的操作性假设而言的。扎根理论研究的首要任务是建立介于宏大理论和微观操作性假设之间的实质理论（即适用于特定时空的情境化理论）。扎根理论的方法认为，知识是积累而成的，是一个不断地从事实到实质理论，然后到形式理论演进的过程。建构形式理论需要大量的资料来源，需要实质理论作为中介。如果从一个资料来源直接建构形式理论，这其中的跳跃性太大，可能会产生很多漏洞，这就需要大量实质理论的支撑。扎根理论研究的目的就是建构可以解释现实的实质理论。

扎根理论研究当然也从资料收集开始，主要通过开放式访谈收集文本资料，这与一般的研究没有太大区别。关键是对资料进行逐级编码，这是扎根理论最重要的环节，其中包括三个级别的编码。

第一级编码是开放式编码(open coding)，它是通过仔细检视文本而为现象取名字或加以分类的资料分析过程。在这一过程中，研究者要以一种开放的心态，尽量"悬置"个人的"偏见"和学界的"定见"或"成见"，将所有的资料(词汇、句段、项目、元素)按其本身所呈现的状态进行编码。编码的目的是从资料中发现概念(concept)和类属(category)，确定类属的属性(property)和维度(dimension)，然后对研究的现象加以命名及类属化。概念指称的是个别事物、事情和现象；类属是对一组概念的概括，当这些概念指称同一类事物时，可以合并成一个类属(或曰"范畴")；属性是指一个类属或范畴的特征和特性；维度是标示一个属性的连续体。

做开放式编码时，可以考虑以下一些基本的原则：(1)对资料进行仔细的编码，不要漏掉任何重要信息；编码越细致越好，直到找不出新的概念或范畴，码号出现饱和；如果发现了新的码号，应该在下一轮进一步抽取或收集原始资料。(2)对每一个码号做初步命名，命名可以使用当事人的原话，也可以是研究者自己的语言；不必担心这个命名是否合适，在反复和资料对话的过程中可不断加以修正。(3)在对资料进行逐行逐句分析时，研究者就有关的词语、短语、句子、行动、意义和事件等不断询问具体的问题，如这些资料与研究有什么关系？这个事件可以产生什么类属？这些资料具体提供了什么情况？为什么会发生这些事情？

第二级编码是主轴编码(axial coding)，主要任务是发现和建立概念类属之间的各种联系，以表现资料中各个部分之间的有机关联(故也称为"关联式编码")。这些联系可以是因果关系、时间先后关系、语义关系、情境关系、相似关系、差异关系、对等关系、类型关系、结构关系、功能关系、过程关系、策略关系等。

在主轴编码中，研究者每一次只对一个类属进行深度分析，围绕这一个类属寻找相关关系，因此称之为"主轴"。随着分析的不断深入，有关各个类属之间的各种联系应该变得越来越具体。

在主轴编码过程中，要注意的问题是：（1）在对概念类属进行关联性分析时，研究者不仅要考虑到这些概念类属本身之间的关联，而且要探寻受访者表达这些概念类属时的意图和动机，将他们的言语放到当时的语境以及他们所处的社会文化背景中加以考虑。（2）每一组概念类属之间的关系建立起来以后，研究者还需要分辨其中什么是核心类属，什么是次要类属。这些不同级别的类属被辨别出来以后，研究者可以通过比较的方法把它们之间的关系连接起来，以完整反映研究资料，反映当事人的行动逻辑。

第三级编码是选择性编码(selective coding)，其目的是在所有已发现的概念类属中经过系统分析后选择一个或几个"核心类属"，分析不断地集中到那些与核心类属有关的码号上面。核心类属必须在与其他类属的比较中一再被证明具有统领性，能够将最大多数的研究结果囊括在一个比较宽泛的理论范围之内。就像是一个渔网的拉线，核心类属可以把所有其他的类属串成一个整体拎起来，起到提纲挈领的作用。核心类属被找到，就为形成理论奠定了基础。

我们举一个例子来说明上述三级编码的过程。有研究者(陈向明，1998)对在美国留学的中国学生的跨文化人际交往活动及其意义解释进行研究时，对资料进行了逐级编码。首先，在开放式编码阶段，找到了很多受访者使用的本土概念，如"兴趣、愿望、有来有往、有准备、深入、关心别人、照顾别人、管、留面子、丢面子、含蓄、体谅、容忍、公事公办、情感交流、热情、温暖、铁哥们、亲密、回报、游离在外、圈子、不安定、不安全、不知所措、大孩子、低人一等、民族自尊"等。其次，在关联式编码阶段，在上述概念之间找到了一些联系，在七个主要类属下面将这些概念连接起来，这些类属包括"交往、人情、情感交流、交友、局外人、自尊、变化"。在每一个主要类属下面又分别有相关的分类属，比如在"人情"下面有"关心和照顾别人、体谅和容忍、留面子和含蓄"等；在"局外人"下面有"游离在外、圈子、不知所措、不安定、不安全、孤独、想家、自由和自在"等。最后，在所有的类属和类属关系都建立起来以后，在选择性编码过程中将核心类属定为"文化对自我和人我关系的建构"。在这个理论框架下对原始资料进行进一步的分析以后，建立了两个扎根理论：(1)文化对个体的自我概念和人我关系概念以及人际交往行为具有定向作用；(2)跨文化人际交往对个体的自我文化身份具有重新建构的功能。

最后有必要对扎根理论研究方法加以评论，因为"这个"方法（准确说是"这类"方法）本身很庞杂而且争议不断，很多冠以"扎根理论"的研究在具体做法及其背后的主张上并不相同。

一是认识论差异：发现还是建构。格拉瑟和斯特劳斯在1967年提出"扎根理论"的概念时，将其视为"从资料中发现理论"的过程。"发现"一词的使用表明，研究者揭示的是已经存在的事物，潜在的知识就"在那里"，研究者可以通过归纳过程获取这些知识（威利格，2013，pp.51-55）。由此可以认为，这时的扎根理论研究秉持的是实证主义认识论或实在论。然而，若如此理解，扎根理论研究与一般的质性研究在认识论和方法论上是矛盾的，而它又往往被视为一种质性研究方法。于是有人提出了社会建构主义版本的扎根理论研究，认为扎根理论研究从资料中得出的理论并不是唯一的真理，而只是研究者对资料的一种特定的、创造性的解读，这种解读过程受到研究者个人理论观点、方法论主张、偏见和成见的影响（Charmaz，2006）。简言之，扎根于资料的理论并不是对社会现实的反映，而只是研究者对现实的社会建构。

二是方法论差异：完全依赖归纳，还是归纳与演绎的结合。扎根理论研究方法的创立，是对常规研究方法的反叛，即反对通常使用的"假设—演绎"逻辑——基于理论形成假设，然后用新资料来检验。扎根理论研究中，要尽量避免将研究者已有的理论范畴强加于资料之上，而是通过对资料的灵活归纳，从资料中生成理论，这一研究过程完全是自下而上的归纳过程。然而，格拉瑟和斯特劳斯在1967年出版《扎根理论的发现》一书后，两人的观点就开始出现分歧（威利格，2013，p.58）。斯特劳斯和柯宾1990年出版《质性研究基础：扎根理论的程序与技术》一书后，对资料的编码过程做了详尽的规定，这种规范性的程序大大限制了研究者对于资料的开放性和灵活性，增加了研究的演绎成分——从资料中寻找研究者感兴趣的范畴和模式。1992年，格拉瑟出版《生成对强加：扎根理论分析的基础》，批评了斯特劳斯和柯宾对扎根理论研究所做的过多程序性规定，认为他们介绍的方法根本不是扎根理论研究方法，而是另一种不同的方法，该方法没有促进从资料中生成理论，而是产生了"完全概念性的强加描述"。格拉瑟尤其反对斯特劳斯和柯宾提出的主轴编码方式，认为这样的编码将先入之见引入分析中，有悖于扎根理论研究的精神。

在一种方法的原始教义和实际使用之间的差距往往是颇有讽刺意味的。实际上，斯特劳斯和柯宾提出的那些规定性很强的编码程序在实际使用中得到了更广泛的传播。扎根理论研究思想在实践中往往退化为一种文本资料的编码技术，而非生成理论的方法论。人们大多只是在这种思想的所谓"指导"下，对文本进行编码并做统计分析而已。

(2)对文本进行编码。在建立了编码表之后，研究者就可以根据编码表对原始访谈文本进行编码。所谓编码，就是用简单的记号在访谈文本中标注出那些体现了编码表中概念、主题和事件的具体文本内容。对文本进行编码主要包括以下过程。首先，在开始编码以前，研究者需要仔细阅读和充分熟悉原始文本资料，只有准确理解了文本内容，才能进行可靠的编码。其次，研究者需要确定分析单元。所谓分析单元，就是研究者编码的最小文本单位，可以是词、句子、段落等。一般来说，分析单元应该较为精细，以词或句子为佳。再次，对分析单元进行编码。编码时，可以将码号写在相应片段的页边空白处。最后，是资料的归类，即将编码后的资料重新整理，将相同编码的分析单元放置在一起，建立编码系统，这样研究者就可以方便地抽取并考察所有涉及同一概念的不同分析单元。

(四)访谈资料的分析

访谈资料可以做量化分析。具体来说，研究者在所获得的资料中建立编码方案，并通过这一方案对资料分类和赋值，进而可以通过统计方法对总体特征和个体差异情况进行推断。需要注意的是，如果编码表是基于经验驱动途径建立的(如扎根理论研究)，也就是说对资料进行编码时所依据的概念体系是在资料当中生成的，而并非在取得资料之前就已存在，即资料和理论之间不是相互独立的，那么这时研究者进行的统计推断过程，本质上并不是"假设—检验"的数据分析过程，而是一种探索性的数据分析过程。若是在已有理论基础上事先建立编码方案，则可以用数据检验假设。

访谈资料也可以做质性分析。量化的分析往往假定，文本资料就代表了真实的世界，只要编码这些资料并赋值，就可以量化地分析变量关系，反映客观事实。然而，质性研究关心的不是用数据代表世界，而是考察受访者建构世界的方式以及文本的意义结构。由于质性研究有另外一套复杂的理论体系、方法和技术，这里不展开介绍。总之，开放式访谈的资料分析虽然不一定使用统计分析等量化方法，但质性分析依然是一种系统化的，并且十分注重逻辑严谨性的分析方法。若有兴趣，大家可以学习。

这里举个例子（案例8-5），让大家来体会究竟如何看待访谈研究，如何分析资料。在这个例子当中，我们需要追问的是，研究者通过访谈到底问到的是什么？仅从口头报告来看，受访者对于所有的问题的回答都是"不"，其意义很清楚。但是它和观察到的结果之间的矛盾也很清楚。访谈者报告的并不是他真实的行为反应。显然，表达出来的意见并不意味着真实的行为。那么，它是什么呢？

案例 8-5　在访谈中我们到底问到了什么 🔍

有一天，在市内的一个酒馆，出现了一个康奈尔大学的研究者。这个酒馆位于白人和黑人共同居住的地区，主要是白人工人光顾。询问者向酒馆主人进行了采访，他不时也做酒吧服务员。他们进行了下面的谈话。

"您的酒馆也有黑人光顾吗？"

"没有。"

"至少偶尔会有一个黑人到您的酒馆来吧？"

"没有。"

"在前两周偶尔有黑人到您这里来过吗？"

"没有。"

"如果一个黑人踏进您的酒馆，他能得到服务吗？"

"不会，绝对不会。"

接下来老板解释道，他并不反感黑人，但他现在是一个商人，而且他的客人不喜欢看到黑人也到这个酒馆来，因此，他不能为黑人提供服务。

事实上，就在两周内，有一位黑人（研究助手）就曾经光顾过这家酒馆，待了25分钟，先后要了两杯啤酒，并和周围的人聊了一会。

[资料来源：阿特斯兰德（1995），pp.106-107]

事实上，所有通过访谈法或调查法来进行研究的学者，大都面临这个基本的方法论困扰，因为无论是调查法，还是访谈法，实际上都是通过"问—答"的方式来获得语言资料。而语言资料并不必然意味着某种"客观真实"，而仅仅是受访者或者受调查者的"主诉"而已。这些"主诉"与特定事实之间到底有多近似，要通过采用不同研究方法获得的资料进行互证来检验(潘绥铭，1996)。当然，如果研究者根本不关心客观真实是什么，而只关心文本建构的世界，这种方法论的困扰就没有了。然而，心理学，至少学院派心理学所秉持的是实证科学的理念，对各种所谓质性研究似乎并没有完全理解，也没有充分接受和认同。

思考题

1. 简述访谈法的特点。
2. 比较结构性访谈与非结构性访谈的异同。
3. 对比个体访谈与集体访谈的特点。
4. 谈谈对临床谈话法的看法。
5. 如何选择访谈对象和访谈者？
6. 如何选择访谈情境？
7. 论述如何设计访谈问题。
8. 访谈实施过程的每个环节都要注意哪些问题？
9. 如何做访谈资料的编码与分析？

练习题

1. 3～5人一组，以"大学生对兼职的看法"为题，拟定访谈提纲，并对5名同学进行访谈。
2. 各小组之间交叉评价访谈提纲和访谈结果。

综合实践

根据选定的研究问题，设计访谈研究方案。

第九章
单个案研究方法
第一节　个案研究

第二节　单被试实验

　　严密的实验设计、大样本、推论统计是今天科学心理学研究的典型特征，然而事情并非从来如此，这些也不是心理学研究方法的全部。单个案研究方法曾经在心理学历史上占据核心位置，这一研究思路对于科学发现的重要意义在今天似乎被忽视了。

第一节　个案研究

个案研究通过对某一个案的深入观察和描述，启迪理论思考，带来科学发现，它的重要价值需要被重新强调；它作为一种科学研究方法，其原理和设计思想经常被误解，有必要仔细澄清。个案研究与单被试实验都以单一被试或个案为研究对象，被统称为"单个案研究方法"，因此本节从"单个案研究"讲起。

一、单个案研究

在心理学历史中，很多重要成果的获得都是建立在单个案研究（single-case research）基础上的。顾名思义，这类研究的对象不是"一群"被试，而是"单个"被试或个案。自费希纳创立心理物理法以来，很多心理物理学研究只使用一个或少数几个个案开展实验；此后，动物行为、专家行为、临床心理、运动心理、组织心理、特殊教育、认知神经科学等众多领域的研究都广泛使用单个案研究方法（延伸阅读 9-1）。这种方法在自然科学领域也普遍应用。例如，地理学家要观测并预测"单个"火山的行为，看它是否会出现新的爆发；气象学家要考察"单个"风暴的行为，分析其发展模式和运动轨迹。

延伸阅读 9-1　单个案研究简史

在心理学的早期历史中，对单一被试或者少量被试的研究曾一度占据着核心的位置。不仅心理物理学研究使用少量被试，艾宾浩斯记忆研究的对象只是研究者本人，巴甫洛夫条件反射研究的被试是一条或几条狗，华生对情绪的研究也只是采用很少的被试（如小艾伯特），精神分析学派、格式塔学派也都依赖个案或少量被试。

心理学家广泛使用实验设计、大样本和推论统计这些方法是很晚近的事情，这种转向要归功于英国统计学家费舍的《实验设计》一书在 1935 年的出版，该书提出了实验设计应遵循的三个原则：随机化、局部控制和重复。随机化(如随机分配研究对象)的目的是使实验结果尽量避免受到主客观系统性因素的影响而出现偏倚性；局部控制是用划分区组的方法，使区组内部条件尽可能一致；重复(通过使用较多被试接受实验处理)是为了减小随机误差的影响，以保证实验结果可复制。费舍最早提出的随机区组设计和拉丁方设计，都体现了这些原则。他认为只有进行严密的实验设计，减小误差因素的影响，才能正确使用方差分析等统计模型。

从 20 世纪 30 年代开始，心理学期刊虽然还发表一些单个案的研究，但是这类研究的数量迅速减少，它们转而发表更多的对大样本做统计分析的研究成果，有控制的群组设计逐渐成为主流范式，研究者依赖统计分析确定实验组与对照组的差异是否显著。这次转向后形成的方法学规范一直延续至今。然而，当我们将群组比较的结果推广到个体层面时未必妥当，因为行为作为一种现象发生在个体层面而非群组层面；心理学作为行为科学，必须理解"个体"如何与环境互动(Barker et al.，2011，p.18)。因此，单个案研究的价值在今天需要被重新强调。实际上，早在 20 世纪中期，主流期刊不愿意接受单个案研究的做法，已经招致很多心理学家的不满。代表人物是斯金纳，他的行为实验往往只使用很少量的动物，从中概括出了深刻的行为规律。为此，斯金纳等人在 1958 年创立了《行为的实验分析杂志》(*Journal of Experimental Analysis of Behavior*)，重点发表单个案研究的成果。

如果可以假定"某个人"和整个"人类"在心理行为规律上存在一致性，或前者对后者有代表性，就可能通过单个案研究建立普遍性规律。例如，艾宾浩斯遗忘曲线至今仍是教科书中的基本知识点，在这一规律的获得中，主试和被试都是艾宾浩斯一个人，他采用了无意义音节材料，尽量排除先前经验的干扰，考察在首次完全记住这些材料后的不同时间点，自己重新记住这些材料所花费的时间长度，以便在时间点和遗忘程度之间建立明确的函数关系。虽然被试只有一个人，无法控制个体差异的干扰，但是艾宾浩斯遗忘曲线依然被认为揭示了人类遗忘的普遍规律。可见，人类心理行为规律的发现，未必总要依赖大量被试，单个案研究也能说明问题。

退而言之，单个案研究至少可以启发研究者找到思考方向，形成理论假说。精神分析专家通过个案启发进行理论思考，格式塔学派的专家根据少量被试的研究结果建立了理论(如苛勒的顿悟说)，大脑功能定位的确定也有赖于布洛卡、威尔尼克等人观察到的案例。

在很多情况下，单个案研究往往以更直观的方式启发研究者确立富有生态效度的研究结论。例如，一种临床干预方法若有效，它应该是在一个又一个个案身上"应验"过的，这种方法有效性的结论是在个案基础上概括出来的；然而，群组研究是以变量为中心在很多个案身上统计出的平均结果，这个结果未必适用于每个个案。

单个案研究可以区分为性质不同的两种研究方法：一是个案研究（case study），二是单被试实验（single-subject experiment）。前者大致是对个案的描述性、观察性研究，后者是对单个被试的实验研究。

二、个案研究的界定

个案研究，也称案例研究。在说明什么是个案研究之前，最好先说明"什么不是个案研究"，因为它经常被误解，有学者（郑伯埙，黄敏萍，2012）分析了这些误解，以澄清个案研究的不同。

首先，个案（或案例）研究不同于案例教学。案例教学采用启发性的、真实的案例激发学生思考和讨论，以便传授知识，教授技能，它的目的是教学；而个案研究是一种研究方法，是为了发现科学知识。

其次，个案研究不同于个案记录。在临床心理学、社会工作中经常有对来访者或帮助对象的详细记录，这些个案记录通常只是心理咨询和社会工作实践的一部分，旨在助人解决问题；而个案研究的目的是描述现象并发展或验证理论。当然，我们可以把个案记录当作收集的个案资料，用作进一步的个案研究。

再次，个案研究不只是一种探索性研究。个案研究经常被认为只是对现象做初步描绘，是正式研究之前的尝试性或探索性工作。实际上，不仅如此，个案研究也可以描述能被重复验证的现象或变量关系模式，还可以验证既有的理论模型，它可以作为一种独立的实证研究方法。

最后，不能把个案研究混同于民族志研究或质性研究。民族志研究强调不能带着理论框架或问题意识进入研究现场，而只是对研究对象做翔实的描述，但是个案研究可以有明确的理论视角和问题诉求。实际上，目前的质性研究，包括民族志研究以及话语分析、叙事研究等，在认识论上都属于"相对论"或"极端相对论"的立场，它们把研究看作一种主观建构或诠释，而不追求对客观世界描述的真实性，也不力图提供一种唯一的解释；而个案研究的认识论基础是"朴素实在论"，力图用研究资料反映客观现实，它寻找真实的描述与合理的解释。对于个案研究，我们"可以根据它们真实体现（在某人的生活中、在某人的内心中、在某种情景中）实际发生事件的程度来评价。由于它们的目的是准确地描述社会和心理过程，并且如果可能要使其理论化，所以必须根据它们所产生知识的客观性和信度进行价值判断（威利格，2013，p.179）"。由此可见，个案研究属于实证科学的研究方法，要遵循实证科学研究的信度和效度标准。

要回答什么是"个案研究"，先要说明"个案"的含义。按照通常的字面理解，个案就是单个的人。笼统地讲，心理学研究中的个案通常是某个个体。然而，严格讲，个案是研究中"某个特定的分析单元"，"个案可能是组织、城市、人群、社团、病人、学校、干预，甚至可能是民族国家或帝国。它还可能是情景、经验或偶发事件（威利格，2013，p.86）"。个案具体是什么，取决于我们的研究对象和内容。例如，心理学的个案可能是某个病人，某种经验、活动或事件，社会学的个案可能是某种社团或人群，历史学的个案可能是某个民族或历史事件，管理学的个案可能是某个组织。概言之，个案是能反映研究对象和内容的可被清晰界定的分析单元。个案研究就是围绕研究目标对这种个案进行深入、细致的实证探索。

我们借鉴已有提法（威利格，2013，pp.86-87）进一步阐述，总结出个案研究的如下特征。

第一，独特的个体视角。个案研究的直接目的是理解个案本身，揭示个案的特殊性；然后可以基于个案直接推断出（形成、验证、修正）理论命题，这种一般性的理论可以解释个案的特殊性或者至少不为个案的特殊性所否证。也就是说，在个案和理论之间是一种直接的逻辑推断关系。而心理学的群组设计往往"以变量为中心"，通过平均样本中的个体差异，借助统计方法归纳或概括"总体"的一般规律，这种"总体"的规律未必意味着每个个体都是如此（实际上抹杀了个体特殊性）。个案研究并不关心，也很难从一个个案推知其他个案或个案所在总体的特征，但它试图用个案直接建立适用于所有已知个案（特殊性）的一般理论模型。

第二，关注情境。个案研究把所研究的个体放置于其本身的生态情境中（如物理的、社会的、文化的、符号的、心理的情境），整体地考察个案的各个维度与其所处情境的关联或互动方式。

第三，关注时间进程。个案研究不仅把个体置于某种空间或情境中，还要放在某种时间进程中，以考察其行为或事件的时间历程，描述事件的前因后果及其发展变化。

第四，三角互证。个案研究要整合不同来源的信息以相互印证，确保准确、深入地理解所研究的现象。在收集个案资料时，可能要收集已有的各种相关文件资料，如信件、日记、报道、档案记录，还要直接观察其行为表现，访谈本人或"知情人"。不同来源的资料必须能相互印证，确保资料反映真实状况。三角互证不仅限于资料收集过程，还包括资料分析过程。研究者要从多个角度分析资料，收集证据，建立有内在逻辑的"证据链"，从而收敛出共同的结论（郑伯埙，黄敏萍，2012，p. 242）。

第五，关注理论。个案研究一般要通过描述、分析个案，启发思考方向，形成新的理论假设和构想；或者用个案阐明、检验或扩展已有理论。

综上所述，心理学中的个案研究把个体置于特定的时空背景下，多角度收集资料以便做出翔实准确的个案描述，从而分析个体的心理行为特点及其与各种时空要素的关联性或因果关系，最终达至理论建构的目的。

三、个案研究的设计类型

（一）单一个案研究与多重个案研究

根据所使用个案的数量，可以区分为单一个案研究与多重个案研究。选择单一个案，可能是因为只能找到一个有价值的个案，但更多是由研究的目的所决定的。如果要批判性检验已有理论，则找到一个可以作为反例的个案就可以说明问题；如果要拓展已有理论，则找到一个原有理论未能涵盖或解释的极端案例或独特案例，就可以修正理论。例如，奈瑟（Neisser，1981）关于约翰·迪安记忆的个案研究（案例 9-1），是为了说明原有记忆理论未曾涉及的"重复情节记忆"现象，他找到体现这种现象的一个典型案例就说明问题了。

相比之下，多重个案的使用更有助于建构新的理论。我们可以基于一个案例提出理论构想，再用其他案例检验、修正理论，直到再也找不出新奇的或相反的案例，所提出的理论构想从而得以确认；或者，从不同角度使用每个案例，用多个案例支撑一个理论。这里要顺便说明一点，个案研究即便使用多重个案，也不能简单混同于"小样本的"群组研究。多重个案研究只是用了多个个案来做个案研究，而非像小样本群组研究那样由样本统计量对总体参数做统计推断。

案例 9-1　水门事件证人约翰·迪安的记忆：一项个案研究

🔍

奈瑟 1981 年在《认知》杂志发表了《约翰·迪安的记忆：一项个案研究》一文，探讨了事件记忆的心理特点。约翰·迪安 1970 年至 1973 年期间担任美国前总统理查德·尼克松的法律顾问。在 1972 年的美国总统大选中，为了取得民主党内部竞选策略的情报，当年 6 月 17 日，共和党人尼克松的总统竞选班子中的 5 人潜入位于华盛顿水门大厦的民主党全国委员会办公室安装窃听器并偷拍有关文件，结果被发现并当场被捕。20 多年后经专家考证，窃听行动的幕后策划正是白宫律师迪安。

1973 年 6 月，迪安在美国参议院水门事件调查委员会前作证，该委员会负责调查尼克松等人是否参与并试图掩盖一场政治窃听活动。奈瑟收集到了两类资料：一是迪安向水门事件调查委员会作证的转录稿，他的证词长达 245 页，而且他坚称自己所述所有内容属实；二是总统办公室先前召开的两次会议（分别召开于 1972 年 9 月 15 日和 1973 年 3 月 21 日）的官方转录稿，它记录了总统尼克松、白宫助理以及迪安等人的谈话，这份转录稿公布于迪安作证之后。

奈瑟对比 1972 年 9 月 15 日的会议转录稿和迪安在 1973 年 6 月的证词发现，迪安的证词夸大了自己对会谈所做的贡献，他声称自己是受人尊重和认可的（如他受到热情的接待，他的工作得到称赞），他本人则是谦虚而有远见的（如他不愿居功，对事情的未来发展提出警告）。迪安的这些证词是利己的，要么是为了维护自己的形象，要么是推卸自己的责任。然而，这些证词内容并没有出现在会议转录稿中，不符合事实。不过，迪安对会议基本内容的证词是准确的，它确实表明尼克松总统对掩饰窃听活动的行为完全知晓并表示赞同，这得到了会议转录稿的印证。也就是说，虽然迪安对总统办公室会议中很多谈话语词的记忆可能是错误的，但是他的证词确实表明了"深层次的真相"——尼克松在有意掩饰窃听活动。

奈瑟还将迪安的证词与 1973 年 3 月 21 日会议的转录稿做了对比分析，这里不展开介绍。总之，经过仔细的个案研究，奈瑟最终提出了"重复情节记忆"（repisodic memory）的现象。他认为除了情节记忆（对自己所经历事件的提取）和语义记忆（对事实、常识的记忆）之外，记忆还有一种特殊类型——重复情节记忆。"重复情节"体现了一系列事件的共同特征，它可能不符合任何一个特定场合或特定事件。重复情节记忆是反复发生的类似事件、讲话内容不断重复以及对事情的总体印象共同作用的结果。就迪安的证词而言，对于谁究竟在何时说了什么话这些细节的记忆或许是错误的，但是他对这些"重复情节"的叙述在更深层次上是真实的。这些重复的情节包括：尼克松打算掩饰丑闻，他很高兴后来的掩饰进展顺利，而且他确实做了很多窃听活动。迪安证词中陈述的很多细节，并不是一次特定情节的记忆，而是基于事件信息的重构。

奈瑟一直批评仅在实验室里研究记忆的做法，他认为日常生活中发生的记忆并非如此。然而，研究日常记忆非常困难，因为难以做实验控制，也不知道记忆的内容是否真的发生过。在迪安作证之后，总统办公室会议录音的转录稿被公开，这为奈瑟提高记忆研究的生态效度提供了良机，他可以将迪安对会议内容的回忆与会议录音作比对，从而探明日常记忆的一般规律。

(二)内源性个案研究与工具性个案研究

根据选择个案的原因或初衷的不同，可以区分为内源性个案研究与工具性个案研究。前者关注个案的原因是个案本身有趣或有价值。这种个案是预先存在的，研究者在了解这些个案资料前并没有明确的研究目的或意图。例如，研究者偶然读到一位临床心理学家记录的奇特病案，于是决定研究这个病案，这就属于内源性个案研究，即由个案本身的价值激发的个案研究。而在工具性个案研究中，研究者事先有了明确的研究目标或专注于某一现象，然后有意识地寻找适合的个案以达成自己的研究目标，这时的个案通常用于揭示某种一般性的规律或现象，之所以选择该个案是因为它对研究有工具价值。奈瑟(Neisser，1981)对迪安记忆的个案研究可以视为工具性个案研究的例子，因为所选的个案是为了阐明"重复情节记忆"这种普遍的记忆现象。

(三)描述性个案研究与解释性个案研究

根据研究的目的或深入程度，可以区分为描述性个案研究与解释性个案研究。描述性个案研究侧重对个案本身的翔实描述，以便完整地理解个案和所研究现象的本质，研究者并未根据理论构想对个案做有选择的描述和分析。解释性个案研究力图对个体的心理行为特征及其成因做出解释，或者用某种结构或模式刻画、分析所研究的现象。例如，解释某种行为特点与个体所在时空背景的因果关系，或者分析个体与他人的人际互动模式。关于迪安记忆的个案研究(Neisser，1981)，旨在澄清个体对谈话内容记忆的特点与成因，是一种解释性个案研究。

四、个案研究的过程

(一)研究设计

(1)界定研究目标和问题。虽然内源性个案研究是先"碰到"有价值的个案再做研究，而工具性个案研究是先有研究目标和问题再搜寻个案，但无论如何，与所有的研究一样，一旦决定做一项个案研究，总要从研究目标和问题开始。研究之前要尽量明确自己要达成的目标，定义研究的问题和研究的现象，这样在选择和使用个案时才不至于漫无目的。例如，杨宜音(1999)的研究(案例9-2)，是为了描述和分析中国人日常生活中"外人"变成"自己人"的过程，以此探讨人与人之间建构信任的逻辑，为此，她同时选取了来自农村和城市的个案作对比分析。不过，在个案研究之初，目标和问题的界定未必那么具体细致，可以在收集个案资料后，或者在资料分析的过程中不断进行调整。

案例9-2　自己人：信任建构过程的个案研究　🔍

中国人生活中常用的"自己人"概念一般有"信得过""靠得住""放心"等信任或被信任的含义，而"外人"则相反。中国社会科学院社会学研究所的杨宜音研究员(1999)采用个案研究方法，描述和分析了中国人日常生活中"外人"变成"自己人"的过程，以此探讨人与人之间建构信任的逻辑。

为了在真实生活情境中观察和描述"自己人"现象，研究者在华北的农村和城市选择了适当的研究地点、家户和个人，进行了参与观察和深度访谈(做了录音)，收集了大量资料。研究者在论文中详细报告了所选择的农村个案和城市个案。

农村个案Y，男性，47岁，初中文化，曾在部队服役，当过货运司机，现任村干部。研究者先与这家农户共同生活、交往了约半年(研究者前后在村内生活了45天)，对该农户所处村庄的自然、经济、社会、历史有了基本认识,对其家族成员、姻亲关系、个人经历、性格特点、经济状况等有了完整的了解;同时观察了在此期间发生的各种交往事件(例如,亲缘关系走动、送礼、宴请、探视病人、祝寿、奔丧、介绍工作、消闲、生活或生产求助或互助等),访谈了被研究者对各种人际关系的评价。此后的半年(研究者前后在村内生活了20天),重点观察了Y为儿子操办婚事的主要过程,如择期、谢媒、婚礼等仪式。在婚礼之后,将礼账上的名单与实际交往关系对照、补齐,请被研究者根据亲疏程度将与自家有来往的192户(包括自家人)进行分类、排序,并对各类别加以命名和说明。被研究者还详细回忆和解释了与这些人交往的感受和评价以及曾经发生的事件和归类的原因。

城市个案M,男性,47岁,大学毕业,曾经当过工人、商人、研究人员和机关干部。研究者与其有20年的交往经历,对其进行了系统的深度访谈。按照时间脉络和通讯录的线索汇总和补齐各种与M存在关系的人员、分类、命名,让M逐一回忆了交往的基本范围、交往形式、交往原因、交往感受、交往中断的情况、被研究者使用的关系类别概念的含义和使用情境及对交往关系的总体评价。

该研究的目的是描述和分析中国人日常生活中"外人"变成"自己人"的过程,探讨人与人之间建构信任的方式。这一目的被分解为如下几个问题,通过分析访谈和观察资料予以回答。

(1)什么人被视为自己人?什么人被视为外人?

农村个案Y将自己的关系(192户)根据亲疏程度分为12级,并合并为5大类:自家人(妻子、儿子、儿媳、女儿;父母、岳父母;兄弟)、近亲与至交(叔伯爷爷、妹妹、妻兄弟、妻妹;妻表妹、姨、干亲、妻姑、妻叔妻舅、妻姨妹、妻堂姐、师傅、表叔;堂房姑姑、堂房姑表弟、儿媳的叔叔、儿媳的姑姑、儿媳的姨)、近交和远亲(同事、战友、近邻、族叔;同事、远亲)、交往略多的人(老邻居、远亲、同事;村内企业主、有过交道的人)、交往较少的人(远族亲;远邻居)。越亲密的人,信任度就越高。

对于Y而言,自己人首先指"自家人",包括自己的核心家庭成员(妻子、儿女),也包括大家庭成员,如父母(虽然已经分家),以及岳父母。自家人的概念和边界很清晰。此外,自己人还指"在一定情境下划定的内外区别边界(内)朝向自己的这部分人",这是一种"相对意义的自己人"概念,其含义和边界有相对性,不是固定的。例如,Y这么说:"比如说，我当兵去了，周广中(同年应征入伍，并且在同一部队服役的同村人)我们两人，他就算内人(自己人)。范围再广点呢，我们一个县的就算是内人。没别人，咱们都是老乡。假如说，我到四川去当兵去，这廊坊地区就两个人，有一个安次县的，一个冀东县的，那(那个冀东县的和我)我们两人就可以说是自己人了。"可见，相对意义的自己人概念的边界有可伸缩的特性。

(2)外人可不可以变成自己人(或相反)？

相对意义的自己人概念已经说明了外人变成自己人或相反的可能性。在特定情境下，自己人边界可以向外扩展，原本为外人的人可能被包容到边界内而成为自己人。原本相互不认识的"陌生人"，通过缔结婚姻关系而变成有亲缘身份的"自己人"；在传统社会中，通过"拟亲化过程"，如拜干亲、拜把子兄弟等，可以把外人变成自己人。

自己人也可以变为外人。由于亲属的去世，原有的亲缘关系可能中断。民谚有"姨娘亲，一辈亲，死了姨娘断了亲"，讲的就是这样一种情形。下面这个情节则更好地展现了自己人是否会转变为外人的过程。

Y儿子的婚礼刚刚结束时，正碰到Y妻妹的婆婆病逝。研究者问Y的妻子Z，这次丧礼她要不要参加，要带什么礼物。Z告诉研究者，是不是去，最后要看对方"给不给话"。"给话"就意味着对方希望与自己保持亲属往来。如果"不给话"，就说明对方认为自己与他的关系比较远了，可以不去，对方此后便不再作为亲属往来，在婚丧仪式上便可以免去亲属之间往来的礼仪。

(3)外人是如何变为自己人的？外人变为自己人的后果是什么？

通过人际交往，加之双方在人格等方面的相互认可，彼此可以形成亲密情感、义务感、信任感，外人就转变为自己人。当这种信任超过家人之间才有的程度时，交往双方会以自家人规范相待。例如，Y与W是小学同班同学，又是近邻。Y比W大一岁，上学时他们坐同桌，下学以后总是一起玩耍或一起割草。成年后，Y当兵离开了村子，W在村里当了"赤脚医生"，他们仍然相互通信，Y把自己的许多事情和想法都告诉W。在Y成为村干部的时候，W也成了小有名气的医生，他们是"干兄弟"、好朋友，彼此相互理解和信任。研究者在Y儿子的婚宴上还看到W与Y的小舅子争执起来，这个争执事件可以说明Y和W彼此是以家人规范相待的。以下是研究者的观察笔记。

W边喝酒还大声地喊起来。原来，J(Y的小舅子)向他敬酒的时候说了一句："王哥，咱们喝。"没想到 W 反感他被称作"王哥"。他说，这么一叫，他与大哥（Y）的关系就远了。他只允许 J 叫他"哥"。看样子，W 希望他和 Y 的关系跨越血缘的障碍。

外人变为自己人后，就意味着彼此情感的亲密和相互认同，对对方人品无条件地信任以及相互的义务或责任。例如，Y 生病的时候，W 不但亲自陪送 Y 到县医院和北京市的医院去诊断，而且为 Y 扎针灸。他每天晚上 11 点到 Y 家里来，三个星期都没有中断，直到 Y 完全恢复。

研究者同样根据城市个案 M 的访谈资料回答了上述问题，发现在信任建构过程上，城市个案与农村个案有很多不同的特点。城市个案的主要人际关系是交往性关系（而非家族或姻亲关系），自己人一般被表述为"铁哥们儿""最好的朋友""朋友""哥们儿"。由于城市生活的社会流动比较大，自己人的情境性更强。城市人在不同的既有关系基础上（如同学、同事、同行）进行交往后形成多个交往网络，在这些情境中形成自己人与外人的区别，不同情境中的自己人之间较难进行直接的亲密性比较。

最后，研究者结合自我结构和边界理论、内群体认同理论以及关系分类理论讨论了上述结果，并提炼出一个理论框架概括农村与城市个案在"自己人"概念和信任建构方面的差异（表 9-1）。

表 9-1　农村与城市个案"自己人"概念的差异

	自我包容性	类别特性	关系特性	信任特性
农村个案	被家我包容，自家人	家族、乡亲	拟亲属身份	亲属身份信任
城市个案	被自我包容，自己人	圈子、团伙	个人身份	个人身份信任

研究者认为，无论是对于农村还是城市个案，"自己人"概念都表达了中国人将他人包容进自己的自我（自家）边界之内而形成信任边界的过程；这一边界既有区别内外的功能，也有自己人与外人相互转化的互通功能；内外互化的结果不是形成内外心理群体而是形成心理身份。"自己人"这种信任建构是从传统的"自家人"信任建构发展而来的，也是一种关系性信任。然而，农村和城市个案也表现出一些差异。例如，农村个案的"自己人"概念更依赖传统的自家人概念，建基于家族、乡亲关系上，通过拟亲属身份建立人际信任；而城市个案信任的建立，则更依赖自己的后天交往（如同学、同事）中形成的圈子和团伙，人际信任更多依赖个人身份。而在从农村到城市的现代化过程中，"自己人"概念所包含的心

理成分将与关系身份形成分离，有可能会蜕化为人际的个人特性信任，并成为契约制度信任的个体社会心理基础。

　　［资料来源：杨宜音(1999)］

．．．

　　(2)确定个案研究的设计类型。研究目标或问题的不同决定了个案研究的设计类型不同。如上所述，根据研究的理论目的、个案的可得性，我们要决定是使用单一个案还是多重个案；根据选择个案的缘由，确定是充分挖掘一个内源性个案的独特性，还是使用某些工具性个案检验关于某种普遍规律的理论假说；此外，对于选用的个案，还要决定侧重描述性研究，还是解释性研究。

　　(3)明确个案选择方法。心理学的群组研究，特别是大样本研究，通常采用统计抽样方法，从某个总体中随机抽取有代表性的样本。个案研究中的个案可能只有一个或少数几个，并不适合做统计抽样。绝大部分个案研究都采用"理论抽样"方法选择个案，即根据研究的理论需求以及个案与理论的关系，决定要选用的个案类型和数量。要反驳或挑战现有理论，可以选择批判性案例或反例；要拓展已有理论，可以选择独特性案例或极端案例；为了验证、支持已有理论，可以选择补充性案例或与理论条件一致的支持性案例。对于反驳理论而言，一个反例就可以说明问题，但为了支持某种理论假说，则要选用多个案例。究竟选多少个案例就足够了？有两个原则：一是信息饱和，即新增案例不能提供更多的新信息；二是理论饱和，即新增案例不能有效改善理论模型，或者其改善的边际效用很低。这两个原则可以在案例选择时参考，但它们不够操作化。在实际研究中，如果要使用多个案例，有学者认为4～10个就足够了(郑伯埙，黄敏萍，2012，p.256)。案例太少时，其间的变异较小，不利于建立全面而准确的理论假说；若太多，案例的描述和分析工作过于浩繁，难以汇聚出明确的结论。

　　(4)确定个案资料的收集方法。个案研究本身是一种设计方法，不是一种数据收集方法，因此，我们要在研究设计时选用合适的案例资料收集方法及工具。除了偶尔收集定量数据外(如采用量表或问卷)，个案研究侧重质性资料的收集，这些资料可以以文字、图像、声音等形式存在。常用的质性资料收集方法有三种：一是访谈法，对个体及其相关人员或"知情人"进行结构或半结构访谈；二是观察法，可以采用参与观察或非参与观察；三是档案法，用于收集个体的信件、日记、网络聊天文本、会议记录、交易记录、临床记录、成果或作品、媒体报道、个人档案等。个案资料的收集往往综合采用多种方法，从多个信息来源收集，必要时由多个研究者收集，以相互印证和校正。例如，若用观察法收集资料，为避免单个观察者的偏差，可同时由两名研究者观察，以检验观察结果的一致性，做到相互补充。

（5）确定个案研究的分析层次。上面为了行文方便，有时会把个案的主体称为"个体"，然而，个案研究未必总是在个体层次上进行描述和分析。以组织心理学的研究为例，可以分析员工个人的生产行为，也可以分析部门或小组的工作模式，还可以分析一个组织的架构、制度、惯例。因此，我们要明确界定研究的分析层次。

课堂讨论9-1
案例9-2属于何种个案研究设计类型？它是如何设计的？

（二）资料收集与分析

在完成个案研究的设计后，就可以进入现场收集个案的资料。无论使用访谈法、观察法、档案法还是任何其他方法收集资料，这些收集资料的过程都与一般的采用这些方法的研究差不多，这里就不再一一赘述如何收集资料以及有哪些注意事项。

刚收集来的案例资料可能是杂乱的、性质多样的，为了便于分析，首先要整理资料，建立个案资料文本。对于录音资料要转写成文本，对于观察记录要汇总整理成清晰的文本，对于档案资料也要按照某种顺序和逻辑加以整理。然后，反复阅读文本，开始分析。

个案资料的分析通常包括如下步骤：（1）发展编码类别。如果有理论框架，则据其确定要编码的内容和单位；如果没有，则自行对文本划分段落和语义单位，找出可以编码分析的角度和单位，并在文本阅读和分析过程中不断修正它。（2）找出相关主题。根据研究目标和问题，不断提炼文本中的编码类别，分析这些类别之间的逻辑关系，抽取出可能的主题。（3）形成并检验理论假设。在提炼主题的基础上形成若干个理论假设，并反复比照文本资料和研究假设，不断检验、完善理论假设。（4）协调理论假设，建立整体理论。如果已经提炼出多条理论假设，就要分析它们之间的逻辑关系，把它们协调统一在一个理论框架内，建构出整体的理论。

除了按照上述步骤分析单一个案的资料外，有时还要比较不同个案之间的异同。这种比较一方面是在基本信息层次上考察另一个个案是否提供了与原有个案不同的信息；另一方面是比较在一个个案基础上形成的编码类别、主题、理论假设、理论体系是否适用于另一个个案。通过理论假设与个案文本的"对话"以及个案之间的"对话"，不断修正、完善理论认识，提炼出有价值的理论模型。总之，好的个案研究不仅要翔实地描述个案本身，还要在个案启发下形成概念性的、理论性的认识。

(三)论文写作

个案研究的论文在结构上与一般的研究报告类似，都包括研究选题的背景和依据、设计思路和资料收集方法、研究结果、研究结果的讨论。然而，由于具体研究目的、资料分析方法等不同，个案研究论文在长度、具体的形式结构、写作风格等方面差异巨大。比如，有的个案研究报告只有几页，有的则写成一本书。人格心理学家戈登·奥尔伯特(Gordon Allport，1897—1967)1965年出版了《珍妮的来信》一书，这部经典的个案研究著作长达223页，分析了一位名为珍妮的母亲十多年间写给朋友(她儿子的大学室友及其妻子)的大量信件，描述了这位母亲和儿子的关系。

对于个案研究论文的写作要注意如下几点：(1)在研究方法部分，不仅要做到尽量翔实，还要阐明研究的效度保障。一方面，要详细报告研究设计类型、个案选择方法和依据、资料收集方法和过程、资料分析层次与方法等；另一方面，要说明为确保研究的构思效度、内部效度和外部效度做了哪些研究设计上的考虑。(2)在结果呈现部分，要区分描述和解释。描述是客观描写个案有关的资料，如个体的谈话、行为特点、活动场景等；而解释是研究者在各种因素之间建立的一种关联和因果关系。(3)要注意研究的伦理。个案研究关注个体生活事件的细节，在写作时尤其要注意为被研究者保密，做好匿名和背景信息的处理，防止为其带来不必要的麻烦。

五、个案研究的优点与问题

个案研究最大的优点是对个案本身提供了翔实的、立体的描述，可以启发理论的建构；而且个案研究的论文通常生动、鲜活、富有魅力，一篇优秀的个案研究论文很容易流传，并获得引证。然而，个案研究成果的发表却难度很高，因为在评价标准上个案研究经常被误解，而且个案研究确实也容易出现问题。

一是个案不具有代表性，个案研究结果不具有推广价值。如果从统计推论的角度看，基于少量的个案获得的研究结果，无法摆脱个体差异的影响，难以推广到更大的总体上。个案研究确实存在这个问题。然而，统计推论并不是获得一般性认识或规律性认识的唯一途径。如果在一个案例基础上推断出的一般性认识(如模式、法则),可以在其他案例身上得到验证或重现,就可以增强我们对理论的信心。或者反过来说,如果在个案基础上形成的理论假说,尚没有被任何一个已知反例挑战或驳倒,那么它就是一个可以接受的理论。若一项个案研究为理论假说的建立、反驳与修正提供了良好的机会,那它就有重要价值。

二是个案研究存在主观性。这种主观性既来自研究者,也来自被研究者。例如,被访者在谈话过程中,可能会提供虚假或片面的信息;研究者在观察和分析资料时,也会受到个人偏见的干扰。确实如此,几乎所有的心理学研究都存在这类主观性的风险,只是在以质性资料为主的研究中更为明显。然而,一位训练有素的研究者可以通过精心的研究设计尽量克服这些问题。例如,采用三角互证法有助于减少单一信息源、单一分析者可能带来的偏差。

第二节 单被试实验

通常的实验研究采用群组比较方式,通过统计方法确定实验组和对照组在因变量上是否存在显著差异;而对于只有单个被试的实验,这些做法都派不上用场。鉴于单被试实验的独特价值,有必要掌握其原理、设计类型、数据分析方法等。

一、单被试实验概述

在单被试实验中,通常在一个被试身上收集数据,以考察操纵自变量后是否引起被试在因变量上的变化(Barker et al., 2011, p.2)。例如,用这种方法考察教练的积极反馈是否可以提高运动员的信心水平或者降低其焦虑水平。

该方法有多种变式。除了用于单个被试,该方法也可以用于群体水平的研究,如考察一个运动队整体的成绩变化,某个班级所有学生课堂问题行为的数量,这时运动队或班级这样的"群体"被视作分析单位。在下文将要介绍的多重基线设计中,可以对多个被试(通常3~5个)分别考察并报告结果,如果每个被试在自变量被操纵后都在因变量上表现出了相似的变化模式（虽然每个被试的基线水平不同），这时可以加强关于变量因果关系的结论，因为这个结论在不同被试身上得到了重复验证。

　　虽然可以有不同的变式，单被试实验设计的本质是分析在单个被试或者单一个案（单个人、单个的群体；或者，虽然有多个被试，但考察的单位是单个被试）上究竟发生了什么变化，从而确定自变量操纵是否引起了因变量相应的变化。这与通常实验设计中的群组比较逻辑是不同的。通常的群组比较，如实验组和对照组的比较，关心的是两组被试平均水平的差异，这种差异的大小是以每个被试的个体间差异为基础来度量的。既然我们知道每个个体都是独特的，我们就要在这种独特性的前提下，考察某种实验处理或干预是否影响每个个体的心理或行为，而非考察基于大量被试的平均模式，这就是单被试实验设计的基本思路。由于单被试实验以单个被试为分析单位，故称为"$N = 1$ 的实验"。

所谓干预方法有效，就是在一个（以及又一个）被试身上应验，因为 $N = 1$。

　　单被试实验和个案研究不同，二者不可混淆。个案或案例研究，通常是在不加操纵、不做控制的条件下，对某个个案的描述或观察研究。例如，某个人大脑受伤了，所以出现了人格的改变。虽然我们可以描述个案所经历的事件以及后续的结果，但是在个案研究中往往不会有意操纵自变量并控制无关变量，以系统考察其后续结果。心理咨询师也经常会报告各种心理疾病的个案及其治疗效果，但未必是单被试实验，只是粗略的个案观察和描述而已。哪怕在个案研究中，咨询师非常详尽地描述了一个来访者的症状、自己的干预阶段和程序以及最后症状如何消失，但如果不充分做好无关变量的控制，也难以在干预方案与治疗效果之间建立有效的因果联系。而单被试实验力图在单个被试身上，尽量采用实验设计的逻辑，如操纵自变量（通常是某种干预），控制无关变量，对比前测和后测数据以系统考察自变量如何导致或引起了因变量的改变。简言之，单被试实验尽量采用"实验操控"的逻辑，力图获得因果知识，它属于实验研究的范畴，但是它不像真实验研究那么严格，可以算作"准实验研究"。

二、单被试实验设计的类型

(一)A-B 型设计及其拓展

单被试实验设计最简单的一种模式是 A-B 型设计。这种设计要在基线阶段(A)对目标变量(因变量)进行反复观测，然后引入某种干预，在干预阶段(B)再反复观测目标变量。基线阶段相当于控制条件，"干预后"或"干预过程中"的阶段相当于实验条件，两个阶段因变量的差异可以归结为干预方法的作用。在每个阶段的所谓"反复观测"，次数至少为 3 次，通常为 5、6 次或更多，直至在该阶段内观测到清晰稳定的行为模式，方能转换到下一阶段。例如，为考察表扬方法对被试完成某种机械操作正确反应的影响，采用了 A-B 型设计(图 9-1)，在 1～5 周的基线阶段(A)，每周都记录同一名被试正确反应的频次，在 6～10 周的干预阶段(B)对被试正确的反应予以表扬，并记录每周正确反应的频次。如果 A、B 两个条件下被试正确反应的频次有显著差异，则说明是自变量"表扬"的作用。

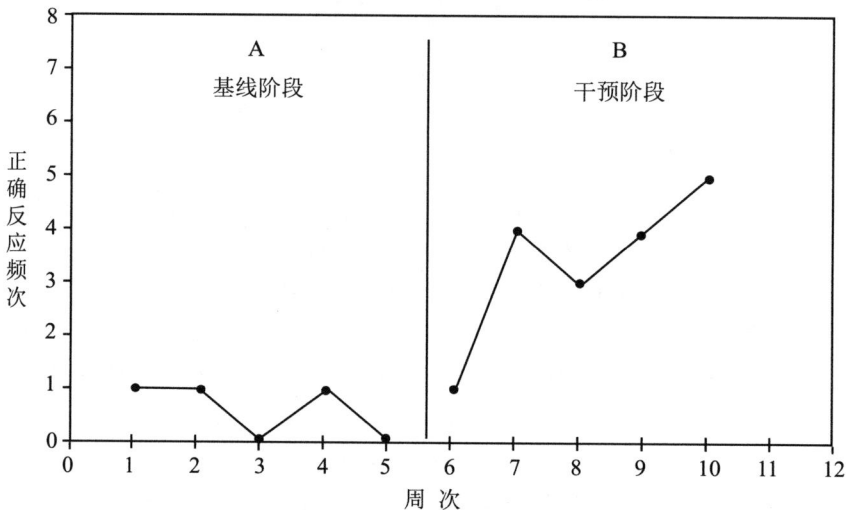

图 9-1　A-B 型设计

A-B 型设计最大的问题是,如果在研究期间被试的成熟因素(发展、成长、老化)起作用,或者存在练习效应、疲劳效应等,则无法将其从实验条件或干预的效应中分离出来。为了避免上述问题,可以在 A-B 型设计基础上加以扩展。在 A-B-A 型设计中(图 9-2),在 A、B 阶段之后移除了干预,也就是在干预阶段之后增加了一个基线阶段,如果这时被试的表现又恢复到了之前的基线水平,则可以排除成熟等因素的干扰,说明确实是干预条件造成了因变量的变化。

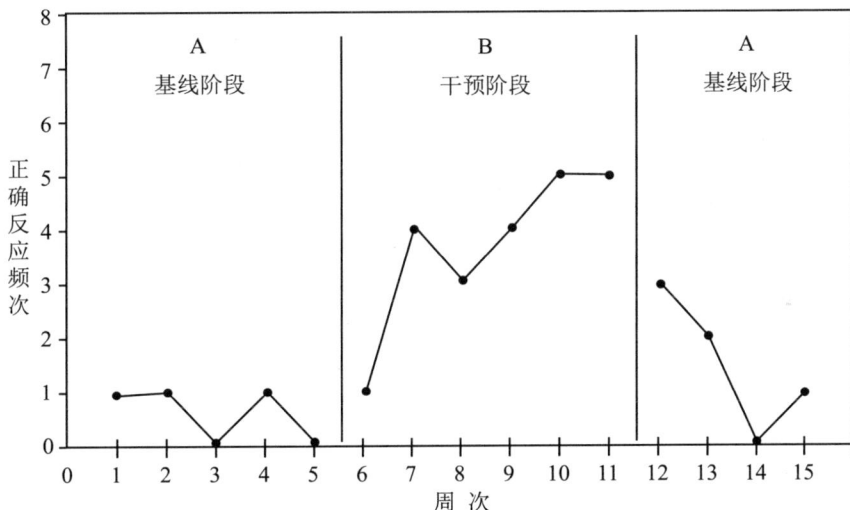

图 9-2 A-B-A 型设计

在 A-B-A-B 型设计中,则是在第二个基线阶段之后,重新引入干预阶段。这一设计前后累加了两个 A-B 型设计,通过干预的引入、移除和再次引入来验证干预的效果。

在某些特殊情况下,可能来不及确定被试在某个目标变量上的基线水平。例如,要对被试的抑郁症进行治疗,由于抑郁症患者有很高的自杀率,通常不适宜再用很长时间确定其抑郁的基线水平。被试有心理问题或精神疾病时不马上治疗,而反复做基线测试,这有悖于伦理原则。这种情况下,可以采用 B-A-B 型设计，先干预，后做基线测试，然后再次干预。

实际上，A-B-A-B 型、B-A-B 型设计都涉及干预的移除问题，可能会面临一定的伦理风险。如果研究者假定实验处理或干预有助于行为改善，或者可以治疗某种心理疾病，然而，仅为了研究的需要而移除干预或治疗，这在临床上是不道德的。多重基线设计可以避免移除干预的伦理问题。

（二）多重基线设计

多重基线设计不需要移除干预或实验处理，而是建立多条基线（一般是3～5条），如果在每条基线基础上引入实验处理后，被试行为都立即发生了改变，则证明实验处理有效。多重基线的来源可能不同，可以是对多个被试同一种行为的测定，也可以是对同一被试不同行为的测定，还可以是对同一被试同一行为在不同情境下的测定，由此多重基线设计可以有多种变式（肖内西等，2004）。

第一，跨个体多重基线设计。它同时使用多名被试做多重基线设计：每个被试基线阶段的观测是同时开始的，但是每个被试的基线阶段的观测次数不同，也就是引入干预的时点不同，干预阶段的长度也不同。这样的设计有助于控制观测次数、时机、被试个体差异等因素的干扰；如果基于多个被试的不同基线水平，都可以证明干预的有效性，则大大增加了研究结论的说服力。如图 9-3 所示，三名被试分别在第 3、第 7、第 10 个观察日后进入干预阶段，而且每个被试的基线水平也有细微差别。他们在基线阶段的行为频次都较低且大致平稳，而干预后则均呈现出不同幅度的上升趋势，可以说明干预的有效性。

第二，跨行为多重基线设计。它是对同一被试的两种或多种行为分别确定基线水平，然后在不同时点引入干预，以证明干预对多种行为的有效性。例如，研究者试图证明某种方法对企业员工"反生产行为"的改善作用，可以先选定几种典型的反生产行为进行观测，以确定每种行为的基线水平，然后针对每种行为分别引入同样的干预，再考察干预阶段的每种反生产行为是否明显减少，就可以确定干预效果了。

第三，跨情境多重基线设计。一种行为在不同情境下都有所表现。例如，多动症儿童在家庭、课堂内、课外活动等不同情境中都有多动表现，虽然具体行为有细微差别。我们可以在这三种情境下分别评估被试的多动程度，建立三条基线，然后引入干预，以考察干预方法能否有效减少各种情境下的多动行为。

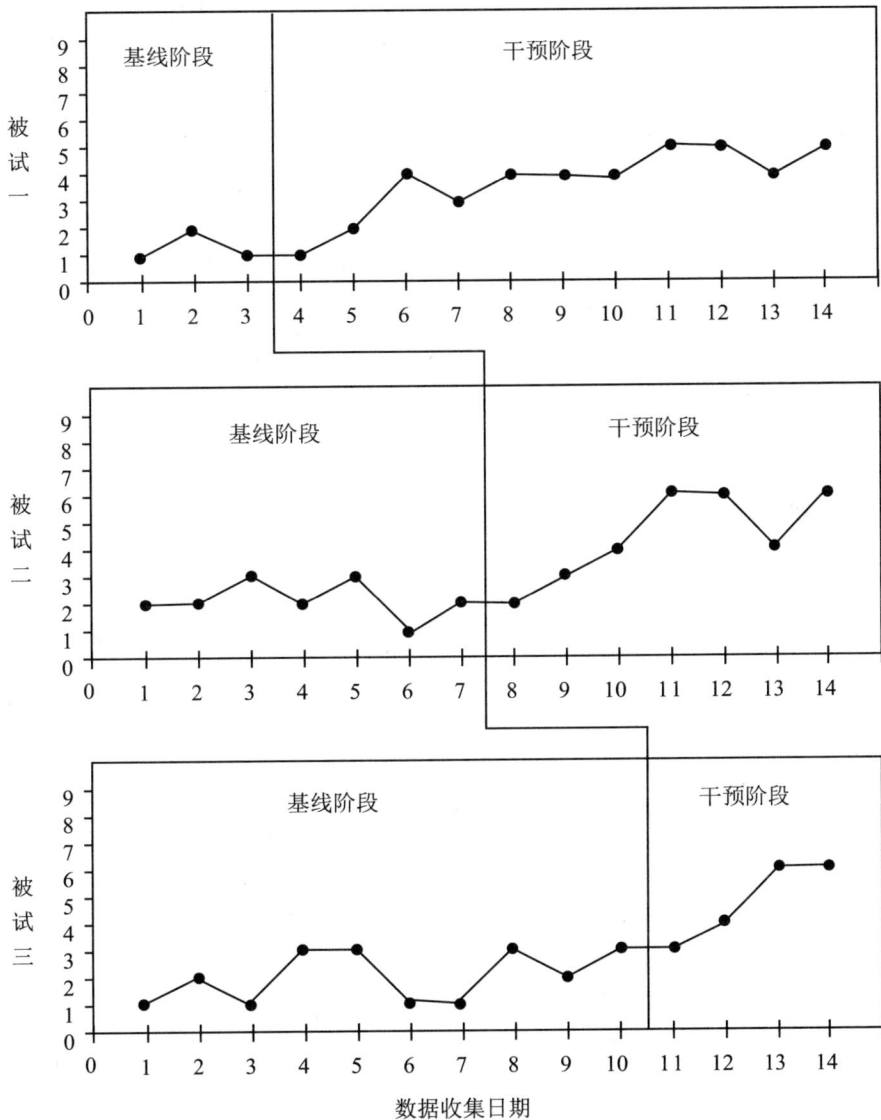

图 9-3　跨个体多重基线设计

三、单被试实验的数据分析

单被试实验中自变量通常是某种干预方法的使用与否，为分类变量。为了明确自变量的作用，每个单被试实验通常只能操纵一个自变量。因变量通常是连续变量或计数数据(如行为频次),数据收集的方法包括观察、访谈、自陈式测量(心理测量)、电生理技术等。这些数据收集方法与其他研究设计中的方法类似而不必赘述,下文重点说明如何做数据分析。

传统的统计方法,如平均数差异显著性检验、方差分析等并不适于单被试实验的数据。单被试实验设计的核心目标通常是确定某种干预方法是否有效,即确定相比基线水平,干预阶段的测试结果是否发生了"有意义的变化"(meaningful change;Barker et al.,2011,p.33)。什么样的变化就算"有意义的变化",这只能由研究者根据理论和文献或者自身理解来确定,没有统一的标准。但无论如何,都应尽量事先对"有意义的变化"做出操作定义。此外,也可以使用统计方法,确定是否存在统计上"显著的变化"。

单被试实验数据分析的第一步或常用方法是用坐标图来呈现并分析数据,这种方法被称为"视图分析技术"。坐标图的纵坐标代表因变量,横坐标代表测试时间,测试时间可以被分成 2 个或更多的阶段,代表自变量的不同水平。可以从三个角度来分析单被试实验的坐标图。

(1)中心位置。对于单被试实验,每次观测都得到一个数据点,可以分析这些数据点的中心位置,也就是数据的集中程度,主要指标包括平均数、中数和众数。

(2)变异程度。它指数据偏离中心位置的程度,可以用全距、标准差表示。

(3)趋势。它可以用能最佳拟合数据点的一条直线来代表,反映了每次观测结果如何随着观测时间点而变化:呈现上升趋势,还是下降趋势,或者是平稳的。

趋势线的一个简单画法是,通过某个阶段(基线阶段、干预阶段)前一半数据的中点和后一半数据的中点这两个点来确定。如果分别画出基线阶段和干预阶段的趋势线,就可以通过"目测"方式,对比二者说明干预是否有效(是否出现"有意义的变化")。例如,对于考试焦虑,如果在基线阶段的焦虑水平或中心位置较高,且趋势线大致水平,而在干预阶段不仅焦虑得分的中心位置降低,而且趋势线呈下降模式,则可以说明焦虑的干预方法有效(具体参考延伸阅读 9-2)。此外,一种更严谨的趋势线画法是计算出某阶段所有数据的回归方程,根据方程的斜率和截距确定趋势线,然后对比各阶段的趋势线。

延伸阅读 9-2　单被试实验数据分析指南

有学者(Parsonson & Baer)在 1978 年提出了分析单被试实验数据的"10 条指南"(转引自 Barker et al.，2011，p.158)。

(1)基线水平的稳定性：基线阶段的结果应该是稳定的，没有类似于干预阶段的逐渐升高或降低趋势。

(2)阶段内数据的变异：阶段内的变异较大或增大时，应该增加观测数据点，以获得稳定的趋势。

(3)阶段间数据的变异：无论是基线阶段，还是干预阶段，数据越稳定，越容易得到有效的结论。如果其中某个阶段的数据不稳定，也就是说，阶段之间的数据变异较大，这会降低我们对结论的信心。这时要增加不稳定阶段的观测数据点，加强无关变量的控制。

(4)相邻阶段得分的重叠：这种重叠越少，则干预效果越明显。

(5)每个阶段数据点的个数：数据点越多越好，尤其是在数据变异较大或有重叠时。

(6)阶段内的变化趋势：如果这种趋势不明确，就要增加数据点。

(7)相邻阶段的变化趋势：如果相邻阶段的变化趋势有明显差别，则可推定干预有效。

(8)两个阶段的水平：如果两个阶段的水平或中心位置差异很大，则可推定干预有效。

(9)相似阶段的数据分析：如果相似阶段(如两个干预阶段或两个基线阶段)的数据重复度高，则有助于说明干预效果。

(10)评估数据的整体模式：或许个别数据并不理想，但整体模式更有说服力。

目前大部分单被试实验都使用上述视图分析技术，它简单易行，但有一定的主观性，缺乏明确的客观标准。因此，研究中可以辅以效果量分析等统计方法。效果量(effect size，ES)描述了实验组与对照组结果的差异，可以度量实验处理效应的大小，而且该指标不受样本量大小的影响，是衡量单被试实验中处理效应较为理想的指标。其计算公式为：$ES = (M_B - M_A)/SD_A$。其中，M_B、M_A 分别为干预阶段和基线阶段数据的平均值，SD_A 为基线阶段数据的标准差。有学者(Cohen，1988)曾经建议，效果量 0.20 被视为小效应，0.50 为中效应，0.80 为大效应。然而，这一标准是就群组设计数据而言的，并不适用于单被试实验。后来，有人（Parker & Vannest，2009）分析了 200 项采用 A-B 型设计的单被试实验后，提出了划分这类研究效果量大小的专门建议：效果量小于 0.87 时被视为小效应，0.87～2.67 为中效应，大于 2.67 时为大效应（Barker et al.，2011，p.161）。不过，这种建议仍然是经验性的粗略划分，而非某种绝对标准，因为效果量的大小取决于研究涉及的因变量、干预方法等因素。

上述计算效果量的方法被称为均差法，由于计算过程依赖均值和标准差来估计效果量，并不能很好地反映单个被试得分随时间变化的情况。另外一类方法则不存在此种问题，它就是非重叠法（non-overlap method），它考察的是干预阶段某数据点相较于基线阶段某数据点是否发生了实验预期的变化。如果预期实验处理将提高因变量水平，那么"非重叠"指干预阶段某时间点的因变量水平高于基线阶段的（低于或等于的数据，就视作"重叠"数据）；反之亦然。通过考察"非重叠"数据对的多少来确定实验效果量，其具体计算方法有很多，这里不便展开，感兴趣者可以查阅文献（如辛自强，2018；续志琦，辛自强，2018）。

四、单被试实验设计的价值与不足

诚然，有对照组的前后测实验设计采用了群组比较的方法，更有助于控制无关变量的影响，是获得因果结论的基本方法。单被试实验设计不可能取代这类真实验设计的地位，但它可以作为有益的补充（Barker et al.，2011，p.9）；而且在某些特定情况下，我们只能采用单被试实验。

单被试实验有助于在"个体水平"上证明某种干预方法的有效性或其他实验条件的作用。采用群组被试时，会因追求统计上的集中趋势而掩盖个体差异。日常生活中我们关心的未必是某种干预是否带来了平均水平上的显著改变，而是这种干预是否对于每个个体真实有效。例如，我们可以通过单被试实验设计证明某位特教老师的特定教学方法对一名听障学生的有效性。这种有效性可能是建立在教师和学生的个性特点以及环境条件等多方面因素复杂交互作用情况下的，试图分离出教学方法纯粹的效应似乎不太可能，但是它确实有效，就实践价值而言，这就足够了。在群组设计中，这种个性化的因素可能被平衡掉了。实验组和对照组之间总体上的差异模式，并不意味着这个模式存在于每个或哪一个被试身上，它只代表了一种统计上抽象出来的总体趋势。在统计上，一个最基本的事实是：个体间差异总是大于组间差异。单被试实验设计可以直观地展现干预方法是否有效以及对于哪一类被试有效。

　　单被试实验可以在真实的自然背景下进行，生态效度较高。通常的实验往往过于强调对实验环境的控制，而单被试实验主要应用于自然背景，使用真实任务。例如，要评估某种心理治疗方法的有效性，我们可以在真实的心理治疗实践中应用单被试实验设计，研究过程与治疗者、来访者间的日常工作模式并无二致，可以确保研究的生态效度。单被试实验更能证明某种"实践的有效性"（如咨询实践的疗效），而非刻意在实验室内考察"研究的有效性"（Yarnold，1992，p.179）。

　　单被试实验不存在获得大量同质被试的困难，研究成本较低。采用群组设计，必然要求寻找大量的同质被试，有时这并非易事。例如，要考察某种训练方法对于高水平职业运动员（如奥运会各个参赛项目的选手）的影响，若把他们聚集在一起专门接受实验不太现实，而单被试实验可以将研究工作直接融合在他们的日常训练中，比较容易实施。因此，这种方法不仅适合研究者使用，而且尤其适合实践者使用（Barker et al.，2011，p.11）。

　　单被试实验设计本身存在一些不足。首先，单个被试的研究结果是否可以推广到更广泛的被试身上，是这类研究的最大问题，也就是说，存在总体效度问题。其次，在单被试实验设计中，无论是基线阶段，还是干预阶段，都要对被试反复观测以收集因变量数据，被试会因为被观测而改变自己的行为，出现所谓"霍桑效应"；此外，社会赞许性、实验者期望等因素都很容易干扰被试的表现。最后，单被试实验数据的分析，主要依赖相对主观的视图分析技术，缺乏统一明确的标准。上述不足大多难以完全克服，但可以部分弥补。例如，单个被试的独特性不利于研究结果的推广，为此可采用"小样本设计"，用多名被试，而非一名被试来做实验，这样有助于控制个体差异的干扰。

思考题 ❓

　　1. 结合单个案研究的历史，阐明其价值。

　　2. 简述个案研究的内涵与特征。

　　3. 个案研究有哪些设计类型？

　　4. 简述如何做个案研究设计。

　　5. 如何评价一项个案研究成果的质量？

　　6. 何谓单被试实验？它与个案研究有何区别？

7. 举例说明 A-B 型设计及各种拓展模式。

8. 举例说明多重基线设计的三种模式。

9. 如何分析单被试实验的数据？

10. 简述单被试实验的价值与不足。

练习题

1. 查阅并评析一篇个案研究报告。

2. 自选某一应用性研究问题，完成一项单被试实验。

综合实践

针对选定的研究问题，设计可能的单个案研究方案。

第十章

非介入性研究方法

第一节　内容分析法
第二节　元分析

　　前面介绍的实验法、调查法、观察法、访谈法等资料收集方法有一个共同的特点，就是通常要求研究者不同程度地接触或介入研究对象。然而，对心理学问题的研究并不总是要直接去观察或调查研究对象，还可以收集心理活动的产物（如作品、痕迹）、有关档案记录、文献资料等进行研究。这种不接触研究对象，不要求研究对象反应或应答的研究方法，可以统称为非介入性研究方法，它包括内容分析法、元分析等。

第一节 内容分析法

对各种现成的材料做内容分析，也可以揭示心理或其他方面的规律。本节介绍内容分析法以及如何做相应的研究设计。

一、内容分析法概述

内容分析法是指从某一或某些维度或角度，对各种形式的材料所包含的信息内容和结构进行客观的、系统的和定量的描述的方法。

这里的"材料"所指范围甚广。最常见的一类是各种传播媒介，如书籍、报刊、图片、电视、电影、歌曲、广告、传单等；也可以是各种比较个人化的材料，如演讲、信函、日记等；还可以是各种作业材料，如学生的作文、答卷等；甚至各种研究记录，如实验记录、访谈记录、观察记录，也可以作为内容分析的材料。

内容分析的对象是各种材料所包含信息的内容和结构。材料所传递信息的内容可以区分为显性内容和隐性内容（巴比，2002，pp.269-270）。显性内容是信息所传递的可见的、表面的内容。例如，要判断中学生所阅读的小说是否有色情内容，可以考察"爱、接吻、拥抱、爱抚"这些字眼在小说每页中出现的平均次数，这些字眼被认为直接地、明显地传递了色情内容。然而，我们都知道，文字的含义是复杂的，文字背后隐藏的真实含义，甚至言外之意更值得关注，因此隐性内容也需要分析。例如，一本书里出现"接吻、生殖器"等方面的文字并非一定是关于色情的，青春期生理教育课程里也会出现这些文字。可见，内容分析既要重视分析材料中的显性内容，也要分析隐性内容。除了内容层面，内容组织的时空结构也是值得分析的。例如，通过分析不同年代"全家福"照片中长辈和晚辈、男性和女性所占空间的大小、位置、结构等可以了解家庭伦理观念的变迁过程。

内容分析通常需要选定维度或角度。一份材料，哪怕很简短，所传递的信息量也是巨大的。对材料的分析往往要根据研究目的，确定分析的维度或角度，只从这些方面做特定的分析。例如，学生的作文可能反映了其价值观，如果研究者想借此考察不同时期中学生价值观的变化，那么只要找出反映价值观的内容进行分析就可以了。又如，要研究广告中的性别刻板印象，我们可以只分析每个广告所用人物角色的性别，并确定男性和女性角色相联系的职业(如护士、科学家)、出现的场所(厨房、实验室)、推荐的产品内容(日用品、保健品)等，从而确定广告是否传递了一个刻板化的性别角色形象。

内容分析应该是一种客观的、系统的和定量的描述。内容分析是一种科学研究方法，它要像所有科学研究方法那样强调分析和描述的客观性与系统性。例如，要有明确的研究目的、分析思路、编码体系等，而非主观臆断、随意分类或妄加评断。通常内容分析要做定量的编码和计算，用数字刻画某个内容出现的频次、意义的强度等。以幼儿阅读的绘本图书为例，我们可以分析每个故事中男性和女性人物以及雄性和雌性动物形象等出现的频次，以确定性别角色分布是否存在偏差，并进一步考察这种偏差对幼儿性别观念的影响。又如，格雷厄姆(Grahm，1992)曾采用内容分析法分析了1970—1989年美国心理学会所发行的6种重要期刊中1500篇论文的研究对象，结果发现，绝大部分被试(96%以上)都是白人中产阶级人群，而非裔美国人作为被试的情况在减少。只根据对白人研究的结果，自然不能推论解释其他人种的心理特质。

内容分析法在心理学、社会学、人类学、传媒研究等学科领域都得到了较多的应用。例如，社会心理学家麦克拉纳汉于1948年采用内容分析法对美国和德国两国的国民性进行了比较研究。他分析的材料为1929年一年中两国上演的受群众欢迎的45部戏剧(表10-1)。他认为，这些戏剧既然受民众欢迎，就意味着它们在主题、内容等方面反映了当时人们的心理状态和价值观念，可以揭示两国国民性的差异(转引自袁方，王汉生，1997，p.404)。

表 10-1 戏剧内容与国民性的比较

国别	德国	美国
主题	观念的、哲学的、历史的、指向社会的	个人问题，如恋爱、日常生活问题
主人公	杰出人物(女性较少)	普通人
大团圆结尾	40%	67%
悲剧结尾	27%	9%
其他结尾形式	33%	24%
态度性格的变化	顽固、不妥协，必须用大气力才能改变	通过说服、讨论、摆事实得以改变，强调教育的可能性

[资料来源：袁方，王汉生(1997)，p.404]

又如，研究者（Rodler et al.，2001；也见科奇勒，霍尔泽，2023）分析了曾担任高管的男性和女性的讣告是否存在性别刻板印象。他们收集了1974年、1980年、1986年、1992年和1998年在奥地利、德国、瑞士发行的四家主流德文报纸上的讣告，这些讣告是由死者生前工作过的公司和组织撰写的，可以假定这些讣告中的描述反映了对男性和女性高管的刻板印象。研究者共确定了4057个用来描述高管的词汇，这些词汇被独立的评分者划分为58个内容类别。结果发现，高管们常被描述为有个性的、内行的、敬业的和不知疲倦的等；而且随着时间的推移，对男性和女性高管的描述发生了变化：虽然1974年到1986年对男性和女性的描述大相径庭，但1992年和1998年的描述明显趋同。从中可见，借助对现有资料的内容分析，可以有效揭示材料所反映的心理学问题。

二、内容分析研究的设计

开展内容分析研究在设计时需要明确研究目的，选择分析单位和抽样方法，确定编码体系等。

(一)确定研究目的

内容分析可以达成多种研究目的，研究者必须首先明确做内容分析要达成的目的，根据目的不同，做不同类型的内容分析。

(1)趋势分析。即通过收集不同时期、不同阶段的材料，分析材料内容所反映的心理、行为特点的历史变迁、发展变化规律和趋势。例如，通过搜集每个历史时期的"全家福"照片，可以分析家庭关系的变化趋势；通过分析不同时期电影杂志封面女郎的服饰、化妆、三围大小等内容揭示受众审美取向的变化趋势。

(2)现状分析。现状分析并不关心材料中内容的变化，而是通过材料内容的分析确定某个维度或变量上心理行为的基本状况和特点，并可为进一步考察该变量与其他变量的关系做好准备。例如，分析绘本图书中故事的主题，可以确定幼儿在日常阅读中所接受的道德教育的内容和特点。

(3)比较分析。收集能体现不同被试或研究对象的材料并做内容分析，可以横向比较它们之间的异同点。例如，上面所提到的，借助对戏剧内容的分析，可以横向比较德国和美国两国的国民性格。

内容分析的目的非常多样化，上述三类并不能涵盖所有，也可综合在一起使用。研究设计时，要清晰表达出自己的研究目的，确定做哪一类内容分析。

(二)选择分析单位和抽样方法

分析单位是在描述或解释研究对象时所使用的个体单位。与各种介入性研究方法(如实验法、访谈法)相比,内容分析法可以用于广泛的研究目的,在确定分析单位时的角度和思路比较复杂。对于某些个人化的材料(如日记),我们可以清楚地知道一份材料的"主人",就可以将研究的被试作为分析单位,但如果考察被试在不同年龄段日记内容的发展性差异,则要以年龄点或日记篇次本身为分析单位。有时分析单位不是个人,而是某个群组(如出生组)。分析单位也可能不是被试,而是材料本身或材料的一个部分(如段落、语句)。

一项内容分析研究,可以同时使用多个层次的分析单位。例如,要分析家庭账目表所反映的消费特点,可以具体到某项开支(如食品消费)作为分析单位,也可以将家庭作为分析单位,还可以把地区作为分析单位。使用的分析单位的层次不同,就决定了描述或解释的对象层次不同。

确定了分析单位后,就可以确定相应的抽样方法。在心理学的介入性研究中,通常是对被试做抽样,而在内容分析研究中则是对材料做抽样(案例10-1)。内容分析的抽样同样要确保样本的代表性和无偏性,其原理和方法类似于一般的被试抽样,但要考虑分析的单位问题。举例来说,要研究电视广告问题,我们可以根据频道性质(如文艺类、新闻类、科技类等)做分层取样,在抽取若干频道后,对每天播出的所有广告都赋予一个编号,从中随机选取 10％的广告作为样本。在这种情况下,分析的单位为每个广告,抽样的方法是分层随机取样。

> ### 案例 10-1　网络聊天文本的抽取　🔍
>
> 我们(辛自强,池丽萍,2008)的一项研究,要探讨青少年在网络聊天中的印象管理策略。所谓印象管理,是指社会交往中试图控制或影响他人对自己所形成的印象的过程。要了解青少年在网络聊天中如何做印象管理,可以收集他们的聊天文本做内容分析。我们通过初步了解,采用方便取样的方式选定了三个面向青少年人群的聊天室,从中收集聊天记录。每个聊天室的聊天记录信息是海量的,需要再次抽样。于是,我们在 2007 年 1 月 27 日到 2007 年 2 月 15 日(寒假期间,学生参与网络聊天人数较多),每天同时观测三个聊天室,并采集两个时段的聊天记录。每天的采集时间大约在晚上8点到8点半、9点到9点半两个时段。在采

集数据的过程中，研究者本人不参与任何话题，只是观察，30分钟一到，便停止记录，将聊天记录拷贝到Word文档中。这样，15天中，每个聊天室各采集了30段聊天记录，共计90段聊天记录。接下来，研究者又从这90个样本中选取了30个样本，这30个样本分别取自三个聊天室，每个聊天室根据聊天时段大致相同、聊天文本长度基本一致、聊天内容正常和参与聊天人数在30人以上等原则，选取10段聊天记录。这样，我们一共选取了30段符合条件的聊天记录，每个样本的长度在10页左右，字数在6500字左右，所有参与编码的聊天文本共计约20万字。这样就得到了我们需要的聊天记录材料，供下一步的编码分析。

（三）确定分析的角度、维度和编码体系

在内容分析研究中，所收集的文本、声音或图像材料、实物等，往往包含了复杂的、海量的信息，对于同一材料、同一信息，分析视角不同，所获得的结果也不同。正所谓"横看成岭侧成峰，远近高低各不同"。因此，根据研究目的，选定合适的分析角度和维度是关键。

对于一个广告，我们可以从广告传递的性别角色形象的角度分析，也可以从广告制作的手法角度分析；对于聊天记录的分析，我们可以从其中体现的印象管理策略的角度分析，也可以从聊天所体现的网络语言特点的角度分析。

一旦确定了分析的角度，也就是确定了研究的核心概念或主题，然后可以确定这个概念的操作方式，比如从哪些维度和指标上对这个概念进行操作化。以印象管理策略为例，具体可以区分出不同类型的策略，如在聊天中显示自己的能力，寻求与对方的相似性，做必要的自我表露等，这些都是一种印象管理策略，这样我们就从策略的内容和性质这个维度上进一步区分了不同类型的策略，相应地我们还要明确每一种策略对应的聊天行为，确定这些策略的具体行为指标，以便于将来的编码。

确定分析的角度、维度、概念、行为指标、行为类别等，也就是确定编码体系。在做编码时，可以从材料中提取不同的信息内容，如关键词的出现频次、关键概念的频次（一个概念的不同词语表达，都被视为一个概念）、语义的强度（如对某人或某物的"喜欢"和"爱"在语义强度上不同）等。

编码体系的建立，可以借鉴现有的理论，使用演绎方式加以建构，也可以从具体的材料中归纳出编码体系。关于如何从文本资料中归纳概念并升华至理论，扎根理论提供了很好的指导。扎根理论研究的创始人格拉瑟等人

(Glaser & Strauss，1967)提供了一套明确的、系统的策略，帮助研究者思考、分析、整理资料，挖掘概念并建立理论。

　　总体上讲，该方法主要采用自下而上的路线，从文本资料中归纳理论所需要的概念。这种研究方式虽然强调不要有先入为主的理论偏见，研究者要时常反思自己对研究结果造成的影响，但并非完全不需要理论指导。因为完全没有基本理论框架的话，我们根本不知道从文本中获取什么。只是研究者要保持灵活、务实的态度，不断根据理论形成研究假设，并用资料检验或修改假设，最后形成完善的理论。可参考下面的案例(案例 10-2)。

案例 10-2　扎根理论在网络聊天文本分析中的应用

　　为了从聊天当事人的角度，挖掘他们的网络聊天特点，我们采用扎根理论指导对聊天文本的分析及至理论建构的整个研究过程。研究的目的有两个：一是确立最终的印象管理策略的编码体系或理论框架；二是在此基础上定量统计各种策略与子策略的使用情况，以便准确反映青少年网络聊天中的印象管理特点。

　　为确定理论框架，采用了扎根研究方法，根据有关介绍(Glaser & Strauss，1967)并结合本研究特点，采用如下具体程序。

　　(1)搜集并仔细整理青少年的聊天文本。青少年在聊天过程中的印象管理，最后都会体现在所形成的聊天文本中，因此只要能获取有代表性的聊天文本，就可以分析其特点了。

　　如上文所述，我们选取了 30 个聊天记录约 20 万字的文本作为分析对象。编码时既要分析所有聊天话语，也要分析网名。为了方便聊天话语的编码，对每个聊天文本作了整理并进行了分栏排版，文档的左侧是聊天话语，右侧用于记录话语的代码。为了方便对网名进行分析，我们从每个样本文档中将网名提取出来，生成 30 个单独的网名文档。同样对文档进行了分栏排版，左侧是网名，右侧用于记录网名的类型代码。

　　(2)开放的编码。研究者对文本进行最初的分析编码时，逐字逐句地反复阅读文本材料，并思考其中是否包含或隐含了与研究主题有关的概念或属性，并将相关信息编码，即赋予其一个名称。这个名称可以出自聊天文本中聊天者直接说出的概念，或者由研究者重新概括并命名。这种最初的编码是完全开放的，每发现一个新的意义单元就要增加一个新的编码或名称，直到编码饱和而不再需要新的代码。

编码时所采用的单位，为一个完整的意义单元，而不是句段或词汇。如果遇到一句多义的情况，就对相应的文本进行多重编码。例如，"怎么能不理你呢，你是我 MM 哎"这段文本中使用了"缩略语"策略和"相互认同"策略，然后就在这句话右侧标注代码(如 A2、C2)。在文本中还有一些与研究主题无关的或没有意义的话语，都作为无效话语(标注为 Null)。谈话双方有一方私聊的，则另一方的公聊话语也视为无效话语。反复说同一句话的，只有第一句为有效话语。类似地，对于每个不同的网名进行编码，以确定青少年如何利用网名进行印象管理。

(3)建立概念类别。最初的编码通常极为庞杂，只有必要的概括才能形成理论。因此要根据概念或命名之间的关系(如相似关系、对等关系、因果关系等)，进行多层次的抽象和概括，直至确定能够反映文本中研究主题的核心概念类别。这些核心概念在所有类别中占据中心位置且具有足够的抽象性，能代表广泛的文本资料。通常而言，从最初的开放编码到建立核心概念是一个不断收敛的过程。但也存在一些例外，例如，最初的编码中可能选用了过分概括的名称，导致这类编码的涵盖性过高而无法区分文本涉及的细微意义差别，这时就重新选用低层次概念命名，重新对文本编码。总之，在文本分析过程中，所确定的概念、类别往往是工具性的、暂时性的，会被不断修正。

在本研究中，我们将最初编码确定的印象管理策略称为子策略，然后将若干子策略合成为一个更有概括性的策略。例如，聊天中会使用符号、使用缩略语、使用谐音替代、使用词义转换、使用网络常用语等都可以归为"显示对聊天文化的掌握"这种策略。

(4)确定统计分析单位。为了了解各种印象管理策略及子策略的使用情况，本研究将从两个角度对数据编码进行统计分析：一是以话语数量为统计单位，二是以聊天参与者为统计单位。以话语数量为统计单位进行的分析，主要是看各聊天室中，每种类型的话语在全部话语中的分布情况，而不关心这些话语都是谁说的；以聊天参与者为统计单位的分析，主要是看使用每种类型话语的人数在总人数中的分布情况。无论一个聊天参与者对某种类型的话语说过几次，都只计算一次。例如，某聊天参与者在聊天过程中使用了五次"谐音替代"策略，但在以聊天参与者为统计单位的分析中，只算一次。

(5)编码一致性的检验。为了验证编码的可靠性，我们请一位研究生重新独立编码，计算了两次编码的一致率：聊天话语编码的一致率为94％，网名编码的一致率为92％。可见，本研究的编码是可靠的。

　　通过对文本的分析，我们最终确定了青少年网络聊天中印象管理的五种策略：显示对聊天文化的掌握、展示能力或个性品质、寻求相似和相互认同、适度的自我表露和有策略地利用网名（表 10-2）。

表 10-2　青少年网络聊天中的印象管理策略

策略	子策略
A 显示对聊天文化的掌握	A1 使用符号
	A2 使用缩略语
	A3 使用谐音替代
	A4 使用词义转换
	A5 使用网络常用语
	A6 熟悉聊天室规则、熟练使用电脑
B 展示能力或个性品质	B1 礼貌、风度、善解人意
	B2 能力或知识水平
	B3 个性品质
	B4 幽默感
C 寻求相似和相互认同	C1 寻求或表达相似
	C2 相互认同
	C3 表示对他人的理解或同情
	C4 表达对他人的关注
D 适度的自我表露	D1 身份的自我表露
	D2 情绪情感的自我表露
	D3 生活事件的自我表露
H 有策略地利用网名	H4 表示具有某种能力的网名
	H5 揭示心态、状态的网名
	H6 揭示心情、情感的网名
	H7 揭示性格、特点的网名
	H8 揭示兴趣、喜好的网名
	H9 表达理想或意愿的网名
	H10 富有诗意的网名
	H11 揭示当今青少年流行趋势的网名
	H12 另类的"酷"网名

［资料来源：辛自强，池丽萍（2008），pp. 216-221。据此整理］

第二节 元分析

　　研究者除了对研究所获资料(主要是数据)直接进行统计分析和再分析外,还可以对众多文献中的研究结果(而非原始数据)加以综合的统计分析,即对现有文献做定量再分析,这就是元分析,该方法最近几十年来备受重视。目前,在国内外心理学领域元分析研究的论文正迅速增加。

一、元分析的提出及意义

　　元分析方法的提出应归功于美国心理学家格拉斯(G. V. Glass,1940—)。他于 1976 年首先在一篇不足 6 页的论文中提出了元分析(meta-analysis)这一概念,而且还明确指出应以效果量(effect size)作为评价研究成果的客观指标。1980 年他在美国教育研究协会的大会上,发表了用元分析方法进行的一项有关心理治疗手段效果的评价报告,在教育和心理学界引起巨大反响。1981 年他又与人合作出版了《社会研究中的元分析》一书,系统介绍了元分析方法,从而促使该方法迅速应用于教育学、心理学、行为科学、医学等诸多领域的研究中。

　　元分析方法侧重对多项相互独立的但具有共同目标的研究的结果加以定量合并分析,并剖析造成研究结果差异的原因,从而综合评价研究结果。它不同于传统的对研究成果的评价方法,通常的文献综述和评价主要侧重对以往研究结果及其关系的定性分析,而非定量分析。实际上,当某个领域的同类研究非常繁多时,通常的文献综述工作变得极为困难。例如,有研究者总结发现,心理学对性别差异的研究到 1973 年就有 1600 种文献(Glass et al.,1981,p. 11),而如今这方面的文献仍在以几何级数的方式增长,我们无法想象一个研究者,哪怕天才的研究者,能够系统综述这些文献,因此,做定量的元分析非常必要,这样才能让我们看到现有研究结果的全貌和共性。

　　元分析方法有重要的作用和价值,具体表现在如下四个方面。

　　第一,综合评估研究的效果量。在很多领域中,一些同类研究往往并未获得一致的结果,元分析可以澄清并解决以往研究结果的矛盾,定量评估实验条件造成的效应的平均水平,从而基于更多的研究资料做出可靠的结论,而非只依靠单个研究。

第二，提高统计分析功效。通常的统计检验（如方差分析、相关分析）结果显著与否，在很大程度上与样本容量有关。有些情况下样本量较小致使研究结果无统计上的显著差异，而实际上只需适当增大样本，实验处理或自变量的作用就会表现出来。在元分析中，将多项同类研究合并处理，样本量增大了，研究结果的代表性、可靠性也会提高。

第三，确定各项研究结果之间差异的来源。心理学作为实证科学虽然强调研究的可重复性，然而很多同类研究甚至验证研究之间实际上都不是完全重复的，这可能造成研究结果的不一致或异质性。元分析可以通过异质性检验考察研究结果的变异程度及其变异来源。

第四，帮助我们获取新的知识。科学发展除了依赖每项研究的进展外，实际上，一些极为重要的发现往往是从对以往同类研究的认真总结和综合分析中获得的，而且这些构成了新的研究的文献基础。可见，我们不仅要不断地通过新的实验和调查寻找新知识，还要对每个研究所获得的知识加以综合，这样也能带来新的知识。

二、元分析的常用统计方法

作为一种定量研究，元分析有其基本的统计方法。

（一）文献支持率

最原始的对已有文献进行元分析的方法，是计算各类可能结果的文献支持率（vote-counting）。以实验研究为例，每项研究的统计结果不外乎三种可能：实验组显著高于控制组，或者实验组显著低于控制组，或者两组没有统计上的显著差异。元分析时可考察在每种情况下的文献（或研究）支持率，然而这种方法并没有将每个研究的效果量考虑在内，也没有考虑到被试数量的影响。由于这种方法本身存在缺陷，后来很少被使用。

（二）效果量

元分析关心的并非某个研究结果是否有统计上的显著性（如实验组与控制组平均数差异的显著性），而是研究中实验处理效果的大小，即研究的效果量，其常用统计指标为 d。d 主要说明实验研究中处理的效果量。用实验组平均数（M_e）减去控制组平均数（M_c）再除以两组共同标准差（S），所得结果即为效果量 d，因此，它也可以理解为实验组与控制组平均数差异的标准分。d 值的计算公式如下：

$$d=(M_e-M_c)/S，\text{其中 } S^2=[(n_e-1)S_e^2+(n_c-1)S_c^2]/(n_e+n_c-2)$$

可见，在对现有研究文献进行编码时，只要提取了每组（实验组、对照组或其他类似的分组）的平均数、标准差、样本量这些信息，就可以计算出每个研究的效果量；然后，再计算所有研究平均的效果量，从而针对实验处理对结果变量（因变量）的影响程度（有无影响，影响大小）做出最有代表性的估计。根据库翰（Cohen，1988，1992）提出的参考标准，效果量 0.2 为小效应，0.5 为中效应，0.8 为大效应。库翰指出，心理学实验的效果量或效应值通常不是很大，多为小效应或中效应。当然，有的研究中没有控制组，而是单组的前后测设计，这时可以直接用前后测差异的标准分表示效果量。

(三)显著性检验的组合元分析

除了效果量方法外，元分析还有很多种类。从性质上可区分为元分析比较和元分析组合，从对象上包括对概率的元分析和效果量的元分析，这样两维的交叉就得出四类元分析（Rosenthal，1984）。格拉斯的方法只是涉及对效果量的整合，而对显著性检验或效果量的比较，是针对数据的方差而非平均数的比较。这里介绍显著性检验的组合元分析。

这种方法的基本思路是将若干研究中那些独立进行的显著性检验组合起来，进行汇合后的整体检验。基本方法是 Stouffer 方法（Rosenthal，1984），具体程序如下：(1)将每个研究中检验所获得的概率 p 转化成 Z 分数（$p_i \rightarrow Z_i$）；(2)将所有这些 Z 分数相加，所得的和再除以所有检验个数（k）的平方根，得到整体上的 Z 分数（$Z_{整体} = \sum Z_i / \sqrt{k}$）；(3)将整体 Z 分数查表转换成整体显著性水平 p（$Z_{整体} \rightarrow p_{整体}$），从而判断整体上是否有显著差异。要说明的是，由于通常假定实验组优于控制组，因此 p 通常是单尾检验时的概率（并注意如果某个研究的实验组平均值低于控制组，则查 $1-p$ 时的 Z 值，即 Z 为负值）。

然而，这个方法也存在问题。例如，它没有考虑各个研究结果的变异问题，因为正的结果和负的结果会相互抵消。此外，它也没有考虑实验效果量的大小。最后，由于发表偏差，某些不显著的结果往往未能发表而留在文件柜里（这被形象地称为"文件柜问题"），从而可能导致显著性合并时高估实验效果。

为此，可以进行如下分析（Rosenthal，1984）。

(1)针对 Z 分数的齐性检验。具体的检验公式为：$\chi^2 = \sum (Z_i - \bar{Z})^2$，其中卡方（$\chi^2$）的自由度 $df = k-1$。如果卡方值超过临界值，则表明这些 Z 分数不齐性。

(2)计算出效果量 r。计算效果量 r 的公式为：$r = Z_{整体} / \sqrt{N}$，其中 N

是整体的样本量。有了效果量就可以直观地了解实验条件对因变量产生的效果大小。

（3）文件柜问题。我们很难知道到底有多少研究未能发表，但是我们可以计算出还需要多少额外的研究，那么整体的 p 就会大于 0.05，从而实验条件的作用不再显著。公式为：$N=(\sum Z_i/1.645)^2-k$。计算出的 N 就是无显著差异的研究的数量，只要找出这些文件柜里的报告，就可以推翻实验条件之间有显著差异的结论。

综上，显著性检验的组合元分析是一种有用的方法，特别是查阅到的文献中只有概率方面数据可得时。然而，效果量才是元分析结果更优良的指标。

（四）相关系数

在相关研究中通常直接提供了两变量相关系数 r，所有研究中的相关系数平均值就是总体效果量的指标。

如果是差异检验结果，也可以转换成相关系数 r，再计算总体效果量 r 值。计算方法为：首先，将每项研究中两组被试（例如，学习不良儿童与一般儿童、男生与女生）差异 t 检验的 t 值，转换成相关系数 r 值作为研究结果的效果量，公式为：$r^2=t^2/(t^2+df)$；然后，求平均的 r 即可。关于平均的 r 的计算，最好采用加权平均值 $\bar{r}_w$，因为每个研究的样本量不同，我们通常相信样本越大时的 r 也越可靠，因此计算相关系数的均值时应该采用加权平均值。

然而，有的研究者认为应该先将每个研究的效果量 r 转换成 Fisher Z_r 分数，然后再求出所有研究平均的 Z_r 分数，再将它还原成平均的效果量 r 值。这种转换是出于这样的考虑：由于总体的 r 值距离 0 越远，r 值的样本分布越偏离总体分布，因此需要根据 Fisher 提出的方法将效果量转换成 Fisher Z_r 分数。做这种正态化转换的公式为：$Z_r=0.5\log_e[(1+r)/(1-r)]$。

（五）齐性检验

无论是合并显著性检验中的 Z_i，还是效果量 d 或者 r 都有可能存在变异问题。如果每个研究的效果量可能有很大变异，就要对这些效果量进行异质性检验，以确定计算所得的整体的平均效果量是否可靠地代表了所有研究的情况。如果 d 值（或其他效果量指标）之间的变异明显大于随机误差的影响，平均的效果量的代表性就降低了，这时则要寻求造成变异的原因。

因此，计算效果量时还要进行齐性检验。首先对各研究进行异质性检验以确定采用何种模型，是用随机效应模型还是用固定效应模型。若研究间存在异质性，则采用随机效应模型，否则采用固定效应模型。常用的齐性检验公式有很多种，可参考有关介绍（毛良斌，郑全全，2005），这里不再重复。

三、元分析中的出版年代效应

元分析的统计方法本身存在的这样或那样的问题，这里暂不评说，而重点说明目前的元分析研究中仍有待突破的问题——出版年代效应，即研究结果与数据收集年代有关的现象。先来看两个研究的例子。

有研究者（Bond & Smith，1996）对来自 17 个国家的有关"从众"心理的 133 项研究进行了元分析，这些研究都采用了社会心理学家阿希在 20 世纪 50 年代用过的线条长度判断任务考察被试是否在完成任务时容易跟从他人的判断而表现出从众现象。对这些研究的元分析发现，在美国被试身上存在明显的出版年代效应：自 20 世纪 50 年代以来，美国被试的从众水平不断下降。

一项关于智力研究的元分析（Uttl & Alstine，2003）则发现，用韦克斯勒成人智力测验测得的言语智商也表现出明显的出版年代效应：对于中年人而言，每十年（不是说个体年龄增加，而是 10 年前后的同一类人群相比）智商提高 1.52 分，而老年人群体的智商则能提高 4.79 分。

大多数元分析研究有一个共同特点：当发现研究的结果存在出版年代效应时，均停下了分析和思考的脚步，笼统地以"原因尚不清楚"等方式结束了研究进程。总结一下，元分析者对于年代效应的处理，目前有三种方式。

第一种做法是发现年代效应后并不进一步讨论其原因，这时分析者通常并不期望出现这种效应，而想当然地忽略它或视之为随机误差，对其干脆"存而不论"。

可以推测，研究者部分受到了元分析现有假设的局限。目前的元分析侧重讨论所有被分析的研究平均效果量的大小。单个研究受到自变量之外的干扰变量影响，致使研究结果受到影响，由此，作为元分析对象的若干个"同类"研究（"同类"的研究只是有相对可比性而已，所谓研究的"可重复性"并不能绝对化地理解）之间必然存在变异。每个研究得到的效果量 d 值（或 r 值）之间的变异越大，那么 d 值的平均数的代表性也就越小。做元分析的目的通常是寻找自变量与因变量之间稳定的关系，而忽略每个研究中二者关系强度甚至性质上的差异或变异。如果秉持这一目的，当然不愿意看到效果量有明显变异。很多元分析者无意识地抵制甚至有选择地忽略了这种变异，更不愿意往前再走一步去寻找变异的来源。

当然，也有元分析者注意到了已有研究效果量的变异，并找到了一些变异源，如每个研究在取样、测试方法、实验条件、出版年代（通常意味着数据收集年代）方面的细微差异都可能造成效果量的变异。例如，上述研究者都已经考察了出版年代效应问题。然而，当年代效应解释了研究结果变异的10％、20％甚至50％时，还视其为随机因素，或存而不论，这似乎是让人难以忍受的——我们相信其中必有缘由。可见，发现出版年代或数据收集年代对研究结果的影响，只是看到了问题的表面，更重要的问题是，这时应该进一步思考为什么如此，背后的或深层的原因是什么。

第二种做法则聚焦到原因的探讨上，即在研究报告的"结果"部分通过相关或回归方法统计得出了出版年代效应后，在后面的"讨论"部分再引经据典地论证一番，推测出其中可能的缘由，如社会变迁、人们想法的变化，等等。上述列举的元分析的两个例子，已经做到了这一点。虽然对原因的"讨论"能部分地满足我们的好奇心，但我们并不确切知道每种社会变迁因素究竟起了多大作用，以及实际上是否真的如此。

第三种做法是把第二种做法中"讨论"部分的工作提前到"结果"部分，通过统计方法定量地说明有关社会变迁因素如何造成了研究结果上的年代效应。毕竟年代与研究结果的相关只是一个表象，年代是社会变迁的一种标记，是社会变迁导致了研究结果的变异，确定二者的定量关系，问题才能最终被澄清。这种做法就是我们下面将要介绍的"横断历史研究"的做法。

四、横断历史的元分析

如上所述，很多研究都发现了出版年代效应，这是因为不同年代的研究收集了来自不同"出生组"（birth cohort）被试的数据，决定数据变异的并非只是数据收集或出版年代，更重要的是每一批被试出生年代的差异，让他们经历了特定的社会历史文化环境，由此影响了他们在某个心理变量上的得分情况。举例来说，假定同样采用大五人格量表测定被试"对经验的开放性"，今天的大学生的表现同十年前的或许不同，这种不同恰恰是两代大学生或两个出生组决定的他们各自的独特社会经历所致。因此，出版年代效应也可以并且被经常代之以"出生组效应"，它体现了社会变迁对每一代人的影响。

在一个历史时期，如果每年或每几年都有一些关于个体心理的同类研究，采用同一测试工具或实验任务收集了同一类被试的心理变量方面的数据，那么我们就可能将这些孤立的研究按照年代顺序连贯起来考察某个心理变量或心理变量之间关系的变化趋势。每个孤立的研究都完成了对历史时期的一次横断取样，虽然每个研究本来无意于此，采用元分析则可以将它们综合起来进行研究。基于这一思路，针对元分析中存在的"年代效应"问题，美国圣地亚哥州立大学的顿芝(J. M. Twenge)在 20 世纪 90 年代后期提出了一种特殊的元分析技术,她称之为"横断历史的元分析"(cross-temporal meta-analysis),我们也称之为"横断历史研究"。

横断历史研究是采用横断研究"设计"对大跨度时间、时代(或历史发展)有关的差异或变异进行元分析研究的方法。不过,这里的"设计"并非像通常关于个体发展的横断研究那样预先构造好了方法,而是"事后追认的",即将现有孤立的研究按照时间顺序加以连贯,从而使得已有研究成为关于历史发展的横断取样(类似于第六章所讲的"连续独立样本设计")。虽然这种横断历史研究是一种元分析,但与一般的元分析思想有所不同。一般的元分析考察某个时期的同类研究结果的共同之处,其中时代的发展、社会的变迁所导致的变化通常作为研究变异中的误差项处理,而横断历史研究以时代发展、社会变迁为研究的主要内容,着重考察心理变量的平均分数随时代发展发生的变化。换言之,一般的元分析寻求的是同类研究中有代表性的或共同的结果,不期望研究之间有变异,而横断历史研究关心的恰恰是通过元分析发现了出版年代效应或出生组效应之后,再寻找这种变异背后的社会变迁因素所起的作用(辛自强,池丽萍,2008,p.65)。

横断历史研究的首要功能是确定心理变量随年代变迁的趋势。与普通元分析不同,在计算方法上横断历史研究分析的重点不是效果量 d,而是不同年代心理变量的均值 M 的变化趋势。例如,顿芝等人研究了美国人的男性与女性气质、焦虑、自尊、心理控制点、自恋人格等心理变量随年代的变迁,这些研究均表明时代变迁对个体心理具有重要影响(如 Twenge,2011;Twenge et al.,2021)。对我国中学生的焦虑、抑郁以及各种心理问题得分的多项横断历史研究一致表明,其心理健康水平在研究所关注的十几年时间里一直在下降(辛自强,张梅,2009;Xin, Niu, et al.,2012;Xin, Zhang, et al.,2010)。在横断历史研究中,可以用心理得分与数据收集年代的散点图、相关系数、回归系数以及心理指标变化的效果量(d)等方法反映心理变迁趋势。其中,回归方程的建立方法是:以心理指标为因变量,以数据收集年代为自变量,并对样本量进行加权,建立回归方程,形如 $Y=bX+a$(Y 为心理指标,X 为数据收集年代,b 为回归系数,a 为常数)。d 值的计算方法是:某个心理指标终点年得分减去起点年得分的差值,再除以历年数据的平均标准差。这里的终点年得分和起点年得分是将两个年份分别代入回归方程计算出来的心理指标得分,平均标准差是通过对所有研究的标准差求平均数得到的。d 值绝对值的大小代表了得分变化的程度或年代效应的大小。例如，一项对有关我国老年人社会支持的 85 项研究的元分析表明，在 1996—2015 年他们感知到的社会支持水平显著降低(图 10-1)，减少量为 0.69 个标准差，即 $d = -0.69$(辛素飞等，2018)。

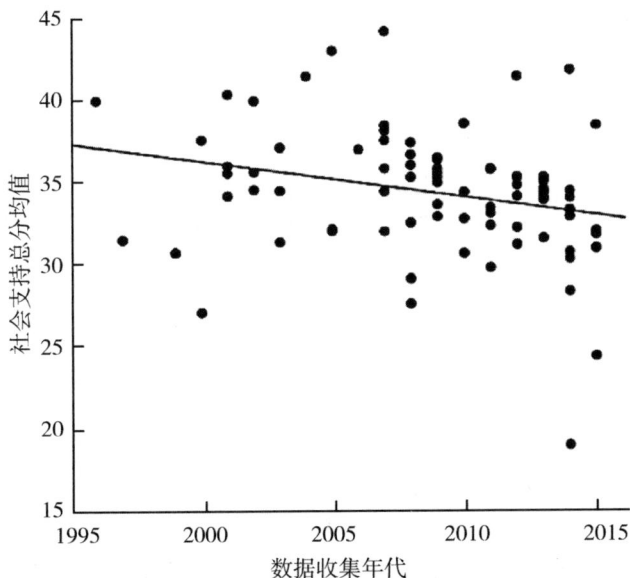

图 10-1　1996—2015 年老年人社会支持总分的变化
[资料来源：辛素飞等(2018)]

其次，横断历史研究可以用于考察重大社会事件与心理变迁的关系。人们心理的变迁可能因为重大社会事件(如战争、疫情、经济危机、重大的政策调整)而改变趋势，通过对比事件之前、之后以及过程中心理变量的得分，可以揭示事件的心理影响。例如，顿芝(Twenge，2001)应用该方法对1931—1993 年有关美国女大学生果断性或支配性人格特质的 158 项研究的元分析表明，这些女大学生的果断性随时间而呈曲线变化模式：第二次世界大战之前果断性一直上升，第二次世界大战后到 20 世纪 60 年代中期持续下降，自 20 世纪 60 年代后期开始稳步上升。由此可见，第二次世界大战作为一个关键的社会事件改变了女性人格变迁的方向。我国的一项横断历史研究表明，新冠肺炎疫情爆发后人们的生命史策略得分比之前明显降低(图 10-2)，这说明疫情期间他们更倾向于采用"快策略"而非"慢策略"(Xiao et al.，2024)。从进化角度来看，面对资源匮乏的艰难环境时，有机体会采取快策略，表现为重视繁殖的数量而非质量。同样道理，疫情期间生存环境变得更差，人们于是倾向于获取眼前利益而非延迟满足。重大事件的发生实际上创造了一个自然实验场景，通过横断历史研究分析不同时期的数据能较好地揭示事件的心理影响。

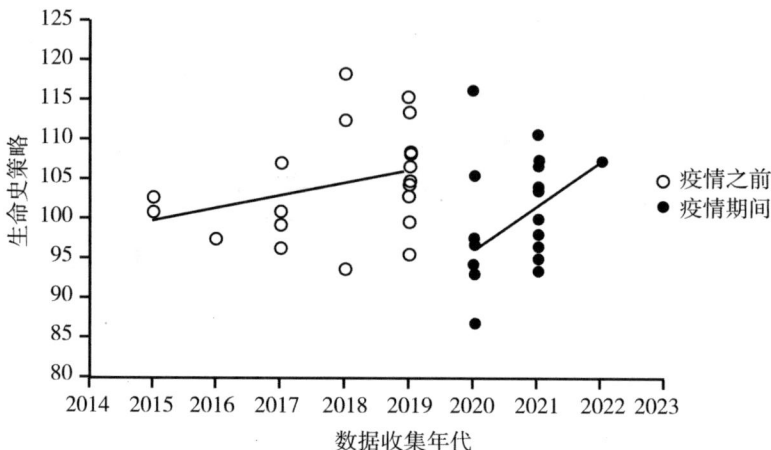

图 10-2   新冠肺炎疫情对生命史策略的影响

[资料来源：Xiao et al. (2024)]

再次，不仅要发现心理变迁趋势的存在，还要解释心理变迁的社会背景原因。横断历史研究提供了分析社会背景或社会变迁对个体心理变量影响的思路，即选择与特定的心理量关系密切的社会指标（如犯罪率、失业率等）与心理量的均值进行直接相关或滞后相关分析，考察其间的预测关系。特别是滞后相关的引入，有利于确定变量之间的因果关系（延伸阅读 10-1）。例如，在处理数据过程中，将五年前的社会变量与心理变量匹配，再将五年后的社会变量与心理变量匹配，考察其滞后相关，以确定是社会变量预测心理变量，或者是心理变量预测社会变量。

延伸阅读 10-1   滞后相关的逻辑

两类变量的数据滞后匹配的方式、时间间隔都可以依据具体研究问题而定，我们搞清楚了这一做法的逻辑方能运用自如。其基本逻辑是：对于因果关系而言，原因变量一定在前，结果变量一定在后。如果 A 在 B 之前且 A 能预测 B，那么就相信 A 可能是 B 的原因，退而言之，统计上至少可以确定 A 是 B 的预测变量。如果从"相继的因果观"来看，这就是一种粗略的因果关系了：承继 A 之后出现了 B，且二者有较强的相关或回归关系，在没有找到其他可能的原因之前，我们倾向于相信 A 是 B 的原因。总之，基于这种逻辑（相关系数或回归系数的统计，再加上时间或顺序因素，即"滞后"），就可能确定 A 和 B 之间的因果关系。不过做因果推论时，要注意两点：第一，如果可能还应该在相继的因果关系基础上，探讨这种关系发生的具体机制（寻找"发生的因果关系"），解释才更有说服力；第二，横断历史研究所面对的是一种集合数据，它所揭示的因果关系可能与个体层面的具体表现有所不同，因此做推论时对这一点也要当心。

［资料来源：辛自强，池丽萍（2008），p.71］

最后，区分考察社会变迁对特定人群心理的影响。虽然很多社会环境因素及其变迁会影响整个时代的人，但这种影响以及人们所表现出的心理变迁趋势会因个体所属地位和类型不同而表现出差异。也就是说，在横断历史研究中，时代发展与类别变量（如性别、地区、职业类型等）可能会交互作用于心理变迁。因此，在考察社会变迁和个体发展的关系时，应该考虑到这些类别变量可能的调节作用，即它们是否会改变或调节二者关系的性质或强度。例如，研究（辛自强等，2012）表明，在 1986—2010 年，我国大学生心理健康的整体水平逐步提高。但是，这种提高主要体现在大学一年级以上的学生身上，而且重点大学学生（较之非重点大学）、城市生源学生（较之农村）、男生（较之女生）的心理健康改善更快。由此可见，大学生的性别、年级、生源地、学校类型是大学生心理变迁的重要调节变量。

思考题 ❓

1. 什么是内容分析法？
2. 简述如何做内容分析研究的设计。
3. 简述元分析的含义与作用。
4. 了解元分析的常用统计方法。
5. 什么是出版年代效应？
6. 何谓横断历史研究？
7. 横断历史研究有哪些用途？

练习题

1. 自选题目，设计一项简单的内容分析研究。
2. 阅读一篇采用横断历史研究方法的研究报告。

综合实践

对自己选定的课题以及完成的研究设计，具体实施研究，完成资料收集工作。

第十一章
专用方法与技术
第一节　社会测量法
第二节　认知研究方法

　　前面介绍的数据收集方法适用于心理学及相关学科广泛的研究内容，然而在心理学中还有些专门适用于特定学科领域或研究内容的方法和技术，如在人际关系和团体研究中常用社会测量法，在认知过程研究中也有很多专门化的技术。这些方法有特殊的价值和意义，本章做简要介绍。

第一节　社会测量法

当个体组成群体时，就会出现一些超越个体的特征，如群体的结构、人际关系模式等。对这些群体特征的研究主要采用社会测量法。本节介绍社会测量法的一般原理和各种具体技术。

一、社会测量法概述

社会测量法（sociometry）是由社会心理学家莫雷诺（J. L. Moreno，1889—1974）于 20 世纪 30 年代提出的用于研究群体内（特别是小群体）成员之间人际关系和人际相互作用模式的方法。通过社会测量法，可以研究群体的演变和组织以及个体在群体中的位置，揭示群体内部隐藏的结构，如成员之间的联盟、亚群体等。莫雷诺曾对不同年龄段的学生进行了大量观察研究，分析了从幼儿园到八年级学生的群体结构，在此基础上于 1934 年出版了关于群体演变的著作《谁能幸存》，这本书成为社会测量法的奠基之作。社会测量法的提出产生了巨大影响，后来许多心理学家参与研究，以致形成了莫雷诺学派，他们的成果发表在莫雷诺主编的《社会测量》杂志上（该杂志存在于 1937—1955 年期间）。如今，这种方法已经广泛应用于社会心理学、管理心理学、发展心理学等学科领域。

社会测量法的基本原理是，通过群体成员的相互选择情况，了解每个成员在群体中的地位和关系以及群体的组织结构。在每一个群体中，成员与成员之间存在交往，彼此之间在心理上相互影响，而这种相互影响会反映在他们彼此之间的行为上。由此，如果考察成员之间在特定情境下的相互选择行为或行为意向，就有可能揭示成员之间的心理联

除了社会测量法，莫雷诺还在心理剧、团体治疗方面有重要贡献。

系状况。如果成员之间相互进行肯定选择，就意味着他们在心理上是相互接纳的关系，否则，就说明他们之间在心理上是相互排斥的关系。所以，只要测定成员在群体中对其他人的选择和他自己被选择的情况，就可以了解成员与他人的关系状况、该成员在群体中的地位以及整个群体的结构状况和组织方式。

二、社会测量的基本方法：提名法

提名法，也称同伴提名法，是社会测量法中最常用的一种基本方法，它根据某种标准，要求个体在群体内提名几个同伴（通常为 3～5 人），标准可以是正面的，也可以是负面的，或者同时做正面提名和负面提名。例如，在研究儿童同伴关系时，可以这样问："一般地说，在你们班中，总有你最喜欢的同学，你最喜欢与他们一起学习，一起玩。请写出你最喜欢的三位同学的名字，再写出你最不喜欢的三位同学的名字。"对于成年人的调查可以问："你周末愿意与谁一起郊游？请依次说出或写出三个人的名字。"

做同伴提名时，准确设计提名的"标准"是关键的，也是首要的任务。这个标准是被试进行提名的依据，标准的含义不同，提名法所得数据代表的变量含义也就不同。

提名的标准有"强""弱"之分。"强标准"往往指一起从事重要的、长期的活动，或者有密切的人际关系；"弱标准"往往指一起从事临时性的活动，关系较为松散。例如，对于一个大学生来讲，提名"你愿意与之一起去食堂吃饭的同学"（弱标准）与"你愿意与之分享心里话的同学"（强标准），结果很可能是不同的，因为有的同学适合一起聚餐，但不一定适合与之分享心里的秘密。

提名的标准还有"笼统"与"具体"之分。例如，"你相信的人是谁"，就比较笼统，没有说明在哪方面相信，相信别人能做什么；而"你相信可以为你保守秘密的人是谁"，就比较具体，强调了信任的具体内容。

此外，提名标准还有"正面"和"负面"之分。正面标准，如"你喜欢""你愿意"等；负面标准，如"你最不喜欢的""你反对的"等。通常，按照正面标准提名时，被试比较容易配合；但对于负面的提名，被试可能比较顾及是否会得罪同伴，不愿意配合，这时应该让被试确信作答资料完全可以保密，以打消其顾虑。

提名标准可能不只是一个，可以基于几种标准分别提名。例如，要研究企事业单位里在一起工作的小组（如车间、班组、部门、项目组）成员之间的人际关系状况，如人际信任状况，可以采用如下多个"标准"让被试在某个群体范围内分别做同伴提名。(1)在履行承诺方面，你最相信的三名同事是谁？(2)要制定出双赢的方案，你最相信的三名同事是谁？(3)就工作能力而言，你最希望能进入自己项目组的三个人是谁？(4)关于工作中的事情，你最愿意与之一起讨论的三名同事是谁？

总之，在设计提名法的标准时，研究者要根据研究目的，灵活地选用提名标准，并尽量准确地表述，以确保被试能理解并遵循设定的标准来提名。

设计提名法时，还要明确提名的群体范围和提名的人数。大多数提名研究都是针对某个特定群体进行的，如班级、工作小组、销售部门，明确要求被试只在这个特定的群体范围内提名；但有时提名的范围未必明确，如"在你经常交往的人中，你最信任的三个人是谁"，"经常交往的人"并没有清晰的外延或边界，实际上这时的提名边界并不重要。但无论如何，尽量要让被试明白需要在哪个范围里选择提名对象。通常，对于每个标准下提名的人数不要太多，最好不超过5人，3人或3人以内为宜，否则被试可能选不出那么多人。当然，提名人数的多少，还要看群体的规模大小。

同伴提名法的实施可以采用访谈的方式，也可以采用问卷的方式。对于年龄较小的被试，为了克服对同伴的记忆能力的干扰或限制，防止某些成员被遗忘，可以通过提供所有成员名单或照片，又或通过当着同伴的面现场提名的方式，来消除记忆能力对提名结果的干扰。

处理提名结果时，可以根据每个人被提名的次数，直接得到关于某个群体成员的两种分数：一是同伴接受分，即被同伴正面提名次数；二是同伴拒绝分，即被同伴负面提名次数。也可采用加权评分法，如首选得5分，次选得3分，三选得1分。无论怎样记分，分数的正反性质都是一样的，即得到的接受分越高，说明在同伴关系中地位越高；得到的拒绝分越高，地位越低。

在心理学中，提名法主要用于测量个人所隶属的群体的结构和组织。然而，如果不限制于某个群体内提名时，则可用它调查一个人所拥有的人际关系网络。例如，询问"你找工作时，可能会找谁帮忙"，当被试列出那些能够帮助自己的人的名字，并说明这些帮助者的角色、职业、地位等特点时，就反映出了其人际关系网络或社会网络的特点，特别是其中镶嵌着的社会资本。基于这种思路，对社会资本的测量经常采用一种类似提名法的方法——定位法(延伸阅读11-1)。

延伸阅读 11-1　定名法与定位法

　　群体或社会网络的结构特征，不仅有心理学意义，还意味着某种社会资源——社会资本，这一问题已成为社会学家、经济学家、社会心理学家关注的热点。在社会资本研究中，提名法(社会学家称之为"定名法")，以及一种类似但又不同的方法——"定位法"，均被广泛使用。

　　社会资本的存在通常以个体所形成的社会关系或社会网络为基础。个体拥有的社会网络的特点以及个体在网络中的位置本身就意味着某种社会资源或社会资本。

　　通常处于社会网络中战略性位置或较高等级位置上的人有更多的资源以及更多的获益机会。这种优越的位置意味着对他人强大的影响力，可以对他人施加影响("说句话"就管用)以满足自己的需要。

　　什么样的社会网络(或人际关系)有助于产生社会资本呢？综合有关研究者(林南，2005)的观点，具备如下特征的网络，意味着更多的社会资本。第一，网络规模大。网络规模越大，关系越多，信息和人情的桥梁越多，就可能动用更多的社会资源。第二，网络顶端高。在个体网络中的他人具有特定的社会资源(如权利、财富和声望)，通常社会地位高者拥有的社会资源更多，因此个体社会网络中他人的社会地位或者网络顶端越高，就意味着社会资本越多。第三，网络异质性大。社会网络中的他人从事的职业和职位越丰富，性质越多样，潜在的社会资本也越多。由此，在社会资本的研究中，一般通过考察个体社会网络的规模、网络成员的社会地位、网络的异质性以及个体与网络成员的关系强度等变量来测量个体所拥有的社会资本的数量和质量。

　　在实证研究中，对个体层面社会资本的测量几乎都集中于对个人社会网络状况的测量，常用测量方法包括定名法(提名法)和定位法两种(林南，2005，pp.86-91)。在定名法中，通常让每个被试提供自己的社会网络成员的姓名、个人特征以及这些成员的相互关系等方面的信息。社会资本研究者可以根据网络成员的相关信息，对网络中社会资本的异质性与范围等情况进行测量。但这种提名方法也存在一些缺陷，如网络边界不易确定，且调查数据可能更多反映的是强关系(即情感亲密、互动频率高、互惠程度高的人际关系)，而容易遗漏弱关系，从而影响研究结果的可靠性。

定位法是林南和他的同事在 1986 年首先提出来的。这种测量方法假设社会资源是按照社会地位高低呈金字塔型分布的，每个网络成员所拥有的社会资源数量主要取决于其所处的社会结构性地位。因此，通过对被试网络中成员的结构性地位(职业、权威、部门或阶级等)的了解，就可以对其拥有社会资本的情况做出大致的测量。

具体方法是要求被试回答其社会网络成员中是否有人处于某种社会结构位置上，并确定自己与每一位置上的交往者之间的关系。使用林南(2005)提出的这种定位法测量被试感知到的社会资本时，首先要求被试评价代表不同社会经济地位的职业(如中小学教师、记者、企业或公司管理人员、企业或公司领导、律师、工人、农民、公司职员等)的社会声望(也可借用已有的职业声望数据)，并报告在被试自己的社会关系网络中是否有人从事这些职业，以及这个人与被试的关系，以此了解被试对自己所拥有的社会资源的认知。根据被试的回答可以计算出社会资本的三个指标：接触的职业或职位的数目(代表社会网络规模)、最高可接触职业的声望(代表网络顶端)、接触职业的社会声望分数幅度(代表网络的异质性)。综合这三个方面的得分，可以代表被试拥有的社会资本。

三、社会测量结果的整理

社会测量法的结果可以通过图表、公式等方式表达和分析，常用的方式有以下四种。

(一)矩阵法

根据被测量者的总人数 n，制成 n 阶矩阵，在表内记录各成员的选择关系，也可将选择转换成分数填入表内，不同的得分情况说明个体在群体中的选择情况。表11-1 为一个 6 人小组中正面和负面提名的矩阵。因为小组人数很少，故每个成员正面和负面提名各 1 人。根据该矩阵中合计的提名次数，成员 A 是最受欢迎的明星式人物，被正面提名 4 次，没有负面提名；同理，成员 B 是被拒绝的人，很不受同伴欢迎；成员 C、F 似乎被同伴忽视，不被喜欢，也不被拒绝；成员 E 是有争议的人物，有人喜欢，有人反对。根据这种矩阵，还可以分析提名是"单向的"还是"互选的"。例如，成员 B 和 E 彼此做了负面提名，这说明他们可能比较敌对，彼此"瞧不上"。这里只是以 6 个人的小群体为例来大致说明矩阵法的应用。当群体规模较大时，可以借助计算机程序进行分析，目前已有专门的分析软件。

表 11-1　6 人小组中正面和负面提名矩阵

		被选者					
		A	B	C	D	E	F
选择者	A				+	−	
	B	+				−	
	C	+	−				
	D	−				+	
	E	+					
	F	+	−				
合计	正面	4	0	0	1	1	0
	负面	0	4	0	0	2	0

注：＋表示正面提名，−表示负面提名。

(二)图示法

上述矩阵的数据，也可以通过图示法来体现，这就是"社会图"（sociogram）。社会图可更直观地展现群体内的人际关系状态，如单选、互选、孤星、明星、领袖、小团体或帮派等。社会图有社会网络图、靶形图、阶梯图等不同形式。图 11-1 是一个社会网络图，它直观地展示了成员之间的选择情况、社会地位、组织结构等。在该图中的每一个小圆圈表示一个成员，箭头代表选择方向，双箭头代表互选，单箭头代表单选，被箭头指向最多的个体是明星，没有箭头指向的个体是孤星。例如，该图中 O 是群体中的明星，X 是被孤立在群体之外的孤星，Y 是两个互选且相对排他的好朋友，Z 是三个互选的成员组成的小群体。

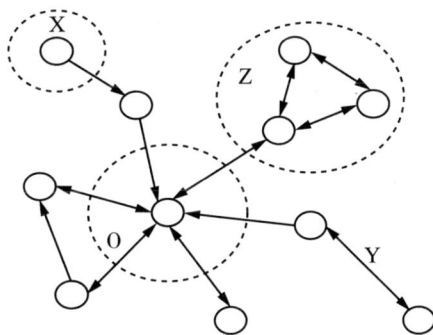

图 11-1　社会网络图

(三)指数法

指数法是指通过公式计算出某些数字指标代表群体结构和性质以及个人在群体中的社会地位的方法。相比于图示法，指数法虽然不够形象，但是可以提供更加准确的量化指标，为进一步统计分析这些指数与其他变量的关系提供了可能。可以计算的社会测量指数非常多,大致区分为两类:一是个人社会测量指数,反映个体在群体结构中所处的位置;二是群体社会测量指数,表明群体的凝聚力程度。

常用的个人社会测量指数包括受选社会地位指数、受拒社会地位指数、总体社会地位指数等。受选社会地位指数、受拒社会地位指数分别用受选总数和受拒总数除以理论上的所有选择数(即团体人数减1)来计算;而总体社会地位指数则用受选总数和受拒总数的总和除以理论上的所有选择数而算出,它代表了个体在群体中的受重视程度,不管这种"重视"是正面的(正向提名),还是负面的(负向提名),因此这个指数反映了一个人的"社会影响"。

衡量群体特性,常用的是群体凝聚力指数,用群体中的实际相互选择数目除以所有可能的相互选择总数来计算,它代表了群体的团结或凝聚程度。此外,还可以计算群体层面的吸引率和拒斥率,以及对群体的向心率与离心率等指标,这里不一一介绍。

(四)社会地位法

在社会测量中,被同伴正向提名和反向提名的情况,就反映了个体在群体中的社会地位。在关于班级内儿童社会地位的研究中,考依等人(Coie & Dodge, 1983)提出了一套社会地位的分类程序和标准。首先,以班级为单位将正面提名(ML)、负面提名(LL)次数标准化,即将正面提名和负面提名的原始次数在班级范围内分别转化成标准分,二者之差为社会喜好(SP)分数,二者之和为社会影响(SI)分数。然后,在此基础上将儿童分成五类:受欢迎儿童(SP>1,ML>0,LL<0)、被拒绝儿童(SP<−1,ML<0,LL>0)、被忽视儿童(SI<−1,ML<0,LL<0)、有争议儿童(SI>1,ML>0,LL>0)和一般儿童(所有其他儿童)。他们分别具有不同特征。(1)受欢迎儿童,即被多数同伴喜爱的儿童。(2)被拒绝儿童,即被很多同伴所不喜欢的儿童。(3)被忽视儿童,指那些被提名很少的儿童。(4)有争议儿童,指那些被某些同伴喜爱,同时又被其他一些同伴看作具有破坏性而不喜欢的儿童。(5)一般儿童,指那些被同伴接纳的程度处于一般情况的儿童,他们在同伴提名中没有获得极端的得分。当然,这种划分既可以用于儿童,也可以合理地拓展到分析其他群体中成员的社会地位,因为在任何群体中通常都有受欢迎者、被拒绝者、被忽视者、有争议者以及一般的成员。

四、其他社会测量方法

在基本的社会测量提名法基础上,还出现了各种变式方法。

(一)配对比较法

在研究儿童群体时，年龄较小的儿童未必能够记住群体中的所有成员，单凭记忆来提名很困难，容易出现测量偏差，而配对比较法有助于克服这一缺陷。配对比较法即根据某标准，向儿童一一呈现群体中所有可能的同伴配对，要求儿童对每个孩子做出比较与选择，如"这两个人中你最喜欢和谁玩?"配对比较同样可用正、反人际关系标准，完成配对比较后，再计算出某儿童被接受或被拒绝的得分。这种方法的优点是，儿童在两人比较中容易确定答案，而且团体中每个人被考虑的机会是均等的，不会有"遗忘的角落"，不会只是因为想不起来而未被提名。然而其缺点是耗时较长，只适用于规模相对较小的群体。

(二)同伴评定法

同伴评定法也是用于儿童群体研究的方法，它要求儿童对同伴的受欢迎或被拒绝程度做出评价。例如，用照片分类，要求儿童把团体中每个孩子的照片分别投入三个有不同标记的盒子中，把自己最喜欢一起玩的，放入有快乐标志的盒子中，最不喜欢一起玩的，放入有悲伤标志的盒子中，其余则放入有中性标志的盒子中。每个儿童的得分是所有同伴评定的均分。这种测量方法综合了同伴提名法和配对比较法的优点。它比提名法可获得更多的信息。一个孩子对所有的孩子加以评定，可使研究者了解儿童对班上每个伙伴的态度，而在提名法中，仅可知道儿童对少数被提名者的态度。此外，它不需花费配对比较法那么多的时间，只比提名法稍稍费时一点。

(三)猜人测验

猜人测验是同伴提名法的一种变式，这种测验要求被试根据对某种心理或行为品质、特征以及在群体中的角色等的描述，分别找出群体成员中最符合这些描述的成员来。对于每个描述，都可以提名一名或多名符合者;若个别描述，没有符合者，也可以不提名。实际上，这种猜人测验就是对多个提名标准(类似量表中的项目)逐一提名，它是量表法和提名法结合的产物。由于这种方法常用于班级情境下，也称班级戏剧法。

国外学者(Masten et al.，1985)曾编制"班级戏剧"量表测量儿童的社会行为，后来陈欣银等人(1997)曾用它测量中国样本，我们(辛自强等，2003)也专门考察过这份量表的结构。进行该测验时，要求被试在班级内对 30 种角色(如"好的领导""经常打架""可以信赖的人")分别提出三个最适合扮演的同学的名字。根据每个同学在某个项目上被提名的次数，计算在该项目上的得分，然后以班级为单位对分数进行标准化，以方便对不同班级学生得分的比较以及分析它与其他变量的关系。

(四)参照测量法

参照测量法由苏联心理学家 E. B. 谢德林娜创立，它主要用于测量谁是群体中最权威、最有影响力的人，他们构成了对个人而言最为重要的参照群体(reference group)。"在评价一个人的个性品质、意见和目标方面对他具有意义的群体，亦即参照群体"(彼得洛夫斯基，施巴林斯基，1984，p. 117)。群体中最受人喜欢的人，不一定是最能发挥作用和最有威信的人。然而，在经典的社会测量法中，研究者只是"把群体作为一种情绪心理现象(p. 110)"，借助群体成员的相互选择程序(选择最喜欢的、最讨厌的成员)来确定他们之间的好感与恶感，这样无法识别出群体内部潜藏的最为重要的参照群体。参照测量法的提出，就是为了解决这个问题。

参照测量法的使用包括如下步骤：(1)让群体成员相互进行书面评价。例如，让大家围绕诚实、聪明、善良三种个性品质来评价每个群体成员，即为每个成员填写三张卡片。(2)为每个成员准备一个大信封，将其他成员对该人的全部评价放在信封里。(3)让每个成员知道别人如何评价自己，但是不允许看信封里所有人对他的评价，只能看5～8张卡片上的评价，即来自两三个人的评价。这样就可以让每个成员挑出对他们来说最重要的几个人的评价，这些评价者往往是群体中最有威望、最有影响力的人。由此可以确定群体中哪些人被认为是最重要的、最核心的，即找出一个群体或集体中起着参照作用的小群体。从中可见，参照测量法的优点是隐藏了测量的真实目的，让人们在不知不觉中，选出了群体中的重要或核心人物。

第二节 认知研究方法

自从20世纪50年代中期发生"认知革命"以来，认知心理学的研究方法已经渗透并影响到心理学的大多数分支学科中，这一节介绍一些认知研究的方法或技术，包括口语报告法、反应时技术、计算机模拟法、错误分析技术、微观发生法。

一、口语报告法

心理学研究的一个重要趋势，是日益重视认知过程的特点，注意从认知水平上进行深入的分析。进行这种"过程研究"的一个有效方法，就是口语报告法(王重鸣，1990，p.201)。口语报告法源自内省法(延伸阅读 11-2)，现代意义上的口语报告法是由德国心理学家唐克尔(K. Duncker，1903—1940)在1935 年提出来的，他使用口语报告方法研究人类问题解决的著作在 1945 年由德文译为英文出版，才得以广泛传播，后来美国的认知心理学家纽威尔和西蒙(Newell & Simon，1972)将这种方法发扬光大。

西蒙，中文名司马贺，1978 年获诺贝尔经济学奖，还曾获得计算机科学最高奖图灵奖。他发展了认知研究的口语报告方法和计算机模拟方法，20 世纪 80 年代初曾多次来华举办认知心理学研讨班。

延伸阅读 11-2　口语报告法的渊源

口语报告法源自心理学中由来已久的内省方法。冯特、铁钦纳等构造主义心理学家通过被试对实验条件下的意识经验进行内省式的自我观察来研究心理学。后来，很多心理学家都沿用了这种实验内省法，虽然像华生这样的行为主义心理学家反对经典的内省法，认为内省结果难以重复，但是他却最早提出并使用了内省法的一种特殊形式——大声思维报告法。华生(1920)写道："通过让被试对特定问题的出声思维，比起依靠不科学的内省方法来，能够更多地了解和认识思维心理学(转引自王重鸣，1990，p.202)。"随着认知革命的兴起，认知心理学家逐步完善了现代意义上的口语报告法，并广泛使用它研究认知过程。

口语报告的典型方式是"出声思考"，即要求被试在问题解决、决策、推理这样的慢速信息加工过程中，一边思考，一边大声地口头报告自己的思考内容，包括报告思考的所有细节。慢速的信息加工过程持续的时间较长，内部操作较为复杂，这给研究工作带来许多困难。另外，人的思维活动又总是默默地进行的，可以说是借助不出声的内部言语来完成的。一个人在完成解一道数学题的思维作业时，他通过哪些内部操作来完成是别人无法直接观察到的。要克服这种困难的一个有效方法是让他利用外部言语进行思考，即进行出声思考，使内在的思维过程外部言语化，这样就可以直接观察人的思维过程（王甦，汪安圣，1992，p.14）。

口语报告有很多类型，可以是"实时口语报告"，即在问题解决过程中做出声思考，这时被试只要出声讲出自己的思考内容就可以，而不需要解释为什么这么做，研究者尽量不提问，以防干扰其思考。在这种口语报告过程中，研究者也可以即时地询问有关问题，这时被加工的信息仍然在短时记忆中，被试可以更清楚、更详细地加以报告，还可以在任务指向的认知过程完成后进行反省式的询问，让被试做"事后口语报告"。这样做的好处是不干扰被试在问题解决过程中的思考，但是被加工的信息已经从短时记忆中消失，被试必须从长时记忆中提取信息加以报告，因为长时记忆的信息已经被深入地组织加工过，再加上提取困难（如遗忘）等因素的干扰，被试的事后口语报告可能不真实、不完善。但无论如何，口语报告都是研究信息加工过程的重要技术，成为实验心理学、认知心理学、社会认知研究、决策研究等学科领域的常用方法之一。

例如，在数学认知研究中就能使用口语报告法。对于"李明有 3 支铅笔，张山有 5 支铅笔，请问他们一共有几支铅笔"这样的问题，学生在读题、理解文字的含义、计算数量时都要进行一系列的思考，研究者可以用口语报告技术研究这种数学应用题的解决过程。具体可采用这样的指导语："请大声读题，在解题过程中自己怎么想就怎么说，不用说你为什么这样做。也就是，在思考和解答过程中一边想一边说。请你把自己的思考过程大声说出来，我好录音，以便知道你是怎么做题的。"对于录制好的口语报告资料，首先要转写成文本，然后进行分析编码，确定被试的表征和解题过程以及所使用的策略。

二、反应时技术

反应时技术是认知研究中最为常用的方法之一。信息加工过程由一系列连续的阶段构成，人在完成某个信息加工任务时，参与的各阶段的时间总和就是反应时。反应时不同，可能意味着不同的信息加工任务需要不同的阶段参与。如果能巧妙地设计实验就可以分离出每个阶段或过程所需要的时间。常见的反应时技术有"减法反应时"和"加法反应时"两种。

首先来看减法反应时技术。提出这种方法的是荷兰心理学家唐得斯(F. Donders，1818—1889)。1868 年，他发表的关于信息加工方法的论文认为，刺激和反应之间所经历的时间可以分解成一系列相继的过程，通过减法法则，就可以计算出各种过程的时间长短。这种方法在后来很长的时间里没有得到重视，因为当时占主流的行为主义不关心内部过程问题。直到 20 世纪 50 年代末，认知心理学才把它利用起来。

反应时实验的反应分为三类：第一类是简单反应，一般只有一个刺激和一个反应，被试感受到刺激立即做出反应；第二类是选择反应，有两个或两个以上的刺激，被试不仅要区别刺激信号，而且还要根据刺激选择相应的反应；第三类是辨别反应，有两个或两个以上的刺激，但其中只有一个刺激是要求反应的，反应也只有一种，被试只需要辨别刺激信号，不需要选择不同的反应。

表 11-2　减法反应时技术的原理

任务	刺激数	反应数	认知过程
1	一个	一个	简单反应时
2	多个	多个	简单反应时，刺激辨别，反应选择
3	多个	一个	简单反应时，刺激辨别

从表 11-2 中可以看出，第一类反应时是第二类反应时的一部分，因为前者比后者少两个认知过程；第三类反应时也是第二类反应时的一部分，同时又包含了第一类反应时。通过比较三类反应时的长短，然后进行相减，就可以测得执行每个认知过程的时间。

概括来说，减法反应时技术的原理是：对于两个认知任务，若一个任务的完成包含了另一个任务所不包含的某一认知工程，而其他方面完全相同，那么这两个任务的反应时之差，就是该认知过程所需要的时间。反过来，也可以根据反应时的差异推定某一认知过程的存在。举例来说，假设让被试判断屏幕上同时呈现的两个字母(如 Aa、AA、Ab)是否"相同"(读音或字形相同，均视为"相同")。若判定 A 和 A 相同，则只要在知觉层面作视觉编码就可以判定它们字形相同；若判定 A 和 a 相同，则不仅要做视觉编码，还要将视觉编码转化为听觉编码，才能判定它们读音相同。可见，后一判断任务比前者多了一个认知过程或阶段，二者的反应时之差就是视、听编码转换所需要的时间。

加法反应时技术是由美国心理学家斯腾伯格(S. Sternberg，1933—)在20 世纪 60 年代提出的。他发展了唐得斯的反应时理论，认为完成一个作业所需要的时间是一系列信息加工阶段分别需要的时间的总和。如果发现了影响作业完成所需时间的一些因素，那么单独地或成对地应用这些因素进行实验，就可以观察到完成作业时间的变化。其逻辑是：如果两个因素的效应是相互制约的，即一个因素的效应可以改变另一个因素的效应，那么这两个因素只作用于同一个信息加工阶段；如果两个因素的效应是分别独立的，即可以相加，那么这两个因素则作用于不同的信息加工阶段。这样，通过单变量和多变量实验，从完成作业时间的变化就可以确定这一信息加工过程的各阶段。

可以用斯腾伯格 1969 年的实验(转引自 Siegler，1986，pp. 1-20)为例说明该方法。他给被试一组数字，即数字集合(如 1、3、4、7)，要求被试记住。接着，给被试呈现一个数字，这个数字称为检测刺激。如果这个数字是刚才呈现的数字集合中的一个成员，被试回答"是"，反之回答"否"。在这个过程中，要求被试尽可能快而且准确地做出判断。结果表明，反应时的长度与数字集合的大小有关(见表 11-3)。这是因为被试在做出反应之前，将检测刺激数字与数字集合中的每个数字都要比较一遍，因此这种"穷尽式"比较决定了反应时长短与数字集合大小有关。当同时操纵识记项目的数量(数字集合的大小)和质量(印刷"完整的数字"、"残缺的数字")时，若研究结果表明，无论是对于完整的数字还是残缺的数字，项目数量影响反应时的斜率都一致(反应时都随项目数量线性增加)，但是截距不同(对完整数字的反应时显著短于残缺数字)，也就是说，两个因素都只有主效应，没有交互作用，则可以推定二者作用于不同的加工阶段。具体说，项目质量影响项目编码阶段，而项目数量影响项目搜索的顺序比较阶段。据此逻辑，斯腾伯格用一系列实验，从反应时的变化上确定了四个对短时记忆信息提取过程有独立作用的因素，即识记项目的质量、识记项目的数量、反应类型(肯定的或否定的)、每个反应类型的相对频率。因此，他认为短时记忆信息提取过程包含相应的四个独立的加工阶段，即刺激的编码阶段、顺序比较阶段、二择一的决策阶段和反应组织阶段。照他的看法，识记项目的质量对刺激编码阶段起作用，识记项目的数量对顺序比较阶段起作用，反应类型对决策阶段起作用，每个反应类型的相对频率对反应组织起作用。这样就可以根据反应时的可加性确定加工过程阶段。

表 11-3 反应时的长度与数字集合大小的关系

	第一次	第二次	第三次	第四次
数字集合	2、7	9	3、7、6	8、5、2、9、13
检测刺激	2	8	7	4
正确的回答	是	否	是	否
平均选择反应时(毫秒)	480	440	520	640

不仅在纯粹的信息加工(如上述的短时记忆)研究中,可以使用加法或减法反应时技术,在数学问题解决研究中也可使用。例如,根据问题解决所用时间或反应时推测所用的解题策略,因为反应时是内部心理过程的指标,不同的反应时模式可能就意味着使用了不同的问题解决策略。在一项标志性的数学认知研究(Groen & Parkman,1972)中,让小学一年级学生解决 55 道"和"不超过 10 的加法事实问题。研究者根据如下逻辑在反应时和策略之间建立了联系:如果学生倾向于使用"数所有数"的程序(如计算 2+7 时,从 1 一直数到 9),那么反应时应该是两个加数和的函数;如果学生使用"从一个加数数起"的程序(如在 2 的基础上,数 7 个),那么反应时应该是另一个加数的函数;如果使用"从较大的加数数起"的程序(如在 7 的基础上,数 2 个),反应时应该是较小加数的函数;如果用"已知事实"的方法(即直接从记忆中提取数字事实),解决各种问题的时间应该是相近的。据此,研究发现小学一年级儿童在解决小数目的加法问题时,较小的加数的大小能较好地预测解决问题的时间,因为儿童从大的加数开始数,再数上小的加数得到总和。也就是说,这个年龄的儿童使用"小数策略",只需要数出较小的加数。

三、计算机模拟法

认知心理学主张建立心理过程的计算机模型。照此看来,如果认识了人的某个心理过程的规律而形成一定的心理学理论,那么根据这种理论来编写计算机程序,使计算机能以类似于人的方式来达到类似于人的活动结果,这个理论就得到证实,否则就会发现该理论的不足之处和存在的问题。在这种意义上,计算机程序也就是心理学理论,通过对心理过程的计算机模拟,也可以认识心理过程本身。另外,由于自然语言的这些局限性,大量计算机科学的专门语言,如流程图、语义网络、产生式系统等被用以描述人类思维活动。

下面以关于数数技能的研究来说明计算机语言对于描述儿童思维,对于检验认知发展理论的意义。在关于幼儿如何数数的理论中，盖尔曼等人（Gelman & Gallistel，1978）假设，甚至学前儿童也理解计数的内在规律，知道这些规律帮助儿童获得了数数技巧。这些规律包括：每个物体只能数一次，只有数数顺序中最后一个数字才能表示物体的总数（这是几个？一、二、三、四、五、六，六个）。虽然盖尔曼等人（1978）证实了幼儿拥有大量有关数数的知识，但是问题仍然存在——儿童能否理解规则意味着什么？这种理解与儿童在数数中表现出来的技巧有什么关系？

后来格林诺等人（Greeno et al.，1984）进行的一项关于幼儿数数的计算机模拟研究可以回答上述问题。这项模拟体现了盖尔曼等人（1978）所描述的数数规则，并说明了理解这些规则对儿童的意义，这种意义与我们所期望的不同。特别是，这个模型表明儿童并不是以外显的形式掌握这些规则，如果问他们，他们也不能陈述这些规则。但是，这些规则确实指导着儿童的数数行为。这项模拟还指出了这些规则在什么地方最重要。它们在解决新异的数数问题时很有用，如要求他们以独特的方式数五个一排的物体，并要求最左边的物体第四个被数到。总之，这种模拟帮助我们澄清理论，并有助于解释儿童的数数技能。

这个例子也表明怎样建立儿童在完成特定任务上的思维模型。盖尔曼等人（1978）证明了3～5岁儿童数数的最大进步是解决新异数数问题的能力，例如，使最左边的物体第四个被数到。格林诺等人（1984）的模型进一步说明了解决这类问题的能力依赖充分的计划能力。前者的经验发现和后者的理论模型都表明，先提高计划能力可能对促进学前儿童的问题解决能力发展很有意义。

四、错误分析技术

错误分析技术主要用于分析认知作业中个体存在的典型错误，找出其中的错误模式，从而揭示其思维特点。这种方法对于儿童认知发展研究、学习研究等都非常有用。在错误分析技术中，集中考虑儿童正确答案和错误答案的模式，以揭示儿童概念理解的性质（Siegler，1986，pp. 1-20）。下面这个简单的例子或许能说明这种方法。

布朗和伯顿（Brown & Burton，1978）对儿童的减法感兴趣，他们特别想了解儿童的减法错误是不是因为完全缺乏正确程序方面的知识，或者仅仅是正确的规则中存在一些错误。为此，他们使用错误分析技术去调查这个问题。首先提供可能引起错误的问题，看儿童是否做出错误答案。如果儿童的错误总是符合期望的模式，并且儿童在那些算法错误或毛病（bug）不可能导致错误回答的问题上总是正确地回答，这就能说明在基本正确的方法中存在一些故障。

布朗和伯顿（1978）发现许多儿童的错误是由这些小毛病造成的。如表11-4的例子，乍一看，不知道儿童为什么犯错误。仔细比较，就发现儿童总是在被减数中有 0 的三个问题上出错，其他两个问题的计算都是正确的，显然儿童并不是因为粗心大意或缺少学习动机。分析三个错误例子，可以发现儿童有两种计算方法"错误"。一种是把从 0 中要减去的那个数直接作为差值，如 307－182 中，直接写上 8 作为 0－8 的答案。另一种是没有借位，如307－182 中，应从百位数 3 中借位。总之，儿童计算结果的错误是由算法中的小毛病导致的。布朗和伯顿（1978）用他们的评估技术研究了尼加拉瓜的1300 名 4～6 年级学生，发现大部分减法的错误集中在借位问题上，这些错误总是出现在从一个小的数值中减去一个大数的情况下。这样就可以根据研究结果帮助教师识别儿童的算法错误，给实际教学提供指导。

表 11-4　减法中的错误

307	856	606	308	835
－182	－699	－568	－287	－217
285	157	168	181	618

五、微观发生法

前面介绍的几种认知研究方法都不强调认知的发展和变化问题，而微观发生法侧重考察认知的微观变化过程。严格讲，微观发生法不是一种数据收集方法，而是一种研究设计方法。本书第四章在介绍发展心理学的研究设计时，曾区分出横断研究、纵向研究、交叉研究三种设计类型。例如，从 3岁、5 岁、7 岁三个年龄段取样研究儿童的数字守恒问题，可以用横断设计比较不同被试的认知表现，也可以用纵向追踪设计考察同一批被试在不同年龄的行为特点。但是，都可能存在一个问题，因为取样的年龄跨度太大，错过了对认知变化，特别是对短暂的认知阶段转换过程的直接考察，而只是对认知变化发生前和发生后的状况做了"拍摄"或记录，因此难以对中间的变化过程和机制做精确的解释。用席格勒等人（Siegler & Crowley，1991）的话说，这种研究"更像快照，而非电影"。而微观发生法却关注更精细信息的获得，试图像电影那样完整地展示心理发展的"流动"过程。

微观发生法好像是拍电影，而非快照。

要在理解认知发展机制上取得进步，就要求能提供有关特定变化的数据的有效方法。微观发生法就是用于提供关于认知变化的精细信息的一种方法。该方法有 3 个关键特征(Siegler & Crowley，1991)：(1)观察跨越从变化开始到相对稳定的整个期间；(2)观察的密度与现象的变化率高度一致；(3)对被观察行为进行精细的逐一试次分析(trial-by-trial analysis)，以便推测产生质变和量变的过程。

微观发生法是一种特殊的纵向研究设计方法，它适合研究心理现象的发生过程，最宜于研究某种心理能力、知识、策略等的形成过程，或阶段间的转换机制(辛自强，林崇德，2002)。而对那些已经发展得很成熟的能力，或已经熟练掌握的知识，就不适宜用这种方法。

该方法的长处是收集关于变化的精细信息，因而要对整个变化期间的个体进行观察，而且要求与这一期间的变化率一致的较高的观察密度。因此，它与传统上的大年龄跨度的纵向或横断研究明显不同，而是在这些研究确定的基本发展规律的基础上，对阶段之间的转换过程或"萌芽期"的形成过程进行精细的研究。

为推知产生变化的过程要进行高密度的抽样，这就意味着精细的反复测量分析。这一方面要求研究内容应该适合进行反复测量，而且要有明确的测量指标(如对错率、反应时等)，这样才能比较前前后后的变化过程。另一方面还要确定认知变化的来源，能对反复测量造成的学习效应和其他干预措施的效果做出清晰的说明。

微观发生法可以提供关于变化过程的精细信息，具体包括五个方面：(1)变化的路线；(2)变化的速率；(3)变化的广度；(4)变化模式的多样性；(5)变化的来源(阅读案例 11-1，以理解这些概念的含义)。微观发生法除了提供这五个方面的基本信息之外，还可以根据具体的研究目的、研究对象和实验设计的不同获得特定的信息。对这些信息可以进行定量处理，也可以进行定性处理，进而综合对量变和质变进行解释。另外，可以从被试总体的角度进行分析，也可以分析每个被试的认知变化模式。总之，该方法提供的数据及处理方式是非常丰富的。

案例 11-1　问题解决策略的微观发生研究　🔍

　　这项研究以 30 名小学三年级儿童为被试，以一种特殊的方程问题为材料(问题形如 $a+b+c=a+$ ____)，采用微观发生法，先后进行了 5 次测查(见表 11-5)，收集了解题后的口语报告资料，从策略变化的路线、速率、广度、来源以及变化模式的多样性等方面详细探讨了问题解决策略(特别是快捷策略，即解题时忽略等号两边相同的数)的变化过程。

表 11-5　问题解决策略的微观发生实验

S1 前测	全部被试均要解决 6 道同数题	
S2 学习	B 组：6 道同数题	M 组：4 道同数题加上 2 道标准题相混
S3 学习	B 组：6 道同数题	M 组：4 道同数题加上 2 道标准题相混
S4 迁移	比同数题更难的迁移问题	
插入干预	给全体被试提供有关方程问题的知识	
S5 迁移	比同数题更难的迁移问题	

　　该实验采用微观发生法(实验模式见表 11-5)，具体包括 5 个实验期间，历时 5 周。期间 1 为前测，所有被试接受同样的测查题目，主要用于确定儿童是否已经掌握快捷策略(标准是 3 次以上使用该策略并知道为什么用)。前测中发现 30 名被试中，有 13 人已经掌握了快捷策略，他们就不必再参加期间 2~4(S2~S4)的测查，但要参加期间 5 的测查，由于客观原因，这 13 人中只有 9 人参加了第 5 次测查，他们被作为控制组。在前测中尚没有掌握快捷策略的其余 17 名儿童，按照解题成绩、策略性质、性别等特征以基本平衡的方式分成两组。其中 8 人作为 B 组(单一型练习模式，只解决形如 $a+b+c=a+$ ____ 这样的等号两边包括一个相同数字的问题，称为"同数题")，他们在实验期间 2 和 3 分别接受 6 道相同

性质题目的练习性测查；而另外 9 人作为 M 组（混合型练习模式），他们在实验期间 2 和 3 进行混合型题目的练习性测查，这些题目包括 4 道"同数题"（统计时只考察这些题目上策略的使用情况，这样 B、M 两组结果就具有可比性），再加上 2 道标准题相混（形如 a＋b＋c＝d＋____）。在实验期间 4 和 5，两组被试接受的是同样的迁移题目（形如 a×b×c＝____×c），同时控制组也参与同样的测查。

在总共 5 个实验期间里，期间 1 的前测主要为了筛选出那些没有掌握快捷策略的被试；期间 2、3 为学习阶段，主要考察不同练习模式对他们获得快捷策略的影响；期间 4、5 为迁移阶段，主要考察快捷策略在难度更大的迁移题目上的推广或迁移程度。

在第 5 次测查前的知识干预中向被试提供与解题相关的知识，包括概念性知识、程序性知识、样例。这种干预一方面是对实验参与者的补偿，希望在参与实验后能在解决这类问题的知识和技能上有所提高；另一方面是为了考察直接的知识教学对策略获得的影响。

这一实验设计可以用于如下五个方面的分析。

(1)变化的路线。儿童在获得某种成熟的能力的过程中是否经历本质上不同的阶段，有哪些阶段，阶段之间的区别何在，这些问题是理解变化时首先要回答的问题。在发展心理学研究中要说明发展的阶段和顺序，就必须回答与变化路线有关的这些问题。在本研究中，将根据口语报告的结果分析在各个期间里各种策略的使用频率、各种策略发现的先后顺序、快捷策略发现后其他策略的使用情况等与策略变化路线有关的信息。

(2)变化的速率。关于变化的一个基本问题就是速度：变化是快还是慢？是突变还是渐变？皮亚杰的认知发展阶段论认为发展阶段是突变的结果，而学习理论大多认为变化是逐渐发生的。那么，本研究中儿童对快捷策略的使用频率是逐渐增加的，还是突变的？

(3)变化的广度。当儿童掌握一种策略后，究竟会对它进行多大程度的推广呢？有研究者(Flavell，1971)认为阶段理论的一个基本假定是"共同发生假定"，即认为许多认知能力是在很接近的时间内获得的。通过微观发生法实验的迁移阶段就可以考察获得的快捷策略被推广的范围，从而对"共同发生假定"进行回答。本实验将考察策略的迁移程度。实验期间的 4 和 5 为迁移阶段，用以探讨已经获得了高级策略的儿童在近迁移和远迁移题目上策略的推广程度。

(4)变化模式的多样性。以往对发展模式的获得通常是建立在大跨度的纵向研究基础上的，这些研究已经描述了在稳定的总体水平上测验成绩或认知结构的变化。但是，没有深入考察各种具体的认知行为在个体身上的变化模式，即没有解释变化模式的多样性。而微观发生法能提供变化路线、变化广度、变化速率等方面关于变化模式的个体差异的信息。本研究试图在群体与个体两个层次上，说明策略变化模式的多样性。

（5）变化的来源。知识经验、提供知识经验的教育或环境特点等都会导致认知变化，微观发生法有助于解释变化的来源。例如，各种实验条件对认知行为的影响、提供的知识经验的性质对认知行为的作用，都可以通过对实验数据的分析加以确定。在本研究中实验条件有两种，B组总是接受同样的问题，这可能增加对相关知识的激活程度，有利于快捷策略的发现；而M组接受的是混合型题目，可能不利于快捷策略的发现，但是因为激活了更广泛的知识而有利于迁移。另外，本研究还将考察知识的直接提供对策略的影响。从更广泛意义上讲，知识的获得不可能完全加以实验控制，教师、家长的指导都可能是导致策略变化的源泉，而知识获得更经常的方式是儿童自发地发现或主动建构。因此，本研究也在这方面做简单考察。

总之，本研究要从上述五个方面描述儿童策略变化的规律，其中重点考察快捷策略的获得和变化过程。

［资料来源：辛自强，俞国良（2003）］

思考题 ❓

1. 简述社会测量法的基本原理。
2. 如何进行同伴提名法的设计？
3. 如何分析社会测量结果？
4. 了解社会测量法的各种变式。
5. 什么是口语报告法？
6. 结合实例阐明减法和加法反应时技术的逻辑。
7. 了解计算机模拟技术和错误分析技术。
8. 什么是微观发生法？

练习题

1. 在班内做一次同伴提名研究。
2. 查阅一篇采用某种认知研究方法或技术的研究报告。

综合实践

整理研究所收集的资料，建立数据库并做统计分析。

第十二章
科学描述与推理

第一节　描述变量关系
第二节　科学推理的形式

　　实施某种数据收集方法后，就获得了大量的数据或资料，对其要借助统计方法等进行分析。这样做的目的是描述变量之间的关系，确定基本的经验事实，然后在经验事实和理论假说之间进行推理，从而检验理论或归纳出假说，实现从感性认识到理性认识的飞跃。

第一节　描述变量关系

科学研究的重要功能或任务之一是描述。描述包括属性描述和关系描述。属性描述旨在说明某一事物本身拥有什么属性和特点；关系描述旨在说明不同事物之间的关系。二者之中，关系描述尤为重要，大多数的心理学研究都是为了刻画事物或变量之间的关系。变量关系通常是两变量关系或三变量关系，变量之间可能是相关关系，也可能是因果关系。如何描述变量关系，尤其是三变量关系和因果关系，这是一个有趣而复杂的问题。

一、两变量的关系

研究除了用于描述一个变量的特点外，更常见的是用于描述两变量的关系。无论在理论构思、假设提出，还是结果分析与解释中，都必须明确两变量之间的关系。两变量之间的关系要么是"没有"关系，即存在虚无关系；要么是有关系，即存在共变关系，它又可区分为相关关系和因果关系。所以说，两变量之间的基本关系有三种类型。

（1）虚无关系。虚无关系，在统计上两变量呈正交关系，两变量之间没有彼此影响和相互制约，也不能由一个变量推导或预测另一个变量。虽然民间的说法是"天上每掉下一颗星星，就带走地上的一个人"，但科学家还没有发现二者真的有关系，而是认为两变量存在虚无关系。

（2）相关关系。其字面含义就是两变量之间存在相应变化的关系。一个变量变化时，另一个变量也共变；或者说，一个变量的变化可以预测另一个变量的变化。对于相关关系，可以表述为"A变量越……B变量越……""A变量每变化一个单位，则B变量变化X个单位"，或者"A变量能预测B变量变异的一部分（如45%）"。相关关系又分很多类型，除常用的直线相关，还有曲线相关；就相关的方向而言，有正相关、负相关和零相关。

（3）因果关系。在共变关系中，如果能确定是一个变量的变化确实"导致"或"引起"另一个变量的变化，则二者之间是因果关系。例如，我们可以说过度饮食"导致"或"造成"了肥胖，挫折情境"引起"了人们的攻击行为。

"相关关系不一定是因果关系"，这句话会被反复告诫，但总是会被忘记。

在学术研究中，很少有人把因果关系表述为相关关系，但很多人会把相关关系错误地表述为因果关系。这种错误是学术写作的大忌（延伸阅读 12-1）。

据说冰激凌销量和谋杀发案率有正相关，难道吃冰激凌会导致谋杀？

延伸阅读 12-1　相关关系与因果关系的混淆及区分

　　国内外社会科学研究中经常见到一些对因果关系的误解和误用。一个最常见的现象就是混淆相关关系与因果关系（王天夫，2006）。两个现象之间的联系或相关是构成因果关系的必要条件，但并不是所有的联系都构成因果关系。一个例子是，某地区汽车防冻液的销售量与高速公路上的汽车追尾数量成正比关系。但我们知道，其实汽车防冻液的销售量与高速公路上的追尾数之间没有逻辑关系，因而也就不能互为因果。它们之间的联系仅仅是因为冬天气温太低，所以汽车防冻液的销售量大；同时，由于冬天气温太低，高速公路路面结冰使得汽车容易打滑失控，因而追尾的数量就多。因此，虽然汽车防冻液的销售量与高速公路上的追尾数有着一种共变性的关系，但并不是因果关系。这是因为，汽车防冻液的销售与高速公路上的追尾并不存在谁决定谁的问题。在这里，冬天的天气——气温低和路面结冰——才是造成它们的原因。所以，区分联系（或相关关系）与因果关系的标准在于因果关系中的"因"是导致其"果"产生的原因，而这一逻辑过程在相关关系中是缺损的。

　　另一常见的误区是，把回归统计分析等同于因果分析。虽然我们看到的对于回归系数的解释通常是，自变量的一个单位的变化"引起"或"造成"（这是一个不准确的表述）了因变量多少单位的变化。但是，回归统计分析本身并没有内在确定的因果关系。回到上面提到的汽车防冻液和高速公路上追尾的例子。虽然这两者之间没有因果关系，但是两者之间的回归分析一定会得出一个非常显著的回归系数。但由于这样的回归分析是没有理论支撑的,而是强迫性的数字游戏,因而,所得到的回归系数(本质还是相关系数)在因果推论的层面上就毫无意义。

为帮助人们清晰区分相关关系和因果关系,珀尔与麦肯齐(2019, pp.6-29)从获知方式、对应的问题形式、确证方法等角度阐述了二者的不同,而且,他们认为二者分属对事物关系认识的不同层级。

第一层级是相关。通过"看"或"观察"(seeing)就能发现两个事物之间的关联或相关。在这一层级上典型的提问方式是"如果我观察到 X 出现,那么 Y 会怎样"。例如,一位销售经理会问"如果顾客购买了牙膏,那么他们同时购买牙线的可能性有多大"。这类问题是统计学的安身立命之本,统计学家通过收集和分析数据,计算出条件概率 $P(Y \mid X)$ 就可以回答问题。在本例中,就是计算出当观察到牙膏(X)被购买时,牙线(Y)被购买的概率。统计学的相关分析和回归分析就是在考察变量之间的关联程度,这种关联只是意味着当我知道 X 时,能得到或预测多少关于 Y 的信息。但是,这种关联并不意味着因果关系,没有提供因果解释。人类、动物、"今天的"机器(机器学习系统)都能通过被动的观察看到或发现这种关联性。

第二层级是因果。获得因果关系所依靠的不是观察(seeing)能力,而是行动(doing)能力。此时典型的提问方式是"如果我对 X 实施某一行动,那么 Y 会怎样"。例如,如果我将牙膏的价格翻倍,那么牙线的销售额会怎样?统计学家只是观察现有数据,而实验科学家则通过行动干预变量 X,考察它对变量 Y 的影响。当开展干预实验时,研究者已经不再是利用已有数据或事实,而是人为"创设"或"发明"了让另一变量得到改变的某个条件或新环境。对 X 的人为改变,让它从可能影响 Y 的干扰变量背景下凸显出来。如果仍要延续概率因果论的思维,我们可以说在建立因果关系的实验干预中,对 X 的改变提高(或降低)了 Y 出现的概率。其形式定义为:如果 $P(Y \mid do(X)) > P(Y)$,那么就可以说 X 导致了 Y。因果关系是由 do 算子来定义的,而非自然观察到的 $P(Y \mid X) > P(Y)$,后者无法解决干扰变量混杂影响的问题。目前似乎只有人类能通过这种行动能力来获取因果关系。

[资料来源:王天夫(2006);珀尔,麦肯齐(2019, pp.6-29)]

二、三变量的关系

(一)三变量关系的形式

当走出两变量的关系,进入三个相互关联的变量世界时,情况就复杂多了,我们知道"三角关系"总是很难处理的。先来看两个生活故事。

故事 1:有条件的关系。哥哥和弟弟皆好争论。哥哥引用俗语说道:"三个臭皮匠顶个诸葛亮。"弟弟马上反驳道:"三个和尚没水喝。"兄弟俩争执不下,就找父亲评理。父亲则说:"这要看兄弟齐心,还是兄弟阋墙。"兄弟俩恍然大悟。人数多少(X)到底如何影响结果(Y),关键条件在于这些人之间的关系是"兄弟齐心"($M1$),还是"兄弟阋墙"($M2$)。

如果要把这个故事的含义进行抽象的表达就是:两变量 X 和 Y 的关系,取决于第三变量 M 的取值(等于 1 还是 2)。如果两变量关系的性质和程度要以第三变量为条件,我们就认为第三变量是这两个变量关系的"调节变量"。

故事 2:需要桥梁的关联。大家都知道"对牛弹琴"的故事,我们不妨演绎一下。不管抚琴者演奏得多么动情,牛通常是没有反应的,对琴声这个刺激,牛是"不感冒的"。然而抚琴者弹出的动情的琴声却让知音者感动得哭了。如何来解释琴声(X)与听者的反应(Y)之间的关系呢?这要借助一个桥梁,那就是听者的理解过程(M)。

这个故事的抽象表达是:变量 X 要影响变量 Y,必须以变量 M 为桥梁来实现这种影响。换言之,如果一个变量对另一个变量的影响必须通过第三变量来实现,那么这个第三变量就是这两个变量关系的"中介变量"。

(二)调节变量的概念与统计方法

什么是调节变量(moderator variable)呢?"概括而言,调节变量可以是定性变量(如性别、种族、阶层)或者定量变量(如报酬水平),它会影响自变量或预测变量与因变量或结果变量之间关系的方向和强度(Baron & Kenny,1986,p. 1174)。"

举例来说,假定负性生活事件的多少和抑郁的相关系数为 0.4,但当考虑生活事件的可控性这个因素后,相关系数会发生变化:对于可控事件,二者的相关系数为 0.1;而对于不可控事件,二者的相关系数为 0.6。这时我们就说,生活事件的可控性是负性生活事件和抑郁关系的调节变量,它对这两个变量关系的程度有调节作用。

上面只是大致描述了调节作用的概念。要在统计上验证调节作用,需要建立类似于图 12-1 的调节作用分析框架。如果路径 c（即交互作用）是显著的，也就是自变量与调节变量的乘积项能显著预测因变量，则表明存在调节作用。这时，无须考虑自变量和调节变量各自的主效应（路径 a 和 b）是否显著。

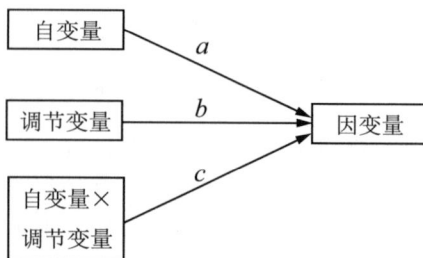

图 12-1　调节作用的分析框架

要检验关于调节作用的假设，需要根据自变量和调节变量的类型，选用适宜的统计方法。

（1）如果自变量和调节变量都是分类变量，则通过方差分析方法，检验交互作用是否存在。例如，要考察学习方法（合作学习、独立发现学习）对学习成绩的影响，需要考虑认知风格（场独立与场依存）是否有调节作用。这时只要做 2×2 的方差分析即可，如果自变量（学习方法）与调节变量（认知风格）的交互作用显著，则认为调节作用存在。

（2）如果自变量是连续变量，而调节变量是分类变量，就以调节变量对被试分组，然后针对不同组被试建立回归方程，考察自变量对因变量未标准化回归系数（b）的差异。例如，要研究身高（X）对体重（Y）的预测作用，但是猜测性别可能对二者关系有调节作用，这时可以针对男性和女性分别建立回归方程：当调节变量（M）的取值为男性时，回归方程 $Y = b_1 X + a_1$；对于女性，$Y = b_2 X + a_2$。如果两个回归系数 b_1、b_2 不同（即回归直线的斜率不同），则存在调节作用。两个回归系数是否有显著差异，通常需要统计检验，检验方法稍显复杂，这里不作介绍。

（3）如果自变量（X）和调节变量（M）都是连续变量，则建立包括二者乘积项的回归方程，即 $Y = aX + bM + cXM + d$。如果乘积项的回归系数 c 显著，则认为 M 有调节作用。此外，如果其中的自变量是分类变量，可以做成哑变量（dummy variable），再计算它与调节变量的乘积，并采用该方法处理。

不过值得注意的是，采用乘积项做回归分析以检验调节作用时，要直接计算自变量和调节变量的乘积并放入回归方程，可能导致"多重共线性"现象（自变量或调节变量与二者乘积项之间均容易出现高相关，因为乘积项是基于二者算出来的），影响统计结果的准确性。为解决该问题，通常要先将自变量和调节变量做"中心化"转换（即变量要减去其均值），然后再计算乘积项。此外，也可做"标准化"转换，即将自变量和调节变量的原始数据各自转化为标准分（Z 分数），再计算乘积项。这种"中心化"或"标准化"的转换并不改变乘积项（交互作用）的回归系数，但避免了回归分析中的多重共线性现象。

(三)中介变量的概念与统计方法

通常如果某个变量的介入能够更清晰地说明自变量（预测变量）与因变量之间的关系，它就有可能是中介变量（mediator variable）。检验中介效应或中介作用时要考察这三个变量之间的关系，这时需要建立图 12-2 的分析框架。首先假定自变量与因变量之间有较高的相关，当在

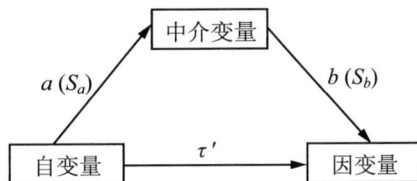

图 12-2　中介作用的分析框架

它们之间加入中介变量时，如果自变量与因变量的相关或回归系数明显降低（降低到 0 就是完全中介作用），就可以认为中介作用显著（完全的或部分的中介作用），即中介变量能有效解释自变量与因变量的关系。

分析中介效应需要建立多个回归方程。在图 12-2 中的 τ' 是与中介变量一起预测时，自变量到因变量的未标准化的偏回归系数。原来没有加入中介变量时，自变量对因变量的未标准化的原始回归系数用 τ 表示。τ 反映了自变量对因变量的总效应，τ' 表示考虑中介变量的影响时自变量对因变量的直接效应，$\tau - \tau'$ 就是中介效应，二者的差越大表示中介变量的加入起到的作用越大，如果 τ' 等于 0 就是完全中介效应。

中介效应也可以用 $a \times b$ 表示，在理论上它与 $\tau - \tau'$ 等值。其中，a 是自变量到中介变量的未标准化的原始回归系数；b 是与自变量一起预测时，中介变量到因变量的未标准化的偏回归系数；S_a 与 S_b 分别是 a 与 b 的标准误。对于中介效应是否显著，要进行 Sobel 检验，其公式为 $Z = ab / \sqrt{b^2 S_a^2 + a^2 S_b^2}$，如果 Z 值大于临界值（如 1.96）就认为中介效应显著。

通常进行中介效应检验时，要先满足自变量、中介变量、因变量之间彼此有显著的相关这个前提。此外，还有一种特殊的中介变量，它能在本来没有关系的两个变量之间建立间接的联系。还要说明的是，自变量通过中介变量影响因变量这个间接作用路径的存在并不排斥存在自变量直接影响因变量的可能性。在报告中介效应的分析结果时，要分别说明自变量对因变量直接的贡献率（直接效应的大小）和中介路径对因变量的贡献率（中介效应的大小）。

(四)中介和调节模型的理论含义

虽然可以从统计上检验中介效应或调节效应的假设,但是中介效应模型和调节效应模型的建立不仅是个统计问题,而且是个理论或逻辑问题。

所谓中介效应模型,意味着模型中三个变量之间在作用次序上存在先后顺序,在逻辑上具有因果关系(统计上显著,只是模型成立的一个必要而非充分条件)。研究者提出这种模型要描述自变量是怎样影响中介变量的,中介变量又是怎样影响因变量的。这一模型在心理学中最直接的表现就是 S—O—R 模式,即刺激—有机体变量(认知过程)—行为反应的模式。因此,心理学中的中介变量通常是心理过程因素,它作为桥梁建立了刺激和反应的关联。此外,建立两个系统关系的中介变量也是存在的。例如,家庭系统的特点影响了儿童的行为,儿童带着这种行为方式进入了同伴关系系统,影响同伴关系质量,这样,儿童的行为方式就充当了家庭特点影响儿童同伴关系的中介变量。比如父母很粗暴(自变量),孩子就有攻击性(中介变量),这就导致孩子被同伴拒绝(因变量)。可见,在中介模型中,三个变量形成了一条"因果链"。关于作为因果关系的中介效应如何检验可参考相关文献(刘国芳等,2018)。

但在调节模型中,调节变量与自变量和因变量不一定存在因果关系,而是作为自变量和因变量之间的一个条件变量,调节着自变量对因变量的影响(调节了因果关系)或者预测作用(调节了回归或相关关系)。建立调节模型时,也要有理论考虑,而不能只依赖统计分析。如果统计上表明两个自变量有交互作用或乘积项显著,那么二者之中谁是调节变量,谁是自变量,这并不能由统计结果得出,而是理论决定的。

三、因果关系的条件

上文的讨论已经涉及了确立因果关系的条件问题,实际上,这个问题并不像看上去这么清楚。大多数教科书都把心理学研究的功能定义为描述、解释、预测、控制,这四点实际上是关于实证科学研究一般功能的设定。描述包括刻画变量的因果关系,解释主要是找原因,预测和控制也都离不开对因果关系的把握。可见,寻求因果关系的认识是科学研究的主要目标。所谓原因就是能影响其他事物的事物,能导致现象产生的因素,而结果就是被影响、被导致的那个事物或现象。

然而,关于确定因果关系的标准或条件,哲学家一直在关注并存在争论

（梯利，2000）。如英国哲学家休谟（D. Hume，1711—1776）提出因果推论要
满足三个条件：（1）原因和结果在空间上和时间上应具有接近性，若隔开了
距离和时间，就难以做因果推论。例如，一个台球运动，接着另一个台球运
动，二者容易被推理为因果关系，认为前者导致了后者的运动。（2）一个原
因通常前于其结果。例如，火生热，火在前，热在后。（3）一个原因与其结果
之间必须存在必然的联系，若结果存在，原因必然存在。举例来说，若 A 导致
了 B，则二者在时间上应是 A 先 B 后；在经验到的空间和时间维度上，A 和 B
是相互邻近的；另外，A 和 B 总是同时出现的，二者有必然联系。

　　在休谟看来，人不能直接经验到事物之间必然的因果联系，但是在观察
和经验基础上获得的两个观念总是有规则地、前后相继地出现，"因""果"就
被联想在一起，获得了因果知识。

　　现在，大部分方法学教科书采用的是另一位英国哲学家穆勒（J. S. Mill，
1806—1873）的观点。即要确定因果关系，一般而言必须满足如下三个条件：
（1）共变性：两个事件必须是共变或者一起变化的；（2）时间顺序：一个事件
必须在另一个事件之前发生；（3）排除其他可能的解释（本斯利，2005，
p.29）。这三个条件同时满足，才能确定因果关系。若只能确认两个变量（也
就是事件）共变，二者未必是因果关系，相关关系也表现为两个变量共变。
如果不仅知道共变，还能确定两个变量出现的先后顺序，则更有把握确定孰
因孰果。

　　因果关系不仅意味着两个变量有关系，而且因果决定的方向非常明确。
然而，这时的风险是可能有未知的因素起作用或者干扰结果，这些因素被称
为无关变量，心理学实验设计的核心内容就是控制无关变量，排除其他可能
的解释，确保找到自变量和因变量之间确切的因果联系。

　　当然，因果关系的问题非常复杂，即便穆勒提出了上述三个较为公认的
条件，也还有不同看法。讨论一下这个问题（课堂讨论 12-1），大家或许能体
会到这点。

课堂讨论12-1

谁是"玻璃碎了"的原因？

　　假定你从一座教学楼下走过，看见一群学生正在楼边上踢足球，你刚
走出去几步，就听见玻璃被撞碎并落地的声音，你回头看见这群学生正围
着满地碎玻璃议论，不再踢球了。请问谁是导致"玻璃碎了"这一结果的
原因？

实际上，学者一直在争论，也在寻求解决方法。争论焦点之一是时间顺序问题。有人认为，在确定因果关系时，时间上的先后顺序并不一定是必需的，因为原因和结果在很多时候可能是同时出现的而无法区分先后。哲学家康德曾给出了一个经典的反例：当在软垫上放置一个铅球的时候，这一动作在软垫上制造了一个窝样的形状，放置的动作与窝状的形成是没有时间上的先后的。对此，一种调和的观点是，在时间维度上，我们要区分因果关系在概念上与物理上的时间先后顺序，概念上的先后顺序是与物理上的时间无关的。虽然铅球放置的动作与软垫上的窝状没有物理时间上的先后，但是，在概念上，放置的动作显然要"先于"窝状的产生（王天夫，2006）。

另外，即便在物理世界中，在时间顺序上原因总是先于结果，但是用到人类，用到社会生活中，似乎并非总是如此。例如，中国人在春节或西方人在圣诞节前会抢购商品，抢购是结果，过节是原因。先抢购，后过节，就客观事件而言，似乎结果在前，原因在后。这是因为人类有能动性和预见性，会根据对未来事件的预期而表现出某种行为。然而，准确地说，不能说"过节是抢购的原因"，只能说"预见到过节是抢购的原因"，当用心理或主观的原因来解释这种行为时，原因总是在结果之前，若单看客观事件，则不然。穆勒关于原因在结果之前的说法，还是能说得通的。顺便提一句，心理学涉及很多类似的"期望效应"，其中的因果关系值得认真反思。

当然，只是时间上确定了顺序，也并非总是因果关系。经典的例子是，白天之后是黑夜，黑夜之后又是白天，虽然二者存在时间上的顺序和循环，但并不构成白天与黑夜或黑夜与白天之间的因果关系。因此，我们要区分因果关系与不包含因果关系的"规律性"的恒常的关联（王天夫，2006）。原因和结果之间应该存在必然的联系，然而白天和黑夜之间并不是互为条件的，只是一种周期性的顺序，是同一现象的表达。但我们可以追问日夜更替的原因，用地球自转来加以解释。

如何确定原因和结果之间是否存在必然的联系呢？科林伍德（R. G. Collingwood）等提出了"活动理论"来解释因果关系（转引自王重鸣，1990，p. 29）。在一定的条件下，人们可以通过"操纵"特定的起因（如给出特定的变量值），来看某个特定的结果是否出现。因此，发现因果关系的过程变成了一种行为活动过程：通过操纵一个因素来观察是否能够导致某种结果，我们就可以区分因果关系与不含因果关系的其他性质的规律性联系。这种以"操纵"行为或"操纵"活动确定因果关系的思想就是实验法所遵循的，在心理学中广泛应用。

　　基于"操纵"的实验研究所确定的原因，往往只是"外部原因"，即导致结果(亦即与原始状态相比的变化)的外来动力的发动者或是外来的影响力，这是对原因的一个非常狭窄的理解(王天夫，2006)。最早的也是最典型的心理学实验就是那类心理物理学实验，操纵一个物理量，考察它对心理量的影响。在行为主义的框架下，可以说是操纵一个刺激考察它对行为反应的影响。无论如何，能操纵的大都是外部因素或刺激条件。然而，很少有心理学实验，在直接操纵或者能够直接操纵内部原因。虽然在哲学理念上，我们相信"外因只是变化的条件，内因才是变化的根据"，然而实验研究并不善于考察一个心理系统的自组织演变过程，却很容易错误地将这种演变简单归结为某种外部力量。就内因而言，一个系统的当前状态与它的先前状态有关，状态的变化是结构演变所致。在心理学中，对内因的探讨一直是很薄弱的，这方面的工具和方法也很少，因为内因通常难以操纵。

四、因果关系的类型

　　在描述因果关系时，需要理解不同类型因果关系的含义，准确说明因果关系的类型。

(一)充分原因、必要原因、充要原因及非原因

　　在传统的形式逻辑中，原因分为充分原因、必要原因、充分必要原因及非原因。

　　(1)充分原因。充分原因是指能让某个结果必然出现的条件。若有 A 必有 B，则 A 是 B 的充分原因。考试的时候，一个人缺考是不能得到考试成绩的充分原因。虽然有很多可能的原因导致考试"挂科"，但是只要不参加考试，就足以让考生"挂科"了。

　　(2)必要原因。必要原因是指产生某种结果必不可少的条件。若有 A 才有 B，则 A 是 B 的必要原因。一般而言，要获得博士学位，就必须选修博士课程并完成博士论文。选课、写论文构成获得博士学位的必要条件，但这不是充分原因，考试或论文答辩不通过，依然不能获得学位。

　　(3)充分必要原因。若有 A 才有 B，且有 A 必有 B，则 A 是 B 的充分必要原因，简称"充要原因"。在研究中，若能找到充要原因，最好不过了。但在心理学和社会科学中，若就普遍性变量关系而言，很少能找到一个因素既是必要条件又是充分条件(巴比，2002，p.58)。因为百分之百发生的因果关系，也就是没有反例的因果规律，实在不多见。

　　(4)非原因。若有 A 未必有 B，不必有 A 亦可有 B，且 A 的有无不影响

B 的有无，则 A 非 B 的原因。例如，成人鞋子的大小与其智商之间就不存在因果关系。

(二)决定性因果关系和概率性因果关系

无论是在科学研究中，还是在日常生活中，因果关系并非像上述形式逻辑层面的分析那么简单。形式逻辑是在"完全决定性"的意义上，说明了原因和结果的必然联系，称为决定性因果关系。但是，在科学研究中我们会碰见大量概率性的问题，在心理学或其他社会科学中尤其如此。巴比（2002，p.11）指出，因果关系本身就牵涉到概率问题：当某些"因"存在时，与这些"因"不存在时比较，更有可能产生某些"果"。我们知道，用功学习才会拿到好的考试成绩，这里"用功学习"好像是"好成绩"的必要条件，然而，并非总是如此。有时，没用功学习，成绩依然不错。当有 A 未必有 B，且不必有 A 也可以有 B，但 A 的有无影响 B 的有无时，则 A 是 B 的部分原因。心理学中，经常是在概率性质上而非"完全决定性"的意义上说明两个变量之间有部分因果关系。我们可以这样表述：原因 A 的出现导致结果 B 出现的概率为 p，或者有多大的可能性（概率 p）原因 A 导致结果 B。

需要特别指出的是，这种基于统计方法得出的概率性因果关系，本质也是一种"决定性"规律（虽然不是完全意义上的），只不过是这种因果关系的表现具有随机性质。就像抛硬币，抛两三次，可能正面都朝上，但这并不足以否定抛硬币正面朝上的概率是 0.5 这一规律。这就是统计学上的所谓"大数定理"——当看似没有规律的事件大量出现时，随机性就会让位给决定论。抛硬币正面朝上的概率是 0.5 这一规律，虽然不意味着每次观测都完全如此，但是当抛硬币的次数足够多时，正面朝上的概率就会趋近 0.5。这个概率是多次观测结果的平均值，它代表了一种概率性规律。是规律就有应用价值（案例 12-1）。

案例 12-1 概率性规律的应用

1844 年，一名叫凯特莱（A. Quetelet，1796—1874）的学者将 10 万名被征召入法国军队的新兵的身高数据，与法国男人身高的普遍情况进行了对比，结果发现存在不一致，由此得出结论说，大约有两千名法国人为逃避入伍，谎报身高低于合格下限。这个关于概率性规律的神奇应用，吸引了很多人热衷于学习统计学。

这位名叫凯特莱的学者是比利时人口统计学家、天文学家。他1819年获数学博士学位，曾担任比利时天文台台长、中央统计委员会终身主席等职。他的代表作是《社会物理学》，致力于以概率论原理为基础寻找社会生活中类似牛顿物理学定律的社会定律。他提出了"平均人"学说，认为在社会上的平均人，犹如物体的重心一样，是一个平均值，各个社会成员都围绕它上下摆动。正是根据平均人的理论，他犀利地指出了法国人谎报身高逃避入伍的问题。

[资料来源：鲍尔(2010)。据此整理]

(三)直接原因和间接原因

直接原因是不经过其他因素直接会导致结果发生的原因，即A直接影响B。心理学中讨论的两变量因果关系，均是考察直接原因的影响，如探讨有无反馈这个因素对某项认知表现的直接影响。在很多情况下，存在原因背后的原因，是为间接原因。如A影响B，B影响C，则A对C的影响是通过B这个中介变量间接实现的。心理学中基于S—O—R范式的研究，就是在考察刺激和反应的间接因果关系。若中间的主体因素O，继续分解，分解成O_1、O_2、O_3等，且它们从前到后依次有因果影响，这样从刺激S到反应R之间就可能存在一个较长的"因果链"。当因果链拉得很长时，最初原因对最后结果的影响力可能会大打折扣，甚至根本没有意义了(案例12-2)。然而，在科学研究中，有时对这种间接原因或原因背后的原因的寻求却有重要价值(案例12-3)，因为虽然因果链很长，但因果联系的强度未必衰减。

案例12-2　中国人修长城导致了罗马帝国的衰亡吗?

历史学上有个有趣的命题：中国人修长城最终导致罗马帝国的衰亡。罗马帝国的存亡与中国人何干？其"因果链"如下：由于中国人以修长城的方式抵御匈奴等所谓"野蛮"民族，阻挡了他们向东方发展，迫使他们不断向西迁徙和进军，最终打败了罗马帝国，致其衰亡。中国在秦、汉、唐等很多历史时期，确实不仅防御并且进攻过匈奴。如汉武帝采取过打击匈奴的政策，造成匈奴大规模西迁，带动欧亚大陆大批游牧民族进入欧洲，历时数百年，终于摧毁西罗马帝国。到唐朝，唐太宗决定打击突厥，造成突厥大规模西迁，近千年后突厥人建立奥斯曼土耳其帝国，摧毁东罗马(拜占庭)帝国。尽管中国与罗马帝国没有直接联系，但是汉、唐帝国却以一种意想不到的方式戏剧化地改写了罗马帝国的历史。难道一只蝴蝶在中国扇动翅膀，真的能在欧洲掀起风暴？！或许其间存在某种程度上的间接因果关系，但是这种因果链已经极其复杂而微妙，至少可以说，这种初始原因已经不是最终结果的决定性原因了。从法律上讲，中国人肯定不是罗马帝国灭亡的"肇事者"，就像张三和李四吵架，李四心情不好就喝"闷酒"，结果开车撞死了别人，李四是直接原因或肇事者，张三虽是间接原因，但法律上不能追究了。

案例 12-3　太平洋海温异常导致中国的菜价上涨

　　2008 年老百姓都在抱怨高涨的蔬菜价格，原因是发生了雨雪冰冻灾害，导致蔬菜减产，为什么有这种天气灾害？是因为大气环流异常造成的，而大气运动受到海洋温度变化的影响，其中"拉尼娜"现象是导致天气异常的元凶之一。自 2007 年 8 月，赤道中东太平洋的海温进入拉尼娜状态，并迅速发展，至 2008 年 1 月，已连续 6 个月海表温度较常年同期偏低 0.5℃以上。分析表明，这次拉尼娜现象是 1951 年以来发展最为迅速的一次，也是较为严重的一次，由此导致 2008 年 1 月份以来我国发生了 50 年一遇的大范围持续性低温雨雪冰冻天气灾害。总之，科学家的研究表明，蔬菜价格上涨与海洋温度的异常变化有某种间接的因果关系。这个结果有重要的实际价值，它提醒人们，若拉尼娜事件再次出现，就应该防范可能发生的灾害天气，注意调控农业生产，平抑物价。

(四)相继的因果关系和发生的因果关系

　　关于因果性有两种理论，它们是发生理论和相继理论，其区别在于如何对待原因及结果的关系。在发生理论中，原因拥有产生结果的能力，并与结果联系在一起。在相继理论中，原因仅是通常在事件或状态以前，之所以被称为它的原因，是因为我们获得了一种预期在原因以后有这类结果的心理倾向。可以用其他方式表达这两种理论的区别。对于发生理论而言，事件或状态之间的关系是因果性关系，这种关系是内在的，原因和结果并不彼此独立，没有原因不会发生结果。要是结果由不同原因引起，就不会这样。作为原因的事件是什么，部分就在于它是产生某一结果的事件。而相继理论将因果关系看作彼此独立的原因和结果。无须参照它有什么结果，也可以对原因作完备的描述，一个原因的结果也是可以独立规定的事件或状态，如果它曾自发发生，它就是它现在那样（哈瑞，1998，p. 123）。

例如，研究癌症的原因。相继论者会停留在发现癌症和吸烟在统计数字上的关联，而且认为寻找使它们真正联系起来的其他事件或中介事件是徒劳无益的，于是他们就转向对因果联系的心理学解释：这种观察事件的序列反映了心理上可以预期的因果性，即有吸烟在前，癌症在后，这就是因果关系。即便我们采用了有前后测的实验设计，证明让实验组的人开始吸烟并坚持十年后，比一直没有吸烟的控制组，有更大可能得癌症，但是这种研究所揭示的吸烟和癌症的因果联系，并没有告诉我们这种联系发生的机制。

而发生论者并不满足于此，他们除了了解吸烟和癌症的外在关系外，还要进行生物化学的探讨和解释，搞清楚吸烟和机体癌变的作用机制。"对于相信发生因果性的人来说，统计数字的存在只是漫长研究过程的第一步，研究的终点是发现所研究的事物的本性，以及得出这些统计数字的理由。科学遵循的是因果性的发生理论，而不是相继理论（哈瑞，1998，p. 125）。"也就是说，发现原因产生结果的机制，是科学研究的中心部分，而找到两个事件在统计数字上的关联，只是研究的开始。

再举个心理学的例子，我们可以确定父母酗酒通常造成他们的子女酗酒。确定二者的因果关系之后，要进一步寻找其发生机制，这可能是基因遗传的机制，也可能是模仿、学习的机制。由于不是所有酗酒人的子女都会酗酒，一旦揭示了二者联系的机制，我们就更可能了解问题的本质，确定在什么情况下，以何种方式将两种现象联系起来。

（五）因果关系和蕴含关系

研究者要注意区分因果关系和蕴含关系。举例来说，"$a=b$"与"$3a=3b$"是什么关系呢？我们可以说，"如果 $a=b$，那么 $3a=3b$"，但这并不表达一种因果关系。严格地讲，我们不能说"因为 $a=b$，所以 $3a=3b$"。前者并不是后者的原因，前者只是在含义上逻辑地蕴含了后者。因果关系存在的条件之一是"因在前果在后"。然而，"$a=b$"与"$3a=3b$"之间是不需要时间的，不存在顺序问题。只要"$a=b$"成立，同时就意味着"$3a=3b$"成立，前者和后者只是一个意义的不同表达。同样，"2"与"4"的概念不是"2＋2＝4"这一命题的原因，但必然蕴含后者。

逻辑学和数学不研究因果关系，而是研究蕴含关系。逻辑学、数学上的各种推断、运算、证明都不是为了建立因果关系，只是建立命题之间的蕴含关系。由此，逻辑学和数学研究是不需要借助经验检验的，而只使用理性。但是心理学、社会科学、自然科学都以寻找事物或现象的原因为己任，这些学科对因果关系的探求要建立在经验和观察的基础上，借助逻辑等理性方法把握事物中的因果规律。

区分因果关系和蕴含关系，对于理解心理学的学科性质也是非常重要的。心理学本身是科学，旨在探求因果规律，但是作为研究对象的意识本身，却也可能通过蕴含关系来刻画（延伸阅读 12-2）。

📁 延伸阅读 12-2　因果关系和蕴含关系的区分及启示

皮亚杰（1999）曾对因果关系和蕴含关系做了明确的区分。他在论述"身心关系"问题时，认为意识及其机体构成一个实在的内外两方面，但是这两个方面之间不可能有因果性的相互作用（皮亚杰反对身心的相互作用论。如果皮亚杰是对的，今日的认知神经科学可能是值得怀疑的），因为它们只是同一个实在的两种可能的表达，二者是平行的。意识和生理的性质不同，分别受制于不同的规则。他说："意识构成一个蕴含体系（在概念、情感价值等之间），神经系统构成一个因果体系，而心理生理平行论则构成蕴含体系和因果体系之间同构论的一种特殊情况（皮亚杰，1999，p.67）。"

如何理解"蕴含体系"与"因果体系"的不同？皮亚杰认为，各种意识状态之间的关系，不同于一般的真正的因果关系，而是一种广义的蕴含关系：一种意识状态主要表达一种意义，而一种意义并不是另一种意义的原因，但蕴含另一种意义（从逻辑上讲多少是如此）。例如，2 与 4 的概念不是 2＋2＝4 这一命题的原因，但必然蕴含后者。很显然，皮亚杰在心身关系问题上，采用了二元论（这里是方法论意义上的，而非本体论意义上的）的立场。事实上，他的整个认识论都具有二元论的色彩。例如，他认为数学只用于理解蕴含，但不做因果解释；而物理学研究物质事实，解释物质事实中的因果关系。也就是说，概念的蕴含和物质的因果关系是平行的。这就可以说明，为什么皮亚杰要区分逻辑—数学知识与物理知识，为什么用逻辑—数学结构来说明思维的结构及其变化。事实上，逻辑—数学结构就是思维本身，皮亚杰只不过是用已经形式化了的一般性的（集体性的或人类的）思维语言重新对个体的思维水平作了鉴别，用结构自身的变化来解释结构的成因和趋向。说白了，皮亚杰以高超的理性把握了有关思维发展的经验事实。如果皮亚杰的观点是对的，心理学家似乎不应过多地关注因果关系的研究（或者不应只做因果研究），然而，今天的大部分心理学家却以寻找因果规律为己任。现在很少有人像皮亚杰那样只是用数理逻辑的语言刻画思维结构，而不做因果解释。

第二节 科学推理的逻辑

科学事业使用两种重要的心理过程：观察和推理。推理是直接的思考，就像观察是直接的知觉。"如果科学的目的是使概念系统和感觉经验相协调，那么很明确，科学家必须花费一些职业时间去获得感觉经验，并且花费一些时间用在思考概念上。前者是科学观察的一面，后者是它的推理的一面（Kukla，2001，p.1）。"科学发现与推理离不开逻辑学的帮助。逻辑学探讨有效而可靠的推理规则，帮助我们避免从真的证据引出假的结论。科学推理通常从真理或关于事实的陈述，或至少是从人们颇为确定的陈述开始。这些陈述就是推理的前提或论证的出发点。由于推理可以超越人们所具有的初始陈述，获得具有更大科学意义和实用价值的结论，因此对于科学发展至关重要。

一、科学推理的形式

推理可以大致划分为两种主要形式：归纳法与演绎法。我们结合自然科学和心理学的例子说明两种推理形式的含义。

先来看一个遗传学的例子。孟德尔曾以对豌豆的遗传问题研究而闻名，他提出了描述显性和隐性遗传因素在下一代出现比例的规律。他和他的助手杂交种植了圆的和皱的、绿的和黄的等不同特征的豌豆，结果发现：

"在实验 1 中比例是圆的 5474 粒，皱的 1850 粒＝2.96：1。

在实验 2 中比例是绿的 428 粒，黄的 152 粒＝2.82：1。"（哈瑞，1998，p.38）

由此，孟德尔认为，在第二代中显性特征和隐性特征的比例为 3：1。他实际上采用了归纳法获得科学发现。即推理过程始于实验证据，终于定律作为结论。

心理学中也有类似孟德尔的例子。认知心理学家米勒（Miller，1956）用不同实验材料测试了正常成年人的短时记忆容量，发现对数字的短时记忆容量为 7.70，颜色 7.10，字母 6.35。这样就可以归纳出来，正常成年人的短时记忆容量围绕着平均数 7 上下波动。

今天，普通心理学的教科书上都会介绍布洛卡区，这是位于大脑第三额回后部、靠近大脑外侧裂处的一个小区，控制着人的言语表达机能，该区损伤将会导致发音困难，说话费力，或者不能说出有意义的话。这个区域是以法国医生布洛卡（P. Broca，1824—1880）的名字命名的。1861 年布洛卡接待了一位右半身偏瘫失语的病人，病人只能不断重复"tan"这样的发音，而其智力正常。病人死后经尸检发现，左侧额叶的该脑区受损。布洛卡又研究了大量的脑部不同区域损伤病例，并考察它与各种行为问题的关系，最终他根据这些特殊的案例推论出了一般的规律，即言语的表达依赖布洛卡区的完好无损。

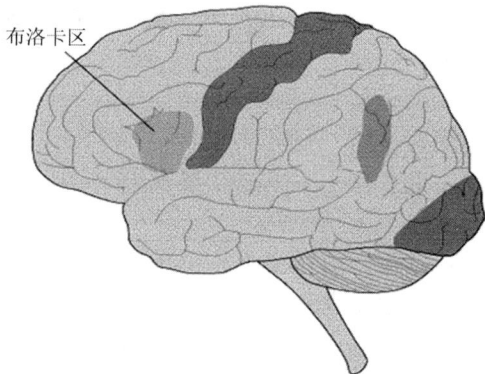

为什么不能说话呢？原来是大脑的这块坏了。

这些例子说明了研究者如何从特殊事例、现象、研究发现、事实中寻找一致性，最后归纳出一般规律或理论假说的过程（本斯利，2005，p.20）。总之，归纳就是从特殊到一般的推论过程。

与归纳相反，演绎则是从一般规律（理论、假说）推理到特殊事例、现象或事实的过程。举例来说，如果布洛卡区受到损伤，那么就会阻碍言语表达（这是一般规律），而脑成像的检查发现，某人的布洛卡区已经有严重损伤，那么这个人的言语表达将会出现障碍（关于特殊案例的结论）。在这个例子中，只要一般规律是正确的，演绎推理符合逻辑，就能得到正确的结论。

　　然而，这种形式逻辑式的演绎推理本身并没有带来新的知识，只是将正确的理论应用于预测一个特定事实。演绎推理得到的结论已经逻辑地蕴含在了其前提中，只是以另一种形式表达了已有的知识（说得直白些，就是同义反复）。虽然如此，演绎推理也有重要的实际价值。例如，按照社会学习理论，人们可以通过观察别人的攻击行为及其结果，而学会攻击行为并决定是否表现出攻击行为。换句话说，如果人们经常看到别人的攻击行为且该行为得到了良好的结果，那么他们很可能也表现出攻击行为。而目前某城市正在进行重量级拳击比赛，全市的大多数人要么在现场，要么在电视机前观看拳击比赛，那么可以预测该城市在比赛期间的暴力犯罪可能增加，因此要安排好警力，制定好预案，应对各种暴力犯罪的增加。国外有研究确实表明，每当重量级拳击锦标赛之后，杀人犯罪率总会随即明显地上升（转引自张小虎，2002，pp. 105-106）。

　　已经被确证的定律或理论要做某种普遍化的陈述或全称陈述。而在没有确证之前，它们被称为"假说"或"假设"。假设同样是普遍化的陈述，要检验假设的真伪。通常采用演绎法，从一般性的假设推导出一个特定的经验事实，即建立对经验事实的预测，然后进行实验或观察，考察是否如预测的那样确实存在该事实，或发生了预测的事情。在某个假设的基础上做出的预测，如果能比单纯的猜测，甚至比基于其他假设做出的预测更能被验证，则可以确认假设的正确性，从而得到新的科学知识。这种检验科学假说或假设的推理过程，所使用的就是演绎推理，它通常被称为"假设—演绎法"（也可以被称为预测法），这是增进科学知识的有效方法之一。

　　开普勒发现火星轨道的过程，是经常被用于说明假设—演绎法的经典案例之一。他首先有了"一个光辉的思想：设想火星轨道是椭圆的，并且根据这个设想来看看他是否能画出与观察结果完全吻合的行星位置（哈瑞，1998，p. 39）"。结果，他做对了。根据他关于火星椭圆轨道的假设模型，可以预测火星在某个时刻出现的位置，而观测结果与预测的情况正好一致，这说明他的假设是经得起检验的，从而成了确定的规律。在这个例子中，推理的出发点是假设的定律，然后用证据检验它。正如刘大椿（1998，p. 88）指出的，"研究始于问题，而不是观察和实验，这是演绎模型的关键"。或者说，演绎模型的关键是，研究者以假说的形式对问题做试探性说明。

那颗星星还会回来吗？一定会，科学老师说了，它会沿着椭圆轨道走，总会转回来，这是科学。到时候我们再一起来看星星，好吗？好的，不过要等一万年。

孟德尔使用归纳法发现遗传到第二代的显性特征和隐性特征的比例为3∶1；开普勒使用假设—演绎法确认了火星轨道模型的正确性。可见，假设—演绎法和归纳法一样都可以带来科学发现，增进科学知识。假设—演绎法在自然科学和心理学中都得到了广泛应用（下文详述）。

这里再重申一下，演绎法包括两种形式：基于确定的规律的演绎推理，是在一个封闭的体系内推导，只是对一般规律的实际应用，它本身通常不带来新的科学发现。然而，基于假设的演绎推理，却被用于检验假说，形成科学理论。这二者采用了同样的推理过程，只是基于不同的前提，前者的前提是以原理或理论形式表达的一般规律，后者的前提是尚未检验的关于规律的假说。

二、归纳的逻辑

归纳法是获得科学知识的重要方法，其重要性尤其为英国哲学家穆勒（J. S. Mill，1806—1873）所推崇。穆勒从经验论和实证主义的角度出发，认为科学逻辑就是归纳逻辑，归纳法是发现和证明科学知识的唯一推理方法。因为任何知识都源于经验事实，都是对经验事实的归纳并通过归纳法加以证实。在穆勒看来，演绎法不是一种科学方法，因为演绎推理从内容方面来说只不过是同义反复。演绎推理所得的结论并不增加新知识，结论已经包含或覆盖在大前提里了，结论只是对大前提内容的重复。演绎推理结论的正确性是由大前提的正确性来保证的，而大前提的正确性又是以归纳法为基础的。因此，要获得新知识只能使用归纳法。

　　如何确保归纳的逻辑合理，得到确切的知识呢？穆勒总结和发展了自培根以来的研究成果，建立了以寻求因果联系的五种方法为中心的归纳逻辑理论，被后人称为"穆勒五法"，这些都是在近代实验研究中广泛使用的方法。很多科学哲学方面的教科书（哈瑞，1998；刘大椿，1998）或研究方法教科书（董奇，2004）都对此做了介绍，然而，这些书都是抽象地介绍，下面结合心理学的例子重新来论述这五种方法。

　　（1）求同法。也称作契合法，如果在所研究的现象的两个或更多的实例中，只有一个因素共同，其他因素都不同，那么在所有实例中都共同的该因素便是该现象的原因（或结果，看谁发生在前而定）。其推理逻辑如下：

实例	先行情况	被研究现象
1	X　A　B	Y
2	X　C　D	Y
3	X　E　F	Y
...		

结论：X 是 Y 的原因。

　　这种方法在科学研究和日常生活中广泛使用。再回到布洛卡区那个例子上，可以设想布洛卡医生遇到了若干病例：雅克，男，51 岁，说话不清楚，不能准确表达语义，检查发现该脑区损伤，有个小洞；玛丽娜，女，38 岁，不能与别人交流自己准确的想法，该脑区有病变；弗朗索瓦，77 岁，男，家人报告其死亡前言语不清，尸检发现该脑区出血。虽然这些病例的性别、年龄、家庭背景等因素都不同，但都存在布洛卡区的损伤或病变（如出血），而且这些人的症状基本上都是言语表达问题。也就是说，在所有的实例中，唯一相同的因素就是布洛卡区损伤，所有的实例都表现出言语表达障碍这种现象，这样就可以有把握地推理出：布洛卡区是控制言语表达的中枢，它的损伤是导致表达性失语症的元凶。

　　穆勒自己曾这样阐释，"求同法的基础是可以消除根据定律与现象没有联系的任何东西"，最后确认唯一与现象联系的相同因素即为原因。而接下来介绍的"差异法的基础是，不能消除根据定律与现象有联系的任何东西"，也就是恒定了无关因素，看那个唯一有差别的因素如何起作用。

　　（2）求异法。又称差异法，它指如果在一个实例中所研究的现象发生，在另一个实例中所研究的现象不发生，在这两个实例中除了一个因素外它们所有因素都共同，这个不同的因素仅在前者发生，则在两个实例中唯一不同的该因素，便是该现象的结果，或原因，或原因的一个不可缺少的部分。其推理逻辑如下：

实例	先行情况	被研究现象
1	X A B C	Y
2	— A B C	—

结论：X 是 Y 的原因。

例如，以双生子为对象进行的有关"遗传和环境作用"的探讨，就使用了上述差异法。有研究（Bouchard & McGue，1981）总结了世界上已经发表的34 个总共对 4672 对同卵双生子的研究，和 41 个对 5546 对异卵双生子的研究，结果发现：一同抚养的同卵双生子智商间的相关平均达到 0.86，而一同抚养的异卵双生子智商间的相关平均只有 0.60，这说明异卵双生子在智力上的相似性不如同卵双生子高。从而得出结论：遗传对智力有相当大的影响。在两个实例中，抚养条件等因素都一样，而唯一不同的是遗传特征（同卵还是异卵），这一不同因素就是导致智力差异的原因。

心理学中的真实验大多都是使用了求异法。为了便于对实验事实进行概括，常常对正面和反面场合进行比较。即有意使一个相关条件发生变化，而其他条件不变，从而对正、反两个场合进行比较；或者，在正面场合中加入一个新条件，而在反面场合不加入这个条件，然后比较两种场合下的结果。例如，在有关恐惧对交往行为的影响实验中通过电击制造恐惧，并且告诉一组被试电击非常痛苦（高恐惧），而告诉另一组被试电击并不痛苦（低恐惧），然后实验员声称实验仪器出了故障，让被试在一个大房间里稍等 10 分钟，结果发现，高恐惧组的被试有 2/3 愿意待在一起，而低恐惧组只有 1/3 的被试愿意待在一起。这样就可以推定，恐惧程度是这两个组之间唯一的差异因素，是导致不同交往行为的原因。而其他因素，就是无关变量，得到了很好的控制或平衡。

（3）契合差异并用法。这实际上是同时使用了契合法和差异法。该方法包括三步：首先，把所研究的现象出现的那些场合进行比较；其次，把研究的现象不出现的那些场合加以比较；最后，把前两步所得的结果再加以比较。其推理逻辑如下：

实例	先行情况	被研究现象
1	X　A　B	Y
2	X　C　D	Y
3	X　E　F	Y
⋯		
①	—　G　H	—
②	—　I　J	—
③	—　K　L	—
⋯		

结论：X 是 Y 的原因。

采用双生子为被试，研究遗传和环境对智力的影响时常采用这种方法。例如，在 10、20、30 岁对同一批同卵双生子（遗传完全相同）的智商进行的配对相关分析，都表明存在非常高的相关系数（契合法），而在三个年龄点上，异卵双生子（遗传不完全相同）之间没有发现这种高相关现象（差异法）。这就说明，遗传对智商的影响是强大的。

（4）剩余法。当被研究的现象是一种复合现象（即由复合原因引起）时，可采用剩余法。对该复合现象有影响的因素有多种，除去已知的因果联系的部分，则被研究现象的剩余部分与其余影响因素之间必然存在因果关系。当然，使用剩余法的前提是现象的边界、因素的多少要能够加以清晰地界定。其推理逻辑如下：

已知：被研究的复合现象 YEDF 的复合原因是 XABC

　　　A 是 E 的原因

　　　B 是 D 的原因

　　　C 是 F 的原因

结论：X 是 Y 的原因。

下面举例说明。有研究者（Groen & Parkman，1972）让小学一年级学生解决 55 道"和"不超过 10 的加法事实问题。结果发现，小学一年级儿童在解决小数目的加法问题时，较小的加数的大小能较好地预测解决问题的时间，因为儿童从大的加数开始数，再数上小的加数得到总和。也就是说这个年龄的儿童使用小值策略（min strategy）。后来很多人证明了这种模型的正确性，发现小的加数的大小能预测解决问题时间的 60%～75% 的变异。

席格勒(Siegler，1987)进一步研究发现，当数据在所有的策略和尝试中进行平均后，得到与原来一致的结论。然而，儿童的口语报告表明，小值策略只是他们使用的五种策略中的一种，他们还用从1数、分解、直接提取、猜测等方法。每个人都使用多种方法，小值策略的使用率只是36%。若单独考虑使用小值策略时的情况，小的加数能预测解题时间的86%，预测效果更好，但对其他策略就很差了。在席格勒的研究中，先根据前人的一般模型寻找小数大小与问题解决时间的关系，得到了类似结果；而针对小值策略的模型提高了小的加数对解题时间的预测，取得了更好的效果。这样，先前的模型和新的模型就有了差异，而这种差异可以归因于所考虑策略的情况不同，并可以推出新的结论：儿童策略使用具有多样性，并不是到了某个年龄的孩子就都使用一样的策略，不同的被试以及同一被试完成不同任务时的策略都可以不一样。原来研究者建立的使用小的加数预测小学一年级所有被试解题成绩的模型还不能解释绝大部分的变异，剩余的变异是因为被试使用了其他策略。

使用剩余法时，通常先根据一般规律进行假设，然后看假设与新的事实和数据的符合程度，如果有偏差或差异，就归纳出新的规律。可见，这种方法同时使用了演绎法和归纳法，类似于波普尔的"否证法"。

（5）共变法。它的特点是让一个因素变化而保持其他因素不变，由此观察研究现象或结果的相应变化，在唯一变化的因素和相应变化的结果之间是存在因果关系的。其推理逻辑如下：

实例	先行情况	被研究现象
1	X_1 A B	Y_1
2	X_2 A B	Y_2
3	X_3 A B	Y_3
...		

结论：X 是 Y 的原因。

例如，美国的米尔沃基计划研究了早期干预对提高儿童智力的影响（张厚粲，2002，pp.208-209）。在这个研究中，儿童的母亲为 IQ 得分在 75 以下的黑人妇女，实验组儿童在 6 个月大时接受特别干预，如教母亲如何照顾孩子，每天在婴儿促进中心训练几小时，实验干预持续到儿童 6 岁时。追踪研究表明，在 6 岁时实验组儿童平均智商为 119 分，控制组为 87 分，二者相差 32 分之多；在 7 岁时测量结果表明，二者相差 22 分；在 14 岁时相差 10 分，实验组为 101 分，而控制组为 91 分。从纵向上归纳这些结果可以看到，随着年龄的增长，早期干预对智力的积极影响在减弱。在这个实验里，纵向变化的因素只有年龄，两个被试组智商差异的变化就要归结为年龄。这种方法在定量实验中经常用到。这个方法和契合法有类似之处，只是后者考察不同场合下的共性，而共变法涉及的是两个变量的系统变化关系问题。二者均可以理解为广义上的共变方法。

关于通过归纳推理确定因果联系的"穆勒五法"对逻辑学做出了重大贡献，它发展了归纳逻辑，并在近代科学发展中产生了重要作用。一项心理学研究中可能会用到其中一种方法，也可能同时用到多种方法。例如，沙赫特等人的情绪实验就综合使用了多种归纳方法（大家可结合案例 12-4，开展课堂讨论 12-2 要求的小组讨论）。

案例 12-4　沙赫特等人的情绪实验里的推理逻辑

沙赫特（S. Schachter）和辛格（J. Singer）的实验向我们展示了情绪的产生如何受到环境、生理唤醒和认知解释的共同影响。研究者希望能综合地考察生理、认知和环境三方面是否对情绪的产生做出贡献。他们希望在实验中：诱发被试产生某种生理状态，并诱导他们对自己的生理状态做出不同的认知解释，然后观察处于不同环境和认知解释组合下被试的情绪反应。这样就能分别对生理、认知和环境三因素进行控制，研究它们对情绪产生的综合作用。

沙赫特和辛格实验的基本程序如下。

第一步：先给三组大学生被试注射肾上腺素，使他们处于生理唤醒状态——这是为了使所有被试的生理唤醒状态相同。

第二步：实验者对三组被试用三种不同的说明来解释这种药物可能引起的反应。告诉第一组被试注射药物后将产生心悸、手抖、脸发烧等反应，这些是注射肾上腺素的真实效果；告诉第二组被试注射药物后将产生双脚麻木、发痒和头痛等现象，这与肾上腺素的真实效果完全不同；告诉第三组被试，药物是温和无害的，而且没有任何副作用，即不告知这组被试肾上腺素的效果。这个步骤是诱使三组被试对自己的生理状态做出不同的认知解释。

第三步：将每组被试各分成两部分，并让两部分被试分别进入两种实验情境中。其中一个实验情境能看到一些滑稽表演，是一个愉快的情境；而另一个实验情境中，强迫被试回答烦琐的问题，并横加指责，是惹人发怒的情境。这个步骤是使被试处在不同的环境中，实验者观察这两种环境下各组被试的情绪反应。

可以预测：如果情绪是由刺激引起的生理唤醒状态单独决定的，那么三组被试应该产生一样的情绪反应，因为实验中他们的生理唤醒状态都是一样的；如果情绪是由环境因素单独决定的，那么各组被试应该是在愉快的环境中感到愉快，在愤怒的环境中产生愤怒。

但实验的真实结果是：第二、第三组被试在愉快的环境中表现出愉快的情绪，在愤怒的情境中表现出愤怒的情绪，而第一组被试在两种情境中都比较冷静。显然，这是由于第一组被试能正确地估计和解释后来的真实生理反应，并将环境对他的影响也进行了认知解释，因而能平静地对待环境作用。而第二、第三组被试对真实生理唤醒水平的认知解释是错误的，因而他们的情绪反应随着环境的不同而变化。由此可知，在情绪的产生中，生理唤醒和环境都有影响，但认知过程则起着至关重要的作用。大脑皮层将环境、生理和认知信息整合起来后，产生了一定的情绪。据此，沙赫特和辛格推论情绪是认知过程、生理状态和环境因素共同作用的结果，其中认知因素对情绪的产生起关键作用。

［资料来源：杨治良（1998）。据此整理］

课堂讨论12-2

分组讨论沙赫特等人的情绪实验里的推理逻辑，辨析该实验使用了哪些归纳推理方法。

穆勒并没有在理论上根本解决归纳逻辑的可靠性和完备性的问题。比如，在求同法中要确定只有唯一的因素相同，在共变法中要确定只有唯一因素系统变化，在差异法中要确定唯一不同的因素，但是确保影响因素的"唯一性"实际上并非容易的事情，因为其背后可能隐藏着其他共变的因素，而这个隐藏的因素或许才是真正的原因。有研究表明，抑郁症的地理分布很有规律，热带地区比温带和寒带地区发病率低。然而，不同的温度带或纬度是抑郁症发病的真正原因吗？事实上，真正的原因是身体里的一种化学物质5-羟色胺影响抑郁症，而5-羟色胺的多少受温度影响。若未发现抑郁症背后的化学机制，而简单归纳为在地球上所处的纬度是抑郁症的原因，则远未揭示其中的因果机制。

因此，哈瑞（1998，p.42）指出，"穆勒五法""似乎至多是科学家进行更深入研究的开端。实际上，它消除了若干可能性，但不能肯定地说明什么。在实践中，我们决不会满足于没有说明的定律"。无论如何，从特殊实例中，我们可以借助上述逻辑归纳出一般的因果结论，但这个结论可能还只是个有待进一步证实的假设。毕竟，归纳能产生新的知识，哪怕是假说性的知识，也可以对假说再做检验。

三、演绎的逻辑

通过实验和观察，我们可以建立事实，而"穆勒五法"阐明了如何从所积累的简单事实推导出理论或定律的一般逻辑方法，有了事实以及从事实推导出理论的逻辑法则，似乎科学的任务就可以顺利完成了。然而，归纳逻辑的不完备性，导致归纳结果存在不确定性：在所谓"同样的"事实面前，人们得到的定律、结论或许是不一样的，可以有很多种，但是我们不知道哪一个更好。那些用来累积出理论的事实，就像珍珠一样，要把这些珍珠组织成项链，可以料想每个人做出的项链并不相同。穿过这些事实珍珠的红线可以是各种曲线，也可以是直线，而真理的线是哪一条呢？我们很难知道。这时要借助演绎方法，检验哪个理论是对的。

虽然归纳本身常常难以保证逻辑上的完备性，然而，它对于科学发现的重要性并不亚于演绎，甚至更重要。因为对少量事实的归纳，是我们发现规律性，提出科学假说的基础。很多新思想的出现，往往是受到了某个事实的启发，受到了某个类比的启迪，受到了某个隐喻的暗示。对于这些与科学发现有关的不那么"逻辑"、不那么"理性"的过程，在通常的科学哲学研究中往往被故意排斥掉，把它"贬入"心理学中。那我们心理学家就把它拿过来研究吧：今后我们不仅要讨论科学发现的逻辑机制，而且还要讨论科学发现的心理机制。

不管归纳法以及其他任何导致科学发现的方法存在什么逻辑问题，它们能帮助我们建立科学假说，甚至非常可靠的科学定律或理论，这都是其贡献。现在的问题是如何检验假说。演绎法在逻辑上更完备，那么在假说检验过程中如何使用演绎的逻辑呢？

如同前文所述，检验假说的常用演绎方法就是"假设—演绎"法。其思路是基于假设演绎出对经验事实的预测，然后考察实际观察到的经验事实是否符合预测，若符合，则确证了假设的合理性。因为很多事实单纯凭猜测，能预测到的机会是很少的，然而，我们居然根据一个理论假说准确预测到了，这足以确证理论假说的合理性，甚至真理性。

在科学研究中，经常存在竞争性假说，即关于一个问题有两种或更多的理论解释。这时可以采用假设—演绎法，借助判决性实验确定哪个假说代表了真理。"所谓判决性实验，就是在对立的两个假说之间，设计一个或一组观测或实验来证实哪一个具备预见性，或者更确切地说，证实哪一个不具备预见性（刘大椿，1998，pp.77-78）。"简言之，判决性实验是能对两种对立的假说起到"肯定"一个和"否定"一个的裁决作用的实验。在进行判决性实验的设计时，研究者根据对立的假说 H_1 和 H_2，推出互不相容的实验结果 C_1 和 C_2，而实验实际所得出的结果符合 C_1 不符合 C_2，则认为这一实验肯定了 H_1，否定了 H_2。伽利略的自由落体实验，就被视为借助假设—演绎法开展判决性实验的典型案例之一（案例 12-5）。

案例 12-5　伽利略的自由落体实验

在伽利略以前的时代，人们一般都接受亚里士多德的运动学说，认为落体的运动速度与落体的重量有关，其重量越大，其下落速度越快。然而，到了文艺复兴时代，亚里士多德的运动理论引起了越来越多的人的怀疑，伽利略就是其中最突出的一个。

伽利略用简单明了的科学推理，巧妙地揭示了亚里士多德的理论内部包含的矛盾。他在 1638 年写的《两种新科学的对话》一书中指出：根据亚里士多德的论断，一块大石头的下落速度要比一块小石头的下落速度快。假定大石头下落速度为 8，小石头下落速度为 4，若把两块石头拴在一起时，下落快的会被下落慢的拖着而减慢，下落慢的会被下落快的拖着而加快，结果整个系统的下落速度应该小于 8。但是两块石头拴在一起，加起来比大石头还要重，因

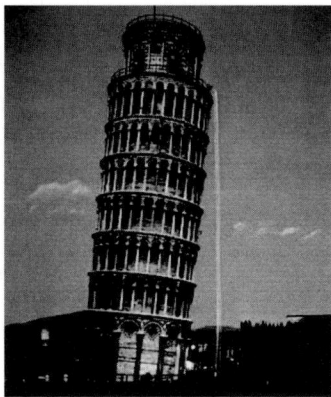

不要看谁嘴大，拿证据来。用实验判决对立的理论。

此可推知重物体比轻物体的下落速度要小。这样，就从重物体比轻物体下落得快的假设，推出了重物体比轻物体下落得慢的结论。亚里士多德的理论陷入了自相矛盾的境地。伽利略由此推断重物体不会比轻物体下落得快。然而，到此为止，还只是理论推导，由此形成了两种相互矛盾的理论假说，根据这两种假说，可以推导出对立的结果：两个重量不同的物体同时落地与重的物体先落地。据说，伽利略曾在比萨斜塔做了著名的自由落体实验，让两个体积相同而质量不同的球从塔顶同时下落，结果两球同时落地，以实践驳倒了亚里士多德的结论。这一完美的物理实验驳倒了一个理论，确立了一个理论，被视为判决性实验的典范之一。

判决性实验比一般的实验似乎能得到更多的科学知识，有更高的价值。然而，我们并不能过分高估判决性实验的地位，必须认识到这种实验只是对于特定理论，在特定条件下做的暂时的、局部的判决，它未必能一劳永逸地证实一个理论而否认另一个理论。

无论是判决性实验，还是一般的实验，它本身只能得出某个经验事实，关键的问题是事实如何与假说建立关联。二者的关联，从正面来看，大致有两种方式：事实"确证"了理论假说，或者，事实"确认"了理论假说。确证（confirmation，verification）指证实的意思；确认（corroboration，affirmation）是认定的意思。实证主义基本坚持"确证观"，相信实验可以确实证明理论的正确；而著名科学哲学家波普尔基本坚持"确认观"，认为经受了检验的理论是被确认了，并不是被确证了，只是尚未被否证而已。目前这种"确认观"得到了越来越多的人的认同。所以，有学者指出，"科学真理观近两个世纪来的变化，在西方科学哲学中，可以概括为对科学理论从确证到确认的演化（刘大椿，1998，p.267）"。

波普尔认为，对事实进行归纳并提升至理论的做法（即一般的归纳实验和观察结果得出理论的方法），是会犯错误的。他认为，正确的思路应该反过来：将理论假设演绎成单称陈述，再用事实否证它，如果还没有否证就姑且接受它为"科学理论"。这就是波普尔的否证主义的基本思路。如果按照他的理论推导，判决性实验之所以被认为比一般的实验能提供更为有力的证据，主要在于这一证据否定了或证伪了一个理论，而不是证实了一个理论。正是因为这一点，波普尔高度推崇判决性实验的价值。

波普尔以可否证性或可证伪性为判定一个理论系统是否属于经验科学的标准。如果假设（即理论或理论的一部分）不能被否证，就是形而上学的（哲学问题）。什么样的理论是可否证的呢？波普尔在 1934 年提出了如下观点（转引自米勒，2000，p. 151）。

一个理论，如果它所有可能的基础陈述类明确地分成如下两个非空的子类，那么它就可以被称作是"经验的"或"可否证的"。第一，对于所有那些与理论不一致的基础陈述类（或者是受到理论的排除或禁止），我们称之为该理论的潜在否证者的类；第二，那些和理论不矛盾（或者说理论所"允许的"）的基础陈述组成一个类。对此我们可以简洁地说：一个理论，如果它的潜在否证者的类不是空的，它就是可否证性的。

这里还可以作如下补充：一种理论只是对它的潜在否证者做出断言（它断言它们虚假）。关于"被允许的"基础陈述则什么也没有说。尤其是，它不说它们是真的。

什么是基础陈述呢？它是断言一个可观察事件在时间和空间的某一个别区域中存在或正在发生的陈述。例如，"在时空区域 K 中，存在某物"或"在区域 K 中，某事件正在发生"。可见，基础陈述具有单称或特称存在陈述的形式（如图 12-3 中的 I 和 O）。

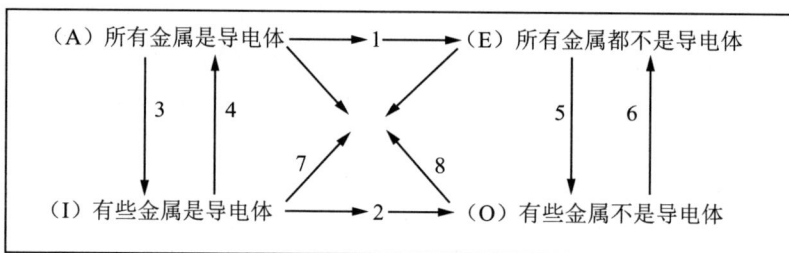

图 12-3　四种陈述之间的关系

［资料来源：哈瑞(1998)，p. 51。略有改动］

在图 12-3 中，包括两个普遍陈述（即全称陈述，A 是肯定的，E 是否定的）和两个特称陈述（I 是肯定的，O 是否定的）。四者的关系如下：

1：A 和 E 不可能都是真的。

2：I 和 O 不可能都是假的。

3 和 5：如果 A 是真的，则 I 也是真的；如果 E 是真的，则 O 也是真的。

4 和 6：I 的真支持 A，且 O 的真支持 E。

7 和 8：I 的真反驳 E，且 O 的真反驳 A。

在上述关系中，7 和 8 是相反的证据对假设的明确否定，而 4 和 6 是有利证据对假说较弱的支持关系。

在实验中，只能对特称陈述进行检验。例如，实验结果表明某种金属具有导电性，则表达为 I；如果实验结果没有表明某种金属具有导电性，则表达为 O。在否证的过程中，7 和 8 是在实验结果和理论假设之间建立的有效联系(否证)。这就是说，实验结果获得的是特称陈述，而理论假设是普遍或全称陈述，它们之间没有直接的"支持"或"证实"通道，只有 7 和 8 那种否证关系存在：特称肯定陈述否证相应的全称否定陈述；特称否定陈述否证相应的全称肯定陈述。这就是波普尔关于科学发现的逻辑：用事实可以否证或证伪理论，但是不能证实或确证理论。所谓科学理论或假设，应该是可以被否证的(很多理论，如心理学中的精神分析理论很难满足这个标准)；最后被接受下来的、经受了"严峻检验"的所谓科学理论，只是可能被否证而暂时尚未被否证的猜测或假说。如果一次实验没有否证某个理论，那这次实验结果只是帮助"确认"了理论的合理性，但并没有"确证"该理论就是真理，因为在波普尔看来，根本不存在一条用实验直接证实理论的逻辑通道。

波普尔的"否证"思想无疑是深刻的，它阐明了经验事实和理论建立连接的有效逻辑途径：实验可以用来判决一个理论是错的，但是不能判决它是正确的。不过，波普尔的观点并不全面。

首先，理论并非只是一个命题，复杂的理论难以直接被实验否证。波普尔在理论上是一个原子主义者，即相信一个理论只包含一个命题，一旦遇到反例，那么这个理论就可以被证伪。对于只包含了一个或少数几个命题的理论，确实可以开展判决性实验，通过反例来否证它，否则就暂时接受它。然而，大多数理论通常非常复杂，并非只是包含一个简单的命题，一个实验很难对于一个理论做简单的证实或否证。这种情况在心理学中尤其普遍，心理学的很多理论都如此宏大，不会因为一两个正例或反例而增进或动摇其地位。例如，心理学关于智力或智能的

实验是做出来的，理论是想出来的。

理论与模型就有很多，究竟谁对谁错呢？似乎很难用实验直接证明或否定它们。或许一个理论是否面对反例已经不很重要，它们的价值在于对事实与现象的解释能力，在于对后来研究者的启发。下面这段话对此做了很好的注解。美国智力心理学家斯腾伯格(R. Sternberg，2001)在为塞浦路斯学者德

米特里欧（A. Demetriou，1950——　）关于智力理论的一本书写的前言中这样说："实际上，一个如此复杂的模型不可能通过一小组实验得到充分检验，甚至也难以用一大批实验充分检验。但是一个理论的贡献几乎从来不在于这个理论是'正确的'，它们仅仅是对产生研究有启发意义的工具，或者作为那些将逐渐取代它们的后继理论的垫脚石。"

其次，理论的正确与否，往往与适用范围有关，并不容易否证。在爱因斯坦的相对论看来，牛顿的理论是不完善的，但是牛顿理论在其关注的问题范围内并没有错。心理学中的理论也是如此。例如，艾宾浩斯遗忘曲线（遗忘的速度先快后慢）似乎是心理学中公认的定律，它也和我们的日常经验相符合。而格式塔学派的心理学家会告诉我们，那些真正形成完形的、被理解了的知识是很难遗忘的。例如，你一旦掌握了小高斯的 100 之内的自然数累加问题的简便解法后，一般很难忘记，就谈不上遗忘的规律了。艾宾浩斯与格式塔学派谁看到了真相？当然，我们可以争辩说，是他们使用了不同的材料（无意义音节、有意义问题），才发现了不同的规律。很多理论在其适用范围之内，并不容易被否证（虽然有时也能够否证）。很多的所谓"否证"，只是重新澄清了一个理论适用的范围而已，让人们认识到先前的理论并不适用于某个特定条件，而在其他的情况下，先前理论并没有错。换言之，新研究往往只是修正了先前理论，未必是彻底的否证。

最后，概率式理论很难被个别的反例所否证。波普尔假定理论命题都是全称陈述，所以才可能用个别的反例否证它。然而，很多公认的科学理论属于"概率式理论"，它断言在大多数情况下，某个现象是否会发生。从逻辑上讲，观察到某个反例，哪怕很多反例都难以从逻辑上否定概率式陈述。这种概率式理论，是心理学和社会科学中常见的理论形态，这导致在这些学科中很难通过寻找反例来推翻先前理论。因而，在心理学中，可以否证先前理论的判决性实验的例子并不多见。即便存在反例，这些理论依然可以"带病"顽强地生存，并不会马上被人们拒绝或放弃。

由此，科学哲学家拉卡托斯（1922—1974）指出："不论逻辑学家证明有矛盾，还是实验科学家对反常的判决，都不能一举打败一个研究纲领（拉卡托斯，1999，p. 156）。""研究纲领"是拉卡托斯创造的概念，解释起来很复杂，这里姑且大致理解为"理论"。在他看来，任何观察到的事实都不足以否定或否证一个理论，一个理论被拒绝，只是因为有了更为先进的理论。判断一个新理论是否比旧理论先进的标准是：先进的新理论应该比旧理论具有更多的经验内容，能解释更多的事实，能预测新的事实，即能解释和预见旧理论不能包含的那些事实。

思考题 ?

1. 简述两变量关系的基本类型。
2. 简述中介和调节模型的原理与检验方法。
3. 确定因果关系的基本条件有哪些？
4. 举例说明因果关系的类型。
5. 举例说明科学推理的两种基本形式。
6. 何谓"穆勒五法"？
7. 简述判决性实验的推理逻辑。
8. 论述波普尔的"否证"思想。
9. 谈谈你对波普尔"否证"思想的看法。

练习题 ✒

1. 选择一个数据库，练习中介和调节模型的统计方法。
2. 结合学过的心理学课程，为"穆勒五法"各举一个研究实例。
3. 查阅一篇研究报告，分析其中的科学推理方式。

综合实践 🔑

针对自己开展的研究工作，完成研究报告的"结果"和"讨论"部分。

第十三章

理论建构

第一节　理论建构概述
第二节　心理学理论的类型
第三节　哲学与科学方法论的应用

科学的事业并非只是为了积累事实，而且要建构理论。一部心理学的历史，除了经典的实验，就是观点各异的理论。要想在心理学历史上留下点什么，要么是开展一项堪称经典的实验，要么是创立一个伟大的理论。对于前者，心理学研究方法的教科书大多很重视，而对于后者则很少深入讨论。鉴于理论建构的重要性，本章将对理论建构的过程、理论的功能及评价标准、心理学理论的类型、哲学与科学方法论在理论建构中的作用等问题进行阐述，引导大家反思理论并学会建构理论。

第一节 理论建构概述

　　理论工作是科学研究的重要组成部分，理论的建构和检验过程是归纳和演绎的统一。所建立的理论不仅要符合相关评价标准，还要和其他理论竞争，理论的竞争推动了科学的进步。然而，与自然科学不同，心理学的理论解释面临着特殊的困难。

一、理论的重要性

　　科学研究包括经验工作和理论工作两部分。对于这两部分在科学研究这种认识活动中的地位孰轻孰重，人们的看法差别很大。经验主义倾向于强调经验观察的重要性，而理性主义则强调理论的重要性。经验主义认为科学研究工作就是系统地获得观察数据的工作，而用正确的观察数据建构并协调合适的概念系统则是相对直接易行的，并不是很重要。而理性主义的看法恰恰相反，认为科学中困难的问题和主要的突破正是在概念或理论领域。经验主义和理性主义实际上分别侧重科学研究中不同阶段的工作：经验工作与理论工作。

　　从科学心理学形成的年代至20世纪上半期，经验主义一直占据心理学的主流，20世纪50年代前后经验主义在北美心理学中达到了顶峰。最具有代表性的人物是斯金纳(1950)，他认为在科学中没有理论问题，甚至逻辑问题都可以通过做实验来解决(转引自 Kukla，2001，p. 8)。这时，理论研究是没有地位的，被斯金纳斥为"安乐椅上的心理学"(这种说法也不全是贬低，就是在安乐椅上思考吗？只是不能认为思考和理论是不必要的。此外，斯金纳虽然如此批评，但是他却因出色的理论而领袖群伦——名列心理学家排行榜之首)。然而，在整个心理学历史中，有些人始终坚信理论的重要性，如皮亚杰、勒温(K. Lewin，1890—1947)等。勒温有句广为流传的名言："没有什么比一个好的理论更有用的了。"有人还注意到一个有趣的现象，重要的心理学理论成就大多来自心理学之外的专家，如福多(J. Fodor，1935—2017，哲学家)、乔姆斯基(A. N. Chomsky，1928—　，语言学家)、纽威尔和西蒙(计算机科学家)。"来自这些非心理学家的兴趣和批评迫使心理学家更多地注意他们的学科被忽视的理论方面(Kukla，2001，p. 10)。"

今天，我们应该充分重视理论工作的地位。虽然心理学是实证科学，但这并不意味着它不需要理论建构工作。典型的理论工作是建构一个科学的理论以解释所获得的一系列数据。数据是通过经验方式获得的，但是建构一个理论解释它，则已经不属于经验工作，而属于理论工作，后者只要求思考而不要求别的。就像在物理学家中，有实验物理学家（虽然他们不用全部时间做实验）和理论物理学家（虽然他们也不是把所有精力用在理论思考上）一样，心理领域中，也应相应分成实验心理学家和理论心理学家。理论心理学家试图用理论的，而非实验的方式解决理论问题（特别是重大理论问题）。总之，就像理论物理学之于物理学那样重要，理论心理学对于心理学而言也是不可或缺的（Kukla，2001，p.4）。退一步讲，即便不要求有那么多的专门的理论心理学家，至少每个心理学家都要思考理论问题，学会在实验的启发下建构理论。

"数据不能自己产生理论，理论也不简单地因为更多数据的加入而出现。除了坐在安乐椅上并发明理论，此外没有别的办法（Kukla，2001，p.59）。"举例来说，桑代克的"效果律"（law of effect）是一个简单的理论，哪怕是简单的理论，也超越了数据（经验观察），它是通过理性思考而被发明出来的，而不是被经验观察发现的（案例 13-1）。对比一下学者们对同样的实验所做的不同理论解释，更能说明理论不是"因为"实验而发现的，而是在实验启发下，经过主观推理建构的。桑代克的"迷笼"实验与斯金纳的"斯金纳箱"实验似乎并无太多区别，而研究者的关注点和理论却各有侧重。前者得到的结论是学

难道把猫和老鼠关在笼子里，会有什么区别吗？关键是笼子外面的人——你想看什么，从看到的想到些什么！

习的"尝试错误说",也就是研究者关注对学习的时间过程描述,而后者的结论是"操作性条件反射原理",关注的是学习的机制问题。

案例 13-1　桑代克"效果律"的建构　🔍

桑代克工作的背景是 19 世纪后期有关达尔文进化教义的争论。进化论者相信在物种之间存在生理结构的连续性;而反对进化论的人,则强调人与其他动物之间心理能力上的不连续性,即差异性。桑代克则试图用实验方法解决这种争论。于是他用猫进行了各种形式的"迷笼"实验,发现猫从被关进笼子到逃出笼子获得食物所花费的时间(latency,反应时或潜伏期),随着尝试逃跑的次数增多而逐渐减少。桑代克认为这个数据不能解释为猫在尝试过程中忽然理解了任务要求和解决办法,如果那样,潜伏时间应该出现忽然的降低,而不是逐渐降低。

在所获得数据的基础上,桑代克(1898)建立了理论。他假定刺激与反应之间联结(S—R 联结)的强度是可以变化的:特定刺激与特定反应的联结越强,当出现这种刺激时,有机体越可能释放出这种反应。根据这个定义,桑代克提出了他的科学假设——效果律,它包含两个意思:(1)当有机体在刺激出现时做出了反应并被跟随以回报时,特定的 S—R 联结将被加强;(2)相反,如果反应出现了,却没有得到回报,S—R 联结的强度就下降。很显然,效果律对潜伏期的数据进行了理论解释。但是,效果律的形成并不是经验工作的伴随物或附属物。经验工作仅提供了潜伏期方面的数据,然而,数据并没涉及"S—R 联结"或它的"强度"以及"效果律",这些理论术语、理论陈述乃至理论,都超越了数据,是被发明或建构出来的(Kukla,2001,pp.59-61)。

理论的基本功能在于解释和预测世界。一方面,理论起着解释已有经验研究并激发新的经验研究的作用。经验观察的结果往往是具体的、特定的,甚至是杂乱的、零碎的,而理论能够对这些经验观察结果做系统的解释,澄清其意义;不仅如此,理论还可以超越经验观察资料的局限性,达至普遍性的认识。理论包含着某些可以观察的结果(包括已经观察的和将来可以观察的),通过形成假设,鼓励人们通过研究去确定假设期望的结果是否为真,这些结果反过来又增加了我们的观察知识。

例如，让第谷和开普勒一道看日出，他们会观察到什么？太阳从东方升起，他们观察到同样的事实。然而，他们的理论解释是截然不同的。第谷认为太阳围绕地球转动，而地球是固定不动的；开普勒的看法却相反，他认为太阳不动，地球绕着太阳转。显然，对于一样的现象、一样的观察经验，理论解释迥然不同。可见，虽然经验事实可以用于检验理论，但这并不意味着它更为重要，相反，理论可以超越经验事实，帮助理解现象的本质。

又如，我们可以观察到，当发生火灾时，一位父亲会奋不顾身地冲入火海，救出他的孩子。父亲为什么能这么无私，舍己救子？这个观察结果如果得不到有效解释，就不能让我们获得规律性的认识，我们只是知道有这么一位英勇的父亲而已。进化心理学家（如 E. O. Wilson，1975）或许能够解释清楚这件事情的本质：在孩子的身上携带着父亲的基因，而且在不久的将来孩子将比父亲更有繁殖或生育能力。因此，父亲这种利他行为能够确保其基因得到更好的延续。换言之，父亲为了自私的基因，而竟然表现出所谓利他行为！由此可见，观察资料只有被理论合理地解释，才能获得其作为普遍知识的价值。

另一方面，理论的功能或价值在于预测。理论不仅应包含已知的观察结果，还应能预测未知的或尚未发生的结果。要体现理论的预测作用，莫如化学元素周期表，正是在它的指导下，人们预测了各种新元素，并最终发现了这些元素。

理论的这种预测功能还表现在它会渗透进经验观察，指导着观察方向的选择以及观察结果的解释。英国科学家高尔顿的所谓"家谱调查"就是典型例子。高尔顿调查了"名人"亲属成为名人的可能性是否比普通人更高。他发现在 977 个名人（如法官、政治家、文学家、科学家等）的亲属中，其父亲为名人的有 89 人，儿子为名人的有 129 人，兄弟为名人的有 114 人，共 332 人。这就是说，三分之一名人的亲属也是名人，而可以比较的普通人组中，只有 1 个亲属是名人。由此，说明遗传决定着一个人的成就。高尔顿还调查了艺术能力的遗传问题，发现在双亲都有艺术才能的 30 个家庭中，他们的子女中 64％有艺术才能，而在父母没有艺术才能的 150 个家庭中，子女中只有 21％的人有艺术才能。由此，高尔顿提出了遗传决定论思想。我们首先不管他的调查是否反映了事实，他由这些数据就可以得到遗传的影响更大吗？甚至得到遗传决定论吗？为什么不把名人家庭出名人这一现象解释为名人良好的家庭教育使然呢？进一步，为什么高尔顿选择这种现象调查，而不选择那些能说明环境影响的现象呢？例如，一个贫苦子弟在受到良好教育后，白手起家而成名。这里都涉及理论的预期和引导问题。当然，你可以指责高尔顿没有采用更周密的实验设计。但是，即便今天普遍使用的精密实验设计，也很难做到中性的观察。例如，在对数据的统计方法上，就时常受到理论预期的"干扰"或"帮助"，预期不同，统计分析的思路和侧重点就不同。

科学研究的功能在于描述、解释、预测、控制。而解释和预测本身都是理论工作，控制和描述也同样有赖于理论，由此可见理论工作在科学研究中的重要地位。可以这样说，如果理论工作不是科学研究最重要的部分，至少和实验工作一样重要。

二、理论建构过程

本书第十二章曾经从科学推理的角度介绍过归纳法和演绎法。那里所说的科学推理主要是指经验事实与理论假说之间的相互推理问题，侧重从逻辑的角度加以介绍。实际上，这种科学推理也可以视为建立科学理论的过程。基于对不同方法的强调，关于科学理论的建立，就有了归纳主义和演绎主义两种典型的解释。

(一)归纳主义

归纳主义者(如英国哲学家培根和 W. 惠威尔、意大利科学哲学家 M. 佩拉)认为科学理论是从事实中归纳出来的。例如，惠威尔在《归纳科学哲学》一书中写道："大家认为并假定，所有科学的学说是通过从特定的观察事实中收集一般真理的共同过程而获得的，这个过程称之为归纳(转引自刘大椿，1998，p.93)。"而佩拉等人在《归纳法与科学发现》一文中，也认为科学发现遵从归纳模式。这些归纳主义者认为，一个完整的科学研究从最初的观察或事实开始，据此归纳出可取的假说，然后获取进一步的观察结果，再继续归纳出确认度更高的假说(刘大椿，1998，p.95)。

这种归纳主义可以表达为三个原则(哈瑞，1998，p.44)。

(1)积累原则。科学知识是经过充分证实的事实的集合，这种知识通过进一步追加经过充分证实的事实而增长，而且追加一个新事实到这个集合上，不会改变以前所有的事实。

(2)归纳原则。有一种从积累的简单事实推导出定律的推论形式，因此从描述观察和实验结果的真的陈述可推论出真的定律和理论。例如，本书第十二章介绍的"穆勒五法"就概括了这种推论的原则。

（3）实例确证原则。我们相信一条定律的可信性程度与已经被观察到的在这条定律中描述的现象实例数成正比。换言之，正面证据越多，理论就越可靠，越接近真理。

当然，这种归纳主义也存在问题。有人认为，根本没有"纯粹的"事实，事实的存在往往取决于人们持有什么理论。"至少对于科学来说，没有纯粹的事实。没有其他事实不能加以改变的事实；没有完全独立于理论的事实（哈瑞，1998，p.46）。"鉴于此，试图在事实的基础上积累出科学理论的大厦，似乎非常困难。此外，归纳在逻辑上是不完备的，并没有确保从正确事实推导出正确理论的完备的逻辑方法，对此波普尔讲得很清楚。

（二）演绎主义

归纳主义者强调了从经验事实上升至理论假说的过程。而演绎主义者（如哲学家笛卡尔）则反过来，强调了研究始于对理论的演绎。对于演绎主义者来说，理想的理论结构应该类似于几何学中的演绎结构。如何用演绎的方式创造理论和定律呢？"设有三个定律，L_1、L_2、L_3，实验表明它们适用于某些领域的现象。设计出一个理论来说明它们。从演绎主义的理论观得出的结论是，当想出 L_1、L_2 和 L_3 能从中演绎出的假说 H_1，或一些假说 H_1、H_2 等时，就成功地建构了一个理论。假说的作用类似于数学系统的公理和公设，而定律类似定理（哈瑞，1998，pp.55-56）。"牛顿力学就是这种演绎结构的典型样例。具体来说，建立理论的第一步是确立公理或公设（如关于"匀速直线运动""外力""作用"的公理化定义），第二步是从中推导定理（如牛顿三大定律），第三步是从定理中演绎出可以检验的命题（如预测某个经验事实），并借助观察和实验结果加以检验。

在心理学中，典型的例子是美国心理学家赫尔的理论。"赫尔认为，真正用演绎提出的解释具有一种逻辑必然性的特征，科学理论体系就是由大量相互关联的演绎构成的。因此，行为理论也应该是从一些基本的行为原则或公设中派生出来的（施良方，1994，p.88）。"赫尔在发现了一系列有关学习、强化的作用、目的梯度、各种习惯"族"的分级等方面的规律之后（这时还只是描述了适用于不同方面的规律），在逻辑学家费彻的帮助下，从某些公设出发建立了有关这些规律的形式化系统（将这些规律协调在一起，组成理论体系）。他1943年出版的《行为的原理》一书介绍了该理论体系。赫尔一共提出了17个公设，大多数公设是用数学方式表述的，在此基础上又推演出相互联系的上百条定理或附律，最后以观察到的事实去检验、印证上述定理。

虽然不是每个学者都有意识地进行这种逻辑形式的演绎，但是他们的很多理论常常无意之中暗含着某种形式的演绎。因为一旦发现了很多条规律，就有必要把它们汇集到一个系统中去，说清楚其间的关系（如规律是否构成等级关系）。例如，一个有关总体的规律和一个有关局部或特殊领域的规律，如果同时出现在理论中，那就必须说明它们之间的关系，把它们组织起来，使后者从属于或派生于前者。需要指出的是，这种演绎不只是简单的逻辑套接，广义地讲，是把规律纳入一个有组织的结构中去。

演绎主义者坚信演绎法在逻辑上的完备性。演绎的典型方式之一是对覆盖律做推演。"演绎主义断言，如果对事件的描述能够从'覆盖律'中演绎出来，就足以说明一个事件、一个事实和任何事情（哈瑞，1998，p.56）。"什么是覆盖律呢？覆盖律通常是一些普遍性的陈述。例如，要说明"苏格拉底会死"这样一个事实，那就要进行这样的演绎：从"所有的人都是会死的"的命题和"苏格拉底是人"这个事实中，运用演绎规则，推理出"苏格拉底会死"这样一个事实。在这个例子中，"所有的人都是会死的"就是一个覆盖律，可以从中演绎出它所蕴含的一组定律或事实。

对覆盖律的演绎在逻辑上是靠得住的，只要我们搞清楚并遵循了逻辑规则。然而，演绎主义面临的首要问题是：公设是很难找到的。因此，科学发现的难点不是演绎的方法问题，而是创造性地提出公设的问题。其次，确定公设和逻辑前提的真理性或相对可信性是很难的，这也是科学研究面临的重要问题。举例来说，"书籍是人类进步的阶梯"，这个前提可靠吗？大家都这么说，或许可靠吧。而"黄色小说是书籍"，这没有错。结论就可以逻辑地推演出来："黄色小说也是人类进步的阶梯"。这个推演在逻辑上正确，结论却是错的，因为前提未必正确。最后，演绎并不保证一定能发现知识。笼统来讲，演绎是从大到小的过程，覆盖律总是包含着更小的结论。这就注定了演绎过程是一个相当封闭的系统，难以产生创造性的结论。而归纳则可以弥补这一不足。

（三）理论的实际建构过程

归纳主义和演绎主义只是分别强调了经验事实和理论假说循环互动过程的一个侧面。实际上，科学研究过程同时包含了二者分别强调的方面。从事实可以归纳出定律，若定律还存在疑问就姑且称为假说，再从假说演绎出可观察的事实，用实验观察结果检验假说预测的事实是否确实发生，从而确证或确认假说；假说未必总是直接由事实归纳而来，也可以从一个理论演绎出来，再去用事实检验。

先抛开用事实检验的部分不谈。只就理论建构过程本身而言，按照皮亚杰(1999)的观点，可以区分出三个不同的层次或阶段。

第一个阶段是建立事实性规律。最基本的理论描述了事实层面的规律，这里的"事实"指一种可以重复的关系。它的合法性只限定于对事实的普遍性的确认，自身不包含任何解释。例如，韦伯定律、费希纳对数定律、斯蒂文斯幂定律，以及前面提到的赫尔建立的最初的一些学习定律都属于这一阶段。这里的"规律"，表达一种带有统计性质或完全确定性质的规则性。规律只陈述"是什么"，并不做任何解释。在规律的基础上，可以进行预见或预测，"预见仅仅是符合规律所有的普遍性的对一个新事实的预料，它自身并不包含任何解释(皮亚杰，1999，p.64)"。可见，这个阶段停留于描述事实和规律，即确定"现在"是什么，而预见只是描述(或假定)"将来"是什么。这个阶段的任务是，要确定事实的存在，或者确认规律的存在。总之，只确认某种普遍性的存在，并不对其加以解释。

第二个阶段是演绎或协调规律。所谓演绎规律，就是在第一个阶段获得的不同的关于规律的陈述之间建立逻辑的或数学的联系。演绎有两种：一种是前文讨论过的蕴含性的或三段论的演绎。例如，从规律 A(所有的金属都导电)中推演出规律 B(铜这种金属会导电)，因为规律 A 是一个更普遍的陈述，它蕴含或覆盖着规律 B。这种蕴含性的演绎，只是一种简单的推导，并没有做出解释。另一种是建构性演绎。这种演绎已经不是单纯的逻辑套接，而是把规律纳入一个有组织的结构中去。赫尔的学习理论已经包含了这种建构性演绎，这种建构性演绎是对某种事实的初步解释，即解释事物发生和变化的必然性。在赫尔的例子中，由于他的公设是对规律进行演绎的必要的也是充分的前提，所以可视为规律的理由或原因，确立了公设也就确定了建基于其上的定律和定理的解释方法。

第三个阶段就是建构模式，即"建构一个适合事实本身的模式，一个能使演绎的变化与实际变化相一致的模式(皮亚杰，1999，p.65)"。如果人们局限于演绎的形式方面，那么总有得到各种演绎体系的可能，其中有的体系把其他体系的结果视为公设，有的则相反。这时要达到真正的解释，就必须以"模式"的形式使规律演绎具体化。这些模式被认为既再现了实际过程，又以演绎运算的形式表达了这些过程。当在所研究的现实中发生的实际变化与演绎运算相一致时，解释的目的就达到了。

皮亚杰的认知发展四阶段理论就假定了一种逻辑—数学结构，它是对事实变化的一种解释。皮亚杰把有关儿童思维发展的大量事实和规律组织在一个思维发展的逻辑结构里。这样就从关于事实和规律的普遍性的确认进入了关于它们之间关系的解释阶段。在皮亚杰的思路里，事实只是确认了理论模式，理论模式是对事实的解释，二者相互作用，不可分离。在这个意义上，皮亚杰指出："一个理论模式如果达不到实际上可检验的具体解释时，只不过是一个逻辑图式；反过来说，一大堆可观察之物没有相当深入的结构，只是一种简单的描述（皮亚杰，1999，p. 41）。"

综上所述，皮亚杰提出的理论建构过程包括三个阶段：建立事实性规律、演绎或协调规律、建构模式。第一个阶段的主要任务是"描述"客观现实，确定规律和事实的普遍性；第三个阶段的主要任务是解释其中的原因，用一种主观抽象的模式解释变化的机制，获得关于"必然性"的认识；中间的阶段具有过渡性质，旨在把若干规律协调起来，如果这种协调仅是蕴含性的演绎，就不具有解释的性质，如果是建构性演绎就多少具有一些解释的性质。

虽然不是每一次具体的研究都会经历或包含这三个阶段，但是所有研究的"一般倾向是超越描述走向解释"（皮亚杰，1999，p. 88）。在规律的描述水平上，研究者一般较少存在分歧，或者可以解决分歧，因为实验或实践可以做出检验；然而，在解释水平上，却有分歧，甚至很难解决的分歧。这并不是说解释不重要，因为它可以说出事实和规律背后的原因。由此，皮亚杰认为，解释往往构成了一门学科的精华。

三、理论评价的标准

一旦建立起了一个理论或几个相互竞争的理论，我们就需要知道哪一个理论更好，这就是"理论评价"工作要回答的问题。评价理论除了考察其与经验事实的符合程度外，还要考察理论本身是否符合科学理论的一般标准。通常认为，好的理论应该满足如下四条标准。

第一，自洽性。一个好的理论应该有一套相互关联的、具有内在一致性的观点。这些观点能够相互推导、相互支持，这就是所谓自洽。在某种意义上讲，理论是一种论说，目的是让别人理解并相信。如果理论自相矛盾，不能自圆其说，无疑自己打自己嘴巴。可以说，自洽性是一个理论成为理论的最本质的，也是最基本的特性。然而，保证理论的自洽性似乎并不容易，比如弗洛伊德理论在这方面就受到质疑（案例 13-2）。

案例 13-2 弗洛伊德理论的自洽性问题

一个科学理论应该是内在一致的，在逻辑上是自洽的。然而，这一点并不总是很容易做到。例如，有学者（H. Hartmann，1958）对弗洛伊德理论的不一致问题进行了深入批判（转引自 Kukla，2001，pp. 112-114）。弗洛伊德声称新生儿的机能是完全建立在"快乐原则"基础上的，也就是说他们的活动总是为了满足生理需要。在这个阶段，婴儿不会寻求获取有关世界的知识，因为知识不能直接满足他们的生理需要。然而，这就使婴儿面临一个困难甚至危险。如果不加思考和控制地去获取能够满足自己生理需要的物体就可能危及他们的安全和生命。例如，到一只狗熊的嘴里去夺取食物。这样就在满足需要和现实要求之间产生了矛盾。弗洛伊德指出了解决矛盾的途径，那就是自我的发展，自我是以有关现实世界的知识为基础的计算系统，它让个体在不掉脑袋的情况下还能吃到食物，也就是说，自我遵循"现实的原则"，以合理的方式满足本我的需要。这就是弗洛伊德的理论，很显然，其中有逻辑上的矛盾。如果自我是以有关现实世界的知识为基础的，而本我又不需要这些知识，新生儿的活动只遵循快乐原则，知识不能带来快乐。那自我又如何来呢？显然，存在内在不一致性。当然，有人也指责这种批评过于严苛，因为弗洛伊德的理论并未能严格形式化，有些表述是模糊的。但无论如何，内在一致性都是一个良好的理论必须具备的基本品质。

第二，可验证性。虽然某些宏观的、哲学化的理论并不需要验证，也难以验证，但是作为科学的理论应该是可以检验的。人们提出理论，做出对某类事物的预测，其目的在于增加对世界的了解，减少对世界的不确定性。所以，一个理论必须明确地提出某些预测或假设，而且这些预测或假设必须是可以验证的，能够辨明真伪的。

第三，兼容性。虽然每个理论都具有一定的针对性，但是好的理论必须能够解释大量新的事实和资料，而不应该每遇到一个新问题都要做出修改（不能像加德纳的多元智能理论那样，不断添加新的智能种类），即理论应该能够预测和同化新的事实，这就是理论的兼容性。某个理论具备了上述三个特性，我们就可以称之为理论，无论它是一个烦琐的还是简单的理论。

第四，简约性。简约性是对理论较高层次的要求，一个好的理论应该是最简单、最有效的。就像在认知心理学中我们强调认知主体的认知容量有限，因此要快速有效地解决问题就必须寻找捷径，寻找最简约的机制来实现认知操作。做理论建构也是如此，理论在表述上和结构上都应该简洁明了，用最经济的方式说明尽可能深刻而丰富的道理。

以上从理论建构的层面论述了衡量一个好理论的四个标准，这四个标准同样也体现在对理论的实证检验中。在实证研究中，自洽性表现为某个理论中的核心和重要概念是否明确，是否可操作。只有当一类行为或观念被清楚明确、合乎逻辑并操作化地表达为概念，它才可能成为具体的研究对象，才有可能对它进行检验。可验证性和兼容性分别强调检验一个理论是否能称之为好理论的两条途径，即一个理论必须同时具有很好的内部效度和外部效度。简约性可以通过降低理论中各种概念之间的关系复杂程度来实现。

好的理论应该同时满足上述四个标准，但是像弗洛伊德理论、归因理论等都存在这样、那样的问题，无法满足所有标准，从而大大影响了理论的价值。以归因理论为例，该理论似乎并不具备好理论应具备的自洽性、兼容性、简约性等特点（案例 13-3）。

案例 13-3　归因理论是好理论吗　🔍

不满足自洽性的要求可能是归因理论的致命缺点。尽管目前已经发展出多种归因理论，每种理论也都有许多实证研究的支持，但纵观归因理论的发展和现状，我们只能说归因理论仍然只是一组相互联系很少的、内部一致性较差的知识体。虽然一些具体的理论，如凯利的协变分析模型、琼斯和戴维斯的相应推断理论都满足成为一个好理论的基本条件，但这些理论的适用范围是十分有限的。所以，目前归因理论研究的现状是多种（至少六种）理论假说都从各自不同的角度、应用不同的研究材料、程序和被试来阐述"人们如何推断因果关系"这样一个很小的问题。我们可以说这只是理论发展过程中一种不够经济的但必需的状态，然而任何研究领域的发展趋势都是要从大量实验研究的结果中归纳出一个更一般、更具有解释力度的理论模型，所以这些实验研究或理论假说应该有一个共同的理论焦点，而这也正是归因理论所缺少的。

　　归因理论由于不具备自洽性，严格来讲不能称之为理论，所以探讨它的可验证性、兼容性及简约性没有多大意义，但是为了加深对理论四个特性的理解，暂且以一些具体的归因理论为例做出评价。

　　首先，就可验证性来说，凯利、琼斯和戴维斯及贝姆等人的归因理论在其适用范围内都是可验证的，在相似的实验条件下，其他研究者能够得到相似的结果。

　　其次，是兼容性。虽然各种归因理论的内容千差万别，但每种理论都有各自的实验基础，所以在某种程度上它们都是正确的。然而必须同时想到的是，每种理论又都有否定它的证据，没有哪种理论总是正确的。显然，某种理论得到理论证实的程度在很大程度上取决于实验设计的精巧性，而不在于理论对事实的解释力度。因此，每种理论的提出都必然要附带着一些支持它的实验设计因素的限制，这样就限制了理论的解释力度和适用范围。也就是说，理论不能解释那些新出现的现象，不能解释那些实验室之外的事实，因此，大多数归因理论的兼容性都不理想。例如，凯利的协变因果模型在实验室中通过呈现一系列相关的信息，并强调了知觉者要按照严格的逻辑推理步骤来进行因果判断，实验结果完全支持理论模型，但在现实生活中几乎没有人会按照这种烦琐、复杂的程序来做出归因判断。而且凯利的这个模型也只能解释这种显然带有人为痕迹的"标准"问题。

　　最后，就简约性而言，在具体的归因理论中贝姆的自我知觉理论可以成为典范，它省略了凯利理论中复杂、烦琐的推理过程，强调人主要是通过观察外显行为来做出归因判断的，这种归因方式最简单，最节约认知能量，因此是最符合简约性原则的理论。

课堂讨论13-1
加德纳的多元智能理论是好理论吗？

四、理论的竞争与更新

　　上述四个关于理论评价的标准，主要侧重理论的形式特点，即逻辑上自洽、能为经验所验证、包容更多的实例、在表达形式和结构上有简洁性。这些可以成为在两个竞争的理论之间进行比较和选择的参照标准。然而，问题并没有这么简单。实际上，这些标准并不是很高，很多理论都能满足，这时如何在竞争的理论之间取舍呢？学者们提出了各自的观点。

再回到波普尔那里。他认为科学发现从问题开始，科学家对问题提出各种大胆的猜想和假说，这些猜想和假说彼此竞争，那些经受了实验检验的暂时被接受下来，即理论。接受了检验而尚未被否证的理论，并没有被确证，只是被确认了。如果两个相互竞争的理论经受了彻底的批判和严格的检验之后，结果其中一个的确认度大于另一个，那么我们就相信这一个比另一个更逼近真理，即有更高的"逼真性"。

波普尔提出，要提出或接受一个新的理论，必须满足三个条件：一是新理论应该包含简单的、新的、有力的、统一的观点；二是新理论应该可以独立检验；三是新理论应该经受得住某些新的、更严格的检验。

然而，一个理论能否战胜别的理论，不只是取决于理论是否经得住经验事实的考验，或者是否有确认度和逼真性，还涉及人的因素。美国科学哲学家库恩（T. Kuhn，1922—1996）在1962年出版的《科学革命的结构》一书中提出，科学发展、理论的更迭是以范式革命的形式出现的。他认为科学发展遵循这样一个模式：从"前科学"到"常规科学"，然后出现"科学革命"，再形成新的常规科学。常规科学的形成是以范式的形成为标志的，在范式形成之前就属于前科学阶段。范式（paradigm）是库恩提出的一个术语，他以循环论证的方式定义了范式："一个范式就是一个科学共同体的成员所共有的东西，而反过来，一个科学共同体由共有一个范式的人组成（库恩，2003，p. 158）。"

范式这个词比较晦涩，可以大致理解为某个时期占统治地位的理论思想以及方法论。它非常类似于皮亚杰说的"结构"和"格式"，或者一个整体或"格式塔"[实际上，库恩思想的形成恰恰受到皮亚杰关于儿童思维结构转换的研究以及格式塔学派理论的影响，库恩（2003，p. 2）在其著作的序言中提过这事]。在常规科学时期，一个领域的科学家接受了统一的范式，在这个范式内工作，满足于用公认的方法解决范式所规定的问题，为范式大厦做修补和完善工作。随着科学的发展，这个范式将面临来自内部和外部的越来越多的挑战，范式出现越来越多的破绽，面临不断增加的反例，于是开始遭遇危机，这时一些天才的人物会提出新的思想，新的范式开始酝酿。在经历一场科学革命后，新的范式占据历史舞台，新一代学术共同体形成，科学再次进入常规发展时期。

库恩认为科学发展并非完全是一个理性过程，并非是经验事实与科学理论之间的逻辑推理所能说明的。范式的确立也并非两个范式之间理性比较的结果，因为范式之间是不可通约的，彼此之间往往存在巨大的鸿沟。科学革命不单纯是一个取决于证据和推理的智力过程，还是一个科学家之间彼此影响的社会过程。科学家个人的创造性、情感、个性影响着他们对范式的看法和态度，决定了他们是否放弃旧范式而迎接新范式。

就整个科学史而言，科学革命带来了科学认识水平的跃进和突变。然而，科学革命并非那么容易地就发生了，新范式的确立并非一朝可成。在科学革命之前，科学会经历一个较长的危机时期，这期间传统范式会拼命挣扎，试图应对反例，修补漏洞。类似于政治革命，在旧范式的挣扎和反抗中，新范式最后登上了科学历史的舞台。新范式能解决导致旧范式危机的各种问题，能提供更为精确而深刻的解释，能预料到旧范式未曾预言的各种现象，而且还可能在理论上有更好的美学特征（如简单、恰当）。

科学理论的竞争与更新取决于很多因素，如理论是否能经受经验事实的检验，是否包容更多的事实，是否在逻辑上自洽并在表达上符合美学标准等。此外，我们必须注意到，理论是人（科学家）提出的理论，科学家个人的创造性、意志是不容忽视的因素，而且科学家之间复杂的团体动力学关系也会有影响。在某个历史时期，有些研究会被科学共同体认为是不合时宜的，个别研究发现的反例会被大多数人认为无足轻重，甚至故意否认。例如，20世纪的前半个世纪里（虽然1913年才获得正式命名），行为主义一直是北美，乃至世界心理学的支配性范式，这期间有很多与行为主义基本观点矛盾的实验结果（如托尔曼发现的"潜伏学习"现象，案例13-4）出现了，但是并没有立即撼动行为主义的大厦。

案例 13-4　潜伏学习现象作为效果律的反例

科学发展的历史一再告诉我们，任何理论迟早都会面临反常事例。在心理学中关于潜伏学习（latent learning）的发现，就构成了效果律，乃至整个经典行为主义的反例（Kukla，2001，pp.94-96）。

到1930年的时候，桑代克提出的效果律已经成为心理学中最确切的定律。然而，托尔曼（E. Tolman，1886—1959）和他的同事提供了效果律的反例，他们证明即便没有回报和惩罚，反应频率也能被改变。托尔曼等人做了大量关于"潜伏学习"的实验，其中一个是这么做的：让两组老鼠走复杂的迷津(单个测试)。一组老鼠在每天的尝试中都能在迷津终点的盒子里找到食物;另一组在前 10 天的尝试里什么也没得到,在第 10 天时,得到食物回报的那组老鼠比没有回报的老鼠走迷津的错误要少得多。这个结果是效果律所能预测的。在第 11 天,先前没有得到回报的那组老鼠开始在迷津终点的盒子里发现食物。根据效果律,这一组老鼠应该开始表现出与一开始就有回报的那组老鼠类似的行为模式,即它们犯错误的频率以与回报组类似的速率逐渐下降。然而,结果是,先前没有回报的老鼠的错误率在第 11 天后"立即"降低到比一直得到回报的那组更低的水平。从认知的观点来看(托尔曼也被视为认知理论的鼻祖),这种结果一点也不奇怪。很显然,在前 10 天没有得到回报的老鼠已经相当了解迷津的地形,或者说已经学会了如何走迷津。到第 11 天意外得到了食物,它们自然能在后来的尝试中以较快速的方式再次找到食物。这就是说,没有得到回报的老鼠也进行了学习,只不过因为没有回报而未表现出来,属于"潜伏学习";它们一旦获得了回报,在已经形成的认知地图的基础上,走迷津的错误率会迅速下降。当新行为主义(包含了认知观点的行为主义)发现了很多老行为主义理论(如效果律)所不能解释的反例时,老行为主义应该开始面临危机。

然而,科学史是很有意思的。新的意外事实的发现,并不会马上让旧的理论退出历史舞台。在 20 世纪 30 年代早期,潜伏学习这种现象已经为多种实验所证明。然而,那时如日中天的理论仍然是效果律,这种情况一直持续到 20 世纪 40 年代,甚至 20 世纪 50 年代。例如,20 世纪 30~50 年代在北美心理学界独霸一时的理论是赫尔的内驱力理论(drive theory),这个理论实际上是以效果律为基础的,虽然效果律早就被实验"否定"。直到 20 世纪 50 年代末,内驱力理论衰落,也不是因为潜伏学习现象的发现,而是因为有很多人不同意该理论关于回报性质的观点。总之,效果律、内驱力理论就这样和相反的事实共存了 20 年(Kukla, 2001, p. 96)。实际上,科学家在面临反例时,常常采取非理性的做法,要么简单回避它,要么否定它的存在。

一个科学家敢于提出新的、挑战性的理论思想,这不仅是个科学本身的问题,而且是个社会问题。创新者必须面对整个学术共同体的压力,提一个新观点就是在挑战大多数人的共识,因此招致反对、忽视、诋毁都是正常的事情,但可以坚信一点:科学革命早晚是要发生的。后来被认为是伟大物理学家的普朗克，在 1878 年给慕尼黑大学提交的博士论文中提出了关于热力学第二定律的新思想，但论文遭到了包括霍尔姆赫兹、克劳胥斯等著名物理学家在内的学术委员会的反对。这件事情使普朗克终生难忘，以至于他后来在自传中愤慨地写道："按照我的意见，一个新的科学真理不能通过说服它的反对者而使其理论获胜，它的获胜主要由于其反对者终于死去而熟悉它的新一代成长起来了。"范式是不可通约的，没有调和、折中的可能。科学发展最后只好表现为范式的更迭以及学术共同体的改朝换代。科学发展就是这样的过程，如果库恩的理论是正确的话。

在心理学中，不同的研究范式造就了不同的学术共同体——学派。在自然科学中，较少存在学派对立现象。而在心理学中，存在很多学派对立，甚至可以说学派林立，这可能与心理学研究对象和内容的复杂性、研究方法的多样性有关（延伸阅读 13-1）。

延伸阅读 13-1　心理学中的学派

学派是一帮人构成的团体或社群（用库恩的话说是学术共同体），它们有共同的目标、共同的纲领、共同的学术语言、一定的组织形式，还有一个精神的或实际的领袖。

学派的产生有如下原因（皮亚杰，1999）。

（1）意识形态的差异导致学派的出现和对立。例如，在苏联存在马克思主义心理学，而与欧美的很多学派对立。

（2）新领域和新解释的发现产生学派并导致对立。例如，由于弗洛伊德发现（或重新发现）了无意识这一研究领域，并做出了新颖的解释，就导致了经典精神分析学派的产生。

（3）方法论的同一性也可以产生学派。行为主义的存在基本上是建立在共同的方法论基础上的：试图把心理学变成建立在实验基础上的研究行为的科学，而反对对意识和精神的主观内省和思辨。从行为主义到新行为主义以及新新行为主义，基本上坚持了这一方法论原则，虽然立场在日益缓和。

（4）学派形成的更简单的过程是孤立过程。例如，社会心理学关于小团体的研究就形成了非常专门的领域，有时也被称为学派，这只不过是研究专门化的结果。

学派的存在有重要的积极意义，它可以集中很多专家的力量解决学派关心的专门问题。皮亚杰指出："树立这样一种'学派'精神的优点自然是使在相同原则上意见一致的专家们可以勇往直前，不必不断地回到初始问题上来(皮亚杰，1999，p.70)。"

这一点对于心理学而言具有特殊意义，因为心理学关于学科性质、研究对象、研究方法、理论纲领等方面时常存在争论，而且是在可以预见的将来难以解决的争论，因此如果没有学派存在，专家们总是要在这些初始问题上打转转，研究就无法深入。例如，弗洛伊德发现无意识领域，确定了他倡导的精神分析学派的特定研究对象，从而在初创时期吸引了阿德勒、荣格等一批专家的加入，他们均以无意识为研究对象，采用精神分析技术进行研究，这样就不会争论学科的初始问题。

然而，学派的存在也有缺点。一方面，学派的存在是以接受共同研究范式为前提的，必然对不同思想缺少包容与吸纳，不利于发展；另一方面，在学派内部总是有学术领袖存在，这样可以把学派成员统一在共同的旗号下，也可能导致专制主义，以至于有"学霸"出现，进而出现学派中领导的继承权问题，出现了嫡庶之争。弗洛伊德学派后来的分裂也是这些原因导致的。阿德勒是弗洛伊德的大弟子，而荣格却被视为弗洛伊德的接班人(太子)，二人就出现了争执；另外，主要弟子们与弗洛伊德的观点也不完全统一。后来弟子们相继另立门户，也就在所难免了。

五、心理学中理论解释的特殊困难

心理学研究对象的特殊性，决定了其在理论解释上会面临一些特殊的困难和问题。科学研究总是要寻求普遍性规律，即规律适用于所有的"同类"对象或事物。然而，心理学所说的"同类"和自然科学所说的"同类"往往差别很大，由此带来了理论解释的麻烦(辛自强，2013)。

(一)同质类别和异质类别

研究结果的概括、理论解释的推广都要确定适用范围，知道谁可以纳入这个范围中。只有确定研究对象是否属于一类，才能确定能否将从一部分样本上获得的规律推广到总体上。因此，正确地对事物进行分门别类，是概括研究结果、建立普遍规律的前提。根据美国文化和发展心理学家瓦西纳

(2007，pp. 9-11)的观点，有两种不同性质的对范畴的建构或对事物的分类：同质类别和异质类别。

在同质类别中，类别里的每一个成员或样本与同类别中任何其他成员或样本，在特性上都是完全相同的，具有完全相同的"原型"，彼此不存在差异。汽车生产线上做出的某个型号的每辆汽车与同型号的任何其他汽车都是完全相同的，有相同的特性，如性能和结构。否则，这辆汽车就是瑕疵品。

在异质类别中，类别里至少有一个成员或样本与其他成员或样本存在差异。分类就是用一个一般性称谓体现整个类别成员的共有属性。异质类别中的成员彼此相似（所以有一般性称谓），却并不相同。异质类别的成员间出现差异是很正常的。例如，所有人都属于"人"这个类别，具有人的一般特性，而不管是大人还是小孩，是男人还是女人，是白人还是黑人。

在同质类别中，所有成员都应该是该类别合适的代表，如果某个成员有所不同，则是"错误的"，如产品中的次品；然而在异质类别中，类别内部的变异性是类别的重要特征，而不是"错误"。在心理学中，所建构的范畴或类别通常是这种异质类别。比如，研究者从学生中区分出一类"学习障碍"的学生，他们虽然有共同特征，但是也有很强的异质性，在具体的障碍表现、成因上都有明显差异。在根据某些特征对被试做聚类分析时，这些用作分类指标的特征并不能解释所有的被试变异或差异，也就是说研究对象总是存在类别本身不能说明的其他特征。

异质类别内部的这种变异可能是其成员的个体间差异，也可能是一种发展性差异。如果我们找出自己从儿时到成年的不同年龄时的照片就会发现，照片上的"我"前后差异很大，当然也有稳定不变的特征，所以我们把所有照片都归到"我"的照片这一类。将这些照片按照时间顺序排列，就可以看出其间变异的轨迹，这就是一种发展性差异，是发展的结果。如果我们能对心理现象进行拍照的话，也能够看到某个心理类别共同的或稳定的属性以及那些变异所在。

在心理学和社会科学中，很少像自然科学中那样存在同质类别，几乎都是异质类别。然而，研究者普遍有将异质类别简化为同质类别的倾向。在理论上，过分强调类别的共性，而忽略了类别内的异质性；在统计上过分依赖反映变量集中趋势的度量指标，如平均数，而不重视分析变异程度及其成因；过分依赖变量（变量只体现了类别的某一共性）中心的分析，而忽略了以个体为中心的多角度完整分析（目前研究者还很少重视"个体指向"的统计方法，即 person-oriented approach；杨之旭，辛自强，2016）。这种"简化"的一个重要表现就是喜爱做各种方便的类别比较，如比较性别差异、城乡差异、正常与异常群体的差异，而往往忽略了每个类别内部巨大的个体差异。虽然分类是深化或简化认识的重要方法，但我们要记住"个体差异永远大于类别差异"。

(二)个性解释与共性解释

个性解释是指对某一独特事件或个人行为的解释，即对其特殊性或独特性的解释(袁方，王汉生，1997，p.84)。例如，对戊戌变法的原因的解释，这属于对特定历史事件发生原因的个性化解释。对某位名人心理的传记研究，则是一种个案研究，只能得出个性化的解释。

共性解释则试图解释一类事物或个体的特点，试图确定普遍适用的一般规律或规则，即建立通则式规律。例如，牛顿范式的物理学中，重力规律适用于地球上的任何时间、地点、任何物体，而与具体的物体、操作物体的人、气候条件都无关。在共性解释中，一般借助抽象的、有概括性的术语来表达规律。例如，"物体"就是这样的术语，在重力规律中使用这个词时，并不需要注明是什么物体，无论是铁球还是羽毛都遵循同样的重力规律下落。

在心理学中，这种通则式规律也存在，虽然不像物理学里那么普遍。格式塔学派的心理学家们一直热衷于发现人类知觉组织的一般规律，即知觉的"完形"特征。如人们倾向于将三个点知觉为一个整体的三角形，而不是三个孤立的点。此外他们发现了很多知觉规律或原则，如"邻近性原则""简单性原则""共同命运原则"等。机能主义和行为主义学派也在寻找各种普遍规律，如练习律、强化理论。

心理学作为科学，试图建立通则式规律，寻求共性解释。然而，它通常只能研究有限的或少数的样本，在此基础上做推论，以建立适用于总体的普遍规律。最少的样本，就是个案，一次研究少数几个个案，可以帮助我们深入认识个案，但是难以在其基础上证明一种普遍的规律。个案研究对于发现规律，建立理论有很好的启发性。例如，皮亚杰就是通过少数个案的研究，建立了其理论体系，而且被后续的研究不断证明其正确性(虽然也偶有例外)。然而，仅仅根据个案的表现和特点，建立普遍规律和共性解释，会冒很大的风险。个案虽然鲜活生动，相关信息容易为人理解和记忆(因而成为一种宣传和说服的材料)，但是个案导致错误理论认识的情况比比皆是。如果研究样本增加到足够大的数量，就可能避免少数个案带来的偏差结果，获得相对普遍化的结果，建立通则式规律。例如，在北京，哪个市民明天出行会乘坐地铁，这是很难具体预测的，但是我们可以确定在全体市民中每天乘坐地铁的人数大致有多少，占多大比例，这就是规律———一种统计意义上的规律。这个规律是可靠的，也是有用的。比如我们可以根据市民选择各种交通方式的比例，确定交通建设规划或调整运力安排。

在物理学中，通常无所谓"个案"与"总体"的问题，基于对一个铁球下落过程的观察所建立的规律，我们可以毫不犹豫地说是"自由落体定律"，而不需要讨论是哪种物体的下落，这时作为"物体"，各种物体构成了"同质类别"。然而，在心理学以及社会科学中，不同个案之间除了有共性，还有很大差异，即个性，这时即便我们把它们概括为一类，也只是"异质类别"。根据个案或很多个案组成的样本建立适用于总体的规律时，都要非常谨慎。恰恰因为心理学通常研究的是异质类别，所以如何从个案或样本出发，建立共性解释，就是个复杂的问题。

(三)循环论证的解释

心理学研究的多为异质类别，这种"异质性"，不仅体现在研究对象方面，即个案之间的差异性上，还体现在研究内容的差异性上。具体说，一种心理和另一种心理不是可比的，缺乏相同的测量单位。回顾一下本书第四章关于测量水平问题的讨论，心理学难以为所测量的内容找到相同的单位。找不到共同单位，就表明心理本身是异质的，难以根据观察结果由果溯因地找到其原因，从而建立有效的因果解释。此外，缺乏测量心理的单位，也意味着难以直接观测心理本身，往往需要借助心理的外在表现，如行为或其他效应物上的表现，来间接推论心理本身有何特点。由此，带来了心理学理论解释中循环论证的风险。有学者(瓦西纳，2007，p.3)曾列举过如下两种具体的表现。

一是以表面特征来解释现象的本质特征。儿童心理学家观察到一个孩子在打同伴，可能将这种行为划分到"攻击行为"中，并宣称这种行为"表现了孩子的攻击倾向"。似乎说明"攻击行为是攻击倾向的体现"就能有效解释孩子打人这个现象的本质了。这种做法就好比基于可知觉属性"咸"这种味道对"盐"这一事物的本质进行解释，这样并不能让人明白盐的化学本质。只有当描述化学物质成分和结构的抽象公式发明后，化学才有解释力。就像我们知道液态的水、固态的冰、气态的蒸汽在化学本质上是相同的，都是"氢二氧一"(H_2O)。因此，心理学家不能停留在以表面特征来解释现象的本质上，"攻击行为"和"攻击倾向"的关系并不构成解释关系，因为它们是彼此循环定义的，是一码事。然而，这类情况在心理学中并不少见，如把"手心出汗、两股战战"归结为这人有"焦虑特质"，把"有好人缘，善于交谈"归结为人格上的"宜人性"。这些做法都停留在循环论证的水平上，并没有确立真正的理论解释。这就类似，当一个人吃了感冒药后会昏昏欲睡，这时医生解释"因为药里有催眠成分"，这个解释并没有告诉人们更多的信息。研究者或医生需要说明"催眠成分"究竟是什么成分，其化学构成、作用机制都要搞清楚。

二是以研究现象的方法来解释现象。这种做法在智力测验中由来已久。比奈是第一份智力测验(1905年)的发明者，从一开始他就拒绝给智力下一个定义，他于1908年解释到这是"一个可怕而复杂的问题"，并做了这样一番辩解："一些心理学家确信智力是可以被测量的；另外一些则宣称智力是不可被测量的。但是还有一些更博学的人，他们忽略了这些理论讨论并投身于实际问题的解决(转引自 Cairns & Cairns，2006)。"从此以后，"博学的"智力测验专家们都埋头编制测验，并用于实际的测试，甚至以给人做测验来赚钱，似乎在"实际问题的解决"上大有进展，然而关于智力的本质问题并没有令人满意的解答，到现在他们仍然只能说，智力就是"智力测验所测量到的东西"。以研究现象的方法解释现象的本质，这种做法在心理学中很普遍。对于很多心理现象，研究者拿不出令人信服的理论定义和解释，就权且以操作定义或测量方法来代替。虽然这样做有时候是不得已的，但我们依然要去寻找能有效解释现象本质的途径。

(四)还原论的解释

循环论证的解释通常难以提供有价值的知识，而还原论的解释则有助于打破这种循环。后者用低一层的机制解释高一层的现象，有助于阐明现象背后的微观机制。

捷塞尔(R. Jessor，1924—　)曾就心理学中的还原论提出四个假设：(1)各门科学是有层次安排的，最下层是物理学，然后是化学、生物化学、生理学、心理学以及最高层的社会学。(2)一门科学的定律和概念可以转化成在层次排列上相邻的另一门科学的定律和概念。(3)从一门科学向另一门科学的转化是单方向的，即只能从高一级科学还原到低一级科学。(4)任何科学解释所用的概念术语的等级越低，这一解释就越是基本的、坚实的(转引自荆其诚，1990，p.12)。在强调还原时，研究者必须首先假定一个科学链，即确定由简单到复杂、由特殊到一般的科学层级；然后，在科学链上进行由高一级向低一级的还原。例如，用更基本的化学机制解释生理现象，用生理机制解释心理现象。捷塞尔这种还原论的思想是从实证主义的代表人物孔德那里流传下来的，唯一的不同是孔德那时还不同意科学链中有心理学的位置(因为孔德的时代，心理学还没有使用实验方法而不算科学)。

　　心理学中的还原论思想是屡见不鲜的，甚至有人认为任何真正意义的解释都必须是还原的。例如，现代某些关于人类认知的脑科学研究试图用脑电、血流情况等解释认知活动，就是地道的还原论思想的体现。还原是必要的，可以加深对心理的低一层机制的分析，然而它是很有限度的，因为大脑的生理活动和心理现象之间有很大的距离，二者无法等同。这就如拆开一个钟表，我们可以搞清楚齿轮、发条等部件是如何组装的，但是拆开后的钟表已经丧失了其真正的功能。而心理活动更为复杂，在系统水平上的很多特性不是元素特性的累加，而还原常意味着把复杂的问题简单化、机械化，在很多情况下于事无补。结构主义、功能主义、系统论的理论解释都与还原论的解释思路不同，在本章的后面两节将会讨论。

第二节　心理学理论的类型

　　建设理论并没有想象的那么困难，也并非只有心理学的"大家"或大师才可以建立理论。我们大家（每个人）都可以在自己的研究中建立理论。了解了心理学理论的类型或形态，就会知道自己应该建立哪种理论以及如何去做。

一、描述事象的理论

　　描述事实和现象是科学研究的基本功能之一，这种描述就可以构成一种简单的理论。关于事实的理论可以描述一个事物的属性，也可以描述变量的关系。例如，米勒描述了短时记忆的容量，就是在描述一个事物的属性；而韦伯定律刻画了物理量和心理量的函数关系，艾宾浩斯遗忘曲线描述了记忆保存量和时间的函数关系，这些都是关于变量关系的理论。除了描述事实之外，还可以对所研究的现象进行简单概括，从而形成一种理论观点。例如，美国心理学家桑代克将饿猫逃出迷笼而找到食物的过程，概括为"试误"学习说；而德国格式塔学派的心理学家苛勒（W. Köhler，1887—1967）在非洲特纳利夫岛上进行的关于黑猩猩解决问题的大量实验，却启发他把动物学习的机制概括为"顿悟说"；同样是基于类似于桑代克的动物实验，斯金纳并没有像桑代克那样停留于描述尝试错误而学习的过程，而是进一步概括出行为学习的机制在于"操作性条件反射"的建立。用一个术语或理论描述一种前人未曾发现或者未曾言明的现象，这就是巨大的理论贡献。

能利用工具迂回解决问题是动物与人类智能的本质特点之一。聪明是"迂回"而非"直取"。苛勒相信，理解工具与目的的关系是个"顿悟"过程。

二、类型学理论

反思一下心理学中的大量理论，就可以知道它们中的很多都是一种类型学的理论，用于区分并描述事物的不同类型。这种类型学理论之所以常见，是因为只有区分类型，才能更清晰地认识事物的特点。建立类型学理论首先要确定分类的维度，在此基础上划分并定义类型，然后描述该类事物的特征，并将这种类型划分用于实际观察，或者用实际观察结果检验这种类型划分。分类的标准或维度可以是单一的，也可以是双重维度或多种标准。

（1）单维类型理论。在类型学的研究中，最基本的是确定一个维度或至少是一种分类的标准，然后就可以进行分类研究了，而且通常是分作代表维度或极性两端的两类。例如，把自我分成"主我"与"客我"，或者分成"现实的我"与"理想的我"；把依恋分成安全的依恋与不安全的依恋。此外，场独立与场依存、A 型与 B 型人格都是单维上的类型划分。一旦区分了两类，就可以用维度和分类标准反过来描述、界定这些类别，然后讨论其关系。另外，在一个维度上划分出三种或更多类型的做法，也能遇到，只是不太多见。例如，关于焦虑或动机水平的划分，划分出高、中、低三种类型比划分两种似乎更科学，这个已经由耶克斯－多德森法则给出了说明。

（2）双维类型理论。稍微复杂一些的做法，是找到两个维度，两个维度相交叉，把平面分割成四大块，就有了四种类型。另外，还可以根据两个维度划分出八种类型，类似于"四面八方"的划分。荣格对性格类型的划分，则采用内—外倾向和四种心理功能（感觉、思维、情感和直觉）结合划分出了 8 种性格类型，它们是外倾感觉型、内倾感觉型、外倾思维型、内倾思维型、外倾情感型、内倾情感型、外倾直觉型和内倾直觉型。又如，奥尔森等人关于家庭功能的"环状模式理论"也是一种双维类型学理论（案例 13-5）。

案例 13-5　环状模式理论

在家庭功能研究领域，美国明尼苏达大学的奥尔森（D. H. Olson）等人提出的"环状模式理论"是影响最大的理论之一。该理论认为家庭功能是家庭系统中家庭成员之间情感联系、家庭规则、家庭沟通以及应对外部事件的有效性，它包括家庭亲密度、家庭适应性和家庭沟通三个维度。其中家庭亲密度，指家庭成员之间的情感联系程度；家庭适应性，指家庭系统对随家庭处境和家庭不同发展阶段出现的问题的应对能力；家庭沟通指家庭成员的信息和情感交流方式。

该理论假定家庭亲密度和适应性与家庭成员的心理社会功能之间存在曲线相关，家庭亲密度和适应性过高或过低都不利于家庭功能的发挥。根据家庭亲密度和适应性的程度可以将家庭划分为 16 种类型（包括 4 种平衡型、4 种极端型和 8 种中间型）。根据奥尔森的理论，以"家庭亲密度与适应性量表"测得的平均分和正负 1 个标准差为分界点将家庭亲密度和适应性各自划分为 4 个水平。家庭亲密度水平由低到高分别为：疏远的、独立的、亲密的和纠缠的；家庭适应性水平由低到高分别为：僵化的、有结构、灵活的和混乱的。家庭亲密度和适应性的 4 个水平分别组合，形成 16 种家庭类型。当两者得分都处于极端水平，即最低水平或最高水平时，这样的家庭属于极端型家庭；当两者得分都处于中间水平时，这样的家庭属于平衡型家庭；其余极端水平和中间水平的组合属于中间型家庭。

我们（池丽萍，辛自强，2001）采用奥尔森（1982）编制的"家庭亲密度与适应性量表"调查了 304 个城市家庭的家庭功能的类型分布状况。受试家庭在 16 种家庭功能类型上的分布比例如图 13-1 所示，平衡型家庭所占比例最大，约为 58.0%；中间型次之，占 25.9%；极端型最少，只有 16.1%。

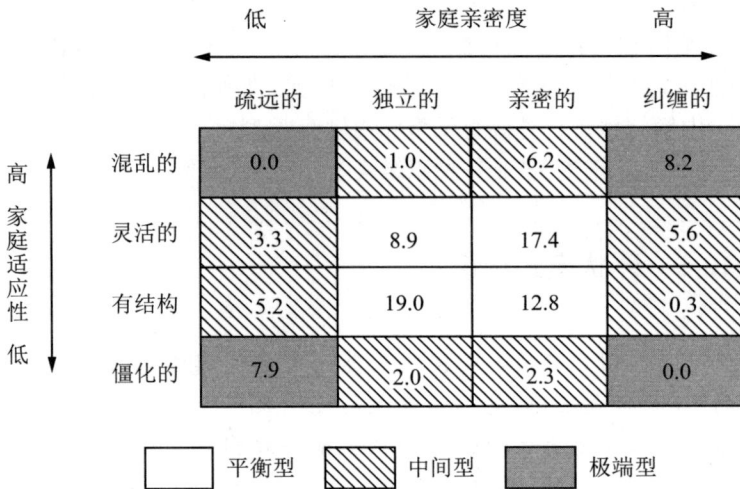

图 13-1　家庭功能的环状模式图及类型分布比例(%)

（3）多维类型理论。多维类型划分通常能带来更精细的、更具体的认识。但是维度的增多也会给认识造成困难。人类的认识能力是有限制的，维度过多，类型太细，就说不清楚其间的差异，也就失去了分析的意义。在多维类型划分中，三维还比较可行，而更多的维度划分就很少见了。例如，艾森克人格类型的划分包括三个维度：外倾—内倾、神经质、精神质。吉尔福特从内容、产品、操作三个维度界定智力，每个维度又分别包含 5 个、5 个、6 个要素，由此构造出了 150 种智力。事实上，这时已经难以说清楚每种智力的内涵了。

类型学的研究，实际上是人类分析思维的表现。初步的认识是对事物的直觉把握，很少清晰分出维度，而分析出维度和类型使得我们可以深入认识每一类事物的具体特征。这种类型的划分可以通过思辨完成，也可以借助统计学的方式进行分类或类型的验证，如因素分析、聚类分析都有这种功能。

然而类型学的理论也有缺陷。大部分类型学的研究都是对事物的静态描述，很难反映出变化或发展。它提供的是没有时间维度（"宙"）的空间之"宇"，因此不是对世界完备的描述。刘安在《淮南子·齐俗》中讲："往古来今谓之宙，四方上下谓之宇。"空间和时间维度都应该引起重视。另外，对类型之间的关系描述，往往不提供多少创见，因为这种关系已经逻辑地包含在划分方法之中了，难以深入论证什么道理。

　　而很多心理学的理论争论，往往是围绕维度的本质和关系展开的。例如，关于性别角色的单维和双维观点的争论。历史上，研究性别角色定型和两性行为的差异是基于这样一种观点：男性特质和女性特质是相对的两极。换言之，性别角色是一个单维结构，每个个体都处于这个维度的一个点上，个体的女性特点越多，男性特点就会越少；心理健康的男性应该具有男性特质，而女性应该具有女性特质。而后来有学者（Rossi，1964）提出了与上述传统不同的"双性化"概念，即"个体同时具有传统的男性化特质和女性化特质"，并认为最合适的性别角色模式是双性化，而非传统的单一性别角色（转引自俞国良，辛自强，2004，p. 293）。很显然，这个观点至少可以追溯到荣格关于阿尼玛（男性具有的女性特质）、阿尼姆斯（女性带有的男性特质）的理论。

　　另外，关于类型的争论，通常导致了更细致的亚类型的划分。这就是为什么一旦一个类型确定后，"时尚的"做法就是寻找亚类型。例如，关于社交地位低下儿童可以进一步划分为需要交往而被拒绝型以及自我孤立型；关于学习不良儿童，也有更多的亚类型划分，如数学不良、语言不良等。

三、过程理论

　　类型学理论侧重在空间上将事物划分为不同类型，以分析不同类型的特点。而过程理论主要与时间维度有关。这个过程在心理学中主要体现为认知过程或信息加工过程、学习过程等。过程理论在时间维度上刻画事物变化的流程、经历的不同状态等。

　　信息加工学派的理论属于典型的过程理论。早期行为主义者提出的刺激—反应（S—R）公式就是一种最简单的"过程"划分（虽然似乎看不出来过程的意思），刺激作用于有机体，有机体产生反应。而后来，新行为主义者在刺激和反应之间加入了有机体变量（O），提出了S—O—R的公式，这时过程的味道有所增加。及至信息加工理论家又将O分解成更多的子环节，这样认知过程的意思就很明显了。由于每次认知活动都耗费一定时间，所以这个过程必然是时间过程（延伸阅读13-2）。

延伸阅读 13-2　信息加工的过程性和时间性

　　有学者（Palmer & Kimchi，1986）描述了信息加工的五个特征：信息描述（informational description）、循环分解（recursive decomposition）、流程连续性（flow continuity）、流程动力性（flow dynamics）、物

质载体(physical embodiment)。

　　所谓信息描述是指周围环境和心理加工可以用信息的数量和类型加以描述。循环分解，也就是等级分解，指信息加工包括一系列阶段，一个加工阶段又可以被分成亚阶段。例如，记忆阶段可以分成获得、保持和提取；提取可以分成记忆搜索和选择；记忆搜索又可以分成接近和比较阶段。流程连续性原理认为，信息在时间上是前行的，不论执行一个认知过程需要输入什么信息均可以在与之相应的认知输出过程中找到。流程动力性规则主张，每一阶段或操作都需要一定的时间。物质载体是指信息加工发生在物质系统中，信息体现在表征系统中，用于转换表征的操作就是信息加工。

　　大部分的信息加工理论，无论是认知的，还是社会认知的，大多属于过程理论。例如，道奇(K. A. Dodge)的社会信息加工理论很好地展示了"过程"思想(案例 13-6)。在该理论中，社会认知被假设成前后相继的一系列信息加工的环节组成的"流程"：社会性刺激作为信息从外部输入，然后被编码、储存、解释，直至制订相应的行为计划并加以评估，最后输出或执行。此外，班杜拉的社会学习理论以及很多学习理论都可以体现出学习"过程"的思想，这里不再展开论述。然而，同样是过程理论，但是关于过程的划分，过程中每个环节的作用，研究者往往有不同看法，从而造成理论分歧。例如，关于注意选择功能的过滤器理论、衰减器理论、后期选择理论、多阶段选择理论就在争论注意的选择机制究竟发生在信息加工过程的哪个环节上以及如何运行。

案例 13-6　道奇的社会信息加工理论

　　道奇等人(Dodge & Price，1994)认为，儿童在社会交往中首先面临的是需要加工的各种信息，即社会性刺激，如他人的表情、动作、话语等。儿童对这些社会性刺激赋予意义，并据此决定如何做出反应的过程，就是社会信息加工。在对社会性刺激加工的基础上，产生各种社会行为，这些行为又作为社会性刺激被同伴加工，影响其行为，如此循环互动，实现人的社会化。其中的同伴，当然也可以换成教师、父母或其他人。儿童的社会信息加工过程具体包括五个步骤。

（1）编码。即对社会性信息给予充分的注意和感知，并选取有意义的信息。例如，一个儿童想要参加一个已经开始了的游戏，同伴对他的表情和动作就是重要的社会性线索，儿童必须首先对这些线索进行编码，才能进一步做出解释和反应。

（2）解释。将获得的信息与已有的知识经验（图式、原型等）进行对照和比较，解释该信息的意义。例如，儿童要解释同伴对他微笑意味着什么，就要回忆以前在类似的情况下，这种微笑产生过什么结果，从而理解他人是友好的，还是带有敌意的。显然，儿童对社会性刺激解释的能力受其年龄、知识经验的影响。

（3）搜寻反应。在理解社会性刺激意义的基础上产生一系列可供选择的反应计划，从中选择合适的行为反应。儿童的社会能力水平和知识经验的丰富程度都会影响可供选择反应的数量和质量。

（4）评价反应。儿童在形成各种反应计划后，还要对其进行比较评价，预测各种反应计划的效果。对反应计划如何评价将决定儿童采取何种行为反应及其成功程度。

（5）执行反应。儿童必须执行他所选择的行为计划，做出真正的行为反应。

总之，用上述五个步骤可以较为细致地刻画儿童社会信息加工的过程，并可在此基础上分析他们社会信息加工能力的发展水平。

无论是认知还是学习，都是主体应对外部客观世界的过程，对外部刺激的处理需要耗费一定的时间。这里的时间，大多是小尺度上的时间，多以毫秒、秒、小时、天等来计量，而且这种时间，只衡量长度，一般不关注时间的方向。信息加工研究最常用的时间指标就是反应时，它只使用了时间的长度性质，类似于物理学牛顿范式下对时间的理解——一个球体（玻璃球或者天体）的运动是需要时间的，这里的时间没有方向，只有长度，运动是可逆的；类似地，在心理学中，对刺激做出反应的时间或者加工信息所耗费的时间，也没有方向问题，只有长度的考量。

四、发展理论

过程理论通常只关注时间的长度本质，而发展理论往往在更大的时间尺度上（如月、年）探讨事物在时间维度上的展开过程、演化过程，这里的时间是有方向的、不可逆转的。例如，对于发展心理学家、进化心理学家等来讲，真正要解决的问题就是心理如何随时间而发生和变化。

发展理论通常有两种方法可以用来描述发展：关于发展的极性变量与里程碑顺序。"仅仅从低水平到高水平的数量方面的差异变量可以称之为极性变量（polar variable），而那些性质上不同的转折点可以称之为里程碑式顺序（milestone sequences）。极性变量与里程碑式顺序之间的差异是连续和非连续变量之间差异的扩展和发挥（卢文格，1998，p.52）。"

发展研究关心的是如何演变成现在这个样子。

在这两类变量水平上，心理学家构造了各自的理论，反过来，从他们的理论也可以推测出他们认识问题的方式与水平。通常而言，从极性变量的层面认识事物，是更直觉化的把握方式；而看到并解释清楚里程碑式的间断性发展或直接说出阶段的本质差异，则是更深入，也更困难的一步。

在认知或能力的发展研究方面，像测量学派（如比奈）的通常做法是设计若干题目考察某个年龄孩子的通过率，会做的题目越多说明能力越高。在这个意义上，能力是可以累积的，因为研究者并不区分做对这道题和那道题有什么能力上的本质差异，做对每道题都得到同样的单位分数。如果从发展的角度看，通常大年龄的孩子表现更好、水平更高，所谓"高水平"只不过是做对了更多的题目。这样勾画出来的发展曲线是连贯的、平滑的。这种在极性变量模式下考察能力发展的做法，隐含的观点是"能力的累积观"。而皮亚杰看到了这种表面的差异背后的结构问题，认为那些在某个任务上表现良好的孩子与不好的孩子在认知结构上有根本的不同，由此，他提出了认知发展的结构观，对发展做了里程碑式的、阶段的描述。

在社会性发展领域的情况也类似。大多数学者非常习惯用一种量表测量所有年龄阶段孩子的某种社会心理水平或社会行为特点，这样自然而然获得一种连续发展的光滑曲线，因为发展的指标是在每个题目的李克特量尺上得到的分数多少，分数是没有结构差异的。然而，就像卢文格（1998，p.53）看到的，在日常生活以及研究中，我们同样也可以看到社会性发展的不同阶段式的表现，如某个人的自我或道德处于"遵奉"他人权威的水平，或"前遵奉"

的水平。这是一种里程碑式的差异。如果简单用量表测量，就不容易找出这种性质上的差异。

关于发展的理论描述，通常使用年龄作为时间的标志，用阶段作为发展水平的标志。然而，发展的年龄和阶段之间的关系非常复杂。"由于从一个特定的年龄中得出的平均阶段不同于从一个特定的阶段中得出的平均年龄，因此对这个问题有两种不同的答案（卢文格，1998，p.12）。"如何来理解卢文格的这段话呢？

具体地说，对年龄和阶段的关系问题可以有两种处理方法：一种是在统计学的"平均"意义上，确定某个年龄的被试群体大概处于什么水平，由此简单化地描述"他们大多或者应该处于什么阶段"。这里，年龄是先在的，所谓"阶段"只不过是对这个年龄的统计平均结果的一种方便的指称。另一种是逻辑地确定了发展的一系列阶段，然后考察处于某个阶段的个体大约是多大年龄以及年龄的范围。这里，阶段的本质被事先逻辑地确定了，年龄并不是阶段的充要条件或原因。事实上，阶段本质上是由一个人的认知或者行为结构决定的，而不必然与生理年龄吻合或由其决定。阶段自成序列。另外，值得注意的是，在个体一生的早期，阶段（如认知的阶段）与年龄还多少有一定的对应性，并且比较容易确定；而到了成年期后，这种对应常常变得很困难。比如，有些人一生也达不到较高的阶段（如科尔伯格关于道德发展的"后习俗水平"或者第五、第六阶段）。

关于发展水平的极性描述和里程碑式或阶段式的顺序描述，都还只是一种与年龄有关的描述，能否算作真正的发展研究，是值得商榷的：通俗的看法认为这就是发展研究；然而，更严格的发展专家反对这样理解问题。真正的发展研究并不停留在年龄差异或年龄特征的描述上（或者说，这只是发展研究的准备），而是要回答某一心理系统如何从原有状态转变到新的状态，对这种转换过程和机制的描述，才是发展研究的核心（延伸阅读 13-3）。

延伸阅读 13-3 发展的本质

发展的观点和非发展的观点是完全不同并相互对立的，它们可以相互比较但不能折中混合，因为它们遵循着不同的原理（瓦西纳，2007，pp.25-26）。

非发展的观点的基础是同一性原理：X=［是］=X。基于该原理，提出如下的问题是有意义的，如"人格是什么？""智力是什么？"但不能问

X 如何成为 X 这样的问题，因为我们已经知道 X 是 X 了，再问"如何成为"的问题就没必要了。

发展的观点以转化和动态的自我维持原理为基础，这一原理包括两种形式：X—[转化]—Y；X—[维持原状]—X。维持是为保证自身的相对稳定性，即随着时间进程，X 依然还是 X，而没有变成别的；转化则导致新异性的出现，即随着时间进程，X 转化成了 Y。某个系统维持相对稳定的状态，没有表现出"明显的"变化，这个系统并不是"非发展的"系统。自我维持的系统依然是个动态系统。有机体不断发生着新细胞生成、旧细胞死亡的过程，但两个过程是动态平衡的，保证了有机体总体上维持稳定或保持原状。无论转变还是维持，都是就发展系统而言的。

基于上述原理，我们可以知道，严格地讲，关于儿童心理年龄特征的研究未必都是真正的"发展"研究。如果研究只是确定"样本中所有儿童都处于皮亚杰所说的前运算阶段"或者"某个年龄的儿童已经能完成类包含任务"，它们虽然确定了所谓年龄特征，但只不过根据某个心理表现上的相似性对被试样本作了静态的归类，依然没有回答"如何成为"或"转换"的问题。发展的观点关心的不是"being"（是/存在）的状态而是"becoming"（成为）的过程。只是描述发展阶段，并不算严格意义上的发展研究，或者只能说是发展研究的基础，接下来要刻画从一个阶段转化为另一个阶段的过程和机制，揭示转换的动力来源。

因此，可以笼统地讲，儿童心理学并不是发展心理学；准确地说，并不是所有的儿童研究都是发展研究。在很多情况下，以儿童为被试的研究和以大学生为被试的研究没有区别，都是"普通心理学"研究。

五、结构理论

"阶段"通常被泛泛地用于作为"发展水平"的同义语，然而，在最严格的意义上，阶段指代由特定的结构决定的发展水平质的差异。在结构主义者看来，"发展是由一种新结构的获得或一种旧结构向一种新结构的转化组成的（卢文格，1998，p.31）"。

结构是由要素之间的一系列联系或关系组成的，这种联系提供了一个整体，并赋予要素以意义，使要素成为整体中有意义的部分。要素之间的关系变化了，结构也就变化了；但是要素本身变化，结构不一定变化。结构是组织的形式而非内容。这么看来，"发展是由决定要素之间联系的基本规则的获得或变化组成的(卢文格，1998，p.32)"。

在心理学中，皮亚杰是结构主义的代表人物(延伸阅读13-4)，他用逻辑数学结构成功刻画了儿童的认知发展阶段。例如，儿童能够把长短不同的木棒由短至长排成序列，就是在进行一种关系运算。通过这种心理逻辑学，皮亚杰就能有效刻画和解释儿童的运算能力(智力)发展水平。以青少年以及成人的思维水平为例，皮亚杰认为在这个年龄阶段存在四种变化的"群"结构，即与每一个命题运算(如一个蕴含)相对应的是一个相反的变化、一个相互的变化、一个相关的变化和一个等同的变化。正是在皮亚杰的影响下，一大批发展心理学家对发展做了结构的描述，建立了结构主义的发展理论，如科尔伯格的道德发展理论、塞尔曼的观点采择发展理论(案例13-7)。

延伸阅读13-4　皮亚杰的结构主义

皮亚杰在其名著《结构主义》(1984)中系统总结和概括了不同学科领域中的结构主义思想。这些学科包括数学、逻辑学、物理学、生物学、心理学、语言学、社会学、人类学等。虽然结构主义者大多是为了反对当时占统治地位的很多错误的方法论，而采取了不同种类的结构主义立场，也就是说，他们的批判意图并不同，但是他们有共同的理想，即发现结构并对其加以形式化。

皮亚杰认为，结构主义有两个特点：(1)大凡结构主义都建立在这样的公设上，即一个结构是本身自足的，理解一个结构不需要求助于同它本性无关的任何因素。(2)认为结构本身是独立于理论家存在的，可以对其加以形式化。如直接以数理逻辑形式表达，或以控制论模式表达某种结构。一个结构包括了三个特性：整体性、转换性和自身调整性。

首先来看整体性。所有的结构主义者都要涉及整体和部分的对立关系问题。一个结构由若干成分或部分组成，这些成分按照某种组成规律形成"结构的整体"。"这些所谓组成规律，并不能还原为一些简单相加的联合关系，这些规律把不同于各种成分所有的种种性质的整体性质赋予作为整体的全体(p.3)。"例如，孤立的单个动作不是运算，只有当这些动作被内化并获得可逆性时，才形成整体结构，这时才算作运算。总之，运算必须以整体结构的形成为前提。

在结构整体的形成问题上，皮亚杰不同意原子论的联想模式和"涌现"模式。前者在心理学中的例子是，从感觉要素的加和来分析知觉的获得(如铁钦纳)；在社会学中的例子是，用个人行为来解释社会运作机制。同样，涌现论假定有先于成分存在的整体，这也是错误的。而格式塔学派就是这么做的，假定先在的总体制约着对成分或要素的知觉；在社会学领域，孔德主张用"人类"去解释"人"而不是相反。这都是在用假定的涌现出的整体性解释成分的特性。

皮亚杰采取了一种"运算结构主义的立场"。"这种立场，从一开始就采取了重视关系的态度；按照这种态度，认为真正重要的事情，既不是要人必须接受成分，也不是要人必须接受这样的整体而又说不出所以然来，而是在这些成分之间的那些关系(p.5)。"换言之，成分之间的组织规律或过程决定了整体；有关成分关系的规律就是这个整体的规律。

其次是转换性。"从结构这个术语的现代含义来讲，'结构'就是要成为一个若干'转换'的体系，而不是某个静止的'形式'(p.5)。"所有的结构，从数学的群到人类的血族关系系统，都是转换系统。支配结构形成的规则就蕴含在它的转换之中，转换决定着结构的构造，没有转换就无结构可言。例如，有理数的加法群。有理数是元素或成分，群是整体，加法则是这个整体的转换。加法要满足四条规则(如对两个有理数进行加法运算得到的仍然是有理数；加法结合律；任何有理数加上 0 仍是它自身；任何有理数都有相反数，二者的和为 0)，一旦满足这些规则，就可以称作"群"结构。总之，如果在一个系统里，转换(也称变换)是无序发生的，就不能把这个系统称为结构；相反，有规律的转换的系统就是一种结构。我们对转换规律的刻画就是对结构的说明和解释，结构分析的基本任务就是寻找转换规律。

有的转换不需要时间，如 1+1 立即就"变成"2，而 3 并不需要时间间隔就紧跟在 2 后面；然而有的转换需要时间，例如，结婚就是时间性的。对于涉及时间性的转换的研究，就要将结构方法与发生方法结合起来使用。

最后是自身调整性，即自调性。说结构具有自身调整性，它有两层含义：一方面是说能够自我调整的结构总具有自身维持和自我封闭的倾向。也就是说，一个结构所固有的各种转换不会越出结构的边界之外，只会产生总是属于这个结构并保存该结构的规律的成分。例如，任意两个整数相互加或者减，得到的仍是整数。正是在这种意义上，"加法群"结构自身封闭了起来。皮亚杰也指出："这种封闭性丝毫不意味所研究的这个结构不能以子结构的名义加入到一个更广泛的结构里去。只是这个结构的总边界的变化，并没有取消原先的边界，并没有归并现象，仅有联盟现象。子结构的规律并没有发生变化，而仍然活着。所以，所发生的变化，是一种丰富现象(p.9)。"这就引出了第二层含义，即结构内的元素转换只有在适度的情况下，才是允许的，否则结构就被破坏而不复存在。假设两个有理数不是相加，而是相除，那结果就超出了整数加法群的范围。

在不同性质的结构里，自身调整有不同的水平。在数学中，运算就是一种"完善的"调节作用。这是因为运算并不局限于知道了行动的结果时才去纠正错误，而是由于具有内在的控制手段，它能对结果预先进行矫正。还有一种需要时间的转换结构，如语言结构、社会结构、生物结构，它们的自我调节要以预测和反馈为基础。最后一种，也是最简单的调节机制是生物节律，它是以对称性和重复为基础的自我调节。总之，节律、反馈式调节和运算是结构自身调整，以维持结构的同一性和连续性的必要条件，否则结构将无法维系。

案例 13-7　塞尔曼描述的观点采择阶段及其结构

像皮亚杰那样，塞尔曼(R. L. Selman)对儿童观点采择能力的发展阶段进行了结构式的描述。他采用有关人际关系的两难故事(如霍莉爬树的故事)，对儿童进行访谈，考察儿童的理解，然后进行结构分析。在这里，结构是指儿童对自己和他人观点的区分，以及对自我和他人观点的协调。

正是这种结构决定了发展的阶段性(图 13-2)。阶段 0，儿童只能自我中心地看待别人，没有把别人的观点与自己的观点区分开来；阶段 1，儿童认识到别人与自我的不同，但是不能区分出别人对自我的知觉，观点采择是单向的；阶段 2，儿童认识到自己可以采择他人的观点，他人也可以采择自己的观点，即相互采择；阶段 3，儿童可以把自己作为中立的第三人，来看待自我与他人的相互作用；阶段 4，自我可以采取一个概括化的、社会的观点来看待自我与他人的相互作用。

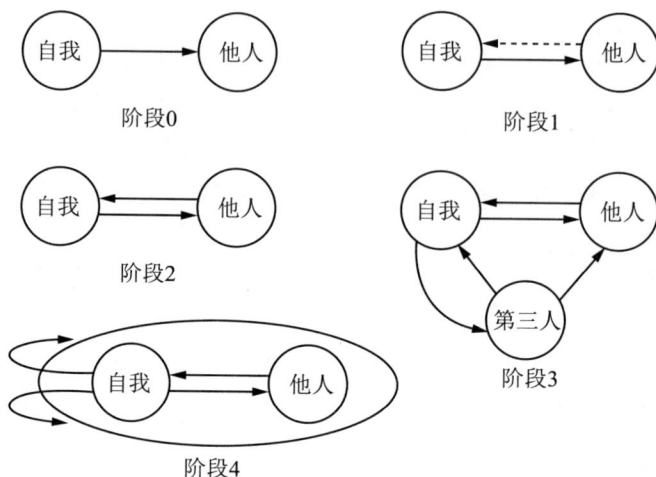

图 13-2　塞尔曼描述的观点采择的五个阶段及其结构

［来源：Muuss(1988)。略有改动］

并不是每个心理学家都像皮亚杰那样理解结构，结构也并非只用于刻画发展阶段，即不只是"发生的"结构。心理学中的"结构"还有很多其他形式，如机械的结构、统计学层面的结构。

弗洛伊德在 1923 年出版的《自我与伊底》一书中提出了"三我"论，认为人格系统由本我(id)、自我(ego)和超我(superego)三个成分组成。本我、自我、超我组成的人格系统，就是一种"机械结构"的类比：本我好比发动机，自我好比刹车，超我好比方向盘，如此一个机动车式人格形象就勾画出来了。弗洛伊德用这种机械结构阐述了人格的组成部分之间的动力过程和制约机制。

心理学中还有很多统计学意义上的所谓结构。例如，因素结构、用结构方程模型刻画的多变量之间的关系结构。能力的因素理论、人格特质理论大多是这种统计意义上的因素结构理论。通常，这些因素结构理论不关心发展问题，只是静态描述不同因素的数量关系。

六、功能理论

"结构"和"功能"往往是一个事物或系统的两个方面，它有结构，也必然有功能。所谓结构，是系统内部要素之间的关系；所谓功能，是系统与其之外的系统之间的关系。这个界定只是在最抽象的意义上大致界定了"结构"和"功能"的内涵。就像"结构"一词具有很多种含义那样，心理学家所说的"功能"的含义也至少有两种。

一种指心理功能。这里的"功能"有时被称作"机能"，意指有机体的功能，就像人或动物的肺，它的存在是要发挥呼吸的功能，有机体也有各种心理方面的机能，或者心理功能。

意动心理学（就是欧洲的机能主义心理学）的先驱布伦塔诺（F. Brentano，1838—1917）曾区分了三种意动：表象的意动（包括感觉、想象），例如，我看见，我听见，我想象；判断的意动（知觉、回忆等），例如，我承认，我回忆；爱憎的意动（情感、意志、欲望等），例如，我决定，我请求。所谓"意动"指的是意识的活动或功能。今天的心理学虽然不再使用"意动"的提法，但是核心内容依然是研究各种心理活动或机能，如感知觉、记忆、情感等。在认知心理学中，智能就被定义为一系列的功能，包括符号或信息的输入、输出、存储、复制等（延伸阅读13-5）。有了这些功能就等于有了智能，有了智能就意味着一定有这些功能，由此，认知心理学对智能作了功能主义的界定，即用功能来定义智能，无论人工智能还是人类智能，只要有同样的功能，二者就可以统一在一个理论框架下。

延伸阅读13-5　智能的功能主义定义

信息加工理论的基石之一，是物理符号系统（physical symbol system）假说。这一假说是由西蒙（H. Simon，中文名字司马贺，1916—2001）和纽威尔等认知心理学家确立的。司马贺（1986，pp. 10-13）明确提出，物理符号系统假说是指，任何一个系统，如果他能表现出智能的话，它就必能执行六种功能：输入符号、输出符号、存储符号、复制符号、建立符号结构、条件性迁移。反过来也可以说，任何系统，如果具有这六种功能，它就能表现出智能。物理符号系统的假设伴随着三个附带的推论。第一个推论是，既然人具有智能，它就是一个物理符号系统。人之所以能够表现出智能，就是基于他的信息加工过程。第二个推论是，既然计算机是一个物理符号系统，它就一定能表现出智能，这是人工智能的基本条件。第三个推论是，既然人是一个物理符号系统，计算机也是一个物理符号系统，那么我们就能用计算机模拟人的活动。信息加工心理学的研究都是建立在物理符号系统假说及其推论基础上的。

　　另一种指心理的功用。心理的功用体现在三个方面：心理这个系统对其外的环境系统所发挥的作用；某种心理机能对其他心理机能或系统所起的作用；某种心理机能对现实生活的作用或应用价值。简单地说，心理的功用，就是心理功能的功能。

　　在美国的那些机能主义者（如詹姆斯、杜威、安吉尔等）看来，心理或意识的主要机能是选择，最终是为了适应环境以求生存。瑞士心理学家皮亚杰是个结构主义者，也是个机能主义者，他认为不同年龄儿童的认知结构是发展变化的，但是其功能却是不变的，就是为了适应环境。同化和顺应是适应机能下的两个次级机能，是适应活动的两个侧面；通过同化和顺应的动态平衡，实现了认知主体对客观环境的良好适应（李其维，1999，p.148）。总之，心理、意识、认知、智力的本质功能都是"适应"，适应外部环境，保证个体生存。而当前的进化心理学更是大大拓展了这种自达尔文时代就被人们接受的"适应"观点，认为人类的各种心理和行为都是为了适应环境，以保证个体，更一般地说是保证个体的基因能够有繁衍的机会。

　　除了终极意义上的适应功能以外，各种心理机能还有具体的功用。例如，注意的功能是选择目标刺激并抑制无关刺激，动机具有激活、引导、调节和维持个体行为活动的功能，情绪具有信号功能。这些"功能"都指心理具体能做什么。

　　不仅如此，这些心理机能还在现实生活中发挥着具体的功用。心理是人同外界环境交往的桥梁，它为某种现实目的（如认识世界、解决问题）服务，发挥着功利性、工具性的作用。

　　心理学中的很多理论都属于"功能"方面的理论，心理学家正是在上述不同的意义上，来阐述心理机能以及心理机能的功用。通常，说明了心理的功能，似乎就说明了心理的本质。举例来说，关于工作记忆，有很多理论模型，其中最著名的一个是多成分模型（Baddeley，1992）。该模型认为工作记忆包括语音回路、视觉空间模板和中央执行系统三个成分。语音回路负责以声音为基础的信息储存与加工，视觉空间模板主要负责储存和加工视觉信息，而中央执行系统是工作记忆的核心，负责协调各子系统之间以及它们与长时记忆的联系，进行注意资源的分配，制订策略与计划等。该理论，实际上从功能的角度定义了三个工作记忆的子系统，结合起来说明工作记忆具有的储存、加工和控制的整体功能。

　　建立事物的功能理论或功能模型，是认识事物本质，特别是该事物与其组成部分以及其他事物的关系的重要方法。例如，要认识肺，就要了解其结构特征与相应功能的对应关系：大量的气体可渗入的小室，就是肺泡，它周围包裹着血管网络并且连接着气管，这种结构负载的功能是向血液传输氧气。由此，结构和功能被统一说明了。

然而，功能解释很容易演变成目的论的解释，而并没有真正解释事物发生的因果机制。杜尔凯姆在《社会学方法的规则》一书中指出："在解释一个社会现象的时候，我们必须区分导致这一现象的充分原因和这一现象所发挥的功能（转引自袁方，王汉生，1997，p.88）。"不仅在社会科学中，在心理学以及其他科学中，我们都要区分因果解释和功能解释。功能解释不是解释变量间的因果联系机制，而是通过刻画一个事物对其他事物的功能和作用来解释该现象的存在。不过，功能解释很容易演变成一种目的论的解释，成为循环论证或同义反复。如果采用功能解释，那么某种事物之所以存在，或者它之所以具有某种结构，只是因为要发挥一种功能，要达成某种目的或实现某种作用。这种功能解释，好像假定该事物是带着某种目的而存在的，存在就是合理的，就是有用的，合理的或有用的就一定要存在。很显然，这里面有循环论证的意思，并没有解释事物的发生机制。

七、其他理论形态

上面对心理学中理论类型或形态的划分，并没有涵盖所有情况。无论是结构，还是过程往往主要和心理本身有关，而心理系统总是同时与其他系统发生关系并受到影响。研究者需要探讨是什么因素导致某一心理系统有如此表现或处于如此状态。由此，心理学中的很多理论都属于"影响因素"理论，用于描述或解释事物发生的内部原因与外部条件。阅读心理学的研究报告经常会看到"某某的影响因素研究""某某的特点及其影响因素"之类的题目，就题目来看，大致可以推定该论文在探讨某个心理现象的影响因素。实际上，心理学中有大量理论，分析了影响个体心理的各种因素，这些因素包括内部因素与外部因素、生物因素与环境因素、近端因素与远端因素。这些因素的影响既体现在各自的主效应上，也体现在它们的交互作用上（案例 13-8）。

案例 13-8　生物生态理论　🔍

美国康奈尔大学的塞西（S. J. Ceci，1990）提出了智力发展的生物生态理论（the bio-ecological theory）。该理论认为智力是天赋、环境（背景）、动机交互作用的函数。

生物生态理论认为，每个人天赋的能力都来自一个生物资源库，不同的资源库在统计意义上是彼此独立的，每个生物资源库负责信息加工能力的不同方面，如比较—识别技能、记忆容量、视觉旋转能力。

与环境资源的交互作用决定了一种天生的认知潜能在发展中的成败。领域专门的认知过程、领域专门的知识以及背景的其他方面的因素塑造和发展了个体的生物倾向性；反之，这种生物倾向性也塑造了个人的背景。这种循环互动过程导致了变化，变化又引起更大的变化。换言之，由生物天赋和主要的生态背景的交互作用引起的一组变化会产生放大效应，从而塑造个人的智力发展。天赋潜能与环境资源交互作用的时机有时非常关键。有些神经联系在发展的敏感期如果不接受特定的环境刺激就可能消失；如果神经联系消失了，某些潜能就得不到充分发展。同样，某些环境经验可以帮助形成神经联系，从而促进个体认知能力的发展。

根据生物生态理论，影响个体的外部环境因素有两类。一类可以称为近端过程(proximal process)，比如，个体在他们成长的直接环境中与客体、他人、活动、符号等的持续相互作用，这种积极的相互作用使儿童能够发展更复杂的智力行为。也就是说，近端因素在基因型向表现型转换中起着关键的作用。另一类可以称为远端资源(distal resources)，由影响近端过程的形式与质量的环境维度组成。许多稳定的远端资源，如丰富的书籍、良好的邻里关系等对于形成近端过程非常重要，而高水平的近端过程与高水平的智力行为有很高相关。比如，父母的背景、抚养风格等都是有助于形成亲子互动的远端资源，而亲子互动导致了依恋这个近端过程。在此后的生活中，有安全依恋的儿童可能比依恋不安全的儿童在学校里表现得更好。

尽管生物因素、环境资源的交互作用对智力发展是必需的，但不是充分条件，个体还必须有利用天赋能力与环境优势的动机。如果人们在某个领域有强烈的动机，就会提高对该领域信息的心理表征，精致的心理表征能产生更有效的认知加工。总之，生物生态理论强调了天赋、背景、动机三者交互作用对认知发展的重要意义。

心理学中还有一些理论，属于"层级"理论，将事物划分为不同层次或等级，并阐明每个层级的特点以及层级之间的关系。例如，马斯洛的需要层次理论，将人类的需要按照从低级到高级的顺序，区分为不同的层次：生理需要、安全需要、归属和爱的需要、尊重(自尊和尊重别人)的需要、自我实现的需要。若只是区分这五类需要，就是一种类型学划分。不过，马斯洛还进一步阐明了不同层次需要满足的顺序关系，假定低一级需要满足后高一级需要才会凸显出来，由此构造了一个"发生的"层次序列。

层级之间除了这种顺序关系外，还可能存在逻辑上的包含关系。例如，美国康奈尔大学的布朗芬布伦纳提出的生态系统理论认为，影响心理发展的环境是由四个由近及远的子系统组成的一个有层次序列的系统，这四个子系统依次是微观系统、中间系统、外部系统、宏观系统；而且，更大的系统包含了更小的系统，系统之间层层嵌套(案例13-9)。顺便说一句，布朗芬布伦纳是上文提到的塞西的同事，也算得上其老师，他的理论对塞西有很大影响，两人均强调生态背景对个人发展的意义。

案例 13-9　生态系统理论

美国心理学会将发展心理学终身成就奖命名为"布朗芬布伦纳奖"，1997年布朗芬布伦纳成为该奖的第一位得主。

布朗芬布伦纳(U. Bronfenbrenner，1979，1989)提出的生态系统理论认为，影响个体心理发展的环境是由四个由近及远的子系统组成的一个有层次序列的系统，这四个子系统依次是微观系统、中间系统、外部系统、宏观系统。

微观系统是发展中的个体直接面对和接触的环境，如家庭、学校、同伴、工作场所等。中间系统指包括个体在内的两个或多个环境之间的作用过程与联系，如家庭与学校的联系、学校与工作单位的联系。简言之，中观系统是微观系统的系统。外部系统指发生在两个或多个环境之间的作用过程与联系。这些环境当中至少有一个不包括发展中的个体在内，但是其中发生的事件都会对微观系统之间的作用过程产生影响。例如，父母的工作环境会影响他们在家中的行为，并因此影响父母的抚养质量。尽管儿童并不直接参与父母的工作环境，但却受到它的间接影响。宏观系统包括特定的文化、亚文化或其他更广泛的社会背景模式。例如，社会阶层、种族或地区、特定历史进程中的群体、时代或生活风格等。例如，一个社会的意识形态就是一种宏观系统，它通过对其下的子系统的影响逐层波及儿童，如可以通过学校来传递。

总之，这些系统之间是层层相套并纠缠在一起的，它们对儿童的发展起着直接的或者间接的作用，构成了儿童成长的生态背景。因此，要理解儿童的发展必须从分析这些系统着手。

上述理论形态之间是可以存在交叉的。例如，结构理论、功能理论可以整合在一起，成为结构—功能理论；二者又可以是发展的，如皮亚杰理论强调了结构和功能的发展问题。此外，类型理论往往可以笼统归入描述事象的理论，通过区分不同类型的事物来细化对事物或变量关系的描述。也有学者探讨一个量表的因素结构是否适用于不同年龄的个体，试图将因素结构与发展的描述结合起来；又或者为不同性质（如男、女）的群体分别建立因素结构，试图确定这种因素结构是否存在不同类型。

综上所述，所谓研究和理论总是涉及世界的两个维度：时间（发展与过程）与空间（类型、层次、结构、功能、关系）。从时间方面来说，关于微观时间尺度的是认知与学习过程理论，关于中观时间尺度的是毕生心理发展理论，关于宏观时间尺度的是心理进化理论与心理变迁理论。从空间方面来说，要么是关于元素的理论（描述事象的理论、类型学理论），要么是关于一个系统内部要素关系的理论（结构理论），要么是关于系统之间关系的理论（功能理论、影响因素理论、层级理论）。理论建构总是与时间或空间有关：以之为对象，在不同层次和侧面上进行理论建设。

第三节　哲学与科学方法论的应用

本书第一章在介绍心理学研究的方法论体系时提出，在方法论体系中最高的层次是哲学与一般科学方法论，后者主要指"老三论"（系统论、控制论、信息论）和"新三论"（耗散结构论、突变论、协同学），其中最具普遍指导意义的是系统论。本节阐述这些哲学与一般科学方法论在心理学，特别是理论建构中的价值和应用方式。

一、哲学对心理学的意义

今天的心理学家在做研究时，未必总要有意识地寻求哲学理论的指导，然而，哲学理论依然会以这样或那样的方式影响着心理学研究，或者反过来讲，心理学的研究总免不了涉及哲学问题。鉴于心理学和哲学之间的密切关系，那些优秀的心理学家就会有意识地加强对心理学研究的哲学反思，以科学的方式回答哲学问题。这就说明了为什么那些伟大的心理学家往往都是哲学家。例如，皮亚杰是儿童心理学家，更是认识论专家；弗洛伊德的名字不仅出现在心理学专业的教科书里，哲学教科书里也会提及。

为什么心理学和哲学的关系这么密切？古代只有一门学问，就是哲学，它究天人之际、洞明世事。在西方文艺复兴时期，自然科学独立，切断了与哲学母体的脐带；而心理学在一百多年前独立，至今与哲学母体的脐带不断，依然要从哲学中吸取营养（如概念、思想）。

哲学对心理学研究的意义如下。

第一，哲学提出了很多值得心理学用科学方式探讨的问题。例如，意识的本质问题、知识的来源问题，都是哲学问题，皮亚杰学派、信息加工心理学、认知神经科学都以这些问题为核心研究内容。

第二，哲学为心理学提供了理论思考的方法和工具，哲学是科学研究中理论思考的武器。哲学中的归纳和演绎的逻辑方法，是科学研究中从经验到理论、从理论到经验这样的研究过程必须使用的方法。尤其是在心理学理论的建构中，可以借助一些哲学概念实现对经验的概括，而且将概念组成命题，对命题进行推理，将命题组织成理论体系，所有这些环节都需要严密的逻辑推理和理论思维能力作为前提。

第三，人们总是为某种哲学观念所指引，哲学左右了人们看世界的方式。一方面，哲学影响人们如何看待心理的本质。例如，唯物论和唯心论对心理本质的看法截然不同。另一方面，它影响人们如何看待心理科学研究的本质。唯理论者更看重理论思考在科学研究中的价值，而经验论者相信科学研究就是累积基本事实的过程。

第四，心理科学的研究成果最终都可能抽象到哲学层面，获得哲学意义。哲学关心的是世界本源、认识来源的问题，心理学的科学研究成果可以为哲学理论提供科学事实的支撑，特别是在意识的本质及认识的来源问题上，心理学可以提供更多的科学依据，这样也反过来提升了心理学研究的意义和价值。

总之，哲学，特别是其中的认识论、方法论、逻辑学等分支，对心理科学研究有重要的指导意义，二者关系十分密切。

二、心理学中的哲学问题

今天的心理学作为科学，在求知方式上与哲学有根本的区别，但是当今心理学研究依然不得不面对四个基本哲学问题，张春兴(2002)曾对此做过概括，这里借用其条目，再补充一些例子加以论述，借此阐明基本的哲学概念及其在心理学中的体现。

(一)心身关系问题

心理学的研究必须面对的一个本体论问题就是心理与生理的关系或心身关系问题(mind-body problem)。对此问题形成了一元论和二元论两种观点。一元论(monism)者认为心身是不可分的单一实体，二者之间没有因果关系，二者受单一原则的支配。一元论包括：(1)唯物论(materialism)，认为就人类而言，身体是唯一实体，身外无心，心只是脑的机能而已。(2)唯心论(idealism)，认为精神乃是终极实体，身体活动乃是心之表现。二元论(dualism)者认为心与身是两个独立的实体，二者受不同原理的支配。二元论包括：(1)心身交感论(psychophysical interactionism)，认为心身互相影响，且心对身的影响更大。(2)心身平行论(psychophysical parallelism)，则认为二者同时产生，各自独立运行，互不影响。

只是这么讲这些抽象的哲学概念，我们可能很难体会它们与心理学的联系。在心理学中，最基础的概念就是"心理"或"意识"，国内很多教科书都将二者笼统定义为"脑的机能"，是"对客观世界的反映"。这个定义并非"科学"定义，而是哲学定义的套用，体现了一元论的哲学，是唯物主义者的定义，因为该定义潜在地包含了这样的意思：身体是唯一实体，心理只是生理的机能罢了。

再来思考个问题，为什么历史上每次意识形态斗争时，一些心理学理论往往首先被打成伪科学或备受官方推崇？道理很简单，心理学家总免不了触及哲学问题，要决定自己是站在唯物论的阵营，还是唯心论的阵营，或者是被斥为骑墙的二元论者。巴甫洛夫就是一个生动的例子，他在20世纪初创立了条件反射学说，到苏联十月革命后，他因此得到了官方的高度认可与认定，他是幸运的，但是也带来了一些不幸(案例13-10)。

案例 13-10 巴甫洛夫的幸运与科学的不幸 🔍

俄国的巴甫洛夫似乎是个"幸运儿",他在苏联时期被尊为"马克思主义心理学家"。他是用条件反射方法对动物和人的高级神经活动进行客观实验研究的创始人,被认为是现代唯物主义高级神经活动学说的创立者。基于他的理论,意识就被合理地理解为暂时性神经联系,这样生理和心理就统一了起来,并且心理被理解为生理的机能,唯物论的思想得以贯彻。具有讽刺意味的是,巴甫洛夫对他受到的尊敬似乎不太买账。1923年后他竟公然批评十月革命和苏联的政治经济体制,指责共产主义,认为马克思主义的思想基础是错误的,并说:"我不会为了你们所做的社会实验牺牲一只青蛙的后腿!"为表明自己的立场,他拒绝参加苏联的科学会议。直到1933年巴甫洛夫才承认苏联确实取得了一些成功(Schultz & Schultz,2000,p.263)。虽然巴甫洛夫的态度很不好,但是苏联政府对他的态度很好,一直没有干预他的研究,反而慷慨地给他的研究不断提供资金支持。

但问题是,苏联政府又把巴甫洛夫捧得太高了。在20世纪30年代以后,除了有关他的学说的著作外,很少有其他心理学著作出版。1949年在庆祝他一百周年诞辰时,又把巴甫洛夫提高到苏联经典作家的神圣地位。1950年6月,苏联科学院和医学科学院召开了联席会议并做出决定,要进一步发展巴甫洛夫学说。会议批判了所有背离巴甫洛夫学说的观点,并要求心理学、生理学、医学等一切和生理科学有关的学科都必须以巴甫洛夫学说为基础,并引用列宁关于心理学要研究大脑物质本体的观点,否则就是唯心主义的(荆其诚,1990,p.11)。这导致了许多研究领域都和巴甫洛夫学说进行牵强附会的联系,大脑研究代替了心理学研究,导致了严重的不良后果。

关于心身关系的争论并非总是这么高调地以意识形态面貌出现,而是更多体现在心理学的具体研究或具体理论中。以唯物论为例,赞同者会以物质方面的术语解释一切,甚至心理事件。这个"物质"虽然是抽象的哲学术语,但它具体的样例或载体是什么呢?可以通俗地说(虽然哲学教师会斥责这种庸俗的唯物主义),"物质"包括很多:(1)外在物理、文化环境。当我们考虑城市和农村居民的金钱观念的差异时，实际上已经在讨论外界环境对心理的影响。(2)生物、化学过程。如乙酰胆碱影响记忆，大脑左半球负责语言功能，格塞尔(A. Gesell，1880—1961)的"成熟势力说"强调了生理成熟程度对动作发展的决定意义，詹姆斯—兰格理论相信情绪是对身体变化的知觉。这些例子都将心理归结到各种生理因素上去。(3)基因。现在很多学者热衷于寻找同性恋、精神分裂的控制基因，如 1993 年《科学》发表了哈默(D. Hamer)的报告，声称 X 染色体末梢的 Xq28 区的基因片断与同性恋有关。基因也是一种物质。

此外，很多理论则有二元论的色彩。例如，康南—巴德学说相信情绪和生理体验同时发生，二者平行运作；皮亚杰则陷入了方法上的二元论，认为意识为蕴含体系而神经系统为因果体系，二者也是平行运作，并非谁决定谁。

(二)天性与教养问题

天性与教养问题(nature-nurture problem)，既是哲学问题，也是由来已久的心理学问题，即心理发展或个人成就是由天性或遗传因素决定的，还是教养或环境因素决定的。几乎所有的心理学系的学生都会了解到，英国的高尔顿是天性或遗传决定论的代表，而美国的华生则是典型的环境决定论者。后来的学者则"聪明"了一些，主要争论天性与教养在心理上的影响孰轻孰重，而非由谁决定。其早期版本如"复合论"，相信环境和遗传共同影响心理，各起一定比例的作用，如德国的斯特恩、美国的格塞尔都采用了这种加法式的思维看待二者的作用。而后来更明智的看法是"交互作用论"，认为环境和遗传两个因素互为条件(乘法思维)，交互影响心理。例如，反应域理论(Scarr，1982；Weinberg，1989)认为，一个人的智力发展是有一定限度的，称为反应域(reaction range)。遗传规定了反应域的上限和下限，个体在这个范围内的具体位置则是由环境条件决定的(转引自张厚粲，2001，p. 209)。

从道理上讲，交互作用论似乎更为合理，遗传或环境决定论似乎过于极端或简化。然而，在实际研究中，研究者未必比高尔顿或华生那些看似过时的看法更高明。例如，今天时髦的进化心理学、模块论、天赋主义，无非是遗传决定论的现代翻版。学者广泛使用然而未必意识到的"社会地址模型"，无疑带着环境决定论的影子，因为基于"社会地址模型"的假定，学者试图确定各种心理特点的社会分布，如攻击行为是农村儿童还是城市儿童多，是离异家庭多还是完整家庭多。当给某种心理特征寻找其社会地址时，已经潜在承认了社会环境的决定性影响，虽然未必言明。

(三)自由意志与决定论问题

自由意志与决定论(free will versus determinism)问题主要争论个体行为产生的原因。决定论认为人性与物性相同，都受因果法则支配，可以描述、解释、预测和控制。下面又分：(1)物质决定论(physical determinism)，认为行为决定于物质(外为环境，内为生理与遗传)。(2)精神决定论(psychical determinism)，相信心理(知觉、意识、人格、习惯)决定行为。而自由意志观认为人的行为是个人在自由意志下做的自由选择，并没有决定性的因果法则来支配，由此个体差异很大，个体易变性很大。这是一种非决定论(indeterminism)思想。

绝大部分的"学院派"心理学家或者将心理学作为实证科学的研究者都承认，至少要部分承认决定论思想，否则就没有了研究的可能性。当然，关于物质和精神谁决定谁的问题，研究者们有不同看法。例如，有研究者假定个体攻击行为的原因在于杏仁核病变，在于某个基因错位，那他就是在相信物质决定论。而有的认知决策研究者认为价值判断决定行为选择，精神分析者相信心理压抑导致行为异常，甚至躯体疾病，这都体现某种程度的精神决定论思想。承认世界存在决定性的规律，才有科学研究的必要和可能。

有的哲学家和心理学家虽然相信人类行为是被决定的，但认为其原因是难以精确把握或测量的，存在"测不准"的问题，致使无法确知行为的某些原因。例如，大哲学家康德(1724—1804)就曾持这种看法，认为心理学不可能成为科学，因为心理不可能客观地评价它自身。有的学派或学者走得更远，不仅认为心理"难以被决定"，简直就"不可被决定"，由此他们拒绝把心理学视为科学。人本主义或存在主义心理学家大多相信行为是自由意志的结果，而非被某种因素决定的。他们质疑的是，这么高贵的、有尊严的人类怎么能受制于某些原因呢？心理学是科学吗？或者心理学有必要成为科学吗？

(四)知识来源问题

知识来源(origins of knowledge)问题，就是认识论(epistemology)问题。自17世纪后，西方哲学在认识论方面形成了理性论和经验论两派。理性论对知识的来源有三点看法：(1)知识获取代表真理的追求，真理得自理性，人的理性源自天赋观念(康德的观点)；(2)理性存在人心之内，使心具有主动求知的功能，知识是心主动吸取的，非来自感官；(3)在知识吸取过程中，感官只接受信息，而理性获得真正的知识。经验论亦有三点：(1)知识获得于经验积累，经验来自感官；(2)初生像白纸或白板(英国哲学家洛克的概念），没有天赋观念；（3）经验汇集成知识，获取知识的过程中，心是被动的。后来又出现了浪漫主义流派（如歌德），认为对人性的探索不宜只着眼于经验或理性层面，应从整体的个人着眼，才能真正理解人性本质，因而特别强调自由意志与个人尊严、自我价值，这构成了人本主义心理学和存在主义心理学的认识论基础。

在心理学历史上，秉持不同认识论的人对心理学的本质以及方法论问题有截然不同的看法。经验论者相信心理学作为"科学"，主要在于以实验和观察这些经验方法收集数据资料，发现经验事实，因为在科学活动中，如果观察验证了命题，则理论得到支持；否则理论必须修正。因此，基本发现的可重复性是很重要的（如"守恒"实验数千次重复），是经验观察获得的事实决定了理论的命运，或者导致新的理论，或者证实现有理论。例如，"依恋"概念的提出，源自哈罗为研究脑功能而观察猴子时意外发现的现象，从而形成了依恋理论。巴甫洛夫也是观察到新的现象后提出了条件反射理论。但是，理性论者相信，科学研究的重点是理论建构，而非经验事实的积累，所谓"事实"和数据的意义必须以理论框架为参照才能被理解。理论可以组织经验观察，可以指导新的观察，启发新的实验。如皮亚杰理论就指导人们开展了更多新的实验，像其"去自我中心"的观点对后来的观点采择实验和"错误信念"范式有深远影响。

更多人则采取了折中的观点，相信心理学作为科学应该是理性论（应用逻辑规则）与经验论（观察经验）的综合。大体而言，一个论点必须有逻辑和经验两方面的支撑，"必须言之成理，必须符合人们对世界的观察"（巴比，2002，p.10）。就一篇研究报告的结构而言，它同时包含了理性的部分（问题提出、假设、讨论）和经验的部分（方法、结果）。

认识论不仅影响了人们对科学本质的看法，而且直接体现在心理学的具体内容领域。像认知心理学就是对认知或认识来源的科学研究，它不可能不与认识论牵连在一起。在认知心理学家中，皮亚杰、乔姆斯基以及模块论者都支持理性论，而西蒙、席格勒这些信息加工论者都属于经验论一派。再举个更具体的例子，婴儿母语的获得问题，如果你认为孩子学话就像鹦鹉学舌一样模仿成人并被强化所致，这就是一种类似于斯金纳观点的经验论解释。若发现全世界的孩子大多在一致的短暂时间内学会母语，只能用乔姆斯基的先天"语言获得装置"理论来解释。

综上所述，哲学离心理学的具体研究并不遥远，它为心理科学研究提供了认识论、方法论的滋养。然而，某些意识形态的禁锢以及我们思维的惰性，可能限制了我们"爱智慧"。实际上，我们的言行和研究总是潜在包含了某些哲学观念，然而我们很少意识到，很少反思。如果不触及哲学的问题，很难说心理学的科学研究有深度，因为心理学今天研究的绝大多数问题并不是现在才有的，自有人类以来人们一直在思考。

三、一般科学方法论

一般科学方法论，主要是"老三论"（系统论、控制论、信息论）和"新三论"（耗散结构论、突变论、协同学）。其中，"老三论"均诞生于 20 世纪 40 年代后期，新三论在 20 世纪六七十年代形成，新老三论共同组成了今天的系统科学。系统科学不仅是自然科学的分支，它作为一般科学方法论还有普遍的指导价值，对包括心理学在内的其他学科有广泛影响。

一般系统论思想是生物学家冯·贝塔朗菲（L. von Bertalanffy，1901—1972）在 20 世纪 40 年代提出的，如他的《生命问题：现代生物学思想评价》一书（原版 1949 年发表，现有 1999 年的中译本）就比较系统地阐述了一般系统论的基本观念。后来，他（1968）又以此为基础，出版了《一般系统论：基础、发展、应用》一书。所谓系统，是指"相互关联的元素的集"或"处于一定相互联系中的与环境发生关系的各组成成分的总体"。系统方法强调把研究对象作为一个整体加以认识，着重从对象的普遍联系和有机结构中进行综合地探索，从而在复杂的、散乱的系统构成中获得关于研究对象的整体性认识。

控制论是由韦纳（N. Wiener，1894—1964）创立的，它是研究系统的状态、功能、行为方式及变动趋势，以控制系统的稳定，揭示不同系统共同的控制规律，使系统按预定目标运行的科学。所谓控制，是指为了"改善"某个或某些对象的功能或发展而施加于该对象上的作用。与控制论有密切联系的方法有：（1）功能模拟方法，即通过对研究对象模型功能的分析研究，来揭示原型（被模拟对象）的形态、特征和本质。（2）黑箱模拟方法，即将系统抽象为"黑箱"，考察其输入、输出及关系，进而建立黑箱模型研究系统内部结构和机理的方法。（3）反馈方法，即研究传播者如何自觉地、合理地运用信息反馈，来调整、校正和优化自己的传播。这些方法已被认知心理学所应用，如对认知过程的计算机模拟研究，就是一种功能模拟研究。

信息论是香农（C. E. Shannon，1916—2001）等人创立的，是用概率论和数理统计方法，从量的方面来研究系统的信息如何获取、加工、传输和控制的一门科学。香农把信息看作不确定性的减少或消除。换句话说，人们获得了关于某对象的新情况、新知识，改变了原先的认识状态，也就减少或消除了对某对象的"不清楚""不确定"状态。关于信息的这套术语和思想被信息加工心理学完整地吸收了。此外，对信息量的计算方法，也被关于认知复杂性（Commons et al.，1998）和社会认知复杂性（Scott，1962）的度量方法所吸收。

耗散结构论是 1969 年物理学家普利高津（I. Prigogine，1917—2003）提出的，主要探讨耗散系统的演化规律及其有关的理论和方法。一般来说，开放系统有三种可能的存在方式：热力学平衡态、近平衡态、远离平衡态。系统只有在远离平衡的条件下，才有可能向着有秩序、有组织、多功能的方向演化，这就是普利高津提出的"非平衡是有序之源"的著名论断。一个远离平衡态的开放系统，由于诸多复杂因素的影响会出现非对称的涨落现象，当达到非线性区时，在不断与外界进行物质和能量交换的条件下，系统将可能发生突变，由原来的无序混沌状态自发地转变为一种在时空或功能上的有序结构。事物的这种在非平衡状态下新的稳定有序结构就称为耗散结构。

突变论是数学家托姆（R. Thom，1923—2002）在 1972 年出版的《结构稳定性与形态发生学》一书中创立的。它的研究重点是在拓扑学、奇点理论和稳定性数学理论基础上，通过描述系统在临界点的状态，来研究自然和社会领域中的非连续性突然变化现象。突变论试图揭示客观世界中不同层次上各类系统普遍存在着的突变式质变过程及突变的一般方式。突变论提出的一系列数学模型，可以解释自然界和社会现象中所发生的不连续的变化过程，描述各种现象为何从形态的一种形式突然地飞跃到根本不同的另一种形式，如建筑的倒塌、山体滑坡、胚胎的变异、股市崩盘、革命兴起，等等。按照突变论，自然界和社会中的大量的不连续事件，可以由某些特定的几何形状来表示。托姆指出，发生在三维空间和一维时间的四个因子控制下的突变，有七种突变类型：折迭突变、尖顶突变、燕尾突变、蝴蝶突变、双曲脐突变、椭圆脐形突变以及抛物脐形突变。突变论后来和混沌理论融合在了一起。这些理论在心理学中也有所应用，如美国心理学家赛林（E. Thelen，1941—2004）用之于婴儿动作发展研究。

协同学是 1971 年哈肯（H. Haken，1927— ）提出的。他认为自然界是由许多系统组织起来的统一体，这许多的系统就称为子系统，这个统一体就是大系统。系统中大量存在的子系统却只受少量的"序参量"支配，实现系统在总体上形成有序结构。所以协同学也是研究系统演化、系统自组织的理论。协同学试图用统一的观点和方法去处理复杂系统的演变问题，论证了各种自然系统和社会系统从无序到有序的演化，都是组成系统的各元素之间相互影响又协调一致的结果。

尽管上述这些理论提出的时间、学科背景、关注的问题有所不同，但它们的许多基本概念、思想和方法却是相通的，它们都在探讨系统的结构、功能及其演化规律，从而综合成了一门系统科学。系统科学方法具有普遍的方法论意义，已经成为其他学科研究的方法学基础，对于心理学也不例外。上述"新三论""老三论"在心理学中的应用分两个层面，一是应用其概念和理论方法，二是应用其中的一些数学模型。应用概念和理论方法的情况很常见，但是能做到数学模型层面的较少，这一方面是因为心理学很难找到关键变量并做精确量化，另一方面对研究者数学功底的要求太高，很多学者力不从心，望而却步。

四、系统论在心理学中的应用

一般系统论思想不仅在自然科学领域有广泛应用，而且用到了社会科学中，如社会心理学、青少年社会工作（Pillari & Newsome，1998；Zastrow & Kirst-Ashman，2001）以及心理学的许多分支中。一般系统论可以从如下一些基本概念来理解：系统、子系统、边界、结构、层级、相互作用、角色、参照框架和时间。

所谓"系统"，指一组元素有序地相互关联在一起组成的功能整体。大到国家、社会，小到家庭、夫妻关系都可以理解为系统。我们主要探讨的是社会系统，即由人组成的并且影响着人的系统。所谓"子系统"，就是次级的或下位的系统，是构成大系统的小系统。例如，家庭是一个系统，而家庭中的夫妻关系、亲子关系就是其子系统。

任何一个系统首先都要有一个把自身从环境或其他系统中分别出来的空间上的或动态的"边界"。边界的通透性各有不同，可以是严格的，也可以是灵活的。在社会化中，有严格边界的个体可能比灵活的个体更难以接受社会的影响，如不容易适应社会价值观念的变迁带来的影响。由此可见，这种边界的通透性会影响个体与环境之间信息和能量的流动。

基于系统"结构"的不同，就出现了系统的不同"层级"问题。例如，家庭作为一个镶嵌在社会大系统中的子系统，受到社会法律制度的约束，一旦子系统违规就会受到这种等级权力结构的惩罚；在家庭内部，儿童作为子系统，会受到整个家庭的规则的制约，如受到代表这种规则行事的父母的责罚。

"相互作用"指系统之间的多维互动关系和影响，包括同一层级系统之间的相互作用以及各层级系统之间的相互作用。在社会性研究中，这种相互作用常常表现为一种"关系"，如个体之间、个体与系统之间的相互情感交流、动态互动、人际关系等。在这种关系中，个体扮演着特定的角色。"角色"指卷入某个系统的个体由社会文化等因素决定的在这种系统或关系中表现出的典型行为模式。例如，在中国，当一位父亲发现已经是青少年的女儿所养的宠物把家里的沙发弄脏了，他可能不会直接和女儿就此事进行交流，而是让母亲给女儿转述他的观点。从中可见，社会对父亲如何扮演女儿的"批评者"这个角色的习俗要求在起作用。

"参照框架"指研究者所研究的系统的层级或范围的定位。在社会化研究中，它指定位在家庭、团体、组织还是社会层面。"时间"包括个体的、历史的和社会的时间三种。个体的时间指个体生命过程，可以在这一时间尺度内探讨生活经验的持续意义、前后心理的连续性。历史的时间关心的是历史的、社会的变迁对同一代人或某个出生组的人发展的影响。社会的时间关心的是变化着的生物的、社会的、人口的、文化的等方面因素对个体发展、家庭转换、生活事件的"时间进度"或"时机"的影响（Pillari & Newsome，1998）。例如，个体在某个时机接受某种教育，将改变其发展轨迹。我们（辛自强，池丽萍，2008）的横断历史研究同时涉及了个体的时间和历史的时间，既探讨不同出生组被试的心理发展特点差异，也考察同一出生组内个体的不同发展模式。而生命历程理论（埃尔德，2002）则关注"时机"的问题，即某个社会性刺激是否在个体发展的恰当时机出现，将具有不同的意义。

一个开放系统的运行通过两类过程实现：一是能量或信息的流通，包括输入、流通、输出；二是反馈环，包括正反馈、负反馈。如果一个系统不发生流通或反馈，就进入熵的状态。

"输入"指系统能量（包括信息）的摄入；"流通"指能量被接收后又被改组、编码、发挥作用的过程；"输出"指系统对环境做出影响的过程或者给予其他系统反馈的过程。例如，父母可以接受来自学校领导和班主任的输入，被告知孩子在学校里的行为表现不佳；这一输入的信息就被父母加工，影响其教育观念和行为；然后是输出，即对孩子进行教育，如对孩子的责罚，或者帮助孩子分析问题所在以及行为矫正的方法。

"反馈环"是一个系统获取关于自身运行状态和结果方面信息的过程，它包括用于校正偏离或错误而维持系统平衡或稳态的"负反馈"，以及加强现行趋势，甚至最终破坏系统或引起变化的"正反馈"。可见，反馈就是对于不同系统而言的输入或输出。例如，在同伴交往中，儿童的行为不合乎交往规范时，就从同伴那里得到负反馈（如被批评、被孤立），可能使其行为表现回到"正轨"；而如果获得的是正反馈（如被接受或表扬），就可能进一步加强那些偏离规范的行为。很多不良青少年帮派群体的形成就是在正反馈条件下，由原来的健康的同伴交往演变而来的，在这种帮派中，同伴助长其成员的不良行为。可见，个体的社会化是在个体与社会各层级系统（如这里的同伴群体）之间的反馈环中实现的。

如果系统远离常规的平衡而不被校正，就可能进入"熵"的状态：系统没有能量从外部输入，由于没有交换，持续下去的结果是能量耗尽，系统解体、消亡。例如，一个家庭，随着孩子的独立而进入了"空巢期"，原本热闹的家庭里只剩下老人，随着老人的故去，这个家庭也就结束了。此外，还有人提出"负熵"的概念，意指系统成长和发展的过程。例如，儿童到青少年期间社会交往知识的增长，就是一种"负熵"状态。

所有的生物、社会和心理系统都是通过上述两类过程维持的开放系统。在开放系统中，系统必须和其环境维持某种互换关系。生物系统采取的多是物质的互换形式，如摄取食物、水、空气；社会系统，比如经济系统发生着资本交换，人际社会系统交换的是布迪厄的所谓"象征性资本"。心理系统交换的是什么呢？认知心理学家认为，人或者有机体与环境之间存在信息交换，人是一个信息加工系统，从环境输入信息，向环境输出信息或做出行为反应。有些社会和文化心理学家（瓦西纳，2007，p.15）认为，人与环境交流中建构并交换着符号。符号是表征或再现某些目标实体的手段或工具，它在被建构起来后就成为人（作为系统）与环境（社会世界）互换关系的媒介。符号有很多种类型。比如图像、指标或痕迹、象征、语词都是符号。人物肖像是人物的符号，脚印是踩出它的那只脚的符号，所以警察可以根据肖像、脚印或指纹找到这些符号代表的犯罪分子。象征、语词则是更加抽象的符号。无论采用哪种形式的交换，一个开放系统必须和环境维持某种相互作用，否则系统会走向封闭并最终瓦解。

系统的内部状态受到下面六个原理的支配：动态平衡、分化、不可累加性、互易性、等终局性、多终局性。

"动态平衡"指系统的输入和输出保持一种变化中的平衡。例如，在家庭中，父亲主要负责挣钱，母亲照看孩子兼做一些零工；如果父亲因为交通事故死亡，家庭收入和支出的平衡就被打破，孩子的教育可能因为无力支付学费而面临困难。这时单亲的母亲可能要做更多的工作，或者给孩子找个继父，才能努力维持平衡。

"分化"指随着时间进程出现的系统复杂性的增加或分离出子系统。例如，一个新婚家庭演变到有孩子的家庭，在夫妻关系基础上增加了亲子关系，就是系统复杂性的增加。此外，成员生活经验、知识的增加也会导致生活方式的分化。例如，青少年时期的孩子比儿童期拥有了更多的社会性知识和更强的叛逆心理，就导致原来和谐的亲子关系复杂化，在一些方面（如上学、获取学历）亲子和谐，在另一些方面（如业余爱好、时尚）则出现冲突。这就使原来单一的关系分化得更加异质。

"不可累加性"指"部分之和"并不等同于整体，各部分性质的累加并不能说明总体的性质。例如，在家庭研究中，对其各个成员的数据综合在一起并不能直接说明家庭作为一个整体的特性。然而，系统之间是相互作用的，某个系统的改变对其他系统（如大系统、子系统）会产生影响，从而改变其他系统，这称为"互易性"，即相互改变的特点。例如，父亲作为家庭子系统的改变（如病重、死亡）对整个家庭系统的功能都有影响。

系统变化的轨迹包括"等终局性"和"多终局性"两种情况。前者指系统从不同的初始条件开始，沿着不同的路径达到了同样的最终状态。后者则相反，即从相同的出发点开始，达到了不同的结局。在个体心理发展中，两种情况普遍存在。例如，不同家庭背景下的儿童，最终通过不同的人生旅程取得了同样的成就；相反，从同一个家庭走出的同卵双胞胎，却没有表现出相同的道德素质。

综上可见，系统论的基本思想在心理学研究中可以广泛应用。而且在心理学中，系统论的应用往往和生态学的很多观点结合在一起。系统论强调各种系统之间的相互作用，如强调个体、群体、组织和社会的复杂相互作用；生态学观点也强调个体与环境的双向适应关系。由于这两种理论观点有很大的相似性，甚至在相当程度上观点重合，因此很多研究者（Bronfenbrenner，1979；Ceci，1990）整合一般系统论和生态学的某些基本思想，提出了生态系统理论（ecosystems theory）。

"生态学"（ecology）一词是由德国生物学家海克尔于1866年提出的，他认为，生态学是研究生物有机体与其无机环境之间相互关系的科学。现在这一术语的含义已经有所改变，泛指对有机体与其环境之间复杂相互作用的研究。在心理学中，也要关注个体与社会环境的相互关系。社会环境包括社会和文化提供的物理环境，如住宅类型、工作场所、经济收入等；也包括任何个体能与之发生联系的组织、群体、系统，如家庭、朋友、工作小组、社区等；此外，还包括社会体制或机构，如社会福利系统、教育系统、健康保障系统等。

每种有机体都有一个"小生境"，即其生长和发展的最适宜的特定环境。生态学就是要研究这种有机体和环境的"适应"关系。如果一个"小生境"剧烈恶化，已经适应了这种环境的有机体就可能灭绝。例如，家庭作为每个成员生长的环境，如果某个成员（如妻子）经常受到虐待，这可能导致该成员从这个系统中消失（如离异），由此，家庭中的孩子可能被寄养或改由单亲照看。就是说，家庭环境的改变最终波及它的子系统（如孩子）的成长。从生态学的思路出发，就是要研究个体之间、个体与环境之间的相互关系问题。

生态学所强调的适应是个体与环境之间双向的相互适应。一方面，个体调整自身以适应环境，特别是适应变化了的环境。例如，适应新的朋友关系、新的工作、新的邻居等。另一方面，不仅个体被环境影响，在适应过程中，环境也被个体改变。个体改变环境，是为了更好地适应。这种双向适应的观点体现在"社会化"的界定中，就是突破原有的单向社会化的观点，即个体接受社会文化的塑造，而成为像大多数人一样的"合格"社会成员。然而，仅仅如此是不够的。在"被"社会化（被教化、被濡染）的过程中，个体也创造了新的文化内涵。个体不全是被动的，也是主动的；个体既是接受的，也是回馈的。总之，社会化是被"文化"的（这里的"文化"作为动词，即"被文所化"），也产生新的"文化"（通常作为名词的意义）。

在适应中有一种特殊的形式，称为"应对"。个体所适应的环境既有积极的，也有消极的。应对主要指处理消极的环境。例如，青少年要应对家庭的突然变迁，包括亲人患病或去世、失业或下岗、住址的变动等。这种应对能力是青少年环境适应性的核心所在，被研究者广泛关注。

生态系统的观点对于分析个体发展环境（如布朗芬布伦纳的生态系统理论），对于心理学研究中的生态化运动等都有重要的指导意义。尤其是在家庭研究中，系统论得到了很好的运用。例如，国内学者（池丽萍，2011）运用系统论指导，构建了亲子沟通的三层次模型（案例13-11）。系统观点和方法的使用，使研究者避免了还原论的局限，可以更好地说明心理、心理与环境如何作为一个整体系统而发挥作用。

　　亲子沟通指父母与子女通过信息、观点、情感或态度的交流，达到增强情感联系或解决问题等目的的过程。它作为心理学、传播学和教育学等多学科关注的对象，被从不同角度加以分析和解释，已经积累了大量文献。然而，通过细致的文献分析发现，目前亲子沟通研究领域存在两大问题：理论上的薄弱和方法论上的缺陷。在理论建构方面，由于现有亲子沟通研究缺乏明确、完善的理论体系，在问卷或量表编制时研究者往往过分依赖因素分析方法，以这种数据驱动的方式确定最后的题目和维度，而所谓理论完全成了量表构想本身。这就造成很多量表使用了类似的维度名称，但实际测量的内容并不一样。此外，当前的理论模型和工具大多存在明显的方法论缺陷：缺乏对沟通目标和具体行为特征的区分。通常，沟通是有目的的，或者旨在解决某个问题（如父母和孩子讨论如何改进学习），或者通过沟通增进双方的情感联系（如增进亲子间的相互理解）。沟通行为特征则是亲子之间典型的沟通行为特点，它可以是习惯化而无意识的行为，也可以是为达成特定目的而采取的有意识的做法。现有的量表要么是将沟通目标与具体行为（达成目的的手段）特征混为一谈，要么只是测定某个方面，这给亲子沟通研究结果间的比较和推广带来了困难。

　　在对已有亲子沟通相关理论和量表的反复比对中，池丽萍（2011）选择系统论作为构造理论体系的基础。以系统论的视角来看，家庭就是一个系统，父亲、母亲和子女都是系统中的元素，亲子沟通发生在元素之间（即父子之间、母子之间），这就形成了家庭系统中亲子沟通的三个元素和两个关系。同时，家庭中的各种关系可能会相互影响，如父子和母子沟通一致或冲突，两者互相削弱或增强，这就出现了"关系的关系"，即系统问题。因此，池丽萍提出，对亲子沟通的考察应该从元素、关系、系统三个层面进行（见图13-3）。（1）元素层面：测量亲子沟通中各沟通主体（父亲、母亲、儿童）的沟通能力及倾向（图中的①）；（2）关系层面：分别考察父子沟通质量和母子沟通质量（图中的②）；（3）系统层面：两种亲子（父子、母子）沟通之间的关系，即协调程度（图中的③）。这三个层面上的良好表现及三个层面之间的较好匹配是有效亲子沟通的保证，因此，该模型被命名为"亲子沟通的三层次模型"。

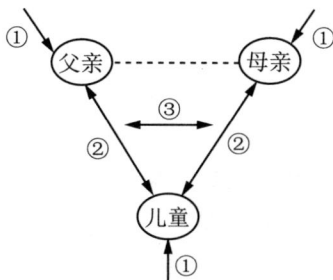

图 13-3 亲子沟通的三层次模型

基于上述理论模型，池丽萍编制了相应的测量工具——亲子沟通量表。量表从元素、关系和系统三个层面测量亲子沟通状况。

分量表 1(元素)：沟通能力分量表

量表由表达能力和倾听能力两个维度、共 20 个项目组成。每个维度又包含 2~3 个成分，其中，表达能力包括表达的主动性、清晰性和策略性，倾听能力包括沟通者的开放性和敏感性。各维度得分越高表示沟通能力越强。每个成分的含义及在量表中的对应项目如下：

(1)主动性，指沟通者积极主动地发起话题、参与谈话的倾向，对应项目如"对讨论的话题，积极提出自己的看法和观点"；

(2)清晰性，指沟通者清晰、明确地阐述自己观点的能力，对应项目如"能清楚地表达自己的意图"；

(3)策略性，考察沟通者表达的技巧、间接达成目的的能力，对应项目如"在提及某些棘手或敏感的话题时很有技巧"；

(4)开放性，测量沟通者容忍、接受不同看法的倾向，对应项目如"允许对方表达不同想法和感受"；

(5)敏感性，主要指沟通者的谈话应对能力和善解人意的倾向，对应项目如"能毫不费力地觉察到对方的感受和意图"。

分量表 2(关系)：亲子沟通质量分量表

这一分量表主要测量家庭中父亲、母亲与孩子沟通的质量，共包括 12 个项目，由两个维度组成：关系指向和问题指向，每个维度包括 6 个项目，以此分别评价父子沟通和母子沟通。两个维度分别描述：(1)亲子沟通在增进亲子情感、维持和发展关系方面的质量，对应项目如"我和爸爸的交流让彼此更加亲密"；(2)亲子沟通在解决家庭和儿童所面临的实际问题等方面的有效性和质量，对应项目如"我和妈妈的讨论能够加深对问题的理解"。维度得分越高，表示亲子沟通在增进关系或解决问题方面的质量越高。

分量表3(系统)：亲子沟通系统分量表

分量表从"平衡性"和"一致性"两个维度描述父子沟通与母子沟通之间的关系。"平衡性"维度由6对"对偶"项目组成，如"通常情况下，我愿意与爸爸交流我的想法"与"通常情况下，我愿意与妈妈交流我的想法"构成对偶句子。它可以测量父亲和母亲在亲子沟通中各自所处的地位，两者地位差异的大小(以得分差异的绝对值表示)反映了父母在沟通中地位的平衡程度，差值越大说明父母所起作用的差别越大，沟通地位越不平衡。"一致性"维度由描述父子沟通和母子沟通不一致性的6个项目测量，得分越高表示两种沟通越"不一致"(为了和平衡性得分的含义统一，未做反向计分)。

实证研究表明，基于"亲子沟通的三层次模型"编制的亲子沟通量表有很好的信度和效度，可以在今后的研究中广泛使用。更为重要的是，该模型整合了现有各种相关理论，有效推动了我们对亲子沟通本质的认识。

[资料来源：池丽萍(2011)]

思考题

1. 如何看待理论的重要性？
2. 归纳主义和演绎主义有何异同？
3. 简述理论的实际建构过程。
4. 好的理论要满足哪些标准？
5. 范式革命思想是否适用于心理学？
6. 心理学的理论解释面临哪些困难？
7. 如何对心理事象进行描述和分类？
8. 结合某一认知理论，说明过程理论的特点。
9. 何谓发展理论？
10. 心理学中的结构理论有哪些？
11. 如何看待结构和功能？

12. 举例说明影响因素理论和层级理论的特点。

13. 简述哲学对心理学研究的意义。

14. 心理学中的哲学问题有哪些？

15. 心理学研究中如何应用系统论思想？

练习题

1. 选择本章未曾列举过的一个理论，对其做理论评价。

2. 结合本章未曾列举过的心理学理论，说明各种理论类型的特点。

3. 阅读科学方法论方面的一本书。

综合实践

针对自己撰写的研究报告，进行理论反思，并加以修改。

第十四章
研究报告写作

第一节　研究报告的结构

第二节　问题提出部分的写作

第三节　研究方法部分的写作

第四节　结果部分的写作

第五节　讨论部分的写作

第六节　其他部分的写作

受到良好的方法学训练可以让我们做出好的研究，好的研究最终需要形成产品——学术论文。论文写作是学生和研究者必须掌握的基本功。提高论文写作质量，才能实现科学传播和交流。科学研究成果只有汇入人类知识的海洋才有意义，学术论文就是承载这些知识驶向知识海洋的航船，然而一艘粗制滥造的航船可能会葬送我们辛苦研究的成果。写出高质量的学术论文，打造好"知识之舟"，科学研究的成果才能传播得更远。

通俗地讲，论文要通过答辩或评审，不仅要研究"做得好"，还要文章"写得好"。要写好文章，必须掌握论文写作的原理、技巧和规范。论文主要有文献综述和研究报告两类，由于本书第三章介绍过文献综述类论文的写作，故本章只介绍研究报告的写作。

第一节 研究报告的结构

研究报告是各类学术论文中最典型，也是最复杂的形式，掌握了研究报告的写作，也就掌握了各种学术论文写作的基本功。研究报告有特定的结构，我们要理解这种结构背后的本质，掌握各部分的写作要求。

一、研究报告的"八股"结构

在形式和内容的关系上，形式虽然不决定内容或本质，但我们必须从认识研究报告的形式结构开始，形成对研究报告样式的直观认识。通常，一篇完整的研究报告，在形式上要包括"八大块"：题目、摘要、引言（也称"前言""问题提出"）、方法（包括研究设计、被试或参与者、工具或仪器材料、程序等）、结果、讨论、结论（也可包括在讨论部分）以及参考文献（表 14-1）。可见，研究报告很类似"八股文"。此外，正式发表的研究报告还有作者署名与单位、基金资助信息、致谢、附录等；若研究报告以中文写作，则通常要提供英文摘要。

表 14-1 研究报告的"八大块"

组成	内容	地位或目的
题目（Title）	关于文章主题的概括	全文最重要的一句
摘要（Abstract）	对全文简短的概括	摘要通常让人决定是否读全文
引言（Introduction）	说明要做什么、为什么做、将大致如何做	让人明白研究的必要性与可行性
方法（Method）	说明具体如何做的	要体现研究的可重复性
结果（Results）	报告研究得到了什么	如实呈现自己的发现
讨论（Discussion）	阐释研究发现的含义与意义	研究结果的含义从来都不是不言而喻的，必须加以讨论
结论（Conclusions）	概括基于研究结果达成的确切知识	让读者明白研究究竟得到了什么
参考文献（References）	按照顺序罗列文中引用过的文献	不基于文献的研究通常不算"科学"

研究报告要讲述一个"完整的"故事，清楚地交代来龙去脉，说明为什么做一项研究，具体做了什么以及如何做，然后发现了什么，这种发现意味着什么。这几个方面分别要在引言、方法、结果和讨论等部分详细阐明。这些部分都交代清楚，才构成"完整的"故事，否则文章写得没有"来头"或"来由"，或者有始无终，或者中间过程不明不白，就不是好故事，也不是好论文。

虽然学术论文在创作手法上不同于故事（或小说），但是结构上却可与其类比。普林斯（G. Prince）曾经给"最基本的故事"（minimal story）做过如下定义：三个相连的事件。第一和第三事件诉说一种存在的状态（如"约翰很穷"），第二事件是导致转变的因素（如"后来约翰发现一坛黄金"），而且第三事件与第一事件相反（如"约翰富了"）。这三个事件被以下列的方式所连接：时间上，第一事件先于第二事件，第二事件先于第三事件；而且第二事件导致了第三事件（转引自麦克洛斯基，2000）。如果用普林斯关于"故事"的定义来套，实验法就是一个故事，实验报告都是在讲故事（辛自强，2005）。实验通常包括这么一些基本的"情节"：一开始，实验组和对照组在某个变量上处于同一个水平；然后，对实验组加以干预或处理；最后，两个组的结果不同了。由此，写实验报告，难道不是在讲故事吗？这么说，实验心理学专家可能不高兴。但是，这至少提醒我们，写研究报告一定要讲一个结构完整的故事。

二、"八股"结构的背后

上大学、读研究生时，大家最初都急于学习如何写研究报告，因为这种文章有些基本框架，必须了解了才能写。不久，我们就明白了什么是"问题提出"、什么是"研究方法"，什么是"结果""讨论""结论""参考文献"，至此好像都明白了：研究报告就是这么几块嘛！掌握这个八股格式，把自己研究的想法和做法分别写在这几个大标题下就是像模像样的研究报告了。然而，这只是对研究报告的初始理解而已，了解的是表面，而非内里。样子好学，精髓难得。研究报告的"八大块"在形式上虽似八股文之死板，但理解了其本质或内在的合理性，才能欣然接受，并在这个框框中做到游刃有余。

研究报告的形式结构是由其本质决定的。研究报告的本质是要报告一个有价值的研究结果。研究结果的价值不是自己说"好"就行了，而是要放在纵向的历史体系中来看，即说明在自己的领域内比前人推进了什么，对后人有何启发。所以，研究报告必须采用"前有古人"而"后有来者"的结构。所谓

"前有古人"，就是要说清楚在自己的研究之前，人类已经取得了哪些认识、做出了什么结果、提出了什么理论，总之说明已经取得的进展。这还不是目的，目的是说自己为什么研究，说明自己的研究思路、理论假设如何同前人有关，即我们依据什么做自己的研究，我们的研究解决什么问题。而这些正是问题提出或引言部分要完成的。因此，必须在做研究之前综述本领域的进展，分析有什么问题需要自己解决，自己为什么那样研究。

在报告自己的研究方法之前，所有的内容都是为了展示自己的研究同人类已经在该研究领域积累起的知识的关联。在报告自己的研究结果之后，就到了讨论部分，讨论部分的结构和问题提出部分基本是"镜像对称的"。在讨论部分，要澄清自己的研究结果的含义，自己的诸多研究结果的关系，自己的结果和理论假设的关系，自己的研究结果和同类研究的关系，与相关理论的关系，是否能从自己的研究结果中概括出某些理论认识，自己解决了什么问题以及还有什么问题没有解决，今后应该往哪里努力。可见讨论的目的是回应"古人"，指引"来者"。从形式结构上看，问题提出是"从大到小"的聚焦过程，从人类认识的状况及其局限聚焦到自己的研究思路和假设上；而讨论部分，正好相反，是个"从小到大"的过程，从自己结果的分析，再扩展到自己的研究与科学发展的历史长河的关系上。这就是研究报告两端的问题提出和讨论部分，其形似一个沙漏：从大到小，再从小到大，两端是镜像对称的。

沙漏的腰部是很细的，研究报告的"腰部"也是要"细致入微"的。如果说问题提出部分说明"为什么"做研究，讨论部分澄清研究出的结果是什么意思，有什么意义，那么方法部分和研究结果部分就像沙漏的腰部，要确切地、具体地说明研究如何做的，研究得到了什么。其写作标准是保证可重复性且易被理解。方法部分必须明确自己做研究的关键细节，让读者知道研究的具体操作程序；结果的呈现必须采用学科公认的呈现方式，让别人能迅速理解而少生歧义。研究报告"腰部"结构很收敛，平实说明即可，较为容易把握。"细腰"总好"把握"。

研究报告的结构活像一个沙漏。

相比之下，前后两头（问题提出和讨论部分）较为发散，也较难掌握。

总结一下，研究报告的结构特征是为了两个目的而存在的：一是说明自己的研究与科学历史长河的关系。每个研究都是科学这条长河中的一朵浪花，离开大河，单独一朵浪花再美丽也没有意义，很快就会"人间蒸发"，再也没有人记起。一篇研究报告正是通过问题提出和讨论两个部分，建立起了与科学知识体系的关联，融入了科学长河。二是让同行和后来人可以理解并重复自己的研究。如果我们不知道某个研究是如何做出来的，我们就会怀疑研究的结果。这里恰好体现了科学和魔术的区别。科学不仅告诉别人世界是什么，还要告诉别人如何做才能认识到世界是什么。也就是说，科学家必须告诉别人获得或否定自己结果和观点的方法。而魔术的不同恰恰在于，只让别人看到神秘的结果，从来不能道破自己如何做出结果。所以魔术的成功在于"欺骗"，在于神秘莫测；科学的成功在于告诉别人推翻自己研究结果的可能方法和途径，来不得半点模糊和虚假。研究报告的方法和结果部分的写作要具体、细致，正是体现了科学对可检验性和可重复性的内在要求。

　　研究报告结构明确，貌似好学，但要把研究报告写得游刃有余，需要肯花时间，多下功夫，还要理解、领悟其中的原理和规律（延伸阅读14-1）。而在对研究报告达到新的掌握和理解之前，这个漫长的过程会让有些人误以为自己好像不适合做研究，于是慢慢平息了对研究的热情，以为自己不是做研究的材料，于是"淡出"了研究圈子（实际上还没进去呢）。很多人都很可惜，本来是科学家的材料，就是太着急了。

延伸阅读 14-1　写论文"若烹小鲜"

　　为了更形象地理解写研究报告的过程，我们可以用"做菜"来类比。假定在家里，今天轮到你下厨烧菜。典型的过程应该是这样的：首先，做菜前的准备。包括去了解大家最近的饮食习惯和状况（相当于文献综述），问大家有什么偏好和需要（搞明白待研究问题），然后提出菜品方案（研究假设），这些都类似于"问题提出"过程。其次，做菜。包括置备原料，如各种主料、辅料（找被试、设计实验材料），准备烹调工具（实验器材和设备），搭配原料（实验平衡与控制），讲究程序，如下锅顺序、火候时机（类似于研究程序），这些就是具体实验方法和过程了。再次，成品出锅。要合理摆放、盛放菜品，注意营养配搭，做到色香味形俱佳（类似于研究结果的呈现，要规范地报告结果，还要善于出彩，否则别人看不懂，或者不喜欢看）。又次，品尝大菜。全家人围坐一起，品尝自己的"研究"

结果，点明烹饪手艺和程序的影响，品评每个菜的得失，比较各个菜的差异，综合判断厨师手艺高下、与同行比较水平如何，指出今后努力方向，这些都与研究报告的讨论部分一样。然后是结论，这桌菜不错，下次你还做；或者算了，赶快换厨师，太难吃了。最后，给出参考文献（看了哪家的菜谱，用了哪家的兵法），写上英文摘要（如客人有外国人时，必须给出菜品译名）。

《道德经》里面说"治大国若烹小鲜"，写研究报告又何尝不像"烹小鲜"呢？事虽不同，但万物同此一道。若不理解其中奥妙，就会走上错误的道路，写出低劣的研究报告或者炒的菜很难吃，把"小鲜"炒煳了、弄碎了（"治大国若烹小鲜"，并非说治国是"小菜一碟"，很容易，而是很难，难就难在掌握不好火候，翻来覆去，小河鲜就折腾碎了，最后会"砸"在锅里）。下面举些例子来说说其中的道理。

厨师不了解食客的口味、饮食习惯和历史，就不可能做出好的饭菜。比如，这帮食客天天大鱼大肉、鱼翅燕窝，都烦了，你再给他重复"研究"，肯定没好结果。"既往不咎"，只管自己闷头烧菜，做出来的东西就不会有市场。在写研究报告时，也必须做好充分的文献综述，详细论证问题的提出。那些文献综述不过一段的论文，通常也不会是好论文；那些要求问题提出必须在两三百字内完成的刊物，也不可能发出高水平文章。科学研究不能搞"前无古人，后无来者"。"前不见古人，后不见来者"的结果就是"独怆然而涕下"（陈子昂诗句），因为这样的论文，答辩或评审很可能通不过。

同样一道菜，其好坏并非固定不变的；同样的研究结果，其含义和价值也是需要挖掘的。如果一位厨师不仅能做一道菜，还能讲明白做这道菜的典故、缘由和价值，那就是真正的大厨了。厨师介绍说："你看这道菜，是当年大明开国皇帝朱元璋的最爱……你看这'珍珠'豆，植物蛋白丰富，这'翡翠'白菜，那可是温润清火，富含维生素……"如果听厨师如此这般述说，哪怕就是烂白菜帮子炖豆芽，食客也会兴致盎然，赞不绝口——这"珍珠翡翠白玉汤"真是好。菜的好坏，还是要品评的，还是要"讨论"的，研究报告中也要在"讨论"上下功夫。真正的创造性、价值、水平，就体现在讨论中。一个再好的研究，如果不能和人类科学的洪流建立关联，不能在现实火热的生活中找到落脚之处，就可能被埋没，永远无人问津。通常，研究方法和研究结果的写作章法明确而严谨（要的是

"千篇一律"），而问题提出和讨论部分则相对灵活，恰恰是作者发挥水平的地方（要的是"独树一帜"）。

总之，写研究报告要掌握每部分的目的和宗旨，既谙熟"千篇"之"一律"，又懂得如何"独树一帜""别出心裁"。从掌握规矩，到"随心所欲不逾矩"，游刃有余地在规范之下创造思想的一番"洞天"，这就是写研究报告时的进步之阶。虽然攀爬艰苦，但唯其如此，才可能做到"写研究报告若烹小鲜"——循着其中规律，才能应对裕如。毕竟，哪个大厨没切过自己的手呢？哪个大师不曾有文章永远锁在抽屉里呢？大厨与大师都是这么造就的。

第二节 问题提出部分的写作

研究报告正文的第一部分是引言，即问题提出部分。顾名思义，这部分要引入研究问题，阐释提出问题的目的、依据和逻辑。从内容上讲，通常要包括如下几部分：（1）引子，即简单的问题引入；（2）文献的回顾，用于介绍必要的知识背景（包括基本概念、理论基础、必要的方法学铺垫等）以及以往研究的进展等；（3）文献的评论，旨在通过评论以往研究来阐明自己研究的必要性；（4）介绍自己的研究，包括研究问题与目的、理念与思路、研究假设等。

一、引子

在正式叙述文献之前，通常要简单地引入并点破问题，这种引子通常写一小段即可，顶多两三段，虽然字数不多，但颇难把握。"万事开头难"，写文章通常在第一句、第一段上会花很多的时间。

文章究竟如何开头呢？我们首先要明确"引子"写作的目的。引子是文章开始的引导性段落，是为了尽快让读者明白文章的基本主题、关心的问题、侧重点甚或观点以及写作思路等，它提供了文章最基本的引导性信息。引子的写作应该达到的目标包括：能引人入胜，吸引读者继续阅读；能让读者明白文章的主题和写作意图。

具体如何写作引子呢？这里总结一些常见的写法。

第一，从现象引入问题。很多学术研究都有其现实基础，旨在揭示和解释某个具体的心理现象，或者回答某个实际问题。因此，用一两句话描述一个现象，并指出现象的本质或可能的解释，然后由此点出要研究的学术问题。

第二，从理论推导引入问题。若从学科基本的理论推导出某个尚待检验的假设，或者找出不同理论观点的矛盾，找出理论与现实的矛盾，这能很好地引出要研究的问题。

第三，从学术争论引入问题。一个学科经常就某一具体问题存在不同的观点和理论解释，或者对同一问题有不同的研究结果，简单阐明这些争论，然后可以由此快速引出本研究的问题。

第四，从成说或某种观点引入问题。现成的权威学说和观点，提供了引入本研究问题的最好起点，说明自己将如何基于或超越这些学说和观点，也就引出了本研究的问题。

第五，从关键概念的界定或理论观点的介绍引入。一项研究往往需要建立在某些关键概念或理论框架基础上，因此，这方面必要的介绍有助于读者迅速把握文章的立意。

在引出拟解决的问题、欲研究的现象之后，还可以对基本观点、研究思路或特殊的方法论等做粗略交代，也可以点明研究的目的。

在引言的写作中，一般要注意如下问题：(1)引子不能过长。引子的长度只能在全文篇幅中占很小的比例，越简洁越好。(2)引子不宜太难。引子不能写得过于深奥难懂，不必要的术语、艰深的理论和很专门的技术都不适宜在文章的开篇介绍，否则读者一开始就被搞懵了。(3)注意引子的语气。引子应能设置疑问，并指出悬疑解决的可能方向，不宜以完全确定的语气表述。若引子写得像研究结论就没有吸引力了，更不能与论文摘要或其他部分有句段上的完全重复。

二、文献的回顾

一项新的研究需要有坚实的文献基础。一方面，这些文献为自己的研究工作以及读者理解这项研究提供了必要的知识基础；另一方面，这些文献只是基础，是新研究超越的对象。没有文献基础的研究，通常算不上科学研究，因此一篇研究报告总是包含必要的文献回顾。

文献回顾的写作通常要从现象或一般领域入手，然后聚焦到其中一个重要的方面，这个方面正是研究要关心的主题。这样写作，读者能立即理解这项研究在一个较大的学科、方向或领域中的定位，明白研究的适用范围。此外，还要对研究涉及的基本概念和理论做简要介绍，提供必要的知识背景，帮助读者理解。

接下来就要展开叙述最直接相关的文献，如关于某个问题有几种基本的观点和研究结果，常用的研究方法有哪些。然而，这些文献的介绍应该是"有组织的"，比如你发现有 4 篇最直接相关的文献是必须要回顾的，通常不要直接罗列这些文献。张三发现什么、李四研究得到什么、王五如何认识、赵六提出什么……这样罗列是初学写作时最容易使用的办法，然而这种"无组织"的文献清单既让人乏味，也不能为后面的文献评论做好铺垫。

文献的呈现要做到有组织，就要仔细梳理文献的关系，让它们服务于自己将要做的评论，通过逻辑地呈现文献，为点评文献做好准备。组织的方式有很多。例如，若关于某个问题有不同的观点，就要澄清不同的观点以及各自内容，并说明各自观点的证据、立论逻辑等，这时文献都要服务于观点，所引文献作者要么是观点的提出者，要么是证据的提供者，由此文献的评述是以"观点加证据"的方式组织的。又如，我们要阐明该内容领域先后有哪些观点、发现或研究技术，就要采用按照时间顺序组织文献的方法，以说明研究演进的逻辑。再如，要说明文献之间是如何相互启发和超越的，就要基于文献之间的逻辑关系来组织，说明一种假说如何被验证，被证明的观点如何面临矛盾的发现，矛盾的发现又如何被整合进新的理论框架。要做到文献写作是有组织的，我们必须事先精心阅读、有效掌握文献，吃透文献之间的关系。

文献的组织应该有一条最合理的线索，这个线索是简洁而明晰的，体现了该领域研究的历史过程和逻辑过程。不符合历史过程的逻辑化组织，那是对历史事实的篡改；没有逻辑加工地罗列以往文献，让文章写得像个"大事年表"，就看不出科学推进的方向。因此，文献写作既要尊重历史过程，又要做到逻辑地把握历史。

文献的回顾一定要带着回顾者的视角或眼光。这种视角让已有知识获得了生命力，并具有了叙述的逻辑，有了视角就可能发现已有文献的价值以及新的内涵，或者今后拓展的可能性。否则，简单罗列已有文献只能提供一些孤立的知识点，而不能勾画出知识长河的整体轮廓，体现不出知识潮流的起承转合。

回顾一篇文献时，究竟要介绍文献的哪些信息应根据文献的引用意图而定，绝非对所有的文献都提取并介绍同样的信息。没有经验的写作者会把别人文章的摘要直接粘贴到自己的文献回顾中，然后逐一罗列"谁"在"哪一年"，采用"什么方法"，研究"哪些被试"，发现了（提出了、认为）"什么"。这样会让文章看起来冗长而没有重点或焦点。综述文献时，应该根据自己的研究意图对文献信息有选择地使用。当然，这种选择应该保证忠于原作，不能造成曲解或误解。

从结构上讲，文献回顾的写作应该以自己的观点去组织、安排文献，每一个段落都有明确的中心意思，段内每层的意思明确，意义的起承转合思路清晰。总之，文献要服务于综述者的观点，又能体现该领域的研究状况，而不能只是罗列文献，不能让综述者跟着文献跑。例如，下面一些句段结构特点可能是存在问题的。

第一，一段话没有中心，只是介绍一两条文献。初学者经常会做这种没有目的的文献介绍，文献本身的描述几乎占了这部分的全部篇幅，而没有提炼出自己的观点和思路。其典型句式之一是以文献作者人名打头，如"某某人或某某的研究如何如何"。若文献回顾的每段都如此写作，读者就无法明白为什么要大谈别人的研究，作者自己的观点究竟是什么，如何看待已有研究。

第二，一个中心，几个例证。更常见的、水平比上一种更高的写作，就是这种"一个中心，几个例证"的叙述结构。有了中心论点，也有了支撑论点的例证或论据，但是却没有对论据与论点关系的论证过程，也没有对论据之间关系的分析。这种文章好似"一个鸭妈妈（论点）后跟着一群鸭宝宝（论据）"，却没有有效组织它们的关系。这样做虽然表明作者认识到了中心句对段落意思的"统帅"作用，但是尚未做更深入的"关系"加工：论点与论据的关系、论据与论据的关系，进而论点与论点的关系等。虽然说"事实胜于雄辩"，但我们也不能只举例子，"不讲道理"，讲道理，就是以论据来论证论点的过程，就是对各种"关系"的论述。

第三，句段关系过于复杂。这种"关系"加工，通常让段与段之间的关系、段内各句之间的关系变得复杂，但我们并不鼓励句段关系过于复杂的写法，因为这会增加读者理解的困难。因此如何以最简洁的组织方式呈现复杂的意思，是写作时必须考虑的问题。比如，有的作者在一段之内表达的意思特别复杂，以至于语义转折了几次，都还没有得出自己的核心主张。这时的句式表现是不断使用转折词"但是""然而"等。通常转折一次后的意思是比较容易明白的，转折两次尚可接受；如果使用更多转折的话，读者可能都不知道意思转折到哪里去了，这段话的组织肯定是不妥当的。通常，一段话不能连续转折两次以上，即不能连续使用两次以上的"但是""然而"等。

总之，文献回顾部分的组织结构应该服从内容的安排和写作目的，其组织结构应该是精心安排的。只有其结构明确，组织严密，才便于理解所引用的文献的含义和价值。

三、文献的评论

在大致介绍文献之后，或者同时，应该对文献做出评论。文献评论的意义在于说明这些文献对新的研究有何启发，新研究如何继承了已有研究；更在于指出已有研究存在的不足与局限，从而找出研究突破口，证明开展新研究的必要性。一篇研究报告中的文献评论部分所发挥的作用，就好像竹子上的竹节，打一个"结"是对一段成长史的巩固，以便为新一节的成长做好准备。也就是说，文献评论是为了在研究上"总结过去，开创未来"。

文献评论的写作通常要考虑如下原则。

第一，在内容上，应该"表扬为辅、批评为主"。文献评论的内容既包括对已有文献的肯定，也包括对问题的指陈。在日常生活中，对别人的评论，往往是"表扬为主、批评为辅"，但在文献评论上，其核心是"批评"，即对以往研究仔细评析，指出问题，找出漏洞，挖出矛盾。当然，可以采用"欲抑先扬"的写法，这样会让人觉得批评更容易接受。

第二，从性质上讲，文献评论是学术评论而非道德评价。无论是对已有研究的"表扬"还是"批评"，在研究报告里都应该是学术层面的评论，要以客观的态度、平实的语言具体指出已有研究存在的问题。绝对要避免对文献，尤其是对作者本人做任何道德上的褒贬。比如，我们可以指出某篇文献思路上的漏洞、某项研究设计上的不周延，但不能对作者的学术水平和人品有任何直接的评论。

第三，从写作风格上，文献评论要"有理、有据、有节"。"有理"，是指评论时应该观点明确，无论是对优点的肯定还是对问题的指陈都要说到关键点上，不能含糊其词。"有据"，是指评论时不仅说明好坏，更要指出好在哪里、问题所在，若需要则提供相应的证据。比如，若不赞同某观点，就要提供必要的反证；若不赞同别人的论据，就要指出其论据是否真实，是否能作为某观点的有力证据。"有节"，是指写作风格上虽然要直陈要害，但不可采取咄咄逼人的口气，因为科学研究中错误总是难免的，甚至是必需的，因为科学本身就是通过否证错误的假设，来筛选真理的。此外，很多今天很容易看出来的破绽或者问题，在作者当时的历史背景或科学发展状况下未必是容易的，因为哪怕一个出色的学者，也很难比其当时的智力土壤超出太多。

第四，对文献问题的评论不能过分超出自己能解决的问题范围。原则上，在一篇研究报告中，我们不必把某方面已有研究或某项研究所有的问题都评析出来（或许对于一篇专门的文献综述类论文，这是可行的），而是根据自己的研究目的和内容来做有针对性的评论，自己能解决多少问题，就指出多少问题。否则，对已有研究列出一堆问题，而自己又解决不了，会有"眼高手低"之嫌。因此，要在自己"力所能及"的范围内评论文献。

文献评论部分的写作在文章结构或语言风格上要注意哪些问题呢？

第一，通常要采用夹叙夹议的结构。文献评论主要是"议"，即点评和议论。我们要在评论别人研究"之前""之后"或者"过程中"明确自己的观点，还要"叙述"支撑自己观点的证据，论证观点与证据的关系，所以文献评论通常要采取夹叙夹议的结构。但要注意文章的句式和语气，确保读者能明白哪些句子是在叙述别人的研究，哪些句子是自己的评论和论证。

第二，句段的逻辑性尤为重要。虽然写文章的任何部分都要有逻辑性，但是在文献评论中尤其要重视写作和推理的逻辑性。一个证据究竟是"证实""支撑"，还是"暗示""启发"了某种观点呢？或是"证伪""反驳""不支持"某种观点呢？我们要准确地表述论据和论点的关系。某个观点是否能必然从某个理论或前提假设推出呢？几个命题是否能综合推出新的命题呢？我们必须保证推理严密合理。

四、介绍自己的研究

在回顾了选题的文献基础并对文献做了评论之后，就该说自己要做什么研究、如何做研究了。对自己的研究进行介绍时，要包括如下内容：（1）问题与目的。通过评论已有文献，我们就找到了一个领域亟待解决的问题，从而找到了自己研究的方向，这时我们要明确表述自己的研究要解决的问题、要达到的目的，并简单说明这样做的价值和意义。（2）基本的理念和思路。问题和目的明确后，自然要说明自己以什么样的理念来理解并解决这些问题，说明统帅研究的整体框架、意图、典型的设计思想。（3）研究假设或具体问题。在介绍自己的研究时，最后需要以"技术化"的方式表述清楚自己的研究假设，这样做的前提是基于文献或逻辑分析，我们能预测出可能的结果，从而对研究结果提出"有方向的"假设（如实验组在某个因变量上比对照组可能有更好的表现）或者"有关联的"假设（如A变量与B变量有中等程度的负相关）。然而，很多情况下，我们缺乏足够的文献基础而不能给出明确的研究假设，那么我们至少要明确表述出研究要解决的若干个具体问题。(4)其他需要阐明的问题。在问题提出部分的最后，有时还要补充说明一些特定的问题，比如特定的方法学考虑、特定的结果分析思路。

举例来说，对于一个跨文化研究来说，如何保证不同文化间样本的可比性，保证研究内容的跨文化等值性是一个基本的前提，这就要求我们阐明自己如何保证这两点。又如，自己的研究包括若干个子研究，就要在这里介绍每个子研究的目标，它们的关系以及整体目的。

在介绍自己的研究时，要注意如下事项。

(1)把握写作的"深浅"和层次。在问题提出部分，我们通常要不止一次地介绍研究的目的或拟解决的问题。例如，在引子部分就要开宗明义地介绍目的和问题，但这时说得通常相对笼统、概括，尽量不使用技术性语言；在做过文献评论后，开始介绍自己的研究时，也需要明确自己的研究问题和目的，但这时应该承接文献评析的思路，自然推导出自己的问题，问题和目的应该说得更为明确、具体；而在问题提出部分最后总结自己的研究问题或假设时，则适宜采用更为技术化的表达，比如用变量名代替理论概念，用统计语言代替日常语言。

关于研究思路与设计理念的介绍也是如此，在问题提出中通常只需要原则性地说明自己打算如何做研究，重在阐明这样做的意图与初衷，说明这样做如何有助于问题的解决，而非报告研究设计的技术细节，因为这些内容要留待方法部分专门介绍。

(2)提研究假设时要有根据。突兀地提出任何假设，都会令人费解，让人无法明白作者为什么要如此假设，所以提出假设时要相应阐明这样假设的文献依据、推理逻辑等。经常有作者随意地对一些人口学变量的影响做出假设，像假设"女性比男性焦虑程度更高""高年级儿童比低年级儿童在这个任务上表现更好"，好像这个问题是明摆着的，不需要解释什么依据和理据。但我们必须记住，任何关于性别和年龄差异的假设都需要阐明其依据，说明这样做是为了达到什么目标，我们不能只是因为容易得到关于这些变量的结果，就顺便做个假设并分析结果，这里不能做"搂草打兔子"的方便之举。对于所有假设都是如此，只有阐明了提出假设的依据和理据，我们才能知道该假设被接受或拒绝，对于一个领域的科学研究意味着什么。

第三节　研究方法部分的写作

研究方法部分的写作要达到的目标是保证研究的可重复性，在内容上"需要"也"只要"如实地讲自己的研究如何做，包括介绍被试、研究设计、变量的观测方法与工具、仪器、材料与程序等。关于研究方法要提供足够的、客观的、准确的信息，便于有兴趣的读者重复验证你的研究。至于哪些信息需要介绍，介绍多详细，这要看研究类型，也要看这些信息的紧要程度，即是否影响研究可靠性和有效性及其程度。

一、被试

通常，我们的研究是关于特定群体的（动物或人类），那些作为研究对象的动物或人构成了"被试"。然而关于这个名称却有诸多争论，通常把作为实验对象的动物称为"被试"（subjects）并无不妥，然而，这个名称如用在人类身上，似乎有不尊重之嫌——我们人类并不是等着被实验"摆布"（操控、测试）的对象，所以现在常用一个更稳妥的术语"参与者"（participants），这在西方的期刊中已经成为确定的规则。但是，在中文刊物中我们依然可以称为"被试"，因为"参与者"指称的既可以是被试，也可以是主试及其他人，而在研究报告的"被试"部分，通常只需要介绍作为研究对象的被试，而不必介绍主试。除了主试，有些研究中还使用作为"托儿"的"假被试"，他们只是主试设置实验条件时所用的共谋者，不是真正的被试，故不必在此部分介绍。此外，研究过程的协助者，如摄像师、编码人员等都不必在这里介绍。

总之，心理学中的"被试"通常指的是研究对象，包括接受实验或被调查的人或其他动物。然而，一些情况下研究对象并非限于这些活生生的被试或有机体，而是某个被定义了的现象或系统。例如，要研究班级气氛，被试可以是学生或教师，但是他们只是作为资料提供者而已，而非真正的研究对象。因此，在这种情况下，表述时要区分"资料提供者"与研究对象。

在介绍研究对象和被试时，首先，要准确描述该总体的内涵和外延，明确被试总体的本质特征和范围。例如，研究"留守儿童"时，要介绍这个"留守"究竟指什么意思，"儿童"是多大年龄范围的。这样读者才能知道所抽取的样本是否能够代表总体，以及究竟在多大范围内推广或使用研究的结果和结论。

其次，要准确描述样本容量。样本容量就是样本内个体的数量，通常我们只需要报告"有效被试"的容量，所谓"有效"指这些被试的数据能进入统计分析程序。然而，有时（如做社会调查或干预试验时）存在被试流失问题，比如向 500 人发放了问卷却只收回有效填答的问卷 440 份，就有 60 人成了无效被试；又如本来有 50 人要接受 4 次实验干预，但是可能只有 45 人坚持到最后，有 5 人中间就掉队或流失了。因此在介绍样本容量时，若有必要，应该简单介绍样本的流失情况，因为这可能降低有效样本对总体的代表性。比如，在关于大学生某种能力的训练实验中，那些流失的可能是能力偏低的、信心不足的被试，剩余的有效被试可能成为总体的有偏样本，从而影响研究结果的可推广性。

再次，要报告抽样方法。常用的抽样方法包括简单随机取样（利用抽签或随机数字表）、分层随机取样、整群随机取样、配额取样、方便取样等。只有让读者明白取样方法，才能让其知道研究的结论应该推论到什么样的总体中。比如在关于两国样本的跨文化研究中，两个国家的被试如何匹配，根据哪些特征做配额取样，这些必须交代清楚（案例 14-1）。

案例 14-1　两国被试的配额取样

在一项关于中国和加拿大两国人的人际信任比较研究中，这样介绍被试：为确保样本的可比性，在两个国家采用了相同的取样方法，两国被试在年龄、性别、教育和经济水平方面做了大致匹配。参加本研究的 202 名被试包括一般人群和大学生群体。其中，有 102 名加拿大人（50 名男性、52 名女性），平均年龄 31.94 岁；100 名中国被试（男女各半），平均年龄 32.92 岁。中国被试来自昆明市。其中的 50 名大学生选自云南师范大学和云南科技大学；50 名普通被试是从昆明市的一些公共场所，如居民区、驾校、商店等招募的，在招募时考虑了基本人口学特征的平衡和匹配问题。在加拿大的取样方法与此类似。被试来自渥太华市，其中包括来自卡尔顿大学的 52 名大学生，以及从社区招募的 50 名普通被试。

［资料来源：牛江河，辛自强（2009）］

要指出的是，在心理学的研究中，现有的大多数研究都不是真正的随机取样，而只是方便取样，所以我们不能随意地将其表述为"随机（random）取样"。当然随机取样最能保证样本对总体的代表性，但是通常不容易做到。不过，也不必太担心，如果我们不是做流行病学调查，只是想检验一些一般性的假设，样本只要没有显著的偏差特征，似乎不必纠缠于样本的"代表性"问题。例如，一项关于大学生的认知实验，总共需要 60 人做被试，我们无论如何抽样，都难以让样本真正代表大学生总体。相比随机取样，心理学实验更强调"随机分配"，即把样本按照随机原则和程序分配到不同的实验处理条件下。

最后，报告所有可能影响因变量或研究结果的被试特征。报告样本容量后，通常需要介绍如下信息：（1）基本的人口学特征，如性别分布（确保男女人数的总和与样本容量一致）、年龄的平均数和标准差（或全距）。对于教育心理学、发展心理学等学科的研究，可能还要报告"年级"信息，如有哪些年级，每个年级的被试数量。（2）其他可能影响研究结果的特征。例如，学历、职业、社会阶层、种族和民族等，这些特征在社会心理学甚至很多社会科学中都是重要的需要报告的信息；在关于脑认知的研究中，通常需要报告被试是左利手还是右利手以及被试的视力状况等；对于特殊群体的研究，要报告筛选被试的标准，如抑郁症患者、学习障碍儿童都是依据什么标准选定的。总之，凡是可能影响研究结果的被试主要特征都应该报告。

二、研究设计

研究设计有广义和狭义之分。广义来讲包括研究的所有准备性工作，尤其是方法方面的"计划"和"程序"安排；这里只讨论狭义的研究设计，即对研究中变量及其关系的组织框架的安排。研究设计的逻辑是否清晰合理，将决定研究结果是否成立或有价值。介绍研究设计时，首先要明确研究设计的类型，然后针对该类设计的特点有所侧重地加以介绍。

按照研究所考察的变量关系的性质，可分为相关研究和因果研究（参考本书第四章的介绍）。对于相关研究，要介绍清楚属于一般的相关设计（对一批被试收集两个或多个变量的数据）还是组间的被动设计（如根据性别分组，考察分组之间在因变量上的差异），变量有哪些，每个变量有几个观测水平或取值范围，变量属于哪种测量水平（称名变量、等级变量、等距变量、等比变量；连续变量，还是分类变量）。对于组间设计要说明哪个变量是自变量，哪个是因变量；对于一般的相关设计，若可能做回归分析，则要说明哪个是预测变量，哪个是结果变量。通常，相关研究的设计方法不太复杂，其变量关系容易说明。然而，因果研究对推理逻辑的要求更高，设计更复杂，其介绍也需要更为精细。对于旨在得到因果关系的实验研究，其设计类型的介绍要准确无误，如研究是被试间设计、被试内设计，还是混合设计，被试间变量有哪些，被试内变量有哪些，各自包含几个观测水平，自变量如何操作，无关变量如何控制。

在发展心理学研究中，通常从研究时间的延续性和被试样本的使用方式上将研究设计分成纵向研究和横断研究。介绍时首先要明确研究设计属于纵向研究还是横断研究。在纵向研究里，要指出每次测量间隔的时间长度，测量哪些变量以及变量的性质等；在横断设计中，则要说明各年龄组的年龄跨度的设定，当然还有变量的性质等。

总之，我们要清楚地知晓自己研究的设计类型，明确需要介绍哪些信息，并使用同行普遍接受的技术性语言（如变量、水平、被试间、被试内，等等）加以表述。在我们（张莉等，2010）一篇有关"5～9 岁儿童在不同复杂性任务上类比推理的发展特点"的研究中，这样介绍研究设计：

> 采用 4×2 重复测量的混合实验设计。自变量为年龄和任务复杂性，其中年龄为被试间变量（5 岁、6 岁、7 岁和 9 岁），任务复杂性为被试内变量（简单任务、复杂任务）。

这段关于研究设计的介绍做到了简洁、明确，但是疏忽了对因变量的介绍。因此，这段最后应该加上一句："因变量为被试的推理水平，即在类比推理任务上的得分。"

该文是基于张莉的硕士学位论文整理的，在其学位论文中，有明确的关于因变量的专门介绍，然而，在发表时却忽略了。在一项研究中，因变量是最重要的变量，一定要明确介绍，然而，很多发表的论文却只是清楚介绍了自变量，而忘记提因变量，特别是在重复测量的研究设计中，尤其容易忽略此点。

三、工具、材料和仪器

心理学研究往往要借助一定的手段或媒介实现，这包括工具、仪器和材料。关于这三个名称的界定通常较为模糊，甚至有很多重叠。工具（instrument）一般指调查和测试工具，如量表、问卷以及其他收集数据所需的测试手段，它们常出现在调查研究中；仪器（apparatus）通常指有固定规格的、专门化的器材设备，如计算机、录音和录像设备、眼动仪、脑电仪、磁共振仪、速示仪等，这些通常用于实验室研究或观察研究；材料（material），往往是实验或调查中临时设计或选用的作为刺激的材料或数据记录用的材料，如答题纸、词单、笔、卡片等。对于这些手段的介绍，要根据其类型各有侧重。

首先，量表和问卷这类工具的介绍。要介绍如下内容：（1）设计理念。需要阐明量表和问卷的设计思路、意图、理论依据等，特别是对于新编制的工具，尤其要介绍清楚设计理念。若这部分需要占用很大篇幅则放在问题提出部分专门介绍，而对于工具编制类报告则需要在问题提出之后专题介绍。通常，对于常用的工具只需要在方法中相应的部分简要介绍。（2）工具组成。包括工具的项目数量与组织方式、维度或因素、测试的变量或指标等。通常一份工具包含很多个项目，这些项目分别指向不同的维度、因素或者（潜）变量，有时一个变量还包括很多观测指标。例如，"大五"人格量表可能会用几十道甚或上百道题目（版本不同，题目数有差异），来测试宜人性、尽责性、外倾性、神经质、开放性五个人格维度。介绍时要明确说明题目总数、维度及其内涵、每个维度题目数等。（3）项目的结构与形式特点。项目包括开放式问题和封闭式问题，可以是对变量的正向陈述，也可以是对变量的反向陈述；此外，一份量表或问卷可能只用其中一类项目（如都是封闭式问题），也可能由若干类组成，通常需要对这些特征做出扼要说明。（4）项目评分尺度与作答方式。开放式问题，需要被试自陈己见，书面作答；封闭式问题只要选择能代表自己情况的合适选项即可。对于封闭式问题，要说明是称名（名义）变量还是其他连续变量，若是连续变量则要说明评分量尺及分值含义，如问卷采用"1～4"的四点量尺。（5）变量计分。一个变量可能是通过多个项目或指标合成的，就要说明如何计分（使用各项目总分还是均分，是否有项目需要反向计分）、可能的取值范围、取值含义（如对于一份抑郁症筛查量表，需要界定得分的临床含义）。（6）工具的信度和效度。通常一份自编的问卷可能不需要专门介绍信度和效度指标，但是对于一份量表而言，这些信息是必需的。这些信息可以是援引自编制者、修订者或其他权威来源的，也可以是自己本次研究数据计算的，特别是内部一致性信度、结构效度这些可以通过自己数据计算的指标，都应该报告出来。总之，上述信息通常应该在关于每一种工具的介绍中，流畅而连贯地介绍，只是要根据情况各有侧重。

其次，仪器的介绍。通常心理学专用仪器的介绍包括仪器的品名、型号、生产厂商、参数设置、工作原理、用途（测试内容或变量）等。例如，关于研究中使用的眼动仪器，就需要尽量提供这些必要的信息（案例14-2）。对于一些相对新颖的仪器要介绍得更详细些。除了提供品名、型号等基本信息外，尤其要说明必要的参数设置，因为这可能影响测试结果；还要简要阐明工作原理，说明通过这些仪器收集哪些变量的数据，测试什么指标。而对于一些常规的，甚至生活中常用的仪器则简单介绍或提及即可。比如，研究采用录音笔来记录访谈过程，我们似乎不需要介绍录音笔的型号、生产厂家等信息，因为这些不会对访谈质量和结果有多少影响。

案例 14-2　研究报告中对眼动仪的介绍

　　实验采用加拿大 SR Research 公司开发的 EyeLink 2000 眼动仪记录被试右眼的眼动数据。该设备由两台计算机组成，通过以太网连接。其中一台计算机呈现材料，另一台计算机记录眼动数据。被试眼睛的注视情况通过微型摄像机输入计算机，采样率为 1000 次/秒。在实验过程中被试双眼注视屏幕，但只记录其右眼的眼动轨迹。

　　实验材料呈现于 19 英寸纯平 Dell 显示器上，显示器的刷新率为 150Hz，分辨率为 1024×768。全部实验材料以白底黑字呈现在屏幕上，每一屏幕呈现一个句子，句子只占一行。被试眼睛与屏幕之间的距离为 75cm。汉字为宋体，21 号，每三个汉字的大小是 2°视角。

　　[资料来源：白学军等(2011)]

　　最后，材料的介绍。材料包括测试或刺激呈现用的材料，比如试卷、题单、题卡、词单、词卡，也包括记录结果用的材料，如答题纸、评分表等。对于前者，要说明其内容、结构、组织方式、测试的变量等(案例 14-3)；对于后者，要说明其结构、使用方式、数据与变量性质等。

案例 14-3　纸笔测验和计算机测验材料

　　在研究数字估计时，我们(刘国芳，辛自强，2012)这么介绍相应的任务。

　　使用数字线估计任务测查了幼儿的数字大小表征能力。采用 0～100 的、长度为 20 厘米的数字线，打印在 A4 纸上。数字线左端和右端分别标有数字 0 和 100，估计数字位于数字线上方正中。每张数字线有一个估计数字，共 20 个，分别为 5、8、16、17、22、29、32、39、43、46、52、57、61、64、75、78、81、84、93、96，按照随机顺序排列，幼儿需要在他认为正确的地方画竖线标记。

现在的研究比以往更多地使用自编程序来呈现刺激、记录结果。比如，对于上述纸笔测验，也可采用 E-Prime 软件（由美国卡耐基梅隆大学和匹兹堡大学联合开发的心理学实验操作平台）自编"数字线估计实验程序"，用于测量儿童在数字线上的数字大小表征能力。其基本任务结构为：在计算机显示器上呈现一个两端标有数值范围（如 0～100）但其上没有任何标记的数字线（在显示器上的长度为 20 厘米），由儿童在 60 秒内用鼠标在数字线上选定靶数字（如 5、8、16 等）的位置。计算机自动记录儿童的反应时、所选定位置的实际数字等，以此考查儿童数字大小的表征能力。这种计算机化的测试，容易实现材料控制（如随机化、恒定刺激时间）和数据记录，所以得到广泛使用。

四、程序

在研究报告的方法部分"程序"这个词可能有不同的含义：一是研究（数据收集）的程序，二是数据处理的程序。

先来说研究程序，它指的是从研究开始实施直到结束的这段时间内，主试和被试所做的具体事情及其步骤。比如，主试如何提供指导语和刺激，被试如何反应，反应如何记录，以及主试和被试这些行为或事件发生的顺序（案例 14-4）。

案例 14-4　关于阅读的眼动实验程序

（1）在被试进入实验室之前，主试或助手给被试一份眼动实验的说明，详细介绍本实验目的、所用仪器、施测程序以及注意事项。如被试仍有疑问，主试或助手予以解答。

（2）被试进入实验室，熟悉实验室环境，然后坐在距离眼动仪 75cm 处，将下颌放在下颌托上并将前额贴在前方，主试告知被试在实验过程中尽量保持不动。如果实验过程中觉得眼睛疲劳，可以告诉主试要求休息。

你的眼睛已经出卖了你的心，眼动轨迹代表了心灵轨迹。

（3）主试对被试进行校准，以保证被试眼动轨迹记录的准确性。

（4）校准成功后，进行练习，以便让被试熟悉实验流程。练习之后是正式实验，全部实验大约需要20分钟。

［资料来源：白学军等(2011)］

对于研究程序的介绍，应该以合适的组织框架逐一介绍每个环节和步骤。介绍要做到准确、详尽，以保证其他研究者有可能通过重复这些程序而复制该研究。例如，对于有前后测和对照组的实验设计，则要说明前后测如何进行，实验组如何提供刺激或干预，以及对照组做控制的过程。若被试被随机分配到实验组与对照组，这种"随机化"究竟如何做到真正的随机，也需要说明。

虽然研究程序部分主要是说明"如何做"，但是在可能影响读者理解程序背后道理的地方，可用一两句话简单说明该程序的目的或背后理念。然而，关于程序背后更复杂的理念、实验策略等则需要在问题提出部分的最后专门介绍。所以，作者需要学会仔细区分，什么内容应该放在问题提出部分，什么又该写在研究设计部分，以及哪些才算"研究程序"。

研究程序往往要包括"指导语"，即给被试的研究介绍、实验条件的控制指令、对被试反应的指令和要求等。若仔细区分，指导语大致有两类或者说两方面内容：一是用于操纵实验条件（即自变量）的指导语；二是给被试的反应方式的指令。如果指导语较为简洁，可以直接把它放在程序部分完整介绍；若其篇幅较长，则只需要写出其要点，说明其关键内容。需要指出一点，对于操纵实验条件的指导语，应该以"可对比"的方式介绍指导语，使读者明白实验条件的操控逻辑。

再来说数据处理的程序，它是指对于研究所获得的原始资料如何做进一步的加工处理。若获取的是可以直接统计的数据，则要说明如何进行统计处理，包括数据的初步整理加工（如极端值的排除规则、数据的合成与转换方法，这些内容有时也可以写在结果部分的开始），还包括一些复杂的、专门化的统计处理程序的介绍。对于一些常用的统计程序（如对一个二因素实验设计得到的数据做方差分析）则不必专门介绍。若研究获得的是非数据性资料（如录音

我们都用 SPSS！你呢？

录像材料、文字材料等），则要详细说明如何做进一步处理。对于这类非数据性资料（有时也笼统地称为"数据"），若基于实证主义的范式，则要说明如何编码、如何统计。若基于现象学、诠释学、结构主义、建构主义哲学则未必一定将其转化为数据处理，但也需要说明如何分析它。如是基于扎根理论方法，则需要说明如何从文本中抽取概念，如何建立描述现象的概念体系；若基于结构主义，则需要说明如何分析、定义、抽取资料所反映的某种结构。

数据处理部分，如果采用了特殊的统计软件，则需要说明。例如，一项元分析研究采用了一种专门的统计软件（如 Comprehensive Meta-Analysis 2.0），就需要介绍软件的名称、用于统计哪些指标等。然而，对于常用的统计软件一般不需要专门介绍。例如，我们常能看到很多作者会说"研究采用 Excel 2019 管理数据，采用 SPSS 26.0 做数据统计"，这类话写上也不算什么错误，但是总令人感觉多余，因为本专业的人大多如此做，不需要再介绍了。

五、其他内容

一篇研究报告的方法部分通常包括被试、研究设计、工具（仪器或材料）、程序，此外还有些特殊的研究报告，可能会增加一些内容条块，如预研究、伦理问题等。

　　一些实验研究需要做预实验，问卷和量表的编制也需要做预试，这类预研究作为整个研究的一环，通常需要在正式研究的报告中加以介绍。由于预研究本身就是一个相对完整的研究，在介绍它时也需要说明研究目的、被试、方法、结果，以及预研究对正式研究有什么价值（比如，如何影响了正式研究的设计）。通常在研究方法部分，可以用较小的篇幅简单介绍预研究的过程和结果等。预研究并不是独立的一项研究，所以一般不作为和正式研究并列的部分，只作为正式研究"方法"的一部分，用一两段概括介绍即可，而不必充分展开。

　　心理学的研究往往涉及伦理问题，一项需要发表的研究必须确保是符合伦理原则的。对于一些伦理风险较高的研究，要说明研究如何保证遵守伦理原则以及所采取的补救措施。有些研究可能有损被试健康和安全，如让地震灾区儿童看"死亡"照片以考察其对"死亡"概念的认知，又如对被试服用药物后的记忆特点做脑成像实验；还有些实验在某个环节上有违社会习俗，如通过让被试手淫考察性亢奋状态下的风险认知。对于这类研究，尤其要说明研究如何遵循伦理规则，是否通过伦理委员会审查，如何对被试进行安抚与补偿等。

第四节　结果部分的写作

　　研究报告的结果部分直接、明确地呈现出该研究所得的各项结果，是研究报告写作的主要内容之一。这部分的写作有着不同于其他部分的内容、原则和技巧。

一、结果部分写作的原则与内容

　　在结果部分的写作中，首先要区分清楚"事实"和"评论"。结果部分要客观地、如实地报告自己的（只能是自己的）研究有哪些发现，得到了什么事实，而不应该做评论。其写作的基本原则是"如实"汇报，不加解释和评论。"在这个部分你需要做的仅仅是用最恰当的方式报告研究的结果，同时要克制任何对结果做出解释的诱惑（哈里斯，2009，p.44）。"

　　对于一项实证研究，通常要报告的内容就是研究得到的数据结果，包括对数据的描述统计和推论统计的结果。

研究所获得的原始数据通常非常庞杂，它本身难以直接提供有价值的信息，因此，研究报告中一般不能直接报告原始数据，而需要对其做必要的描述统计。描述统计主要提供有关数据集中趋势和离散趋势的统计量，描述集中趋势的统计量包括平均数、众数和中数等，描述离散趋势的统计量包括方差、标准差、全距等。若变量符合正态分布，且是连续变量的情况下，通常提供平均数和标准差即可；对于计数数据则要提供百分数以及相应的频次数据；此外，样本量（包括每种实验条件下的被试数量）也是描述统计必须要提供的指标。除了提供关于一个变量分布的基本描述统计（频次、百分数、平均数、标准差、峰度、偏态程度），关于两个变量关系，也可以借助散点图等方式加以描述。总之，在研究结果部分必须提供充分的描述统计，如平均数、标准差和样本量等，读者只有了解这些信息才能正确理解后续的推论统计的含义，而且这也是该研究能作为元分析对象的必要条件。这一点需要充分重视，因为很多已经发表的论文虽然提供了漂亮的推论统计结果，但缺乏必要的描述统计信息，严格来讲，这种结果报告并不完善。

描述统计是为推论统计做铺垫，推论统计则更为重要，只有推论统计证明在"统计上"达到"显著性水平"的结果才可能有科学意义。例如，关于某种空间认知能力的干预实验，干预后实验组得分为 86 分，对照组为 83 分，二者"看上去"有差异，然而，这 3 分的差异是否代表了真实的、有价值的差异呢？我们不能只根据两个平均数表面的差异来确定，不能据此就断定实验干预确实有良好的效果，因为两个平均数的差异只是两个样本实测数据的差异，这种差异可能是由随机误差造成的，只是碰巧如此罢了。唯有当两者的差异比随机误差"足够大"时才能说明两个样本所代表的总体是有差异的，这个结果才有意义。如果推论统计没能确认两个平均数的差异在统计上是显著的，这种直接"看上去"的差异并不能视作"有差异"的结果来报告。

常用的推论统计方法有很多，如卡方检验、t 检验、方差分析、回归分析等。无论使用哪种统计方法，都要完整地报告推论统计的方法和结果，以便让读者明白研究者如何分析数据，获得了什么结果，结果的含义是什么。

首先，要准确介绍具体的统计方法。例如，t 检验有不同类型，对于单因素的被试内实验设计，我们要采用相关样本的 t 检验，对于被试间差异的考察，则采用独立样本的 t 检验。类似，方差分析也有很多类型，必须明确报告做了哪种方差分析，还要报告方差分析时以谁为自变量，以谁为因变量。

其次，报告统计量的精确值及其附加信息。这些统计量包括 t 值、F 值、卡方值等。这些值的大小和含义，还与自由度、样本量等附加信息有关，因此统计值的报告要包含这些附加信息。以 F 值为例，需要报告计算它所用的分子自由度和分母自由度(df_1，df_2)。

再次，报告统计量的显著性水平及效果量。近年来的做法是，只有 p 值小于 0.001 时，写为 $p < 0.001$，若 p 大于或等于 0.001 时，则直接写出精确的概率值。在报告统计量的显著性水平时，还要附带说明统计量的检验是单尾检验还是双尾检验，若不报告则默认为双尾检验。此外，近年来，心理学家越来越认识到，在报告研究结果时不仅要关心统计上是否显著，而且要报告能反映得分差异程度和变量关系强度的效果量指标，如 d，r^2（延伸阅读 14-2）。

延伸阅读 14-2　"显著性"与效果量

在心理统计中，核心的逻辑是"零假设显著性检验"（Null Hypothesis Significance Testing，NHST），即 p 值方法，根据 p 值大小决定是接受，还是拒绝零假设。p 值是一种概率，是指在零假设成立的前提下，获得现有检验统计量值（如 t，z，F 等）以及比该值更为极端情况下的概率。判定 p 值大小的标准，就是人为确定的显著性水平，比如 0.05、0.01、0.001 这些常用的临界值。如果统计得到的 p 值比临界值小，比如小于 0.05，就在 0.05 的显著性水平上拒绝零假设，而接受备择假设；反之，不能拒绝零假设，只好接受它。我们只能表述某种结果"在统计上是否显著"，如果显著，则意味着随机因素不能解释这个结果，而只好归结为某种"必然性"（仍是统计上的必然性）。

然而，p 值的大小并不能说明研究结果的重要性或变量关系的强度。它只表示 p 值越小，拒绝零假设时可能犯错误的机会或概率越小。我们不能将统计检验的"显著性"错误地看作变量关系的强度。如将"无显著意义"误认为"两组均数基本相同"，或者"两个变量没关系"；将"差异显著"误认为"两均数差别很大"或"两个变量关系很强"（有时哪怕"统计结果极其显著"，也不能这么说）。零假设的显著性检验很容易受到样本大小的影响。以平均数的差异检验为例，在统计量（如 t）的计算中，样本大小部分决定了结果。当平均数的差异固定时，样本越大，获得的

p 值越小，样本越小，获得的 p 值越大。也就是说，样本大小将影响结果的显著与否。可见，统计结果的显著与否并不能推论到两个平均数差异的大小。当样本很大时，两个平均数之间细微的差异都可能是"统计上显著的"，然而，这种差异可能没有实际意义。总之，统计上的"显著性"与变量关系强度并非一码事。然而，当我们得到统计上显著的结果（尤其是"非常显著"或"极其显著"），我们特别容易不自觉地相信变量关系是很强的，并做出类似表述或理解。

效果量（effect size）则表明了我们专业上所关心的效果和效应的大小，比如实验处理效果如何，这是 p 值所不能传递的信息。因此，现在重要的学术刊物都要求既报告统计检验结果是否显著，又报告效果量指标。常用的标准化的效果量指标大致可以分为两类，一类是反映各组平均数差异的，另一种是反映变量关联强度或变异解释率的。在实验研究中，我们通常关心的是实验组与控制组（对照组）平均数差异问题，除了对差异做"显著性检验"外，我们关心的研究中实验处理效果的大小，即研究的效果量，其常用统计指标为 d。用实验组平均数（M_e）减去控制组平均数（M_c）再除以两组共同标准差（S），所得结果即效果量 d，因此，它也可以理解为实验组与控制组平均数差异的标准分。能反映变量关联强度的指标就是 r 的平方，即决定系数，它表明了两个变量之间共享的变异的比例。实际上，d，r 以及其他各种统计量（如 F，t，卡方）都是相互关联的，有相应的转换公式，这里不做介绍。

[资料来源：辛自强（2010）。据此整理]

最后，要明确表达结果的统计含义与专业含义。统计含义指某个统计结果是否达到统计上的显著性水平。例如，"实验组空间认知能力后测得分显著高于对照组"，这句话说明了差异是否存在以及差异的方向。然而，这还只是个统计结果，如果能紧接着加一句"这表明某某实验干预措施能有效提高空间认知能力"，则更容易让人理解其心理学含义。有时统计含义和心理学含义对应得比较紧密，很好理解，但有时二者的关系可能不那么直接，这时就非常有必要既报告统计意义上的结果，也报告对应的心理学专业意义上的结果。

二、结果部分写作的技巧

首先，合理安排不同结果之间的顺序。结果呈现不是罗列，要重点突出、层次分明、组织清晰。一项研究通常会得到若干个结果，这时研究结果的呈现应该选择适合的顺序。可按照"重要性"来排列结果，把最重要的结果或者回答核心假设和问题的分析结果放在前面，然后按照重要程度依次排列；也可以按照结果之间的逻辑关系来排列，如描述统计结果应该在推论统计结果之前，相关分析结果应该在回归分析结果之前，单变量的描述统计结果应该在多变量关系的描述统计结果之前。此外，结果报告的顺序还要与问题提出和讨论部分的表述顺序或思路相协调。

其次，正确使用图表。结果的呈现可以用文字叙述，也可以使用图表等形式，图表的使用有助于清楚表达研究结果。（1）就呈现顺序而言，通常要先呈现文字后呈现数字或图表，每段的行文尽量不要以统计数据开始；图表要紧接着出现在第一次提及或叙述相应结果的段落之后。（2）就内容而言，图表内容不要与正文完全重复，如已用表或图，则只需在正文中概要陈述图表中的关键数据或信息；但是，图表不能单独使用却不在正文进行文字叙述或描述。（3）图表使用遵循经济节省原则：凡能正文说明的问题，尽量不用表和图；如果表可以说明问题，则不用图，因为制作和印刷成本从文本到表格再到图片依次升高（尤其是彩图，很多刊物要求额外支付印刷费，方可使用）。（4）图、表分别编号，表格的标题在表格的上方，图的标题则一般在其下方。（5）图表本身要简洁美观。统计表格的设计需使用三线表，表格里不用竖线；表格内容的层次不要过于庞杂，切忌把所有的结果都填在一张大表中。统计图中的坐标名称、单位、数值、线条、图例等都要标示清楚，尽量不设置背景色或多余线条；自制图（如路径图）中所有线条、箭头、圈框等要绘制准确，精巧美观；照片应层次清晰，反差好。（6）注意不同类型图和表的特殊要求。图和表各自都有很多类型。图包括线形图、条形图、圆形图、散点图、结构图、示意图、照片图等；表包括描述统计表、方差分析表、回归分析表、模型拟合指数表、文字表等。每种类型的图表在内容和方法上可能都有不同要求，写作论文时要非常仔细，并注意参考有关期刊出版规范的要求，还要自我核查可能存在的问题（延伸阅读 14-3）。

延伸阅读 14-3　图与表的自我核查清单

表格的核查清单：

（1）论文中所有的表格都是必要的吗？

（2）表格都是三线表吗？所有的竖线删除了吗？

(3)所有的表格都有表题吗？表题的表述简明扼要吗？

(4)每列的栏目是否都有名称？

(5)所有性质相同的表格在形式上是否一致？

(6)数据位数与格式是否合理？

(7)所有缩写、特殊符号都在表注中说明了吗？

(8)所有水平的 p 值都正确标注了吗？星号是否在相对应的数据上标明？

(9)注解是否按照一般注解、特殊注解、概率注解的顺序书写？

(10)表格的大小是否适合期刊半栏及通栏的宽度？

(11)所有的表格都在正文的相应位置处有参照标志吗？

插图的核查清单：

(1)这个插图有必要吗？与表格和正文是否重叠？

(2)有图序和图题吗？图题的表述是否简洁？

(3)这个插图简洁吗？还有没有可以删去的无关的细节？

(4)坐标轴的标值是否合适？坐标名称和图例是否齐全？

(5)插图中的文字是否为 6 号宋体(非中文用 Times New Roman)或者符合刊物要求？

(6)类似的插图或者重要性相仿的插图是以同样的坐标系画的吗？

(7)所有的术语拼写是否正确？

(8)插图中的符号及缩写都在图注中有所说明吗？这些符号、缩写与标题是否一致？在其他插图或正文中是否保持一致？

(9)插图大小是否不超出期刊的版心？

(10)所有的插图在正文的相应位置处是否被提及？

[资料来源：中国心理学会(2002)，pp. 47–57。略有改动]

最后，规范书写各种符号、数据、术语等。论文中严格使用法定计量单位、符号和标准化、规范化的名词、术语。样本总数用 N，样本数为 n，平均数为 M，标准差为 SD，t 检验为 t，F 检验为 F，卡方检验为 χ^2，相关系数为 r，显著性系数为 p。这些符号均用斜体。注意大小写，如 t，p 为小写。论文中数据一般保留到小数点后两位，小数点前、点后的 0 均不可随意省略(但在 APA 格式中，理论值小于 1 时可省略小数点前的 0)；某些 p 值等特殊情况保留 3 位小数或自行安排；还要注意标注必要的数据单位。

第五节 讨论部分的写作

研究结果的含义和意义往往并非不言而喻的，需要解释或讨论。讨论是一篇研究报告中最能体现作者创造性的部分，然而也可能是最被忽视的部分。譬如，很多研究者在做研究设计时，把研究的所有细节都考虑到了，却根本没有想如何讨论研究结果。

一、讨论的内容

不像研究的方法部分那么程式化，也不像结果部分那么具体，讨论让人感觉似乎怎么写都可以，结果很多人不知道如何写讨论部分，或者下笔千言却没有说到点子上。讨论部分究竟要包括哪些基本的内容呢？

（1）澄清研究所得每个结果的含义与关系。在研究报告的结果部分，通常采用比较技术化的语言来报告所得的每一个发现或结果。而在讨论部分一开始，通常需要从专业角度阐述这些结果的含义，并把这些结果组织在一起，说明其间的关系。

（2）分析结果与假设的关系。在问题提出部分，研究者提出的问题或假设，需要通过实证研究的结果来回答或检验，因此，讨论部分需要阐明研究结果是否验证了研究假设，是否回答了研究关心的问题。简言之，要说明研究结果与假设或问题的关系。

（3）比较自己的结果与同类研究结果的关系。关于同一个主题通常有很多同类研究，我们是基于以往文献提出的问题，同样要讨论自己的研究结果与这些同类研究是什么关系，如所得发现是否一致以及其中原因何在。通过分析自己的研究与其他研究的关系，可以说明自己的研究是否推进了现有文献中的认识，也可以据此推导出新的知识。这样的分析可以把自己的研究结果放在人类已有知识体系中来理解，也为这个体系增加了新内容。

（4）阐释研究结果和理论的关系。大部分研究都是基于某个已确立的理论或者为了检验某理论中包含的一些假设而开展的，即研究承载着理论使命，因此，要讨论研究结果和这些理论的关系，如证实还是证伪了理论，为理论提供了正面证据还是反证，如何反驳、修正或完善了理论，等等。此外，不管研究是否基于明确的理论，我们都要对研究结果做必要的理论解释，这时可以借助已有文献，解释研究结果的成因或机制。

（5）对研究做必要的方法学反思。这种反思可以是对研究所用特定方法（如数据收集方法、任务、范式）适宜性的反思，也可以是对可能影响研究内部效度的有关设计问题的分析。这种反思的目的是澄清研究方法对结果的影响或意义，确保研究中的无关变量被有效控制，以保证自变量和因变量的关系是清晰可靠的，且能有效排除其他可能的解释。

（6）说明研究的局限和意义。几乎没有完美无缺的研究，我们要坦然地承认自己研究的局限、问题、失误等，提请读者注意这些局限，可以防止研究结果被误读或误解，并提示未来的研究方向和思路。虽然存在局限，但也要指出研究的意义所在。意义可以是理论上的贡献，也可以是对某个实践领域的应用价值。

（7）结论。大部分期刊都要求研究报告有一个单独的结论部分，作者要准确罗列有关研究结论。然而，有些期刊没有明确要求提供这个部分，即便如此，通常也要在讨论的最后列出研究的结论，准确陈述基于研究结果得出了哪些确切的知识或结论性认识。

上述内容通常依次出现在大多数研究报告的讨论部分，但是，不同的研究侧重点或有不同，有时会省略其中某些内容，而突出另外一些，或将其中某些方面合并在一起或者拆解开来讨论。

二、讨论部分的写作技巧

（1）选择合适的讨论顺序。通常是从最主要或最核心的研究结果开始讨论，然后转向相对次要的结果；也可以按照结果本身的逻辑顺序来写，因为几个结果的获得或理解可能是有先后顺序的；还可以先讨论相对确切或没有争议的结果，再讨论有争议或者难以解释的结果。当一个研究包含多个实验时，需要对每个实验的方法和结果进行分别描述，并分别进行相应的讨论，最后再综合讨论。总之，讨论并不是信马由缰地想到哪里写到哪里，必须找到最简洁、合理的顺序组织讨论。

（2）结合文献讨论。我们是基于文献提出的研究问题，同理，在讨论研究结果时，我们必须再次回到文献，将本次研究的结果与"问题提出"中回顾和评论的文献关联起来，甚至还要引入更多的文献。只有回到文献中，自己的研究才能获得意义。然而，很多初学者写作讨论部分时，几乎不引用文献，只是重复研究结果，并随意做些主观的猜测或解释，这是很不妥当的。

之所以要把研究结果放在有关文献背景下来讨论，是因为，只有这样才能准确理解这项研究结果的含义，才能阐明这项研究对于科学发展意味着什么，才能把不同研究的知识联系起来，从而引申或推论出新知识。

（3）以比较的方式讨论。比较是为了发现事物的异同，比较能突出事物的特点，达到深化认识的目的。讨论中要将自己研究的结果与同类研究结果做比较。强调"同类"，就是与可比的研究进行比较，如两项研究在研究内容（如主题、变量）、方法（如被试、实验任务）等关键特征上可比。比较之后若结果彼此相同或相近，则要推论其意义，概括这些类似结果的整体含义；若不同，则分析造成这种差异的可能原因，若原因还不清楚，则分析如何进一步研究。

（4）通过建立关联来讨论。一项研究的结果，需要和研究假设、他人的研究结果、已有理论等很多方面建立关联。举例来说，如果是同一研究内容，实验任务也相同，但被试群体不同（如年龄不同、文化背景不同），则要将不同被试群体的结果关联在一起，以确定本研究的结果是否限定于具有某个特征的特定群体，还是普遍适用的，可以在更大范围内推广研究结论。又如，可以分析研究结果如何与某个理论相关联，能否用于支撑或修正该理论，从而为理论建设做出一些贡献。

（5）讨论中要使用有"信息量"的语言。很多人误以为讨论就是翻来覆去地绕圈子，说一些空泛的、没有实质内容的话。这种情况特别容易出现在讨论未来研究方向和研究的意义时。例如，作者会说"本研究有重要的理论意义和实践价值""鉴于本研究在设计上的缺陷，还需要进一步研究有关问题"，这类句子放在任何研究报告里似乎都可以，只是空洞的套话，没有传递多少有用的信息。因此，要讨论研究意义，就要说得准确具体，明确指出研究的理论创新在何处，推进了人们哪方面的认识，研究的实践价值如何体现，如何应用研究的结果服务某项实践工作。要讨论未来研究方向，应该具体提示未来应该就什么内容和问题开展研究，研究设计上要如何改进。

三、讨论中的注意事项

（1）不能简单重复研究报告其他部分的内容。讨论中提到的大多数文献，可能在问题提出部分已经出现过，因此，讨论中可以假定读者已经掌握了相关文献知识，不必再细致地重复前义提到过的知识。讨论中，也尽量不要完全重复结果部分的内容，而需要概括地说明主要结果，然后再谈其含义以及这些结果与其他研究结果和理论的关系。总之，从理论上讲，一篇文章中不能有任何句子完全重复。讨论作为文章主体的最后一部分，尤其要避免和前文的重复。

（2）避免对结果作过度解释和推论。对结果的解释和推论都是必要的，但要非常谨慎，确保这种推理符合逻辑，分析有理有据。在一项研究中，数据要和结果相匹配，结果要和结论相匹配。在这方面最容易出现的错误是"过度推论"，即根据一个"小"结果推出一个"大"结论。切记，很多审稿人都会盯住这个问题不放。

（3）不要将"统计显著性"与"意义性"混为一谈。"我们能从统计不显著的数据中得出有用的结论。同样，统计上显著的结果也许不具有任何心理学意义。也不要混淆了统计显著性和证据：结果达到统计上的显著性并不表明你的研究的理论基础是合理可靠的；统计上不显著的结果也不一定否决你的论点。……不管统计上是否显著，你都需要在讨论部分论证你的观点（哈里斯，2009，p.71）。"

（4）不要使用过于绝对或激烈的语气。讨论中时常要根据自己的研究结果来指陈他人结果和理论的优缺点，还要阐发自己研究结果的意义与价值。这种情况下，我们很容易犯"宽以待己，严以律人"的错误，即对自己研究结果的可靠性、创新性、实际价值讲得非常绝对，简直是"当仁不让"，而过于刻薄地指摘别人的错误与失误。例如，讨论自己研究的意义时，会随意说"首次发现""填补空白"之类的话。在分析数据、结果与结论的关系时，轻易地使用"证明了""推翻了"之类很绝对的词汇。我们要学会鉴别自己表达的确定程度，选用合适的动词，如"表明""显示""暗示""建议"；也可以使用一些副词或短语来表达某种不确定性，如"可能""或许""在某种程度上"。

第六节　其他部分的写作

除了正文部分（问题提出、方法、结果和讨论），一篇完整的研究报告还包括题目、摘要、参考文献、附录与致谢等。本节介绍正文之外各部分的写作方法。

一、题目、作者和单位

一篇文章最重要的一句话肯定是题目，阅读文章也往往从题目开始，因此为自己的研究报告拟定一个出色的题目，无疑至关重要。出色的题目具有哪些特征？它应该是信息丰富的、清晰的、简洁的、有趣的、令人印象深刻的。

要做到信息丰富、清晰，又要简洁，这实际上是一个矛盾。因此作者要反复推敲，找到最好的题目表达方式。通常题目要准确反映文章的主要内容领域，让读者知道这篇文章是关于什么主题和问题的，最好明确指出变量；特别是对于因素性实验，最好说明自变量和因变量及其关系。例如，"插图位置对课文阅读速度的影响"就是一个明确了变量及其关系的合适题目。若文章在方法或结果上有特色或创新，也可以将这方面内容概括到题目中。例如，"表征变化及其影响因素的微观发生研究"，就试图在题目中突出"微观发生法"这种新颖的研究方法。

拟定一篇文章的题目，要把研究最重要的特征体现出来，但是必须用最简单的词句来表达，通常中文标题不要超过 20 个汉字（英文标题不要超过 12 个单词）。如果字数太少不能说明问题，可在正标题外加副标题。如"家庭功能与儿童孤独感的关系：中介的作用"，副标题突出强调文章主要探讨中介变量的作用。为了题目的简练，通常要尽量避免使用一些没有实际内容的词，诸如"一项……的研究"或"……的实验研究"之类。在不影响表达的情况下要去掉这些词，否则一本期刊的目录中都是"……的研究"，这会很滑稽。

题目要简练，但不能过于笼统，如把研究领域作为题目的内容。题目过大不好，过小也不妥当。例如"关于某医院 12 例抑郁病人自杀倾向的调查研究"，这个题目就太琐碎了。另外，为了便于理解和检索，题目中要避免使用缩略词或特殊符号。

通常题目简练准确即可，但是成熟的作者往往还追求题目的趣味性和吸引力。例如，"女人真的比男人更健谈吗"，这个题目很吸引人，但如果换成"健谈程度的性别差异"，估计很多人就不会被这个题目吸引，也不会去阅读研究报告的正文。"红还是蓝？颜色对认知表现的影响"，如果这个题目只有后半截，就是个中规中矩的题目，但加上前面的疑问句，则更容易被记住，也吸引人。当然，这类新颖有趣的题目不宜滥用。

论文题目下面就是作者和所属的单位。我们每个人都很清楚自己的名字和单位，但是在文章中如何署名和标注单位，却可能存在错误认识。

论文的作者是对文章做出主要贡献的人，贡献可以体现在论文写作、研究设计与分析、思想和思路的提供等方面。这种贡献必须是实质性的，譬如一般没有必要把数据收集员或录入员的名字列为论文作者，对于文章的这些只是有所贡献的人，可以在文章最后的致谢部分简要表达感谢即可。

　　一旦署名为作者，就享受法律规定的著作权，也要承担相应的责任，所谓"文责自负"。如果文章存在剽窃、抄袭、内容失实，或者存在政治上的、技术上的错误，以及由此引起的任何法律纠纷，作者都要负责；若他人对文章有质疑，作者要负责答辩。文章的作者署名要按照贡献大小排序，同样，排序靠前的作者也承担更多责任。

　　作者所属单位必须标注单位法定的全称。例如，"中国人民大学心理学系"，单位公章就这么写的，本单位人员发表文章时，也要这样标注单位。这方面最常见的问题是使用简称或其他不规范的表达。

　　如果要标注单位英文名称，也要使用该单位既定的翻译方法，不能自己望文生义地翻译。例如，"北京师范大学"的英文表达是"Beijing Normal University"，很多外国人都很好奇为什么是"Normal"大学（难道还有 Abnormal 的大学），但一旦约定俗成，我们就要这么翻译。

38　　*ATLAS COllaboration / Physics Letters B 688 (2010) 21-42*

V. Savinov[122], A. Savoy-Navarro[78], P. Savva[9], L. Sawwyer[24,g], D. H. Saxon[53],
L. P. Says[33], C. Sbarra[19a,19b], A. Sbrizzi[19a,19b], D. A. Scannicchio[29],
J. Schaarschmidt[43], P. Schacht[99], U. Schäfer[81], S. Schaetzel[58b], A. C. Schaffer[114],
D. Schaile[89], M. Schaller[29], R. D. Schamberger[146], A. G. Schamov[106],
V. A. Schegelsky[120], D. Scheirich[87], M. Schernau[161], M. I. Scherzer[14],
C. Schiavi[50a,50b], J. Schieck[99], M. Schioppa[36,36b], G. Schlager[29], S. Schlenker[29],
J. L. Schlereth[5], P. Schmid[62], M. P. Schmidt[173,*], K. Schmieden[20], C. Schmitt[81],
M. Schmitz[20], R. C. Scholte[105], M. Schott[29], D. Schouten[141], J. Schovancova[124],
M. Schram[85], A. Schreiner[63], A. Schricker[22], C. Schroeder[81], N. Schroer[58c],
M. Schroers[172], D. Schroff[48], S. Schuh[29], G. Schuler[29], J. Schultes[172],
H. -C. Schultz-Coulon[58a], J. W. Schumacher[43], M. Schumacher[48], B. A. Schumm[136],
Ph. Schune[135], C. Schwanenberger[82], A. Schwartzman[142], D. Schweiger[29],
Ph. Schwemling[78], R. Schwienhorst[88], R. Schwierz[43], J. Schwindling[135],
W. G. Scott[128], J. Searcy[113], E. Sedvkh[120], E. Segura[11], S. C. Seidel[103], A. Seiden[136],
F. Seifert[43], J. M. Seixas[23a], G. Sekhniaidze[102a], D. M. Seliverstov[120], B. Sellden[144a],
M. Seman[143b], N. Semprini-Cesari[19a,19b], C. Serfon[98], L. Serin[114], R. Seuster[99],
H. Severini[110], M. E. Sevior[86], A. Sfyrla[163], E. Shabalina[54], T. P. Shah[128],
M. Shamim[113], L. Y. Shan[32a], J. T. Shank[21], Q. T. Shao[86], M. Shapiro[14],
P. B. Shatalov[95], L. Shaver[6], C. Shaw[53], K. Shaw[138], D. Sherman[29],
P. Sherwood[77], A. Shibata[107], P. Shield[117], M. Shimojima[100], T. Shin[56],
A. Shmeleva[94], M. J. Shocher[30], M. A. Shupe[6], P. Sicho[124], J. Sidhu[156], A. Sidoti[15],
A. Siebel[172], M. Siebel[29], F. Siegert[77], I. Siearist[14], D i. Siiacki[12a], O. Silbert[169],
I. silva[123a], V. Silver[151], D. silverstein[142], S. R. Silverstein[144a]

　　你知道文章最多可以署多少名作者吗？在一本物理杂志（Physics Letters B）2010年 688 期上有篇高能物理的文章有两千多个作者。文章一共 22 页，其中 12 页写满了作者和署名单位。作者来自全世界很多国家，真可谓"全世界科学家联合起来"——一起署名。

二、摘要与关键词

如果说题目是文章最重要的一句话，那么摘要就是文章最重要的一段话。摘要放在文章的最前面，它提供的信息应使读者了解研究的主要方面，以便决定是否继续阅读正文。现在的文献检索主要靠电子检索，人们查找文献往往是在摘要范围内搜索；而且，大多数期刊和数据库都提供了免费的摘要查阅服务，但阅读正文是要付费的。因此，读者会根据摘要决定是否阅读全文。一个糟糕的摘要，不仅会减少文章发表的机会，也会减少文章被查阅的机会。

通常，摘要的内容包括研究目的或问题、方法、结果、结论四个方面，有时还包括讨论的思路和研究的创新点。作者要把这些内容全面地、有逻辑地呈现出来，而不是逐条罗列，前言不搭后语。好的摘要本身应该是完整的、简洁的、自洽的、准确的、引人入胜的。所谓"完整"，就是内容完善，不缺项。所谓"简洁"，就是以最少的文字表达最丰富的信息。摘要通常限制在两三百个汉字内或一两百个英文单词内（不同刊物对摘要篇幅的限定不同，个别期刊或学术会议要求提供一页长的"大摘要"）。所谓"自洽"，指摘要可以独立于正文存在，内容简要连贯，不看正文也可大概明白。所谓"准确"，指摘要能恰如其分地概括正文内容，不应包含论文中没有出现的信息。好的摘要不仅要满足这些基本要求，还应该是"引人入胜的"，能吸引读者阅读正文。

此外，摘要的写作还要注意如下问题。（1）摘要一般不用或少用"本文""我们"等第一人称，而要以第三人称客观叙述。（2）摘要虽然要简洁，但不能过于简略，语焉不详。（3）摘要不能出现需要援引其他资料才能看懂的内容，如简称、缩略语、不自明的词汇、参考文献。若一定要在摘要中使用这些内容，则要定义清楚；若要引述文献（如自己的研究就是为了批评或评论某篇靶子文章），应在摘要中直接列出论文作者、篇名和来源。（4）摘要尽量不要用特殊的符号、公式等，最好是"纯文本"格式，这样便于数据库收录和检索。

摘要后面有时还要提供三至五个关键词。关键词是文献检索的标志，是能表达文献主题概念的有关词汇。关键词通常选自标题和摘要中的关键词汇，如变量、实验范式、工具、研究对象、核心理论等。关键词不能过于宽泛，要符合本研究领域的使用习惯，这样才能增加论文被检索到的概率。

为便于国际交流，大部分中文期刊、学位论文和会议论文都要求提供摘要（也包括关键词及文章题目）的英文译文，为此，作者需要认真地、准确地把中文摘要翻译成英文摘要。英文的翻译既涉及语言能力，也涉及专业知识，对作者的要求很高。作者必须学习如何用地道的外语表达专业内容，实在有困难可以寻求他人的指导和帮助，以确保译文的质量。

三、参考文献、致谢与附录

学术论文和通常我们在报纸、各种大众读物上看到的文章在形式上有一个明显不同，那就是前者引证大量文献。在学术论文写作中为什么要引证文献呢？因为科学是要用事实说话的，所有关于事实的陈述，都应该是能够证明的。对事实，我们要问"是谁何时发现的"，总要有人对这个事实"负责任"。除了事实，就是术语、观点和理论等，我们也要问"是谁何时提出的"，必须告诉读者其提出者。因此，在写作时，凡是提到某个事实、"某研究发现"、"某人指出"之类的，以及表述某个断语时，都应言之有据，话有来源，即引证参考文献。

参考文献是指所撰写文章中引用的文献，如图书和期刊文章等。正文中凡是引用前人或他人的观点、数据和资料等，都要在文中出现的地方予以注明，并在文章的结尾处列出参考文献的清单。只要正文引用过的文献，文后的参考文献清单中必须列出；反之，清单中列出的，也必须是正文引用过的。总之，前后要一一对应。

延伸阅读 14-4　APA 格式

除了参考文献涉及复杂的格式规范外，图表、统计符号等以及论文的各个方面都有相应的格式规范。目前，在国内外的心理学以及很多学科领域，都使用美国心理学会格式（American Psychological Association Style，简称 APA 格式）。APA 格式是为规范心理学与相关领域的学生与学者的论文写作及期刊和图书出版而制定的。目前，心理学、社会学、经济学、政治学、护理、社会工作以及犯罪学等很多学科领域，都采用 APA 格式来规范硕博士论文、投稿期刊的论文以及会议论文的写作。APA 格式最早出现于 1929 年，通常在若干年使用后集中修订一次，目前最新的版本是美国心理学会于 2019 年出版的第七版《美国心理学会出版手册》（*Publication Manual of American Psychological Association*）。心理学以及各社会科学领域的学习者应该认真研读并掌握 APA 格式，因为这些领域的大多数出版物都采用此格式规范。

　　另外，每个学科，甚至每本刊物的格式规范未必完全一致，每个专业的学习者应该了解本学科主流期刊的常用格式规范。熟练掌握并遵从这些格式规范，是论文写作的基本要求。

　　绝大部分心理学期刊都采用 APA 格式标注和撰写参考文献（延伸阅读14-4）。在正文中使用"作者年"方式标注，即标明文献的作者姓名和年代。对于只有一个或两个著者的文献，在正文引用时所有著者的姓名（英文的只写姓氏）都要给出；对于有三个或更多著者的文献引用，采取简略写法，即只写第一著者的姓名（英文的只写姓氏），后面用"等"（英文的用 et al.），但要保证只指向文献清单中的一条文献（若不能区分，正文引用时则多写一个著者）。例如，正文中可写"张三和李四（2021）的研究发现大学生孤独感在上升，但 Sternberg 等人（2019）没有发现这种趋势"。为提高文章的流畅性和可读性，一般应尽量减少人名充当主语或句子成分的情况，而是把文献著者信息写在所引内容之后或其他适当位置的括号里，文献顺序为"中文在前，英文在后"，分别按第一位著者姓氏的字母顺序排列。例如，"国内外研究均表明，大学生的孤独感和社会支持得分有显著负相关（王五等，2024；张三，李四，2021；Sternberg et al.，2019；Xin & Xin，2016）"。

　　文后的参考文献清单通常要按照英文字母顺序列出，中文的文献在前，英文的文献在后。撰写参考文献清单时，需要准确区分文献类型，包括期刊论文、专著、汇编的文集、学位论文、会议论文、报纸、网络文献等，不同类型的文献所要求的撰写格式不同（具体可以参考本书参考文献清单的格式）。实际上，文献的类型远不止这些，在正文和清单中的撰写格式很复杂，常会遇到一些特殊问题，这里不能一一列举。有兴趣的话，可以查阅有关期刊要求或者参考《美国心理学会出版手册》。

　　文献撰写中，要注意避免以下常见的错误。（1）信息不全。如作者姓名、出版地、卷期号和页码等信息有缺失，或不准确。（2）误将作者的姓氏（last name）与名字（first name）混淆。（3）中英文格式的混淆。参考文献通常采用英文的标点符号，但很多人误用中文格式中的标点符号；英文标点后通常要有空格，习惯了中文格式的作者常常忽略了空格。（4）前后文献不能逐一对应。

　　通常只要看看参考文献的写作是否规范，就大致可以判定一篇文章的写作质量，以及作者是否接受过良好的训练。参考文献的格式要求很烦琐，尤其能体现出作者的写作基本功和严谨程度。关键的问题是，不断练习，达到

"自动化"水平。规范或规矩是重要的，"不以规矩，不能成方圆"；在能自动化、习惯化地使用格式规范后，我们将会达到一个更高的境界——"随心所欲而不逾矩"，在规矩基础上自由地创造。

撰写好了参考文献，一篇学术论文或研究报告基本就完成了。然而，有些期刊论文和大部分学位论文往往在最后（可能出现在正文最后，或者首页脚注中）有一个致谢部分。在这里，作者可以表达对于他人或某个机构的感谢，感谢其在研究和论文写作方面给予的指导、帮助、资金支持等。致谢的文字要真诚、朴素、简洁。在学位论文和专著中，作者往往专门用较大篇幅致谢（延伸阅读14-5）。

延伸阅读14-5　学位论文如何"致谢"

每每给学生审改学位论文，都觉得其致谢部分是个"难点"。说它难，并非是学术上有多难，主要是"难为情"——人家对老师以及周围的人已经千恩万谢了，怎么还能指摘、修改别人的谢词呢?! 虽不好给每个学生修改致谢部分，但这里总结一些常见问题，并提些建议。

第一，致谢并非"礼多人不怪"。一些过分"肉麻"的话应该少说，也不必把所有些细微贡献和帮助的人都罗列一遍，让阅读的人难以忍受其单调的句段结构。文化人嘛，说话要含蓄、温婉一些。就是老师也不愿意被人捧杀，还想多干几年本职工作。

第二，千万别说"错话"。多感谢别人似乎总不会出错的，实则不然。比如把别人的贡献张冠李戴、对别人不准确的赞颂、错用了尊称或职称等，都是不妥当的。例如，有的学生竟然把要感谢的某位教授的名字写错。

第三，不要随意说老师"不仅教我做学问，还教我做人"。毫无疑问，一位好老师，都应该"不仅教做学问，还教做人"，但是这种简单的盖棺论定式的评价，看了并不令人觉得是发自内心的感谢，似乎是套话。套话总让人感到"言不由衷"。能打动人的或许是一些细节，而不是对老师随意的评价。

第四，不要轻易感谢某些"关系并不确切"的人。在谢词，特别是博士学位论文的谢词里，常看到对一些学界名人过分的感谢，其中似乎看不出作者与这位学界大家到底有什么牵连，受过何种指点，无非借势自我提高而已。还有些学生随意地感谢和自己没有"法定"关系的人，比如热恋中的男、女朋友。真的，这世道有很多事情可能经不住时间考验，十年之后再回首时，这个谢词可能是令人尴尬的——"有多少爱可以重来"。然而，我们多年后大多不希望那段并不完美的感情，被记录在一个学术论文的结尾里，而藏之于殿堂之上供后学瞻仰。

第五，不宜多用"形容词"。感谢别人时，我们总是爱做比，爱形容，爱修饰。然而，更能打动人的并不是满篇的溢美之词，而是娓娓道来的一些细节。谢词写得隽永而有意味，那是最好不过了。一篇灌注一腔真诚的谢词，若能写作上做到训练有素，那一定更令人赏心悦目。

在一些论文，特别是研究报告最后，可能还出现附录部分。对于研究所用的工具（如量表、问卷的样题）、材料（如实验指导语、刺激材料）、数据记录等，若必要或需要公开，可以以附录形式出现。附录不是必需的，只是出现在少数已发表的文章中。然而，投稿期刊的论文以及需要评审和答辩的学位论文，通常要把研究使用的工具和材料做成附录，附在文章最后，以便于专家评审。在论文被期刊接受发表时，作者可以去掉不愿意公开的附录内容，如需要保密的量表。

当所有的部分都完成后，就形成了论文的初稿，然后要对论文反复进行挑剔性阅读，找出问题，自行完善；当然，也可以找老师或他人审阅并指导修改。一篇好的论文要反复磨炼和推敲才能最终定稿。"好论文"不仅要符合格式规范，还要做到论文的方方面面、字字句句、大大小小、前后左右等都是深思熟虑的、有道理可讲的；否则，论文还要修改、完善，暂不能投稿或提交答辩。须知"文章千古事"，它会比我们作者存在到更为久远的未来！

思考题

1. 谈谈你对研究报告结构及其本质的看法。
2. 问题提出部分通常包括哪些内容？如何组织和表达？
3. 研究方法部分通常包括哪些内容？各有什么写作要求？
4. 研究结果部分通常包括哪些内容？有哪些常用写作技巧？
5. 讨论部分通常包括哪些内容？有哪些常用写作技巧和注意事项？
6. 如何拟定论文题目？
7. 摘要包括哪些内容？写作时要注意什么问题？

练习题

1. 查阅一篇研究报告，评析各部分写作中存在的问题。
2. 对其他同学所写研究报告的参考文献部分进行纠错并修改。

综合实践

完成自己的研究报告的写作，并反复阅读，加以修改完善，准备投稿。

参考文献

阿克塞，奈特(2007). 社会科学访谈研究(骆四铭等译). 青岛：中国海洋大学出版社.

阿特斯兰德(1995). 经验性社会研究方法(李路路，林克雷译). 北京：中央文献出版社.

埃尔德(2002). 大萧条的孩子们(田禾，马春华译). 南京：译林出版社.

巴比(2002). 社会研究方法基础(邱泽奇译). 北京：华夏出版社.

白学军，郭志英，顾俊娟，曹玉肖，闫国利(2011). 词切分对日-汉双语者汉语阅读影响的眼动研究. 心理学报，43(11)，1273-1282.

鲍尔(2010). 预知社会：群体行为的内在法则(暴永宁译). 北京：当代中国出版社.

贝弗里奇(1979). 科学研究的艺术(陈捷译). 北京：科学出版社.

贝塔朗菲(1999). 生命问题：现代生物学思想评价(吴晓江译). 北京：商务印书馆.

本斯利(2005). 心理学批判性思维(李小平等译). 北京：中国轻工业出版社.

彼得洛夫斯基，施巴林斯基(1984). 集体的社会心理学(卢盛忠，龚浩然，张世臣译). 北京：人民教育出版社.

波普尔(2001). 猜想与反驳——科学知识的增长(傅季重，纪树立，周昌忠，蒋弋为译). 上海：上海译文出版社.

布拉斯(2010). 电醒人心(赵萍萍译). 北京：中国人民大学出版社.

陈会昌(2002). 对我国儿童的早期社会行为发展与父母教养因素的追踪研究. 见中国心理学会(编)，当代中国心理学 (pp. 374-378). 北京：人民教育出版社.

陈向明(1998). 旅居者和"外国人"：留美中国学生跨文化人际交往研究. 长沙：湖南教育出版社.

陈向明(2000). 质的研究方法与社会科学研究. 北京：教育科学出版社.

陈欣银，李正云，李伯黍(1994). 同伴关系与社会行为：社会测量学分类方法在中国儿童中的适用性研究. 心理科学，17(4)，198-204.

陈中永，辛自强(2022). 心理学研究方法论的元思考：读《林崇德文集》. *北京师范大学学报(社会科学版)*，(2)，156-160.

池丽萍(2010). 亲子沟通观察研究的编码方案及其整合. *心理发展与教育*，*26*(4)，451-457.

池丽萍(2011). 亲子沟通的三层次模型：理论、工具及在小学生中的应用. *心理发展与教育*，27(2)，140-150.

池丽萍，辛自强(2001). 家庭功能及其相关因素研究. *心理学探新*，21(3)，55-60.

丁笑炳(1997). 课堂纪律的社会学分析——一项个案研究. *教育研究与实验*，(3)，26-33.

董奇(2004). *心理与教育研究方法*. 北京：北京师范大学出版社.

郭本禹，崔光辉(2007). 实验现象学源流考. *教育研究与实验*，(4)，43-48.

郭力平(2002). *学前儿童心理发展研究方法*. 上海：上海教育出版社.

哈里斯(2009). *心理学实验的设计与报告*(吴艳红等译). 北京：人民邮电出版社.

哈瑞(1998). *科学哲学导论*(邱仁宗译). 沈阳：辽宁教育出版社.

胡卫平(2003). *青少年科学创造力的发展与培养*. 北京：北京师范大学出版社.

华生(1998). *行为主义*(李维译). 杭州：浙江教育出版社.

惠太海默(1912/1983). 视见运动的实验研究(胡士襄译). 见张述祖等审校，*西方心理学家文选* (pp.284-305). 北京：人民教育出版社.

荆其诚(1990). *现代心理学发展趋势*. 北京：人民出版社.

卡米洛夫-史密斯(2001). *超越模块性：认知科学的发展观*(缪小春译). 上海：华东师范大学出版社.

考夫卡(1935/1997). *格式塔心理学原理* (黎炜译). 杭州：浙江教育出版社.

科奇勒，霍尔泽(2023). *经济心理学导论*(辛自强等译). 北京：北京师范大学出版社.

库恩(2003). *科学革命的结构* (金吾伦，胡新和译). 北京：北京大学出版社.

拉卡托斯(1999). *科学研究纲领方法论*(兰征译). 上海：上海译文出版社.

李其维(1999). *破解"智慧胚胎学"之谜：皮亚杰的发生认识论*. 武汉：湖北教育出版社.

林崇德(2002). *发展心理学*. 杭州：浙江教育出版社.

林南(2005). *社会资本：关于社会结构与行动的理论*(张磊译). 上海：上海人

民出版社.

刘大椿(1998). *科学哲学*. 北京：人民出版社.

刘国芳，程亚华，辛自强(2018). 作为因果关系的中介效应及其检验. *心理技术与应用*，*6*(11)，665-676.

刘国芳，辛自强(2012). 数字线估计研究："模型"背后的策略. *心理研究*，*5*(2)，27-33.

刘国芳，辛自强(2013). 二项迫选对信任和可信赖性的非对称性影响. *心理研究*，*6*(5)，31-37.

刘仁刚，龚耀先(2000). 老年人主观幸福感及其影响因素的研究. *中国临床心理学杂志*，*8*(2)，73-78.

卢文格(1998). *自我的发展*(韦子木译). 杭州：浙江教育出版社.

鲁宾(2010). *质性访谈方法：聆听与提问的艺术*(卢晖临，连佳佳，李丁译). 重庆：重庆大学出版社.

麦克洛斯基(2000). 经济学专业的措辞. 见麦克洛斯基等(编)，*社会科学的措辞*(pp.133-152；许宝强，刘建芝等译). 北京：生活·读书·新知三联书店.

毛良斌，郑全全(2005). 元分析的特点、方法及其应用的现状分析. *应用心理学*，*11*(4)，354-359.

梅罗维茨(2002). *消失的地域：电子媒介对社会行为的影响*(肖志军译). 北京：清华大学出版社.

米勒(2000). *开放的思想和社会：波普尔思想精粹*(张之沧译). 南京：江苏人民出版社.

米勒(2008). *社会心理学的邀请*(汪丽华译). 北京：北京大学出版社.

牛江河，辛自强(2009). 不同主题和风险下的人际信任："信任圈"的中、加比较. *心理发展与教育*，*25*(2)，61-67.

潘绥铭(1996). 社会调查，何谓真实？兼谈问卷调查法与个案访谈法的争论. *中国社会科学季刊(香港)*，*16*(4)，73-78.

彭聃龄(2004). *普通心理学*. 北京：北京师范大学出版社.

彭凯平(1989). *心理测验：原理与实践*. 北京：华夏出版社.

皮亚杰(1984). *结构主义*(倪连生，王琳译). 北京：商务印书馆.

皮亚杰(1999). *人文科学认识论*(郑文彬译). 北京：中央编译出版社.

珀尔，麦肯齐(2019). *为什么：关于因果关系的新科学*(江生，于华译). 北京：中信出版社.

珀文(2001). 人格科学(周榕，陈红，杨炳钧，梁秀清译). 上海：华东师范大学出版社.

塞德曼(2009). *质性研究中的访谈：教育与社会科学研究者指南*(周海涛译). 重庆：重庆大学出版社.

施良方(1984). *学习论：学习心理学的理论与原理*. 北京：人民教育出版社.

舒华，张亚旭(2008). *心理学研究方法：实验设计和数据分析*. 北京：人民教育出版社.

司马贺(1986). *人类的认知：思维的信息加工理论*(荆其诚，张厚粲译). 北京：科学出版社.

斯坦诺维奇(2012). *对"伪心理学"说不*(窦东徽，刘肖岑译). 北京：人民邮电出版社.

斯腾伯格(2000). *超越 IQ：人类智力的三元理论*(俞晓琳，吴国宏译). 上海：华东师范大学出版社.

梯利(2000). *西方哲学史*(葛力译). 北京：商务印书馆.

瓦西纳(2007). *文化和人类发展*(孙晓玲，罗萌等译). 上海：华东师范大学出版社.

王重鸣(1990). *心理学研究方法*. 北京：人民教育出版社.

王嘉澜(2005). 数理统计中关于假设检验的几个要点问题. *高等理科教育*，(1)，79-81.

王坚红(1991). *学前儿童发展与教育科学研究方法*. 北京：人民教育出版社.

王甦，汪安圣(1992). *认知心理学*. 北京：北京大学出版社.

王天夫(2006). 社会研究中的因果分析. *社会学研究*，(4)，132-156.

肖内西，泽克迈斯特，泽克迈斯特(2004). *心理学研究方法*(张明等译). 北京：人民邮电出版社.

威利格(2013). *心理学质性研究导论*(郭本禹，王申连，赵玉晶译). 北京：人民邮电出版社.

辛素飞，岳阳明，辛自强，林崇德(2018). 1996 至 2015 年中国老年人社会支持的变迁：一项横断历史研究. *心理发展与教育*，34(6)，672-681.

辛自强(2005). 心理学的措辞：隐喻和故事的意义. *华东师范大学学报(教育科学版)*，23(2)，63-69.

辛自强(2006). *知识建构研究：从主义到实证*. 北京：教育科学出版社.

辛自强(2009). 发展心理学并非实验科学. *首都师范大学学报(社会科学版)*，

（6），73-79.

辛自强（2010）．有关心理统计的三个疑问．*华南师范大学学报（社会科学版）*，（1），39-46.

辛自强（2018）．*心理学研究方法新进展*．北京：北京师范大学出版社.

辛自强（2023）．社会心理研究的现实思维和现象思维．见佐斌（编），*中国社会心理研究*（pp.30-49）．北京：中国社会科学出版社.

辛自强，池丽萍（2001）．快乐感与社会支持的关系．*心理学报*，*33*（5），442-447.

辛自强，池丽萍（2008）．*社会变迁中的青少年*．北京：北京师范大学出版社.

辛自强，郭素然，池丽萍（2007）．青少年自尊与攻击的关系：中介变量和调节变量的作用．*心理学报*，*39*（5），845-851.

辛自强，林崇德（2002）．微观发生法：聚焦认知变化．*心理科学进展*，*10*（2），206-212.

辛自强，孙汉银，刘丙元，池丽萍（2003）．青少年社会行为对同伴关系的影响．*心理发展与教育*，*19*（4），12-16.

辛自强，俞国良（2003）．问题解决中策略的变化：一项微观发生研究．*心理学报*，*35*（6），786-795.

辛自强，张丽，林崇德，池丽萍（2006）．练习背景下表征水平的变化．*心理学报*，*38*（2），189-196.

辛自强，张梅（2009）．1992年以来中学生心理健康的变迁：一项横断历史研究．*心理学报*，*41*（1），69-78.

辛自强，张梅，何琳（2012）．大学生心理健康变迁的横断历史研究．*心理学报*，*44*（5），664-679.

续志琦，辛自强（2018）．单被试实验的统计分析：非重叠法效果量估计．*心理技术与应用*，*6*（2），89-99.

杨宜音（1999）．"自己人"：信任建构过程的个案研究．*社会学研究*，（2），38-52.

杨治良（1998）．*实验心理学*．杭州：浙江教育出版社.

叶浩生（1998）．*西方心理学的历史与体系*．北京：人民教育出版社.

俞国良，辛自强（2004）．*社会性发展心理学*．合肥：安徽教育出版社.

余小霞，苑媛，辛自强（2017）．文字与数字量尺的差异及心理机制：兼论量尺制作的方法学问题．*心理科学进展*，*25*（2），201-210.

袁方，王汉生（1997）．*社会研究方法教程*．北京：北京大学出版社.

张春兴(2002). 心理学思想的流变：心理学名人传. 上海：上海教育出版社.

张厚粲(2002). 大学心理学. 北京：北京师范大学出版社.

张丽，辛自强(2009). 类推理的发展序列与年龄特点. 心理学探新，29(5)，27-31.

张莉，辛自强，古丽扎伯克力(2010). 5～9岁儿童在不同复杂性任务上类比推理的发展特点. 心理发展与教育，26(6)，584-591.

张丽，辛自强，李洪儒(2007). 青少年群体社会化的社会微环境研究. 青年研究，(3)，43-49.

张小虎(2002). 转型期中国社会犯罪原因探析. 北京：北京师范大学出版社.

郑伯埙，黄敏萍(2012). 实地研究中的案例研究. 见陈晓萍，徐淑英，樊景立(编)，组织与管理研究的实证方法(第10章，pp.236-271). 北京：北京大学出版社.

中国心理学会(2002). 心理学论文写作规范. 北京：科学出版社.

朱智贤，林崇德(2002). 儿童心理学史. 北京：北京师范大学出版社.

American Psychological Association(2019). *Publication manual of American Psychological Association*(7th ed.). Washington，DC：American Psychological Association.

Anderson，J. R. (1990). *The adaptive character of thought*. Hillsdale，NJ：Lawrence Erlbaum Associates.

Baddeley，A. D. (1992). Working memory. *Science*，255(5044)，556-559.

Barker，J. ，McCarthy，P. ，Jones，M. ，& Moran，A. (2011). *Single-case research methods in sport and exercise psychology*. London：Routledge.

Baron，R. M. ，& Kenny，D. A. (1986). The moderator-mediator variable distinction in social psychological research：Conceptual，strategic，and statistical considerations. *Journal of Personality and Social Psychology*，51(6)，1173-1182.

Bond，R. ，& Smith，P. B. (1996). Culture and conformity：A meta-analysis of studies using Asch's(1952，1956)line judgment task. *Psychological Bulletin*，119(1)，111-137.

Bouchard，T. J. ，& McGue，M. (1981). Familial studies of intelligence：A review. *Science*，212(4498)，1055-1059.

Bronfenbrenner，U. (1979). *The ecology of human development*. Cambridge, MA: Harvard University Press.

Bronfenbrenner, U. (1989). Ecological systems theory. In R. Vasta(Ed.), *Annals of child development*(Vol. 6): *Theories of child development: Revised formulations and current issues*(pp. 187–249). Greenwich, CT: JAI Press.

Brown. J., & Burton, R. (1978). Diagnostic models for procedural bugs in basic mathematical skills. *Cognitive Science*, 2(2), 155–192.

Cairns, R. B., & Cairns, B. D. (2006). The making of developmental psychology. In R. M. Lerner(Ed.), *Handbook of Child Psychology: Theoretical models of human development* (Volume 1, 6th ed., pp. 89–165). Hoboken, NJ: John Wiley & Sons.

Ceci, S. J. (1990). *On bio-ecological treatise on intellectual development*. Englewood Cliffs, NJ: Prentice Hall.

Chou, K. (1999). Social support and subjective well-being among Hong Kong Chinese young adults. *The Journal of Genetic Psychology*, 160(3), 319–331.

Charmaz, C. (2006). *Constructing grounded theory: A practical guide through qualitative analysis*. London: Sage.

Cohen, J. (1988). *Statistical power analysis for the behavioral sciences* (2nd ed.). New York: Academic Press.

Cohen, J. (1992). Statistical power analysis. *Current Directions in Psychological Science*, 1(3), 98–101.

Coie, J. D., & Dodge, K. A. (1983). Continuities and changes in children's social status: A five years' longitudinal study. *Merrill-Palmer Quarterly*, 29(3), 261–282.

Commons, M. L., Trudeau, E. J., Stein, S. A., & Richards, F. A. (1998). Hierarchical complexity of tasks shows the existence of developmental stages. *Developmental Review*, 18(3), 237–278.

Cook, T. D., & Campbell, D. T. (1979). *Quasi-experimentation: Design and analysis issues for field settings*. Chicago: Rand McNally College Publishing.

Danziger, K. (2000). Making social psychology experimental: A conceptual-history, 1920 — 1970. *Journal of the History of the Behavioral Sci-*

ences, *36*(4), 329-347.

Dodge, K. A., & Price, J. M. (1994). On the relation between social information processing and socially competent behavior in early school-aged children. *Child Development*, *65*(5), 1385-1397.

Ellis, B. J., Bates, J. E., Dodge, K. A., Fergusson, D. M., Horwood L. J., Pettit, G. S., & Woodward, L. (2003). Does early father absence place daughters at special risk for early sexual activity and teenage pregnancy? *Child Development*, *74*(3), 801-821.

Flavell, J. H. (1971). An analysis of cognitive developmental sequences. *Genetic Psychology Monographs*, *86*(2), 279-350.

Gelman, R., & Gallistel, C. R. (1978). The child's understanding of number. Cambridge, MA: Harvard University Press.

Glaser, B. G., & Strauss, A. L. (1967). *The discovery of grounded theory: Strategies for qualitative research*. New York: Aldine.

Glass, G. V. (1976). Primary, secondary and meta-analysis of research. *Educational Researcher*, *10*(5), 3-8.

Glass, G. V., McGaw, B., & Smith, M. L. (1981). *Meta-analysis in social research*. Beverly Hills, CA: Sage.

Gneezy, A., Gneezy, U., Nelson, L. D., & Brown, A. (2010). Shared social responsibility: A field experiment in pay-what-you-want pricing and charitable giving. *Science*, *329*(5989), 325-327.

Graham, S. (1992). Most of the subjects were white and middle class: Trends in published research on African Americans in selected APA journals, 1970—1989. *American Psychologist*, *47*(5), 629-639.

Granic, I., & Lamey, A. V. (2002). Combining dynamic systems and multivariate analyses to compare the mother-child interactions of externalizing subtypes. *Journal of Abnormal Child Psychology*, *30*(3), 265-283.

Greeno, J. G., Riley, M. S., & Gelman, R. (1984). Conceptual competence and children's counting. *Cognitive Psychology*, *16*(1), 94-143.

Groen, G. J., & Parkman, J. M. (1972). A chronometric analysis of simple addition. *Psychological Review*, *79*(4), 329-343.

Halford, G. S, Wilson, W. H., & Phillips, S. (1998). Processing capacity defined by relational complexity: Implications for comparative, developmental, and cognitive psychology. *Behavioral and Brain Sciences*, *21* (6), 803–831.

Kamara, A. I. (1971). *Cognitive development among school-age Themne children of Sierra Leone*. Doctoral dissertation, University of Illinois.

Kirchler, E., & Hölzl, E. (2006). Twenty-five years of the Journal of Economic Psychology(1981—2005): A report on the development of an interdisciplinary field of research. *Journal of Economic Psychology*, *27* (6), 793–804.

Kruger, J., & Dunning, D. (1999). Unskilled and unaware of it: How difficulties in recognizing one's own incompetence leads to inflated self-assessments. *Journal of Personality & Social Psychology*, *77* (6), 1121–1134.

Kukla, A. (2001). *Methods of theoretical psychology*. Cambridge, MA: The MIT Press.

Li, S., Rao, L. Bai, X., Ren, X, Zheng, R., Li, J., … Liu, H. (2009). Psychological typhoon eye in the 2008 Wenchuan earthquake. *PLoS ONE*, *4*(3), e4964.

Masten, A., Morision, P., & Pellegrini, D. (1985). A revised class play method of peer assessment. *Developmental Psychology*, *21* (3), 523–533.

Miller, G. A. (1956). The magical number seven, plus of minus two: Some limits on our capacity for processing information. *Psychological Review*, *63*(2), 81–97.

Moreno, J. L. (1934). *Who shall survive*? Beacon, NY: Beacon House.

Muuss, R. E. (1988). *Theories of adolescence*. New York: McGraw Hill Publishing Company.

Neisser, U. (1981). John Dean's memory: A case study. *Cognition*, *9*(1), 1–22.

Newell, A., & Simon, H. A. (1972). *Human problem solving*. Englewood Cliffs, NJ: Prentice-Hall.

Palmer, S. E, & Kimchi, R. (1986). The information processing approach to cognition. In T. J. Knapp & L. C. Robertson(Eds.), *Approaches to cognition：Contrasts and controversies* (pp. 37－77). Hillsdale，NJ：Lawrence Erlbaum Associates.

Parker，R. I.，& Vannest，K. (2009). An improved effect size for single-case research：Nonoverlap of all pairs. *Behavior Therapy*，40(4)，357－367.

Parten，M. B. (1932). Social participation among pre-school children. *Journal of Abnormal and Social Psychology*，27(3)，243－269.

Patnoe，S. (1988). *A narrative history of experimental social psychology：The Lewin tradition*. New York：Springer-Verlag.

Pillari，V.，& Newsome，M. J. (1998). *Human behavior in the social environment：Families，groups，organizations and communities*. Pacific Grove，CA：Brooks/Cole Publishing Company.

Rodler，C.，Kirchler，E.，& Hoelzl，E. (2001). Gender stereotypes of leaders：An analysis of the contents of obituaries from 1974 to 1998. *Sex Roles*，45，827－843.

Rosenthal，R. (1984). *Meta-analytic procedures for social research*. Beverly Hills，CA：Sage.

Ross，L.，Lepper，M.，& Ward，A. (2010). History of social psychology：Insights，challenges，and contributions to theory and application. In S. T. Fiske，D. T. Gilbert，& G. Lindzey(Eds.)，*Handbook of Social Psychology* (chapter 1，pp. 3－50). New York：John Wiley & Sons.

Rotter，J. B. (1967). A new scale for the measurement of interpersonal trust. *Journal of Personality*，35(4)，651－665.

Schultz，D. P.，& Schultz，S. E. (2000). *A history of modern psychology*. Orlando，FL：Harcourt College Publishers.

Scott，W. A. (1962). Cognitive complexity and cognitive flexibility. *Sociometry*，25(4)，405－414.

Siegler，R. S. (1986). *Children's thinking*. Englewood Cliffs，NJ：Prentice-Hall.

Siegler，R. S. (1987). The perils of averaging data over strategies：An example from children's addition. *Journal of Experimental Psychology：General*，116(3)，250－264.

Siegler, R. S. , & Crowley, K. (1991). The microgenetic method: A direct means for studying cognitive development. *American Psychologist*, *46*(6), 606-620.

Simon, H. A. (2001). Creativity in the arts and the sciences. *The Kenyon Review*, *23*(2), 203-220.

Solomon, R. L. (1949). An extension of control group design. *Psychological Bulletin*, *46*(2), 137-150.

Sternberg, R. J. (2001). Foreword. In A. Demetriou & S. Kazi(Eds.), *Unity and moduayity in the mind and the self: Studies on the relationships between self-awareness, personality, and intellectual development from childhood to adolescence*. London: Routledge.

Sternberg, S. (1969). Memory-scanning: Mental processes revealed by reaction-time experiments. *American Scientist*, *57*(4), 421-457.

Stevens, S. S. (1946). On the theory of scales of measurement. *Science*, *103*(2684), 677-680.

Strauss, A. , & Corbin, J. (1990). *Basics of qualitative research: Grounded theory procedures and techniques*. London: Sage.

Sudman, S. , Bradburn, N. M. , & Schwarz, N. (1996). *Thinking about answers: The application of cognitive processes to survey research*. San Francisco, CA: Jossey-Bass.

Twenge, J. M. (2001). Changes in women's assertiveness in response to status and roles: A cross-temporal meta-analysis, 1931—1993. *Journal of Personality and Social Psychology*, *81*(1), 133-145.

Twenge, J. M. (2011). The duality of individualism: Attitudes toward women, generation me, and the method of cross-temporal meta-analysis. *Psychology of Women Quarterly*, *35*(1), 193-196.

Twenge, J. M. , Konrath, S. H. , Cooper, A. B. , Foster, J. D. , Campbell, W. K. , & McAllister, C. (2021). Egos deflating with the Great Recession: A cross-temporal metaanalysis and within-campus analysis of the Narcissistic Personality Inventory, 1982—2016. *Personality and Individual Differences*, *179*, 110947.

Uttl, B. , & Alstine, C. L. V. (2003). Rising verbal intelligence scores:

Implications for research and clinical practice. *Psychology and Aging*, *18*(3), 616–621.

van der Veer, R., & van Ijzendoorn, M. H. (2000). Early childhood attachment and later problem solving: A Vygotskian perspective. In J. Valsiner(Ed.), *Child Development within culturally structured environments: Parental cognition and adult-child interaction* (pp. 215 – 246). Norwood, NJ: Ablex Publishing Corporation.

Watson, J. B. (1913). Psychology as the behaviorist views it. *Psychological Review*, *20*(2), 158–177.

Wilson, E. O. (1975). *Sociobiology: The new synthesis*. Cambridge: The Belknap Press.

Xiao, B. , Xin, Z. , & Wang, L. (2024). COVID-19's influence on life history strategy: Insights from cross-temporal meta-analysis and experimental research. *Personality and Individual Differences*, *219*, 112505.

Xin, Z. , Niu, J. , & Chi, L. (2012). Birth cohort changes in Chinese adolescents' mental health. *International Journal of Psychology*, *47*(4), 287–295.

Xin, Z. , Xiao, B. , Wang, L. , & Xiao, H. (2024). Individuals' differences in self-assessment: The relationship between subjective and objective financial literacy. *Metacognition and Learning*, *19*(1), 365–379.

Xin, Z. , Zhang, L. , & Liu, D. (2010). Birth cohort changes of Chinese adolescents' anxiety: A cross-temporal meta-analysis, 1992—2005. *Personality & Individual Differences*, *48*(2), 208–212.

Yarnold P. R. (1992). Statistical analysis for single-case designs. In F. B. Bryant, J. Edwards, R. S. Tindale, E. J. Posavac, L. Heath, E. Henderson, & Y. Suarez-Balcazar (Eds.), *Methodological issues in applied social psychology*(pp. 177–196). New York: Plenum Press.

Zastrow, C. , & Kirst-Ashman, K. K. (2001). *Understanding human behavior and the social environment*. Belmont, CA: Wadsworth/Thomson Learning.